Udo Terstege
Optionsbewertung

Udo Terstege

Optionsbewertung

Möglichkeiten und Grenzen eines präferenz- und verteilungsfreien Ansatzes

DUV **DeutscherUniversitätsVerlag**
GABLER · VIEWEG · WESTDEUTSCHER VERLAG

Die Deutsche Bibliothek — CIP-Einheitsaufnahme

Terstege, Udo:
Optionsbewertung : Möglichkeiten und Grenzen eines
präferenz- und verteilungsfreien Ansatzes / Udo Terstege. —
Wiesbaden: DUV, Dt. Univ.-Verl., 1995
  (DUV: Wirtschaftswissenschaft)
  Zugl.: Hagen, Fernuniv., Diss., 1994
ISBN 3-8244-0235-1

Der Deutsche Universitäts-Verlag ist ein Unternehmen
der Bertelsmann Fachinformation.

© Deutscher Universitäts-Verlag GmbH, Wiesbaden 1995
Lektorat: Monika Mülhausen

Das Werk einschließlich aller seiner Teile ist urheberrechtlich
geschützt. Jede Verwertung außerhalb der engen Grenzen des
Urheberrechtsgesetzes ist ohne Zustimmung des Verlags unzu-
lässig und strafbar. Das gilt insbesondere für Vervielfältigungen,
Übersetzungen, Mikroverfilmungen und die Einspeicherung und
Verarbeitung in elektronischen Systemen.

Druck und Buchbinder: Rosch-Buch, Hallstadt
Gedruckt auf chlorarm gebleichtem und säurefreiem Papier
Printed in Germany

ISBN 3-8244-0235-1

Geleitwort

Die Optionswerttheorie hat sich in den letzten zwanzig Jahren nicht nur zu einem Kernelement der kapitalmarktorientierten Finanzierungstheorie entwickelt, sondern auch unmittelbaren Eingang in die Praxis des Wertpapiergeschäfts gefunden. In der vorliegenden Arbeit wird allerdings weder versucht, die Entwicklung theoretischer Modelle durch Variation der einen oder anderen Prämisse um ein weiteres Epsilon voranzutreiben, noch werden Fragen der praktischen Anwendbarkeit erörtert. Der Verfasser wendet sich vielmehr in bewußter Abkehr von diesen beiden aktuellen Forschungsrichtungen dem elementaren Grundlagenbereich der Optionswerttheorie zu und fördert in überzeugender Weise den Befund zu Tage, daß dieser Wissenschaftsbereich trotz seiner äußerst zügigen Entwicklung - oder gerade deshalb? - in seinen theoretischen Fundamenten keineswegs so fest gefügt ist, wie das auf den ersten Blick der Fall zu sein scheint.

Im Kern beschäftigt sich der Verfasser mit der Frage, inwieweit es möglich ist, eindeutige Aussagen über den Zusammenhang zwischen Optionswerten und den sie bestimmenden Einflußfaktoren herzuleiten, *ohne* dabei von bestimmten Annahmen über die Anlegerpräferenzen oder die zugrundeliegenden Wahrscheinlichkeitsverteilungen auszugehen. Im Schrifttum ist ein reichhaltiger Katalog von vermeintlich präferenz- und verteilungsfreien Aussagen anzutreffen, die gemeinhin zum "sicheren" Grundlagenwissen des Faches gerechnet werden. Dazu zählen etwa die Thesen, daß der Wert einer Kaufoption tendenziell um so höher ist, je niedriger die Dividendenerwartung oder je höher Risikoeinschätzung oder aktueller Kurs des Basistitels sind.

In akribischer Analyse des einschlägigen Schrifttums und souveräner Handhabung des zuvor selbst entwickelten Analyseschemas zeigt der Verfasser, daß ein Großteil dieser vermeintlich allgemeingültigen "Gesetze" tatsächlich doch bestimmte Präferenz- oder Verteilungsannahmen impliziert, und weist damit zahlreichen namhaften Autoren elementare Denkfehler nach. Der Autor beläßt es allerdings keineswegs bei destruktiver Kritik, sondern zeigt immer wieder mit großer Trennschärfe Möglichkeiten und Grenzen verteilungs- und präferenzfreier Aussagen auf. Insbesondere wird sehr eindrücklich die Notwendigkeit verdeutlicht, die von der Existenz eines Optionskontraktes möglicherweise ausgehenden Rückwirkungen auf die Wertentwicklung des zugrundeliegenden Basistitels explizit in die Betrachtung einzubeziehen.

Wer sich in Zukunft um die konzeptionell fundierte Weiterentwicklung der Optionstheorie bemühen will, wird nicht umhin können, sich mit der vorliegenden Arbeit auseinanderzusetzen. Im Ergebnis sind hier einige grundlegende Kapitel der Optionswerttheorie neu geschrieben worden. Ich wünsche der Arbeit daher die Verbreitung, die ihr auf Grund ihrer weit überdurchschnittlichen inhaltlichen Qualität gebührt.

Univ.-Prof. Dr. Michael Bitz

Vorwort

Für und Wider habe ich lange genug gewogen. Die Entscheidung ist gefallen. Auch dieser wissenschaftlichen Arbeit wird ein Vorwort vorangestellt. Ob der Leser diese Entscheidung teilt, erscheint mir unbedeutend im Vergleich zu der Frage, ob er auch meine grundsätzliche Entscheidung gutheißt, diese Arbeit überhaupt geschrieben zu haben.

Die vorliegende Arbeit wurde im November 1994 vom Fachbereich Wirtschaftswissenschaft der FernUniversität - Gesamthochschule in Hagen als Dissertation angenommen. Insofern könnte ich bereits gleichzeitig ihre Entstehung als ausreichend begründet und ihr Qualitätsniveau als hinreichend nachgewiesen betrachten. Mit der Veröffentlichung gebe ich die Frage, ob die Erstellung dieser Arbeit tatsächlich sinnvoll war, jetzt aber auch an den anonymen Leser weiter - die Leserin möge sich als Leser im Sinne dieser Arbeit betrachten, genauso wie meine Anleger, Arbitrageure usw. gerne auch weiblichen Geschlechts sein können. Zu diesem Schritt hat mich die Vermutung bewogen, daß meine Arbeit dem Leser tatsächlich neue Sichtweisen und Erkenntnisse zu vermitteln vermag, was auf einem bereits so intensiv bestellten Feld wie dem der Optionstheorie auf Anhieb als recht kühnes Unterfangen erscheinen mag. Ich hoffe, daß sie auch diesem sehr hohen Anspruch genügt.

Gleichzeitig möchte ich die Gelegenheit nutzen, mich bei meinem akademischen Lehrer und Doktorvater, Herrn Prof. Dr. Michael Bitz, für die vielfältige Unterstützung bei der Entstehung dieser Arbeit zu bedanken. Ich habe durch ihn eine Betreuung erfahren, die in jeder Hinsicht als vorbildlich zu bezeichnen ist und die ich insgesamt als Glücksfall in meinem akademischen Werdegang betrachte. Außer durch angenehme Arbeitsbedingungen an seinem Lehrstuhl, durch sein persönliches Vorbild in der Anwendung wissenschaftlicher Arbeitstechniken und durch intensive Fachgespräche über verschiedene Aspekte der Optionstheorie hat er insbesondere durch ein fast unerschütterliches Vertrauen in den Erfolg meiner Forschungsbemühungen maßgeblichen Anteil am Gelingen dieser Arbeit.

Daneben möchte ich es aber auch nicht versäumen, Herrn Prof. Dr. Wilhelm Rödder für die Übernahme des Koreferates zu danken. Als weniger Ortskundiger war die Exkursion in den Dschungel der Optionstheorie für ihn sicherlich keine Erholungsreise. Alle anderen Personen, die zum Gelingen der Arbeit beigetragen haben, mögen es mir verzeihen, wenn ich den Dank, den ich ihnen schulde, dem Leser verheimliche.

Inhaltsverzeichnis

Tabellenverzeichnis	xiii
Abbildungsverzeichnis	xv
Abkürzungsverzeichnis	xviii
Symbolverzeichnis	xix

Kapitel A   Einführende Bemerkungen

1.	Eine erste Einordnung der Arbeit	1
2.	Zielsetzung der Arbeit	5
3.	Gang der Untersuchung	6

Kapitel B   Einordnung und Grundbegriffe

1.	Vorbemerkung	8
2.	Bewertungsobjekte	9
	2.1 Optionen	9
	2.2 Aktienkaufoptionen als spezielle Optionen	14
	2.3 Reale Erscheinungsformen von Aktienkaufoptionen	18
	2.4 Ausstattungsmerkmale von Aktienkaufoptionen	22
3.	Bewertungsmodelle	27
	3.1 Optionswert versus Optionspreis	27
	3.2 Bewertungsmodelle im Grobüberblick	30
	3.3 Gleichgewichtsorientierte Bewertungsmodelle	35
	3.3.1 Arbitragefreiheit als grundlegendes Bewertungsprinzip	35
	3.3.2 Grundproblem der Optionsbewertung	40
	3.3.3 Systematik gleichgewichtsorientierter Ansätze einer Optionsbewertung	41

3.3.4		Darstellung ausgewählter Optionswertmodelle	50
	3.3.4.1	Vorbemerkung	50
	3.3.4.2	Diffusionsmodell nach Black/Scholes	53
	3.3.4.3	Binomialmodell	55
	3.3.4.4	Sprung-Modelle	58
	3.3.4.5	CEV-Modelle	61
	3.3.4.6	Compound-Option-Modell	64
	3.3.4.7	Displaced-Diffusion-Modell	65
	3.3.4.8	Weitere Modelle	68
3.3.5		Zur Bedeutung einer präferenz- und verteilungsfreien Optionsbewertung	72

Kapitel C   Präferenz- und verteilungsfreie Bewertungsaussagen

1. Vorbemerkung 81
2. Modellrahmen 82

    2.1 Modellgerüst zur Zahlungs- und Wertentwicklung 82
    2.2 Kapitalmarktannahmen 86

3. Optionswert bei Fälligkeit 89
4. Arbitragerelationen für den Optionswert vor Fälligkeit 91

    4.1 Relationen zwischen Option und Aktie 91
    4.2 Relationen zwischen Optionen verschiedener Basispreise 99
    4.3 Relationen zwischen Optionen verschiedener Restlaufzeiten 106

5. Zusammenfassung 107

Kapitel D   Grenzen präferenz- und verteilungsfreier Bewertungsaussagen

1. Vorbemerkungen 108

    1.1 Einordnung und Gang der Diskussion 108
    1.2 Voraussetzungen für die Ableitung von Bewertungsaussagen aus modelltheoretischer Sicht 110

    1.3   Bisherige Arbitragerelationen aus modelltheoretischer Sicht   113

2.   Zinssituation und Optionswert   116

    2.1   Möglichkeiten einer Arbitrageanalyse   116
    2.2   Problematik von Argumentationen der Optionsliteratur   123

3.   Aktienkurs und Optionswert   129

    3.1   Möglichkeiten einer Arbitrageanalyse   129
    3.2   Problematik von Argumentationen der Optionsliteratur   139

4.   Aktienkursverhalten und Optionswert   144

    4.1   Vorbemerkung   144
    4.2   Möglichkeiten einer Arbitrageanalyse   145
    4.3   These vom positiven Werteinfluß des Aktienrisikos   149
    4.4   Grundlagen der Wertpapierbewertung   153

        4.4.1   Grundtypen eines Bewertungsmodells   153
        4.4.2   Individuelle Bewertung   154
        4.4.3   Marktorientierte Bewertung   158

    4.5   Standardabweichung und Optionswert   161

        4.5.1   Definition   161
        4.5.2   Allgemeine Beurteilung   162
        4.5.3   Standardabweichung und Marktwert einer Option   162
        4.5.4   Standardabweichung und individueller Optionswert   165
        4.5.5   Zusammenfassung   170

    4.6   Rothschild/Stiglitz-Risiko und Optionswert   171

        4.6.1   Definition   171
        4.6.2   Eigenschaften und allgemeine Beurteilung   174
        4.6.3   R/S-Risiko und Marktwert einer Option   177
        4.6.4   R/S-Risiko und individueller Optionswert   179
        4.6.5   Relativierung des Merton-Theorems   184
        4.6.6   Modifiziertes Merton-Theorem   186

    4.7   Zusammenfassung   189

5.   Dividenden und Optionswert   191

    5.1   Vorbemerkung   191
    5.2   Grundansatz einer Arbitrageanalyse   191

5.2.1	Vorüberlegung	191
5.2.2	Ordnung von Dividendenerwartungen nach ihrer Höhe	192
5.2.3	Formulierung einer Variationsannahme	196
5.2.4	Arbitrageanalyse	202

5.3 Problematisierung der Variationsannahme 205

5.3.1	Vorbemerkung	205
5.3.2	Direkte und indirekte Zahlungseffekte einer Dividende	206
5.3.3	Variationsannahme als Annahme über die Zahlungseffekte einer Dividende	208
5.3.4	Dividendenfinanzierung und Variationsannahme	211
5.3.5	Notwendigkeit einer flexiblen Variationsannahme	220
5.3.6	Konsequenzen einer flexiblen Variationsannahme	227

5.4 Übertragung auf den Ein-Aktien-Fall 233
5.5 Problematik von Argumentationen der Optionsliteratur 236
5.6 Zusammenfassung 242

Kapitel E   Schlußbetrachtungen

1. Zusammenfassung 244
2. Würdigung der Ergebnisse 249

Literaturverzeichnis 253

Tabellenverzeichnis

Tab. B-1	: Kursprozeßannahmen wichtiger Optionswertmodelle	51
Tab. B-2	: Ceteris paribus Wirkung der Werteinflußfaktoren im Black/Scholes-Modell	55
Tab. C-1	: Arbitragerelationen zwischen Aktie und Option in Abhängigkeit von Optionstyp und Dividendenzahlungen	98
Tab. D-1	: Beispiel A (steigender Marktwert einer Option trotz abnehmender Standardabweichung der Aktienkurse)	164
Tab. D-2	: Beispiel B (steigender individueller Optionswert bei Risikoneutralität und abnehmender Standardabweichung der Aktienkurse)	166
Tab. D-3	: Beispiel C (steigender individueller Optionswert bei Risikoaversion und abnehmender Standardabweichung der Aktienkurse)	168
Tab. D-4	: Beispiel D (steigender individueller Optionswert bei Risikofreude und abnehmender Standardabweichung der Aktienkurse)	170
Tab. D-5	: Beispiel zur Kursentwicklung zweier Aktien mit unterschiedlich hohen Dividenden	202
Tab. D-6	: Unternehmen 1 des Dividendenbeispiels (keine Dividende)	212
Tab. D-7	: Unternehmen 2 des Dividendenbeispiels (substanzfinanzierte Dividende I)	213
Tab. D-8	: Unternehmen 3 des Dividendenbeispiels (substanzfinanzierte Dividende II)	214
Tab. D-9	: Unternehmen 4 des Dividendenbeispiels (substanzfinanzierte Dividende III)	214
Tab. D-10	:Unternehmen 5 des Dividendenbeispiels (kreditfinanzierte Dividende)	215

Tab. D-11:	Unternehmen 6 des Dividendenbeispiels (einlagenfinanzierte Dividende)	216
Tab. D-12	Übersicht zum Dividendenbeispiel	217
Tab. D-13	Beispiel für einen positiven Zusammenhang zwischen Dividendenerwartungen und Optionswerten	232

Abbildungsverzeichnis

Abb. B-1 : Bewertungsobjekte der Optionstheorie im Überblick 17

Abb. B-2 : Modellansätze zur Optionsbewertung im Grobüberblick 32

Abb. B-3 : Systematik der Gleichgewichtsmodelle 45

Abb. B-4 : Systematik präferenzfreier, verteilungsabhängiger Optionswertmodelle 49

Akürzungsverzeichnis

Abb.	: Abbildung
Aufl.	: Auflage
bzgl.	: bezüglich
CBOE	: Chicago Board Options Exchange
CEV	: Constant Elasticity of Variance
d.h.	: das heißt
DTB	: Deutsche Terminbörse
evtl.	: eventuell
Fn.	: Fußnote
ggfs.	: gegebenenfalls
GE	: Geldeinheit(en)
Hrsg.	: Herausgeber
insbes.	: insbesondere
i.a.	: im allgemeinen
i.d.R.	: in der Regel
i.e.S.	: im engeren Sinn
i.V.m.	: in Verbindung mit
NYSE	: New York Stock Exchange
OTC	: Over-The-Counter
R/S	: Rothschild/Stiglitz
S.	: Seite
Sp.	: Spalte
Tab.	: Tabelle
u.a.	: unter anderem
u.U.	: unter Umständen
vgl.	: vergleiche
z.B.	: zum Beispiel
z.T.	: zum Teil

Verzeichnis der wichtigsten Symbole

$B((t,s),\tau)$: Preis eines Wertpapiers im Zustand (t,s), das im Zeitpunkt τ eine sichere Einzahlung von einer GE liefert und in keinem anderen Zeitpunkt Zahlungskonsequenzen hat, mit $t < \tau$ und $B((t,s),\tau) \leq 1$. Ist bekannt, welcher Zustand in t eingetreten ist, fehlt der Index s.

$C^i_{t,s}$: Wert einer Option i im Zustand (t,s). Ist bekannt, welcher Zustand im Zeitpunkt t eingetreten ist, fehlt der Index s. Für t = 0 kann zusätzlich der Zeitindex fehlen. Ein kleines "c" symbolisiert dabei den Wert einer amerikanischen Option, ein großes "C" den Wert einer europäischen Option.

$\tilde{C}^i_t$: Zufallsvariable des Wertes einer Option i im Zeitpunkt t, deren Realisationen als nach den Zuständen geordneter Vektor dargestellt werden: $\tilde{C}^i_t = (C^i_{t,1},..., C^i_{t,n(t)})$. Ein kleines "c" symbolisiert dabei den Wert einer amerikanischen Option, ein großes "C" den Wert einer europäischen Option.

$D^i_{t,s}$: Dividendenzahlung einer Aktie i im Zustand (t,s). Ist bekannt, welcher Zustand im Zeitpunkt t eingetreten ist, fehlt der Index s. Für t = 0 kann zusätzlich der Zeitindex fehlen. Eine Dividende $D^i_{t,s}$ wird in einem Moment t^+, unmittelbar nach dem Zeitpunkt t, ausgezahlt.

$\tilde{D}^i_t$: Zufallsvariable der Höhe der Dividendenzahlung auf Aktie i im Zeitpunkt t, deren Realisationen als nach den Zuständen geordneter Vektor dargestellt werden: $\tilde{D}^i_t = (D^i_{t,1},..., D^i_{t,n(t)})$.

D^*_t : "Minimaler" Barwert (im Zeitpunkt t) der "maximal" bis T zu erwartenden Dividendenzahlungen (nach der impliziten Definition von Cox/Rubinstein).

$e_{t,(T,s)}$: Preis eines elementaren Wertpapiers im Zeitpunkt t, das nur im Zustand (T,s) eine Einzahlung von genau einer GE erbringt und in allen anderen Zuständen keine Zahlungskonsequenzen hat.

$E_{t,T}$: Vektor der nach den Zuständen geordneten Preise elementarer Wertpapiere, mit $E_{t,T} = (e_{t,(T,1)},..., e_{t,(T,n(T))})$.

$E(\tilde{x})$: Erwartungswert einer Verteilung $\tilde{x}$.

$E(\tilde{Z}\|S^i_{T,ss})$	: Erwartungswert einer Störvariablen $\tilde{Z}$ unter der Bedingung, daß die Variable $\tilde{S}^i_T$ eine bestimmte Realisation $S^i_{T,ss}$ annimmt.
f	: Wahrscheinlichkeitsdichtefunktion der Zufallsvariablen $\tilde{S}^1_T$ im Zusammenhang der Rothschild/Stiglitz-Risikodefinition.
F	: Verteilungsfunktion der Zufallsvariablen $\tilde{S}^1_T$ im Zusammenhang der Rothschild/Stiglitz-Risikodefinition.
$FK^i_{t,s}$	: Wert der Fremdkapitalansprüche gegen Unternehmen i im Zustand (t,s).
g	: Wahrscheinlichkeitsdichtefunktion der Zufallsvariablen $\tilde{S}^2_T$ im Zusammenhang der Rothschild/Stiglitz-Risikodefinition.
G	: Verteilungsfunktion der Zufallsvariablen $\tilde{S}^2_T$ im Zusammenhang der Rothschild/Stiglitz-Risikodefinition.
h	: Differenz der Wahrscheinlichkeitsdichtefunktionen g und f im Zusammenhang der Rothschild/Stiglitz-Risikodefinition, mit h = g – f.
H	: Differenz der Verteilungsfunktionen G und F im Zusammenhang der Rothschild/Stiglitz-Risikodefinition, mit H = G – F.
$i((t,s),\tau)$	: Periodenverzinsung einer sicheren Mittelanlage vom Zeitpunkt t bis zum Zeitpunkt τ unter der Bedingung, daß im Zeitpunkt t der Zustand s eintritt. Ist bekannt, welcher Zustand in t eingetreten ist, fehlt der Index s.
i	: Index zur fortlaufenden Numerierung von Basisaktien, Fremdkapitalansprüchen, Unternehmen und Optionen (nicht zu verwechseln mit $i((t,s),\tau)$).
I	: Stammfunktion zur Funktion H im Zusammenhang der Rothschild/Stiglitz-Risikodefinition.
j	: Summations- und sonstiger Laufindex mit jeweils nur lokaler Bedeutung.
λ	: Gewichtungsfaktor bei der Bildung eines Arbitrageportefeuilles aus ansonsten identischen Optionen mit unterschiedlichen Basispreisen bzw. bei der Bildung eines Arbitrageportefeuilles aus ansonsten identischen Optionen mit unterschiedlichen aktuellen Aktienkursen.
n(t)	: Anzahl möglicher (Umwelt-)Zustände im Zeitpunkt t.

Symbolverzeichnis

$p_{t,s}$	: Eintrittswahrscheinlichkeit des Zustands (t,s) aus Sicht des Bewertungszeitpunktes.
$p_{T,ss}$	: Wahrscheinlichkeit, daß eine betrachtete Aktie im Zeitpunkt T einen Kurs von der Höhe $S_{T,ss}$ annimmt (im Zusammenhang der Rothschild/Stiglitz-Risikodefinition, bei der Aktienkurse in einem Zeitpunkt nur nach ihrer Höhe, nicht aber nach dem Zustand ihres Eintritts unterschieden werden).
P_t	: Vektor der Eintrittswahrscheinlichkeiten aller Zustände im Zeitpunkt t, mit $P_t = (p_{t,1},..., p_{t,n(t)})$.
P	: Vektor aller nach Zeitpunkten und Zuständen geordneten Eintrittswahrscheinlichkeiten, mit $P = (p_{1,1},..., p_{1,n(1)};...; p_{T,1},..., p_{T,n(T)})$.
P^*	: Risikoneutrale Wahrscheinlichkeitsverteilung im Sinne von Harrison/Kreps.
$r((t,s),\tau)$	: Zinsfaktor einer sicheren Mittelanlage vom Zeitpunkt t bis zum Zeitpunkt τ unter der Bedingung, daß im Zeitpunkt t der Zustand s eintritt, mit $r((t,s),\tau) = i((t,s),\tau) + 1$. Ist bekannt, welcher Zustand in t eingetreten ist, fehlt der Index s.
s	: Index, der für einen gegebenen Zeitpunkt t den Zustand kennzeichnet, mit $s \in \{1,..., n(t)\}$.
$S^i_{t,s}$	: Kurs einer Aktie i im Zustand (t,s). Ist bekannt, welcher Zustand im Zeitpunkt t eingetreten ist, fehlt der Index s. Für t = 0 kann zusätzlich der Zeitindex fehlen.
$S^i_{T,ss}$	: Kurshöhe ss einer Aktie i im Zeitpunkt T im Zusammenhang der Rothschild/Stiglitz-Risikodefinition. Der Index ss kennzeichnet in diesem Zusammenhang nur ein bestimmtes Kursniveau der Aktie i im Zeitpunkt T, nicht aber den Zustand seines Eintritts.
$\tilde{S}^i_t$	: Zufallsvariable des Kurses einer Aktie i im Zeitpunkt t, deren Realisationen als nach den Zuständen geordneter Vektor dargestellt werden: $\tilde{S}^i_t = (S^i_{t,1},..., S^i_{t,n(t)})$.
$\sigma(\tilde{x})$	: Standardabweichung einer Verteilung $\tilde{x}$.
t	: Laufindex zur Kennzeichnung der Zeitpunkte des Planungszeitraums, mit $t \in \{1,..., T\}$, t = 0 als aktuellem Zeitpunkt und t = T als dem Planungshorizont und/oder der Fälligkeit einer Option.

t^+	: Gedanklicher Moment unmittelbar nach einem Zeitpunkt t.
T	: Planungshorizont und/oder Fälligkeitszeitpunkt einer Option.
(t,s)	: Zustand s in Zeitpunkt t, mit s ε {1,..., n(t)} und n(t) als der Anzahl alternativer Zustände in t.
td	: Dividendenzeitpunkt, wenn nur eine Dividendenzahlung während der Optionslaufzeit betrachtet wird.
td^+	: Gedanklicher Moment unmittelbar nach dem Dividendenzeitpunkt td, in dem die Dividende ausgezahlt wird.
τ	: Zweiter Laufindex (neben t) zur Kennzeichnung der Zeitpunkte des Planungszeitraums, mit τ ε {1,..., T}, τ = 0 als dem aktuellen Zeitpunkt und τ = T als dem Planungshorizont und/oder der Fälligkeit einer Option.
u(x)	: Risikonutzenfunktion, die einem Wert x einen Nutzenwert zuordnet.
$U(\tilde{x})$	: Risikonutzenwert einer Verteilung $\tilde{x}$, der als Erwartungswert der Nutzenwerte der einzelnen Realisationen von $\tilde{x}$ ermittelt wird.
$UV^i_{t,s}$	: Wert des Vermögens eines Unternehmens i im Zustand (t,s).
$V_t(\cdot)$	: Bewertungsfunktion, mit der (zukünftige) Zahlungen und Kurse im Zeitpunkt t bewertet werden.
$W^i_{t,s}$	: Kurs eines Wertpapiers i im Zustand (t,s). Ist bekannt, welcher Zustand im Zeitpunkt t eingetreten ist, fehlt der Index s. Für t = 0 kann zusätzlich der Zeitindex fehlen.
x	: Variable mit jeweils nur lokaler Bedeutung (kein Zusammenhang mit dem Basispreis X).
X	: Höhe des Basispreises einer Option (kein Zusammenhang mit der Variablen x).
y	: Integrationsgrenze zur Bestimmung der Stammfunktion I aus der Funktion H im Zusammenhang der Rothschild/Stiglitz-Risikodefinition
$\tilde{Z}$	: Störvariable im Zusammenhang der Rothschild/Stiglitz-Risikodefinition.

Kapitel A: Einführende Bemerkungen

1. Eine erste Einordnung der Arbeit

Die theoretische Beschäftigung mit Optionen hat aus historischer Sicht mittlerweile eine beachtliche Entwicklungsgeschichte. Ihre Anfänge lassen sich bis in das späte neunzehnte Jahrhundert zurückverfolgen.[1] Der entscheidende Durchbruch im theoretischen Verständnis von Optionen gelang nach fast übereinstimmender Meinung der Fachliteratur allerdings erst in den frühen 1970'er Jahren. In diesem Zusammenhang wird insbesondere die 1973 erschienene Arbeit von Black/Scholes[2] als Meilenstein der Theorieentwicklung bzw. auch überhaupt erst als der Beginn einer "modernen Optionspreistheorie" betrachtet.[3]

Die besondere Bedeutung der Black/Scholes-Arbeit für die Entwicklung der Optionstheorie ergibt sich dabei aus einer Kombination verschiedener Teilleistungen, die im wesentlichen wie folgt zusammengefaßt werden können:[4]

1. Die wohl wesentlichste innovative Leistung der beiden Autoren bestand darin, daß ihnen erstmals die Bewertung von Optionen in einem geschlossenen Gleichgewichtsmodell allein mit Hilfe von bekannten Preisen anderer Finanztitel und von Gleichgewichtsüberlegungen gelang, sie also bei der Optionsbewertung insbesondere ohne exogene Annahmen über die Präferenzen der Anleger auskamen.

2. Gleichzeitig gelang ihnen die Bestimmung eines praktikablen Bewertungszusammenhangs, bei dem der Wert einer Option weitgehend von direkt beobachtbaren Einflußgrößen abhängt.[5] Diese Eigenschaft ermöglichte

---

[1] Vgl. Cox, J.C./Rubinstein, M. (1985), Vorwort S. vii. Als einer der ersten theoretischen Beiträge zur Optionsthematik ist dabei die Arbeit von Bachelier aus dem Jahr 1900 besonders hervorzuheben (vgl. Bachelier, L. (1900)).

[2] Vgl. Black, F./Scholes, M. (1973).

[3] Vgl. zu letzterer Einschätzung der Arbeit von Black/Scholes insbesondere Jarrow, R.A./Rudd, A. (1983), Vorwort S. ix. Vgl. darüber hinaus z.B. Hull, J. (1993), S. 207, Ritchken, P. (1987), S. 2, Smith, C.W. (1976), S. 3 und den Überblick über den Stand der Optionstheorie in Abschnitt 3. von Kapitel B.

[4] Zu den besonderen Leistungen der Black/Scholes-Arbeit vgl. z.B. Smith, C.W. (1976), S. 3-5, Cox, J.C./Rubinstein, M. (1985), S. 166, Cox, J.C./Ross, St./Rubinstein, M. (1979), S. 229-230, Bühler, W. (1990), S. 65.

[5] Weitergehend wird gelegentlich behauptet, daß der Optionswert im Black/Scholes-Modell ausschließlich von beobachtbaren Einflußgrößen abhängt (vgl. z.B. Cox, J.C./Ross, St. (1976), S. 145). Solche Beschreibungen des Black/Scholes-Modells sind bei genauer Betrachtung aber irreführend, da insbesondere mit der "Aktienkursvolatilität" (vgl. dazu Abschnitt 3.3.4.2 in

ihrem Bewertungsmodell einen raschen Eingang in die Praxis der Optionsbewertung und lieferte über diese hohe Akzeptanz des Modells in der Praxis mittelbar einen zusätzlichen Anreiz für weitere theoretische Auseinandersetzung mit Optionen.

3. Black/Scholes zeigten darüber hinaus erstmals, daß eine Vielzahl von Finanzkontrakten und insbesondere verschiedene Finanzierungstitel einer Unternehmung als Optionen bzw. als Kombinationen aus Optionen interpretiert werden können. Sie wiesen so den Weg zu einer einheitlichen Finanztitelbewertung und initiierten eine deutliche Erweiterung der optionstheoretischen Bewertungsobjekte.

Aufgrund dieses Leistungsprofils konnte die Black/Scholes-Arbeit enorme "Katalysatorwirkung" für die theoretische Beschäftigung mit Optionen entwikkeln. Die optionstheoretischen Arbeiten nach 1973 lehnen sich überwiegend eng an die von Black/Scholes gewählte Vorgehensweise an. So ist die Mehrzahl der optionstheoretischen Beiträge der letzten zwanzig Jahre - wie die Arbeit von Black/Scholes selbst - durch Modellierungen gekennzeichnet, die zwar auf exogene Annahmen über Anlegerpräferenzen verzichten, die zugunsten einer numerisch eindeutigen Bestimmbarkeit von Optionswerten aber gleichzeitig von einem dichten Kranz anderer Prämissen ausgehen.

Die Annahmen entsprechender, dem Black/Scholes-Modell verwandter Modelle erstrecken sich dabei im wesentlichen auf drei Bereiche:

1. Annahmen über Merkmale der Optionskontrakte,
2. Annahmen, nach denen die Kursveränderungen der optierbaren Objekte als Realisationen von Zufallsvariablen mit bekanntem Verteilungstyp und bekannten Verteilungsparametern aufgefaßt werden können, und
3. sonstige Annahmen über Merkmale des Finanztitelmarktes.

Unter der Maxime möglichst umfassender Bewertungsaussagen über Optionen lag ein Schwerpunkt der Forschungsbemühungen innerhalb der Optionstheorie seit 1973 auf der Lockerung und Variation von Annahmen dieser drei Kategorien. Die vorliegende Arbeit knüpft in dieser Black/Scholes-orientierten Sichtweise an Annahmen der zweiten Kategorie an.

Kapitel B) auch zumindest eine Einflußgröße in das Modell eingeht, bei der nicht ein beobachtbarer Ex-post-Wert sondern nur ein nichtbeobachtbarer Ex-ante-Wert den bewertungsrelevanten Faktorwert liefern kann.

Zwar bietet die Optionstheorie mittlerweile eine Vielzahl von Modellansätzen, in denen die Kursprozeßannahme von Black/Scholes in solcher Weise verallgemeinert oder durch andere konkrete Kursprozeßannahmen ersetzt wird, daß eine präferenzfreie, eindeutige Optionsbewertung möglich bleibt.[6] Diese Modellverallgemeinerungen und -variationen bieten zwar wichtige zusätzliche Einblicke in das theoretische Verständnis einer Optionsbewertung. Aber selbst mit der Vielzahl mittlerweile präsentierter Kursprozeßannahmen kann das Bewertungsproblem von Optionen keineswegs als umfassend gelöst angesehen werden. Zum einen kann auch diese Modellvielfalt aus theoretischer Sicht nicht für alle potentiell relevanten Werteinflüsse eine befriedigende Modellierung bieten.[7] Zum anderen wächst mit einer zunehmenden Modellvielfalt und Modellflexibilität das mit einer praktischen Modellanwendung zwangsläufig verbundene Problem der Modellauswahl und der Spezifikation der Modellparameter.

Hier soll daher erst gar nicht der in der Optionstheorie weitverbreiteten Übung gefolgt werden, Erklärungsdefizite bekannter Bewertungsansätze dadurch zu vermindern, daß bereits vorgeschlagenen konkreten Kursprozeßannahmen neue konkrete Annahmen hinzugefügt werden, unter denen wiederum eine eindeutige numerische Bestimmbarkeit von Optionswerten möglich sein soll. Von einer solchen Vorgehensweise erwartet der Autor angesichts der mittlerweile vorhandenen Vielfalt von Vorschlägen für eine Kursprozeßannahme nur noch einen relativ beschränkten Erkenntnisfortschritt. In diesem Zusammenhang stellt sich sogar ganz grundsätzlich die Frage, ob Kursprozesse sich überhaupt jemals durch Zufallsvariablen mit bestimmten Eigenschaften erschöpfend beschreiben lassen können.

Stattdessen soll hier eine vom Black/Scholes-Ansatz abweichende Sichtweise auf das Problem der Optionsbewertung eingenommen werden. Hier soll nicht von der Bedingung einer Bestimmbarkeit eindeutiger Optionswerte ausgegangen werden und nach Kursprozeßannahmen gesucht werden, für die diese Bedingung erfüllt ist, sondern hier soll stattdessen von der Randbedingung eines Verzichts auf jegliche Annahmen über Kursprozesse ausgegangen werden. Im Mittelpunkt der Arbeit soll dann die Frage stehen, welche Bewertungsaussagen über Optionen sich bei einem vollständigen Verzicht auf Annahmen der zweiten Kategorie überhaupt noch treffen lassen. Die Präferenzunabhängigkeit der Bewertung soll dabei erhalten bleiben. Im Vergleich zum Gros der verfügbaren Bewertungsansätze für Optionen wird damit ein Hauptangriffspunkt für eine Kritik an den ge-

---

[6] Vgl. dazu den Modellüberblick in Abschnitt 3.3.4 von Kapitel B.

[7] Zu einigen aus theoretischer Sicht bislang unbefriedigend modellierten Aspekten einer Optionsbewertung vgl. Abschnitt 3.3.5 von Kapitel B.

wonnenen Bewertungsaussagen vermieden und untersucht, welchen Einfluß diese "Immunisierung" der Bewertungsaussagen auf die Aussagemöglichkeiten hat.

Dieser Ansatz einer Optionsbewertung ist nicht grundsätzlich neu. Er wurde schon 1973 von Merton in seiner parallel zum Black/Scholes-Beitrag erschienenen Arbeit verfolgt.[8] Neben einer Weiterentwicklung des Black/Scholes-Ansatzes[9] leitet Merton in dieser Arbeit bereits umfangreiche Bewertungsaussagen über Optionen ab, die unabhängig von Annahmen über Anlegerpräferenzen und Kursprozesse gelten sollen.[10] Im Vergleich zum Black/Scholes-Ansatz blieb dieser kursprozeß- und präferenzunabhängige Bewertungsansatz von Merton seither aber, von kleineren Ausnahmen abgesehen,[11] ohne gravierende Weiterentwicklungen. Das Echo dieses Bewertungsansatzes von Merton in der Optionsliteratur beschränkt sich, in etwas vergröberter Sichtweise, auf eine mehr oder weniger unveränderte Reproduktion bereits von Merton selbst abgeleiteter Bewertungszusammenhänge.

Diese Stagnation einer Theorie der kursprozeß- und präferenzunabhängigen Optionsbewertung muß angesichts der grundsätzlichen Problematik konkreter Kursprozeßannahmen auf Anhieb verwundern. Eine Erklärung dieser Stagnation ist vermutlich darin zu sehen, daß auch in jüngeren Publikationen der Optionsliteratur von der Vermutung ausgegangen wird, daß die Erkenntnismöglichkeiten einer Optionsbewertung ohne Annahmen über Anlegerpräferenzen und Kursprozesse durch die von Merton gewonnenen Ergebnisse bereits im wesentlichen vollständig und korrekt ausgeschöpft sind.

Eine umfassende und zusammenhängende Auseinandersetzung mit dieser Vermutung fehlt aber bislang. Auf diesem fast weißen Fleck der teilweise recht dichtbesiedelten Landkarte optionstheoretischer Beiträge ist die vorliegende Arbeit anzusiedeln.[12]

---

[8] Vgl. Merton, R.C. (1973).

[9] Die Autoren kannten gegenseitig die Arbeitsversionen der beiden Artikel. Sie konnten aufgrund dieser Kenntnis jeweils vor dem Erscheinen Bezug auf die später publizierten Artikel des/der jeweils anderen Autoren nehmen. So führen Black/Scholes in ihrem Literaturverzeichnis den Beitrag von Merton bereits mit dem Hinweis "in press" an (vgl. Black, F./Scholes, M. (1973), S. 653). Merton zitiert seinerseits bereits den Black/Scholes-Beitrag mit dem Hinweis "forthcoming in Journal of Political Economy" (vgl. Merton, R.C. (1973), S. 181).

[10] Vgl. zu Bewertungsaussagen dieser speziellen Kategorie Merton, R.C. (1973), S. 141-156.

[11] Vgl. dazu vor allem Cox, J.C./Rubinstein, M. (1985), S. 127-163, Jagannathan, R. (1984).

[12] Eine weitergehende Einordnung des hier gewählten Ansatzes einer Optionsbewertung ergibt sich aus Kapitel B dieser Arbeit.

2. Zielsetzung der Arbeit

Die primäre Zielsetzung dieser Arbeit besteht entsprechend ihrem Titel in einer Verdeutlichung von Aussagemöglichkeiten und -grenzen eines Optionsbewertungsansatzes, der auf Annahmen über Anlegerpräferenzen und Kursprozesse optierbarer Objekte vollständig verzichtet. Diese Verdeutlichung soll hier durch eine Kombination aus Positiv- und Negativabgrenzung erfolgen:

- Zum einen sollen Bewertungsaussagen für Optionen, die tatsächlich für beliebige Anlegerpräferenzen und Kursprozesse gültig sind, dargestellt und ihre Gültigkeit bewiesen werden.

- Zum anderen soll verdeutlicht werden, welche Bewertungsaussagen für Optionen nur noch unter speziellen Annahmen über Anlegerpräferenzen und/oder Kursprozesse gültig sind.

Während sich die Positivabgrenzung in weiten Teilen noch auf bekanntem Terrain der Optionstheorie bewegt, geht die vorzunehmende Negativabgrenzung über bislang bekannte Analysen eindeutig hinaus - sie kann als der wesentliche innovative Aspekt dieser Arbeit betrachtet werden.

Innerhalb der Negativabgrenzung sollen dabei zwei detailliertere Ziele verfolgt werden:

- Zum einen soll aus einer eher allgemeinen, systematischen Sichtweise aufgezeigt werden, welche Arten von Bewertungsaussagen über Optionen nur noch unter speziellen Annahmen über Anlegerpräferenzen und Kursprozesse möglich sind.

- Zum anderen soll aus einer exemplarischen Sichtweise anhand von Bewertungsaussagen aus der Optionsliteratur illustriert werden, daß oftmals auch mit auf Anhieb "unverdächtigen" Bewertungsaussagen bei genauerer Betrachtung doch implizite Annahmen über Anlegerpräferenzen und/oder Kursprozesse getroffen werden.

Die Betrachtungen innerhalb dieser Arbeit beschränken sich dabei unmittelbar nur auf spezielle Aktienkaufoptionen in einem vollkommenen Markt und damit nur auf einen relativ engen Ausschnitt möglicher Bewertungssituationen, die bei einer Beschäftigung mit Optionen insgesamt betrachtet werden könnten. Auch wenn die hier gewonnenen Ergebnisse damit unmittelbar nur für diesen gewählten engen Ausschnitt gelten, soll mit den hier angestellten Betrachtungen doch gleichzeitig auch eine Zielsetzung verfolgt werden, die über den eng gesteckten ausdrücklichen Untersuchungsrahmen hinausweist. Mittelbar soll durch diese Arbeit nämlich ein besseres Verständins dafür vermittelt werden, wie eng generell Bewertungsaussagen über Optionen von Annahmen über Anlegerpräferenzen und Kursprozesse abhängen.

Eine wesentliche Zielsetzung der Arbeit liegt damit auf einer allgemeineren gedanklichen Ebene. Der Leser soll sensibilisiert werden für die Relativität von Optionsbewertungen. Er soll in die Lage versetzt werden, kritische Distanz zu verschiedenen Bewertungsaussagen über Optionen einzunehmen, die durch häufige Reproduktion allmählich den Rang allgemeingültiger Gesetzmäßigkeiten zu erlangen scheinen, obwohl sie tatsächliche Gültigkeit nur in speziellen Prämissenkränzen besitzen.

3. Gang der Untersuchung

In Kapitel B erfolgt zunächst eine Einordnung dieser Arbeit in den Kontext der Optionstheorie. Die Einordnung erfolgt dabei zum einen hinsichtlich der Bewertungsobjekte und zum anderen hinsichtlich des Bewertungsansatzes. Die hier als Bewertungsobjekte betrachteten Aktienkaufoptionen werden dabei gleichzeitig als relativ spezielle und relativ zentrale Bewertungsobjekte der Optionstheorie identifiziert. Der hier gewählte Ansatz einer präferenz- und verteilungsfreien Optionsbewertung in einem vollkommenen Markt wird dadurch eingeordnet, daß ihm Bewertungsansätze mit grundsätzlich anderer Vorgehensweise und Bewertungsansätze mit grundsätzlich ähnlicher Vorgehensweise, aber mit spezielleren Prämissen gegenübergestellt werden.

In Kapitel C wird dann zunächst der Modellrahmen aufgespannt, innerhalb dessen hier die Aussagemöglichkeiten und -grenzen einer präferenz- und verteilungsfreien Optionsbewertung näher analysiert werden. Anschließend werden dann einige Bewertungsaussagen über Optionen formuliert und in ihrer Gültigkeit bewiesen, denen tatsächlich präferenz- und verteilungsunabhängige Gültigkeit zukommt. Diese Bewertungsaussagen betreffen einerseits Wertrelationen zwischen der Option und dem Basisobjekt und andererseits die Werteinflußrichtung des Optionsrechtstyps, des Verfalltermins und des Basispreises einer Option.

In Kapitel D wird dann weitergehend untersucht, inwieweit sich auch für andere in der gleichgewichtsorientierten Optionstheorie allgemein als bewertungsrelevant akzeptierte Einflußgrößen ohne Präferenz- und Verteilungsannahmen eine Werteinflußrichtung eindeutig bestimmen läßt. Bzgl. des aktuellen Aktienkurses, der Aktienkursvolatilität, des Zinsniveaus und der Dividendenerwartungen wird gezeigt, daß bereits die bloße Bestimmung einer qualitativen Werteinflußrichtung dieser Faktoren zusätzliche Annahmen erforderlich macht. Die Ergebnisse des Kapitels D stehen dabei partiell im Widerspruch zu anderen Aussagen der Optionsliteratur. Die aufgezeigten Widersprüche können teilweise auf in der Optionstheorie weitverbreitete, implizite ceteris paribus Annahmen zurückgeführt werden. Diese impliziten ceteris paribus Annahmen können dann weitergehend zum einen teilweise bereits als erste Kursprozeßannahmen interpretiert werden, mit denen der Rahmen einer präferenz- und verteilungsfreien Optionsbewertung verlassen wird. Sie erweisen sich darüber hinaus bei genauerer Betrachtung aber teilweise auch als ausgesprochen unplausibel.[13]

In Kapitel E werden die wesentlichen Ergebnisse der Arbeit dann noch einmal abschließend zusammengefaßt und eingeordnet.

---

[13] Vgl. dazu insbesondere die Diskussion des Zinseinflusses auf den Optionswert in Abschnitt 2. von Kapitel D.

Kapitel B: Einordnung und Grundbegriffe

1. Vorbemerkung

Für die Diskussion von Aussagemöglichkeiten und -grenzen einer präferenz- und verteilungsfreien Optionsbewertung sollen in diesem Kapitel zwei wesentliche Vorleistungen erbracht werden:
- Zum einen soll eine genauere Einordnung der hier anzustellenden Betrachtungen in das breite Spektrum optionstheoretischer Arbeiten vorgenommen werden.
- Zum anderen sollen Grundbegriffe für die anzustellenden Betrachtungen geklärt werden.

Eine genauere Einordnung dieser Arbeit soll dabei zunächst anhand der gewählten Bewertungsobjekte vorgenommen werden.[14] Die in dieser Arbeit ausschließlich als Bewertungsobjekte betrachteten Aktienkaufoptionen sind zu definieren, in die Gesamtheit optionstheoretischer Bewertungsobjekte einzuordnen, in Beziehung zu real existierenden Optionskontrakten zu setzen und anhand einzelner Merkmale weiter zu spezifizieren.

Eine Einordnung dieser Arbeit soll darüber hinaus anhand des gewählten Bewertungsansatzes vorgenommen werden.[15] In dieser Arbeit soll ein gleichgewichtsorientierter Bewertungsansatz ohne Präferenz- und Verteilungsannahmen verfolgt werden. Zu einer groben Einordnung dieses Bewertungsansatzes in die Gesamtheit optionstheoretischer Bewertungsansätze wird zunächst ein allgemeiner Überblick über wesentliche, bekannte Optionswertmodelle gegeben, um gleichgewichtsorientierte Ansätze als Modellklasse insgesamt in dieses Spektrum einordnen zu können. Zusätzlich wird dann ein knapper Abriß anderer gleichgewichtsorientierter Ansätze gegeben, um den hier speziell verfolgten präferenz- und verteilungsfreien Ansatz innerhalb dieser Modellklasse einordnen zu können. Im Zuge dieser Einordnungen werden bereits gleichzeitig einige wesentliche Grundbegriffe für die folgenden Betrachtungen geklärt.

---

[14] Vgl. dazu Abschnitt 2. dieses Kapitels.
[15] Vgl. dazu Abschnitt 3. dieses Kapitels.

2. Bewertungsobjekte

2.1 Optionen

Innerhalb der finanzwirtschaftlichen Theorie hat sich mit der Optionstheorie eine eigene Teildisziplin etabliert, die sich in erster Linie mit Fragen der Bewertung von Optionen beschäftigt. Allerdings kann weder im allgemeinen Sprachgebrauch noch innerhalb der Optionstheorie ein eindeutiger Optionsbegriff konstatiert werden.

Eindeutig kann noch das lateinische Wort "optio", das sich etwa als "freier Wille" oder als "Belieben" übersetzen ließe, als Etymon des deutschen Wortes "Option" identifiziert werden.[16] Beträchtliche Unterschiede zeigen sich aber hinsichtlich der Extensionen, die mit der Bezeichnung "Option" zu einem Optionsbegriff verknüpft werden. Die Spannweite der Begriffsextensionen reicht von solchen, die ganz allgemein jegliches Wahlrecht eines Subjekts umfassen,[17] bis hin zu Extensionen, die ganz speziell nur noch solche Wahlrechte umfassen, die in standardisierter Form und unter der ausdrücklichen Bezeichnung "Option" an sogenannten "Optionsbörsen" gehandelt werden.[18] Wegen der Vielfalt existierender Optionsbegriffe bedarf der Begriff der Option vor seiner Verwendung einer Präzisierung.

Hier soll unter einem Optionsrecht (kurz: Option) das Recht eines Optionsinhabers (Optionärs) verstanden werden, in einem zukünftigen Zeitpunkt oder einem zukünftigen Zeitraum durch einseitige Erklärung einen zunächst noch schwebend unwirksamen Vertrag mit einem Optionsverpflichteten (Stillhalter) wirksam werden zu lassen, das für den Optionär, abgesehen von einer gegebenenfalls vereinbarten, sofort fälligen Bezahlung für dessen Einräumung, mit keinen Pflichten verbunden ist.

Die form- und fristgerechte Abgabe einer positiven Willenserklärung durch den Optionär wird als (Options-)Ausübung bezeichnet. Ist der Zeitraum für die Aus-

---

[16] Vgl. z.B. Kluge, F. (1989), Stichwort "Option".

[17] Solch weite Begriffsfassungen finden sich seltener innerhalb des Schrifttums zur Optionstheorie als vielmehr im allgemeinen Sprachgebrauch (vgl. aber z.B. Franke, G. (1990), S. 43).

[18] Zu unterschiedlichen Optionsbegriffen vgl. exemplarisch Merton, R.C. (1973), S. 142-143, Frauenfelder, E. (1980), S. 5-14, Gastineau, G.L. (1988), S. 7, Jurgeit, L. (1989), S. 9-14, Walter, K.M. (1990), S. 50, Franke, G. (1990), S. 43, Hauck, W. (1991), S. 5-10, Uhlir, H./Steiner, P. (1994), S. 213.

übung im Optionsvertrag durch einen letztmöglichen Termin begrenzt, so wird dieser letztmögliche Ausübungstermin als Fälligkeit, Verfalltermin oder Laufzeitende der Option und dessen Verstreichen ohne Ausübung einfach als Verfall der Option bezeichnet. Der Zeitraum zwischen dem Abschluß des Optionsvertrages und der Fälligkeit der Option wird als Laufzeit der Option bezeichnet. Optionen ohne Fälligkeit werden auch als ewige Optionen bezeichnet.

Eine Option im hier definierten Sinn kann zur ökonomischen Analyse auch als Kombination zweier, zumindest gedanklich trennbarer, Verträge verstanden werden:[19]

- Ein erster Vertrag, der hier als Optionsbegründungsvertrag bezeichnet wird und in dem das Optionsrecht zugunsten des Optionärs und eine evtl. dafür sofort fällige Gegenleistung vereinbart oder vom Stillhalter eingeräumt wird.

- Ein zweiter Vertrag, der hier als Basisvertrag bezeichnet wird. Dieser zweite Vertrag ist schwebend unwirksam und sein Wirksamwerden nur noch an die Bedingung einer form- und fristgerechten, positiven Willenserklärung des Optionärs geknüpft. Die von Optionär und Stillhalter im Basisvertrag zu übernehmenden Rechte und Pflichten werden bereits mit dem Abschluß des Optionsbegründungsvertrages geregelt.

Mit Hilfe dieses gedanklichen Konzepts kann das Charakteristikum einer Option im hier definierten Sinn dann auch vereinfacht als

- einseitiges Wahlrecht auf Wirksamwerden eines definierten Basisvertrages,
- das über eine sofort fällige Bezahlung für die Rechtsgewährung hinaus mit keinen Pflichten seitens des Optionärs verbunden ist,

beschrieben werden. Zentrales Merkmal einer Option ist nach dieser Definition, daß sich zusätzliche Pflichten des Optionärs nicht aus dem Optionsbegründungs-

---

[19] Die Trennung eines Optionskontraktes in zwei Teilkontrakte stellt ein geeignetes gedankliches Hilfsmittel zu dessen ökonomischer Analyse dar. Diese Vorgehensweise soll aber nicht den Eindruck erwecken, als handele es sich bei einem Optionskontrakt auch aus juristischer Sicht um zwei Verträge. Aus juristischer Sicht existiert mit der Interpretation eines Optionsrechts als "Gestaltungsrecht" zwar ein analoger Ansatz. Dieser Ansatz ist aber bislang zumindest umstritten zu betrachten. Mit der "Vorvertragstheorie", der "Bedingungstheorie", der "Angebotstheorie" und der "Angebotsvertragstheorie" existieren weitere Auffassungen von der rechtlichen Interpretation eines Optionskontraktes. Zur Diskussion um die Rechtsnatur von Optionsgeschäften vgl. z.B. Frauenfelder, E. (1980), S. 5-8, Walter, K.M. (1990), insbesondere S. 48-77, Hauck, W. (1991), S. 12-15. Zu einer umfassenden Diskussion rechtlicher Aspekte von Börsenoptionsgeschäften vgl. Imo, Ch. (1988).

vertrag, sondern nur im Falle einer Optionsausübung aus dem Basisvertrag ergeben können.

Dieser Optionsbegriff ist noch als relativ weit zu betrachten, da die Definition
- nur an wenigen Merkmalen des Optionsbegründungsvertrages ansetzt und
- völlig unabhängig von Merkmalen des Basisvertrages bleibt.

Je nach Spezifizierung des Optionsbegründungsvertrages und des Basisvertrages können sich für Stillhalter und Optionär mit einer Option im Detail offensichtlich noch sehr unterschiedliche ökonomische Positionen verknüpfen. So können - aus Optionärssicht - je nach der Spezifikation des Basisvertrages z.B. ganz unterschiedliche Einflußfaktoren für die Vorteilhaftigkeit einer Optionsausübung relevant sein oder auch gegebene Einflußfaktoren bei unterschiedlichen Basisverträgen die Vorteilhaftigkeit einer Optionsausübung in unterschiedlicher Weise beeinflussen.

Bewertungsaussagen, die Gültigkeit für alle Optionen im Sinne der Definition erlangen, sind daher nur in sehr beschränktem Maße möglich.[20] Die Möglichkeit allgemeingültiger Bewertungsaussagen für alle Bewertungsobjekte der Optionstheorie erweist sich demgegenüber als noch enger beschränkt. Dazu ist nämlich zu berücksichtigen, daß sich die Erkenntnisobjekte der Optionstheorie kaum durch Optionen im Sinne der obigen Definition erschöpfend beschreiben lassen. Über diese hinaus werden in der Optionstheorie auch noch zahlreiche Kontrakte betrachtet, die sich aufgrund der mit ihnen verbundenen ökonomischen Implikationen als Optionen oder eine Kombination aus Optionen interpretieren lassen und zu deren Bewertung daher ebenfalls optionstheoretisches Instrumentarium Einsatz findet. Soche Kontrakte werden im folgenden als Kontrakte mit Optionscharakter bezeichnet.

So werden innerhalb der Optionstheorie z.B. auch Eigenkapitaltitel und verschiedene Fremdkapitaltitel einer Unternehmung als Optionen interpretiert und opti-

---

[20] Zu einer ähnlichen Einschätzung gelangt auch Hauck, obwohl er ohnehin bereits von einem wesentlich engeren als dem hier verwendeten Optionsbegriff ausgeht (vgl. Hauck, W. (1991), S. 5). Zu einer Übersicht der Charakteristika verschiedener Optionen, die sich allein dadurch unterscheiden, daß die Basisverträge Kaufverträge auf unterschiedliche "Basisobjekte" (vgl. zum Begriff des Basisobjektes Abschnitt 2.4 dieses Kapitels) darstellen, vgl. außerdem Hauck, W. (1991), S. 223.

onstheoretische Ansätze zu deren Bewertung angewendet.[21] Weitere Anwendungen findet optionstheoretisches Instrumentarium z.B. bei der Bewertung von Vorzugsaktien, Einlagensicherungen der Banken, Versicherungsverträgen, Leasingverträgen oder auch bei einer Erklärung der mit unterschiedlichen Zinssätzen festverzinslicher Wertpapiere verbundenen Risikostrukturen.[22]

Die Analyse von Titeln mit Optionscharakter mittels optionstheoretischem Instrumentarium läßt sich kaum von einer Optionstheorie trennen, die sich mit Optionen im definierten Sinn beschäftigt. Zumindest müßte eine solche Trennung dem Selbstverständnis der Autoren zentraler optionstheoretischer Arbeiten widersprechen. Der besondere Stellenwert der Optionstheorie[23] kann nämlich allein aus dem speziellen Interesse an Optionen im definierten Sinn kaum stichhaltig erklärt werden. So war z.B. in den 70'er Jahren, der Phase besonders stürmischer Forschung auf dem Feld der Optionstheorie, die empirische Bedeutung von Optionen an den Weltfinanzmärkten noch als eher gering einzustufen.[24]

---

[21] Black/Scholes und Merton hatten als erste die Idee, Eigen- und Fremdkapital mit optionstheoretischem Instrumentarium zu bewerten. Vgl. Black, F./Scholes, M. (1973), S. 649-652, und Merton, R.C. (1974). Zum Zusammenhang dieser beiden Arbeiten vgl. außerdem Jurgeit, L. (1989), S. 3 insbes. Fn. 1. Weitere Beiträge zur Anwendung optionstheoretischen Instrumentariums bei der Bewertung von Eigen- und Fremdkapitaltiteln einer Unternehmung liefern u.a. Black, F./Cox, J.C. (1976), Galai, D./Masulis, R. (1976), Geske, R. (1977) i.V.m. Geske, R./Johnson, H. (1984), Brennan, M./Schwartz, E.S. (1978), Hsia, C.C. (1981), Senghas, N. (1981), Ho, T.S.Y./Singer, R.F. (1982), Ho, T.S.Y./Singer, R.F. (1984), Bühler, W./ Rothacker, H. (1986), Jurgeit, L. (1989).

[22] Übersichten über Finanzkontrakte, denen Optionscharakter zugesprochen wird und zu deren Bewertung in der Optionstheorie Aussagen gemacht werden, finden sich mit weiterführenden Literaturhinweisen z.B. bei Galai, D. (1977), S. 381, Smith, C.W. (1979), S. 87-109, Geske, R./ Trautmann, S. (1986), S. 97, Bös, M. (1991), S. 18-19, Uhlir, H./Steiner, P. (1994), S. 265-303.

[23] Daß der Optionstheorie innerhalb der finanzwirtschaftlichen Theorie tatsächlich ein besonders hoher Stellenwert beigmessen wird, läßt sich z.B. an der Vielzahl von Publikationen zur Optionstheorie erkennen. So konstatiert bereits Smith in seinem 1976 erschienen Überblick über die Optionstheorie die Schwierigkeit einer erschöpfenden Darstellung optionstheoretischer Ansätze (vgl. Smith, C.W. (1976), S. 3). Das zumindest zahlenmäßige Gros von Publikationen zur Optionstheorie ist aber nach dem subjektiven Eindruck des Autors sogar erst nach 1976 erschienen. Die von Smith zitierte Schwierigkeit dürfte damit inzwischen zu einer Unmöglichkeit ausgewachsen sein. Ein vergleichsweise umfangreicher, aber auch schon nicht mehr ganz aktueller Literaturüberblick zur Optionstheorie findet sich in Form einer kommentierten Bibliographie bei Gastineau (vgl. Gastineau, G.L. (1988), S. 367-399).

[24] Exemplarisch nachvollziehen läßt sich eine bis 1973 zu registrierende relative Bedeutungslosigkeit von Optionen am Beispiel von Aktienoptionen auf dem us-amerikanischen Markt. Dort wurde im April 1973 der Handel von Aktienoptionen an der Chicago Board Options Exchange (CBOE) aufgenommen. Zuvor wurden Aktienoptionen nur am sogenannten Over-The-Counter (OTC) Markt gehandelt und erreichten in den Jahren zwischen 1940 und 1973 stückemäßig nicht mehr als

Vielmehr resultierte das besondere Interesse an der Optionstheorie bereits in dieser entscheidenden Entwicklungsphase aus der Einschätzung, daß Optionen als besonders einfache Beispiele zustandsabhängiger Ansprüche anzusehen sind, und aus der darauf aufbauenden Hoffnung, daß eine geschlossene Theorie der Optionsbewertung zu einer generellen Bewertungstheorie für zustandsabhängige Ansprüche verallgemeinerbar sein könnte. Diese Hoffnung wurde z.B. schon 1973 von Merton ausdrücklich als besonderer Anreiz für die Entwicklung einer Optionstheorie geäußert: "..., a theory of option pricing may lead to a general theory of contingent-claims pricing."[25]

Wegen dieser Bedeutung von Finanzkontrakten mit Optionscharakter als Bewertungsobjekte der Optionstheorie müßte schon eine Diskussion von Fragen der Optionsbewertung, die sich nur auf Optionen im strengen Sinne der Definition bezieht, unvollständig bleiben.[26]

Macht bereits die Heterogenität von Optionen gemäß der Definition allgemeingültige Bewertungsaussagen äußerst problematisch, so müssen solche Aussagen

---

2% des Aktienumsatzes im jeweils selben Jahr an der New York Stock Exchange (NYSE). Erst nach der CBOE-Eröffnung gewann der Optionshandel sprunghaft an Bedeutung. 1981 erreichten die CBOE-Aktienoptionen stückemäßig 92,3% des NYSE-Umsatzes. (Vgl. zu dieser Entwicklung die tabellarische Aufstellung bei Gastineau, G.L. (1988), S. 17.) Wegen des 1983 zusätzlich eingeführten Handels mit Indexoptionen sind die Zahlen in den Folgejahren dann nur noch mit starken Einschränkungen vergleichbar. Einen Eindruck von der Entwicklung und Bedeutung von "Optionsmärkten" vermitteln darüber hinaus Etzel, P. (1990), Watsham, T. J. (1992), S. 6-10. Bös kommt sogar 1991 noch zu dem Urteil: "Aber wäre ihre Bedeutung (der Theorie der Optionsbewertung, der Verfasser) auf den relativ schmalen und - zumindest noch - unbedeutenden Bereich der Optionsbewertung beschränkt, die mittlerweile fast unüberschaubare Anzahl von Veröffentlichungen zu diesem Thema wäre damit kaum zu erklären." (Bös, M. (1991), S. 17).

[25] Merton, R.C. (1973), S. 141. Eine ähnliche Einschätzung vertraten, wie oben erwähnt, auch als erste bereits Black/Scholes, die schon mit ihrem Optionsbewertungsmodell im Jahr 1973 selbst erste konkrete Schritte zu dessen Verallgemeinerung auf Kontrakte mit Optionscharakter vorlegten (vgl. Black, F./Scholes, M. (1973), S. 648-652). Besonders zu erwähnen ist in diesem Zusammenhang auch Smith, der entsprechende Hoffnungen bereits 1976 als erfüllt ansieht (vgl. Smith, C.W. (1976), S. 3). Etwas problematisch erscheinen entsprechende Einschätzungen allerdings insofern, als in den verschiedenen Quellen zustandsbedingte Ansprüche zwar mehr oder weniger scharf definiert werden als Ansprüche, deren Wert vom Wert anderer Ansprüche abhängt. Ausgesprochen vage bleibt dabei aber, worin gerade die besondere Einfachheit speziell eines aus einer Option resultierenden bedingten Anspruchs besteht.

[26] Besonders offensichtlich wird die Bedeutung von Finanzkontrakten mit Optionscharakter für die Optionstheorie, wenn verschiedentlich Optionstheorie von vornherein allgemein als die Beschäftigung mit der Bewertung bedingter Ansprüche definiert wird (vgl. z.B. Köpf, G. (1987), S. 1-2).

bei Einbeziehung anderer Finanzkontrakte mit Optionscharakter aber erst recht auf enge Grenzen stoßen. Wenn hier die Möglichkeiten und Grenzen einer verteilungs- und präferenzunabhängigen Optionsbewertung diskutiert werden sollen, kann dies also sinnvoll - zumindest explizit - nur für eine kleine Teilmenge aller Optionen und erst recht nur für eine kleine Teilmenge aller Bewertungsobjekte der Optionstheorie geschehen. Dieser Einschätzung entsprechend sollen die Betrachtungen hier von vornherein auf "Aktienkaufoptionen" als spezielle Optionen beschränkt werden.

Bevor hier nur noch Aktienkaufoptionen als Objekte einer Optionsbewertung betrachtet werden, soll aber zunächst eine kurze Einordnung dieses Spezialfalls in die Bewertungsobjekte der Optionstheorie vorgenommen werden. Dabei soll neben einer begrifflichen Präzisierung von Aktienkaufoptionen deutlich werden, daß Aktienkaufoptionen gleichzeitig sehr spezielle und sehr zentrale Bewertungsobjekte der Optionstheorie darstellen.

2.2 Aktienkaufoptionen als spezielle Optionen

Mit der ausschließlichen Betrachtung von Aktienkaufoptionen erfolgt hier in einem ersten Schritt eine Beschränkung der Bewertungsobjekte auf Optionen im Sinne der Definition. Andere Finanzkontrakte mit Optionscharakter bleiben hier also außer Betracht.

Daß es sich bei den hier betrachteten Aktienkaufoptionen außerdem um eine relativ spezielle Klasse von Optionen im Sinne der Definition handelt, wird erkennbar, wenn die Vielfalt denkbarer Optionen schrittweise nach Merkmalen des Basisvertrages differenziert wird. Auf einer ersten Ebene bietet sich dabei der Vertragstyp des Basisvertrages als Unterscheidungskriterium an.

Prinzipiell kommt jeder bekannte Vertragstyp, z.B. Tauschvertrag, Kaufvertrag, Dienstleistungsvertrag, Darlehensvertrag, Mietvertrag oder auch wiederum ein Optionsvertrag, als Basisvertrag einer Option in Betracht. Mit einer Beschränkung auf Aktienkaufoptionen werden hier nur noch Optionen mit Kaufverträgen als Basisverträge betrachtet.

Innerhalb der Optionen auf Kaufverträge bieten sich weitergehende Klassifizierungen zum einen danach an, welcher Qualität die vom Verkäufer im Kaufvertrag zu erbringende Leistung ist, und zum anderen danach, welche Rollenverteilung für Optionär und Stillhalter im Kaufvertrag vorgesehen ist.

Als Leistungsart des Verkäufers kommt dabei prinzipiell die Lieferung jeder Qualität von fungiblen Vermögenswerten, z.B. Waren, Immobilien, Devisen oder Wertpapieren, in Betracht. In einem erweiterten Sinn kann die Leistungspflicht des Verkäufers auch anhand fiktiver Größen wie z.b. Zins- oder Indexpositionen definiert sein. Solche fiktiven Größen stellen weder Güter oder Devisen noch Wertpapiere dar. Die Leistungspflicht des Verkäufers kann im Zusammenhang mit fiktiven Größen dann naturgemäß auch nicht in deren physischer Lieferung bestehen, sondern nur noch in einem sogenannten Differenzausgleich - zumeist als Barausgleich - zwischen einem vertraglich fixierten "Kaufpreis" und einem im Optionsvertrag genauer zu definierenden aktuellen "Marktpreis" für den fiktiven Vermögenswert. Mit der Beschränkung auf Aktienkaufoptionen wird hier als Leistungsart des Verkäufers im Basisvertrag nur noch die Lieferung von Wertpapieren betrachtet, wobei mit in Aktien verbrieften Unternehmensanteilsrechten die Betrachtungen zudem auf eine sehr spezielle Wertpapiergattung verengt werden.

Für die Rollenverteilung zwischen Optionär und Stillhalter im Kaufvertrag kommen zunächst einmal zwei elementare Konstellationen in Betracht:

1. Der Optionär wird Käufer und der Stillhalter wird Verkäufer im Kaufvertrag. Eine Option mit dieser Rollenverteilung wird als Kaufoption (Call) bezeichnet.

2. Der Optionär wird Verkäufer und der Stillhalter wird Käufer im Kaufvertrag. Eine Option mit dieser Rollenverteilung wird als Verkaufoption (Put) bezeichnet.

Neben diesen beiden elementaren Rollenkonstellationen ist aber auch noch eine in der Optionstheorie kaum beachtete Vielzahl von Mischformen denkbar, bei denen die Rollenverteilung im Kaufvertrag nicht von vornherein eindeutig festliegt, sondern z.B. ebenfalls von einer einseitigen Willenserklärung des Optionärs[27] oder dem Eintreffen bestimmter exogener Ereignisse abhängig ist.

---

[27] Eine hier gemeinte Option mit zusätzlichem einseitigem Wahlrecht des Optionärs über die Rollenverteilung im Kaufvertrag ist nicht mit einer zumeist als "straddle" bezeichneten Kombination aus Kauf- und Verkaufoption identisch (vgl. zum Begriff des straddle z.B. Cox, J.C./Rubinstein, M. (1985). S. 17-18). Bei dem hier gemeinten zusätzlichen Wahlrecht des Optionärs liegt nur ein einziges Optionsrecht vor, das mit der Optionsausübung (inklusive der Entscheidung über die Rollenverteilung) vollständig erlischt. Bei einer Position, die aus der summarischen Kombination von Kauf- und Verkaufoption besteht, bleibt trotz Ausübung einer

Zusätzliche Mischformen sind z.B. durch eine unterschiedliche Definition der exogenen Ereignisse denkbar, an denen eine Regelung über die Rollenverteilung anknüpft, oder dadurch konstruierbar, daß verschiedene zeitliche Abfolgen der Entscheidung über das Wirksamwerden des Basisvertrages und der Entscheidung über die Rollenverteilung vereinbart werden können. Mit der Beschränkung auf Aktienkaufoptionen werden hier allerdings nur Optionen mit der elementaren Rollenkonstellation einer Kaufoption betrachtet.

Insgesamt stellen Aktienkaufoptionen also nur eine relativ spezielle Klasse von Optionen dar, die dadurch spezifiziert ist, daß

- der Basisvertrag der Option ein Kaufvertrag ist,

- die Leistung des Verkäufers im Basisvertrag in der Lieferung von Aktien besteht und

- der Optionär im Basisvertrag die Rolle des Käufers und der Stillhalter die Rolle des Verkäufers übernimmt.

Abb. B-1 gibt einen Überblick über die Einordnung von Aktienkaufoptionen in die Gesamtheit der Bewertungsobjekte der Optionstheorie.

Option die jeweils andere Option aber bestehen, kann also in der Folge gegebenenfalls auch zusätzlich ausgeübt werden. Aufgrund dieses Unterschiedes kann eine Option mit zusätzlichem Wahlrecht über die Rollenverteilung im Basisvertrag nicht einfach mit einem Portefeuille aus Kauf- und Verkaufoption gleichgesetzt werden.

Kapitel B: Einordnung und Grundbegriffe

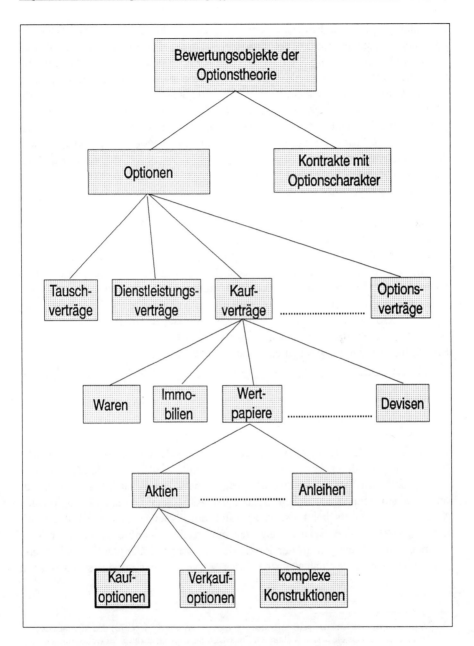

Abb. B-1: Bewertungsobjekte der Optionstheorie im Überblick

Aktienkaufoptionen stellen damit einerseits zwar sehr spezielle Bewertungsobjekte der Optionstheorie dar. Andererseits kann die Bewertung von Aktienkaufoptionen aber gleichzeitig auch als die "Keimzelle" der gesamten Optionstheorie betrachtet werden. Nahezu alle wesentlichen Erkenntnisfortschritte der Optionstheorie wurden in der Vergangenheit nämlich zunächst durch die Betrachtung von Aktienkaufoptionen erzielt und anschließend für andere Bewertungsobjekte verallgemeinert.[28] Auch Argumentationen, die die besondere Bedeutung der Optionstheorie für die gesamte finanzwirtschaftliche Theorie dadurch begründen, daß Optionen Beispiele besonders einfacher zustandsabhängiger Ansprüche darstellen, scheinen, zumindest implizit, wiederum von einer Aktienkaufoption als dem Basistyp einer Option auszugehen.

Wenn also grundsätzliche Überlegungen zur Optionsbewertung schon nicht ohne rigorose Beschränkung der Bewertungsobjekte sinnvoll sein können, dann erscheint vor diesem Hintergrund doch gerade die Betrachtung von Aktienkaufoptionen - also eine Arbeit an den "Wurzeln der Optionstheorie" - von besonderem Interesse. Im Zusammenhang mit Aktienkaufoptionen erkannte Möglichkeiten und Grenzen einer präferenz- und verteilungsunabhängigen Optionsbewertung bieten die Hoffnung einer ebenso einfachen und raschen Übertragung auf andere Bewertungsobjekte der Optionstheorie, wie dies für andere optionstheoretische Erkenntnisse in der Vergangenheit zu beobachten war.

2.3 Reale Erscheinungsformen von Aktienkaufoptionen

Hier soll ein Eindruck davon vermittelt werden, welche empirisch vorfindbaren Wahlrechte auf Aktienerwerb in dieser Arbeit unter den Begriff der Aktienkaufoption subsumiert werden können und welche nicht. Zur Herstellung einer Relation zwischen dem theoretischen Begriff der Aktienkaufoption und empirischen Kontraktvarianten erscheint - soweit es sich um börsengehandelte Kontraktvarianten handelt - eine Bezeichnung der empirischen Kontraktvarianten mittels Termini sinnvoll, die sich in der Praxis des Börsengeschäfts etabliert haben und von denen beim Leser daher ein gewisses Vorverständnis vorausgesetzt werden

---

[28] Vgl. dazu insbesondere die beiden Arbeiten von Black, F./Scholes, M. (1973) und Merton, R.C. (1973), die wohl als die beiden wichtigsten Einzelbeiträge zur Entwicklung der Optionstheorie überhaupt angesehen werden können.

Kapitel B: Einordnung und Grundbegriffe

kann. Anschließend wird dann aber auch auf die grundsätzliche Problematik einer Verwendung solcher "Praktikerbegriffe" hinzuweisen sein.

In der Börsenpraxis werden verschiedene Varianten von Wahlrechten auf Aktienerwerb weniger nach ihren Kontraktmerkmalen, sondern primär nach ihrem Sekundärmarkt mit unterschiedlichen Bezeichnungen belegt. Im Rahmen dieser Arbeit sollen als Aktienkaufoptionen hingegen zunächst einmal Wahlrechte auf Aktienerwerb betrachtet werden, die auf ganz unterschiedlichen Sekundärmärkten gehandelt werden. Als Aktienkaufoptionen im Sinne obiger Definition können dabei betrachtet werden:

- Wahlrechte auf Aktienerwerb, die als sogenannte börsliche Kaufoptionen an Optionsbörsen wie z.B. der DTB gehandelt werden, oder auch solche, die nach den besonderen Bedingungen für Optionsgeschäfte an den deutschen Wertpapierbörsen gehandelt werden,

- Wahlrechte auf Aktienerwerb, die als Optionsscheine an Wertpapierbörsen gehandelt werden,

- Wahlrechte auf Aktienerwerb, die als sogenannte gedeckte Optionsscheine an Wertpapierbörsen gehandelt werden,

- Wahlrechte auf Aktienerwerb, die als Bezugsrechte an Börsen gehandelt werden, und auch

- Wahlrechte auf Aktienerwerb, die über keinen börslichen Sekundärmarkt verfügen. Hier sind z.B. Wahlrechte auf Aktienerwerb, die als Bestandteil der Entlohnung von Unternehmensmitarbeitern vereinbart werden, oder auch solche, die im Zuge einer Unternehmenssanierung als Kompensation für das Einbringen zusätzlicher finanzieller Mittel bzw. einen Forderungsverzicht gewährt werden, zu nennen.

Nicht als Aktienkaufoptionen im Sinne dieser Arbeit sollen einseitige Wahlrechte zum Aktienerwerb betrachtet werden, die zwangsweise mit weiteren Rechtspositionen verknüpft sind oder bei denen die Leistungspflicht des Aktienkäufers im Basisvertrag auch durch andere Leistungsarten als eine Barzahlung erfüllt werden kann. Ist ein einseitiges Wahlrecht auf Aktienerwerb mit anderen Rechtspositionen oder anderen Leistungsarten des Aktienkäufers als einer Barzahlung verknüpft, so erscheint eine Bewertung des Wahlrechts nicht mehr als elementares Problem. Hat ein Einflußfaktor Wirkung auf den Wert eines solchen Wahlrechts, so kann diese Wirkung bewertungstechnisch sinnvollerweise nicht mehr getrennt werden von den Wirkungen, die derselbe Werteinflußfaktor auf die sonstigen Rechtspositionen bzw. auf den Wert der anderen Leistungsarten haben kann

Nicht als Aktienkaufoptionen im Sinne dieser Arbeit sollen wegen solcher fehlenden Isolierbarkeit einer Bewertung des Wahlrechts auf Aktienerwerb z.B. betrachtet werden:

- Sogenannte nicht trennbare Optionsscheine, die zwar Wahlrechte auf Aktienerwerb darstellen, aber in nicht trennbarer Weise mit anderen Rechtspositionen verknüpft sind, wie sie z.B. in Schuldverschreibungen oder Genußscheinen verbrieft werden,

- sogenannte Manager-Optionen, wenn sie zwar Wahlrechte auf Aktienerwerb darstellen aber nicht übertragbar und/oder an die Mitarbeit im Unternehmen in bestimmten leitenden Positionen geknüpft sind,[29]

- Optionsscheine mit einem Recht auf sogenannte "Inzahlunggabe", die zwar Wahlrechte auf Aktienerwerb darstellen, aber als Leistung des Aktienkäufers im Basisvertrag wahlweise oder obligatorisch den Verzicht auf Gläubigeransprüche vorsehen, oder auch

- Wandelschuldverschreibungen, die zwar ebenfalls Wahlrechte auf Aktienerwerb darstellen, aber nicht von einer Gläubigerposition getrennt werden können und gleichzeitig als Leistung des Aktienkäufers im Basisvertrag die Aufgabe dieser Gläubigerposition vorsehen.[30]

---

[29] Wegen dieser Einschränkung dürften die meisten real existierenden Wahlrechte auf Aktienerwerb aus Mitarbeiterentlohnungsverträgen letztlich doch keine Aktienkaufoptionen im Sinne dieser Arbeit sein. Empirische Arbeiten zu sogenannten Manager-Optionen, die einen Überblick über die Usancen solcher Verträge liefern, sind dem Autor allerdings nicht bekannt. Zur Bewertung sogenannter Manager-Optionen vgl. z.B. Noreen, E./ Wolfson, M. (1981), DeFusco, R./Johnson, R./Zorn, Th. (1990).

[30] Das Umtauschrecht aus einer Wandelschuldverschreibung und das Optionsrecht aus einem nicht trennbaren Optionsschein stellen, anders als gelegentlich in der Literatur behauptet (vgl. z.B. Hehn, E. (1993), S. 28, Penzkofer, P. (1976), Sp. 1804), keine identischen Rechtspositionen dar. Während bei einem nicht trennbaren Optionsschein bei Ausübung des Optionsrechts die Gläubigerposition bestehen bleibt, geht sie bei einer Ausübung des Umtauschrechts einer Wandelschuldverschreibung unter. Außerdem besteht die Leistung des Aktienkäufers im Basisvertrag bei nicht trennbaren Optionsscheinen i.d.R. aus einer Barzahlung, während sie bei Wandelschuldverschreibungen - zumindest u.a. - in der Aufgabe einer Gläubigerposition besteht. Zur Vermeidung von Mißverständnissen sei zudem darauf hingewiesen, daß der von Hehn als Beleg für ihre irrtümliche Gleichsetzung von nicht trennbaren Optionsscheinen und dem Umtauschrecht einer Wandelschuldverschreibung zitierte Weger (vgl. Weger, G. (1985), S. 18) selbst diesem Irrtum tatsächlich gar nicht unterliegt.

Kapitel B: Einordnung und Grundbegriffe 21

Die hier als Aktienkaufoptionen bezeichneten Wahlrechte auf Aktienerwerb bleiben trotz dieser Ausgrenzungen damit aber von erheblicher Heterogenität. Es erscheint daher sinnvoll, die Bewertungsobjekte dieser Arbeit noch weiter als nur auf Aktienkaufoptionen einzuschränken.

Solche Einschränkungen der Bewertungsobjekte sollen hier im weiteren anhand konkreter Ausstattungsmerkmale des Optionskontraktes[31] und anhand konkreter Merkmale der Marktumwelt von Optionskontrakt bzw. optierbarer Aktie[32] vorgenommen werden. Diese zusätzlichen Einschränkungen der Bewertungsobjekte laufen zwar im wesentlichen darauf hinaus, hier nur noch üblicherweise als "börsliche Optionen" bezeichnete Aktienkaufoptionen weiter zu betrachten. Die erforderlichen zusätzlichen Differenzierungen sollen hier aber ganz bewußt nicht in den Begriffskategorien der "Börsenpraxis" erfolgen.

Solche Begriffe boten sich wegen des mit ihnen verbundenen Vorverständnisses beim Leser noch an, um zu illustrieren, welche empirischen Kontrakte als Aktienkaufoptionen im Sinne der hier gewählten Definition zu betrachten sind. Für eine systematische Differenzierung verschiedener Aktienkaufoptionen eignen sich diese Begriffskategorien aber kaum. Sie sind Ergebnis gewachsener Sprachpraxis und nicht Ergebnis eindeutiger Systematik. Diese Begriffskategorien werden in der Börsenpraxis mit dem Auftauchen neuer Varianten von Aktienkaufoptionen ständig fortgeschrieben, ohne daß eine durchgängige, theoretische Systematik für die Zuordnung neuer Varianten erkennbar wäre. Dieses Defizit der Praktikerbegriffe wird z.B. daran erkennbar, daß in der Optionsliteratur bereits verschiedentlich versucht wurde, den Sprachgebrauch der Börsenpraxis quasi nachträglich mit einer theoretischen Systematik zu unterlegen. Diese theoretischen Fundierungsversuche besaßen durch das Auftauchen neuer Kontraktvarianten von Aktienkaufoptionen und deren sprachliche Einordnung in der Börsenpraxis aber regelmäßig nur kurze Gültigkeit.[33]

---

[31] Vgl. dazu den folgenden Abschnitt 2.4 in diesem Kapitel.

[32] Vgl. dazu Abschnitt 2.2 von Kapitel C.

[33] Als Beispiel für einen solchen Versuch kann die Systematik von Weger herangezogen werden, der im Jahr 1985 "Bezugsrecht", "Kaufoption", "Optionsschein" und "Wandelanleihe" als "die vier Typen der Kaufoptionsrechte des deutschen Wertpapiermarktes" unterscheidet (vgl. Weger, G. (1985), S. 31-38). Soweit aus heutiger Sicht erkennbar, bot die Systematik von Weger seinerzeit auch durchaus einen Ansatz, die am Wertpapiermarkt gehandelten, empirischen Wahlrechte zum Aktienerwerb im Einklang mit dem Sprachgebrauch der Börsenpraxis den vier genannten Typen zuzuordnen. Heute muß diese Systematik aber bereits als völlig überholt eingestuft werden. Das liegt natürlich zum einen an der zwischenzeitlichen Inbetriebnahme der DTB und der Installierung eines eigenständigen Marktsegments für sogenannte gedeckte Optionsscheine. Das liegt aber auch

2.4 Ausstattungsmerkmale von Aktienkaufoptionen

a) Optionsrechtstyp

Ein erstes wesentliches Ausstattungsmerkmal von Aktienkaufoptionen betrifft die vereinbarten zeitlichen Möglichkeiten einer Optionsausübung. Dabei sind, neben der Laufzeit,[34] insbesondere zwei Gestaltungsvarianten der zeitlichen Ausübungsmöglichkeiten von Interesse, die auch als europäischer bzw. amerikanischer Optionsrechtstyp bezeichnet werden.

Ist eine Option nur zu einem ganz bestimmten Termin ausübbar, der dann zwangsläufig mit dem Laufzeitende zusammenfällt, so wird sie als Option europäischen Typs oder einfach als europäische Option bezeichnet. Ist die Option hingegen zu jedem beliebigen Termin während ihrer Laufzeit ausübbar, so wird sie als Option amerikanischen Typs oder einfach als amerikanische Option bezeichnet.[35] Eine ewige Option kann dabei als Spezialfall einer amerkanischen Option aufgefaßt werden.

Im folgenden sollen nur diese beiden Optionsrechtstypen explizit betrachtet werden. Damit soll aber keineswegs der Eindruck vermittelt werden, als handele es sich bei der Unterscheidung zwischen amerikanischen und europäischen Optionen um binäre Begriffe zur Charakterisierung des Optionsrechtstyps. Stattdessen ist eher davon auszugehen, daß es sich bei diesen beiden Optionsrechtstypen um

---

an dem Auftauchen immer neuer Optionsvarianten, die nicht neben den von Weger beschriebenen Typen von Kaufoptionsrechten anzuordnen wären, sondern dazwischen. Besonders offensichtlich wird diese Entwicklung etwa an der Grenze zwischen "Kaufoption" und "Optionsschein". Weger nennt noch ausdrücklich fünf "bedeutende Unterschiede" zwischen diesen beiden Typen (vgl. Weger (1985), S. 36), von denen, gemessen am Sprachgebrauch der Börsenpraxis, heute kein einziges Unterscheidungsmerkmal mehr uneingeschränkte Gültigkeit besitzt.

[34] Zur Definition der Laufzeit vgl. Abschnitt 2.2 dieses Kapitels.

[35] Diese Terminologie ist in der Optionsliteratur allgemein gebräuchlich und soll daher auch in dieser Arbeit Verwendung finden. Mit dieser Sprachregelung soll aber keine Aussage über die aktuelle empirisch, regionale Verteilung dieser Optionsrechtstypen gemacht werden. So ist auch die Mehrzahl der derzeit an europäischen Börsen gehandelten Optionen wohl eher vom amerikanischen Typ, während gleichzeitig auch in Amerika Optionen vom europäischen Typ existieren (vgl. z.B. Kruizenga, R.J. (1964), S. 377, Köpf, G. (1987), S. 11, Jurgeit, L. (1989), S. 12, Hauck, W. (1991), S. 8, Welcker, J./Kloy, J./Schindler, K. (1992), S. 25-26). Manche Autoren behaupten allerdings, diese Terminologie lasse sich zumindest durch eine historisch regionale Verteilung der Optionsrechtstypen begründen. Als Argument wird dabei vor allem vorgebracht, daß die im 19. Jahrhundert an europäischen Börsen gehandelten Optionen überwiegend nur einen ganz bestimmten Ausübungstermin vorsahen (vgl. dazu z.B. Welcker, J./Kloy, J./Schindler, K. (1992), S. 25-26 und Jurgeit, L. (1989), S. 12 mit den dort angegebenen Literaturhinweisen).

die Idealtypen einer bipolaren Begriffsbildung handelt, die ausschließliche Beschäftigung mit ihnen also eine zusätzliche Beschränkung der Betrachtungsobjekte darstellt.

Amerikanische und europäische Optionen können als idealtypische Optionsrechtstypen betrachtet werden, zwischen denen ein ganzes Kontinuum weiterer Optionsrechtstypen aufgespannt werden kann. Diese weiteren Optionsrechtstypen können dann zwar jeweils als Mischformen der beiden Idealtypen interpretiert werden, mit einer ausschließlichen Betrachtung von amerikanischen und europäischen Optionen wird aber zunächst einmal eine Beschränkung der realen Vielfalt und erst recht der theoretisch denkbaren Vielfalt von Optionsrechtstypen vorgenommen, wie die nachfolgende Sammlung möglicher Mischformen illustriert.

Optionsrechtstypen, die weder eindeutig vom amerikanischen noch eindeutig vom europäischen Typ sind, können z.B. resultieren aus:[36]

- Der Vereinbarung von Sperrfristen - dabei kann es sich sowohl um Fristen zwischen dem Abschluß des Optionsvertrages und einer erstmaligen Ausübungsmöglichkeit als auch um ausübungsfreie Zeiträume in anderen Phasen der Optionslaufzeit, etwa im zeitlichen Umfeld von Hauptversammlungen oder Kapitalmaßnahmen, handeln -,

- der Vereinbarung mehrerer getrennter Einzelzeitpunkte, zu denen eine Option ausübbar ist, z.B. jeweils den Monatsultimos einer bestimmten Laufzeit,[37]

- einer Vereinbarung, nach der die Optionslaufzeit durch Kündigung seitens des Stillhalters oder durch den Eintritt bestimmter anderer Bedingungen vor der ursprünglich vereinbarten Fälligkeit enden kann, oder auch

- einer Vereinbarung, nach der die Optionslaufzeit sich beim Eintritt bestimmter Bedingungen über die ursprünglich vereinbarte Fälligkeit hinaus verlängern kann bzw. der Stillhalter oder Optionär ein zusätzliches Gestaltungsrecht für die Verlängerung der Laufzeit besitzen.[38]

---

[36] Die nachfolgenden Mischtypen stellen dabei nicht nur theoretische Möglichkeiten dar. Zu einer Übersicht besonderer Ausstattungsmerkmale von Optionsscheinen, die derzeit in Deutschland börslich gehandelt werden und die teilweise als empirische Varianten der folgenden Mischformen angesehen werden können, vgl. Trinkaus (1994), insbes. die Fußnoten auf S. 50 und 51. Zu älteren Beispielen für Mischformen der hier angeführten Art vgl. Weger, G. (1985), S. 20-23.

[37] Vgl. dazu auch den Hinweis bei Hauck, W. (1991), S. 6.

[38] Zu einer theoretischen Bewertung von Laufzeitverlängerungsklauseln, u.a. von solchen Verlängerungsklauseln in Optionskontrakten, vgl. Longstaff, F. (1990). Zu einer empirischen

Durch eine Beschränkung auf amerikanische und europäische Optionen sollen solche Ausgestaltungen des Optionsrechts im folgenden nicht betrachtet werden.

Weitere wesentliche Ausstattungsmerkmale von Aktienkaufoptionen betreffen die für den Ausübungsfall im Basisvertrag vereinbarten Leistungsqualitäten und Leistungsquantitäten von Optionär und Stillhalter. Die Leistungsqualitäten und Leistungsquantitäten können dabei durch die Merkmale Basisaktie, Optionsverhältnis und Basispreis beschrieben werden.

b) Basisaktie

Die laut Basisvertrag einer Aktienkaufoption vom Verkäufer zu liefernde Aktienart wird als Basisaktie bezeichnet. Hier wird vereinfachend von Aktienkaufoptionen ausgegangen, die sich auf eine uniforme Basisaktie beziehen. D.h., daß z.B. die Möglichkeit von Aktienkaufoptionen auf ein Portefeuille verschiedener Aktien oder die Möglichkeit von Aktienkaufoptionen mit einem zusätzlichen Wahlrecht zwischen verschiedenen Basisaktien hier unberücksichtigt bleiben.

Weiter wird davon ausgegangen, daß die Basisaktie Stammaktie der betreffenden Gesellschaft ist und von dieser Gesellschaft keine Aktien anderer Gattung existieren.

Idealtypischerweise wird hier davon ausgegangen, daß die Leistungspflicht des Stillhalters laut Basisvertrag in einer effektiven Stückelieferung besteht. Da nachfolgend aber ohnehin ein vollkommener Markt unterstellt wird, gelten die hier gewonnenen Ergebnisse analog für Optionen, die einen Differenzausgleich oder ein Wahlrecht zwischen einer effektiven Stückelieferung und einem Differenzausgleich vorsehen.

Hinsichtlich der Basisaktie sollen hier nach deren Existenzbegründung zwei Fälle unterschieden werden:

- Zum einen werden Optionen betrachtet, deren Basisaktie unabhängig von der Ausübung der Option existiert. Entsprechende Optionen auf sogenannte Altaktien werden hier als Optionen i.e.S. bezeichnet.

Analyse von Kurseffekten im Zusammenhang mit der Ausübung von Verlängerungsoptionen vgl. Howe, J./Wei, P. (1993).

Kapitel B: Einordnung und Grundbegriffe 25

- Zum anderen werden Optionen betrachtet, bei denen die Existenz der Basisaktie erst durch Ausübung der Option begründet wird. Entsprechende Optionen auf sogenannte junge Aktien werden hier als Optionsscheine bezeichnet.

Der hier verwendete Begriff eines Optionsscheins stimmt damit nur teilweise mit ansonsten in der Optionsliteratur verwendeten Optionsschein- bzw. Warrantbegriffen überein, die dort oftmals undefiniert bleiben, oftmals nur mit scheinbarer Eindeutigkeit definiert werden und untereinander erheblich voneinander abweichen.[39] Der hier verwendete Optionsscheinbegriff ist darüber hinaus auch - trotz großer Schnittmengen - nicht mit dem oben bereits angeführten Praktikerbegriff eines Optionsscheins identisch:

- In der Börsenpraxis werden teilweise auch Aktienkaufoptionen unter die Optionsscheine subsumiert, deren Basisaktien Altaktien sind. Dabei gilt diese Feststellung ausdrücklich nicht nur für in der Börsenpraxis als "gedeckte" Optionsscheine bezeichnete Titel, sondern im Einzelfall auch für die dort einfach als Optionsscheine bezeichneten Titel.[40]

- In der Börsenpraxis werden teilweise auch Aktienkaufoptionen, deren Basisaktien junge Aktien sind, unter andere Titelkategorien als die eines Optionsscheins subsumiert. Das gilt insbesondere für die in der Börsenpraxis als Bezugsrechte auf Aktien bezeichneten Titel, die hier unter die Optionsscheine subsumiert werden. Das gilt im Einzelfall aber auch für in der Börsenpraxis als "gedeckte Optionsscheine" bezeichnete Titel, die sich tatsächlich auf junge Aktien beziehen.[41]

---

[39] Zu verschiedenen Optionsschein- bzw. Warrantbegriffen vgl. exemplarisch Black, F./Scholes, M. (1973), S. 648-649, Ernst, D. (1973), S. 66-73, Merton, R.C. (1973), S. 142-143, Penzkofer, P. (1976), Wilhelm, J. (1978), insb. S. 508, Süchting, J. (1979), S. 159, Kjer, V. (1981), Emanuel, D.C. (1983), S. 211-213, Weger, G. (1985), S. 11-38, Cox, J.C./Rubinstein, M. (1985), S. 392-408, Sauer, F. (1988), Klein, H.-D. (1990), S. 283-284, Welcker, J./Schindler, K./ Nerge, C./ Mayer, A. (1991), S. 2, Kohler, H.-P. (1992), S. 36-38, Hehn, E. (1993), insb. S. 17, Hull, J. (1993), S. 148-149 und 228-229.

[40] Als Optionsscheine werden in der Börsenpraxis z.B. auch Optionsrechte bezeichnet, die aus einer Optionsanleihe stammen, aber nicht zum Bezug junger Aktien der emittierenden Gesellschaft berechtigen, sondern zum Bezug von Aktien aus dem Beteiligungsportefeuille der emittierenden Gesellschaft berechtigen.

[41] So wurden z.B. die Ende der 80'er und Anfang der 90'er Jahre in Deutschland von Banken und Brokerhäusern emittierten Optionsrechte zum Bezug von Aktien japanischer Unternehmen in der Börsenpraxis in die Kategorie gedeckte Optionsscheine eingeordnet. Im Gegensatz zu den gedeckten Optionsscheinen auf deutsche Aktien berechtigten diese Optionsrechte aber überwiegend nicht zum Bezug alter sondern junger Aktien. Der Deckungsbestand entsprechender Emissionen bestand nämlich zumeist aus Optionsscheinen im hier definierten Sinn, die von der bezogenen

c) Optionsverhältnis

Die im Basisvertrag je ausgeübtem Stück Aktienkaufoption vom Stillhalter zu liefernde Anzahl von Basisaktien wird hier als Optionsverhältnis bezeichnet.[42] Zur Eliminierung des Optionsverhältnisses als Einflußgröße auf den Wert einer Option soll hier grundsätzlich von Optionen ausgegangen werden, deren Optionsverhältnis den Wert eins aufweist.[43]

d) Basispreis

Der Betrag der laut Basisvertrag je bezogener Aktie vom Optionär zu leistenden Barzahlung wird hier als Basispreis bezeichnet. Es wird hier vereinfachend davon ausgegangen, daß der Basispreis in derselben Währung zu leisten ist, wie die Basisaktie und die Option selbst bewertet und am Markt gehandelt werden. Von Währungsverschiebungen zwischen Aktie, Basispreisleistung und Option als möglichem Einflußfaktor auf den Wert einer Option wird damit abstrahiert.

Außerdem wird eine gravierende Vereinfachung in der Betrachtung von Aktienkaufoptionen hier insofern vorgenommen, als von über die gesamte Laufzeit der Option numerisch fixiertem und konstantem Optionsverhältnis und Basispreis ausgegangen wird. Damit wird zunächst von der Möglichkeit abstrahiert, daß das Optionsverhältnis und der Basispreis im Optionskontrakt auch als Funktion der Zeit oder in Abhängigkeit von anderen Einflußfaktoren variabel vereinbart werden können. Damit bleiben insbesondere auch die Möglichkeiten eines im Zeitablauf steigenden oder aktienkursabhängig definierten Basispreises[44] und die Möglichkeit einer Vereinbarung von sogenannten Verwässerungs- und Ausschüttungsschutzklauseln, nach denen Basispreis und/oder Optionsverhältnis für den Fall

---

Gesellschaft selbst in anderer Währung emittiert worden waren. Ihrer Lieferverpflichtung kamen die Stillhalter dieser "gedeckten Optionsscheine" dann zumeist in der Weise nach, daß sie die von ihnen selbst als Deckungsbestand gehaltenen Optionsrechte ausübten und die daraus bezogenen jungen Aktien lieferten.

[42] Vereinzelt finden sich in der Optionsliteratur und -praxis auch Definitionen, die den reziproken Wert, also die Stücke Aktienkaufoption je einem Stück Basisaktie, als Optionsverhältnis bezeichnen (vgl. Weger, G. (1985), S. 14).

[43] Im Zusammenhang mit einer Diskussion von Ausschüttungsschutzklauseln wird der Begriff des Optionsverhältnisses dann allerdings im weiteren hilfreich sein (vgl. dazu Abschnitt 5.5 von Kapitel D), weshalb seine Definition bereits hier erfolgt.

[44] Mit der besonderen Problematik von im Zeitablauf steigenden Basispreisen beschäftigen sich z.B. Merton, R.C. (1973), S. 154-156, oder im Zusammenhang mit dem Umtauschrecht bei Wandelanleihen auch Swoboda, P./ Kamschal, M. (1979). Mit der speziellen Problematik aktienkursabhängiger Basispreise beschäftigt sich z.B. Fischer, E.O. (1989).

von Kapitalmaßnahmen oder Ausschüttungen Anpassungen erfahren können,[45] zunächst unberücksichtigt.[46]

3. Bewertungsmodelle

3.1 Optionswert versus Optionspreis

Im Zentrum der Optionstheorie steht die Formulierung von und die Arbeit mit Bewertungsmodellen, durch die eine Bewertungssituation in idealisierter Form beschrieben wird. Grundsätzlich erscheint bei einer Beschäftigung mit Modellen eine sprachliche Differenzierung zwischen der Realwelt und der Modellwelt sinnvoll. Dementsprechend soll hier zwischen dem Wert einer Option als dem Ergebnis einer modellmäßigen monetären Bewertung und dem Preis einer Option als deren reale, marktmäßig monetäre Bewertung unterschieden werden.[47]

Eine synonyme Verwendung der Begriffe Optionspreis und Optionswert erscheint bei einer solchen Unterscheidung zunächst nur in den beiden Sonderfällen ange-

---

[45] Mit der Problematik sogenannter Verwässerungs- und Ausschüttungsschutzklauseln beschäftigen sich z.B. Welcker, J. (1968), S. 818-836, Merton, R.C. (1973), S. 151-154, Ludwig, W. (1977), Kjer, V. (1981), S. 295-323, Janssen, F. (1982), S. 128-204, Geske, R./Roll, R./Shastri, K. (1983), Weger, G. (1985), S. 25-30 und 164-171, Steiner, P. (1988), Garobbio, R. (1990), Herzog, H. (1991), S. 63-66.

[46] Optionsrechte mit Konditionen, die von den hier behandelten "Standardkonditionen" wesentlich abweichen, werden in der Optionsliteratur teilweise unter der Bezeichnung "exotische Optionen" zusammengefaßt (vgl. z.B. Hull, J. (1993), S. 414). Die Optionstheorie setzt sich in zunehmendem Maße auch mit einer Bewertung solcher exotischen Optionen auseinander. Vgl. dazu z.B. Margrabe, W. (1978), Goldman, M.B./Sosin, H./Gatto, M.A. (1979), Stulz, R. (1982), Johnson, H. (1987), Conze, A./Viswanathan (1991), Hörnig, B./Terstege, U. (1992), Braun, Th. (1993), Hull, J. (1993), S. 414-433. Vgl. aber insbesondere auch den Sammelband RISK/FINEX (1992), der einen Wiederabdruck von 21 Artikeln verschiedener Autoren enthält, die zwischen März 1988 und März 1992 im "RISK Magazine" erschienen sind und sich überwiegend mit einer Bewertung exotischer Optionen beschäftigen.

[47] Mit dem Begriff des Optionswertes soll dabei nur die Vorstellung von dessen modellmäßiger Ermittlung verknüpft werden. Weitergehende Vorstellungen wie etwa die von einem Optionswert als einem intrinsischen, sozusagen "wahren" Wert der Option, der wie eine Objekteigenschaft empirisch vorhanden ist und nur identifiziert werden muß, sind hier ausdrücklich nicht intendiert. Optionswerte können vielmehr mit dem gewählten Bewertungsmodell variieren und bleiben stets Ergebnis modellindividueller Bewertungsaxiome. Vgl. zu einer grundsätzlichen Diskussion unterschiedlicher Wertbegriffe in der betriebswirtschaftlichen Literatur Engels, W. (1962), insbes. S. 34-44.

messen, daß entweder der reale Marktmechanismus als ein spezielles Bewertungsmodell betrachtet wird oder von einem generellen Zusammenfallen von Preisen und Werten einer Option ausgegangen wird; eine Annahme, die "wohl nur dem Szenario eines effizienten Marktes bei Gleichgewicht"[48] angemessen erscheint.

Die Forderung nach sprachlicher Differenzierung von Optionswert und Optionspreis steht aber in offensichtlichem und auf Anhieb irritierendem Widerspruch zu einer fast durchgängig synonymen Verwendung beider Begriffe in der Literatur zur Optionstheorie.[49] Der empirische Literaturbefund fehlender sprachlicher Differenzierung kann dabei theoretisch entweder durch definitorische Freiheit eines Autors, einen Mangel an sprachlicher Präzision oder - sehr viel schwerwiegender - einen Mangel an gedanklicher Präzision begründet sein. Auch ohne eine exakte Ursachenanalyse drängt sich bei einem Studium der einschlägigen Literatur aber der Verdacht auf, daß die fehlende sprachliche Differenzierung zumindest partiell auch Konsequenz ganz spezifischer Erkenntnisorientierungen innerhalb der Optionstheorie ist. In diesem Zusammenhang erscheinen zwei Aspekte besonders erwähnenswert.

1. Zum einen legen vorliegende Arbeiten zur Optionstheorie, einem positivistischen Wissenschaftsverständnis entsprechend, vielfach besonderes Gewicht auf die Formulierung von Modellen, durch die empirische Optionspreise möglichst vollständig erklärt werden können, bei denen dann idealtypischerweise also die empirischen Preise und die modellmäßigen Bewertungsergebnisse übereinstimmen sollen.[50] Die Unterschiede zwischen Modell und Reali-

---

[48] Loistl, O. (1994), S. 311.

[49] Der empirische Befund einer synonymen Verwendung beider Begriffe in der Literatur zur Optionstheorie beruht auf einer umfangreichen aber keineswegs vollständigen Sichtung durch den Verfasser. Der Befund kann keinen Anspruch auf Gültigkeit in jedem Einzelfall, wohl aber bzgl. der weit überwiegenden Mehrzahl der Literaturbeiträge erheben.

[50] Explizit kommt diese Wissenschaftsorientierung z.B. bei Ernst zum Ausdruck, der der Darstellung verschiedener "Optionsscheinpreismodelle" die Bemerkung voranstellt: "Alle Modelle dienen dazu, den am Markt beobachteten Optionsscheinpreis zu erklären." (Ernst, D. (1973), S. 2). Implizit äußert sich diese Wissenschaftsorientierung aber auch in zahlreichen Versuchen einer Validierung theoretischer Optionswertmodelle anhand empirischer Optionspreise. Für einen ersten Eindruck von der Vielzahl empirischer und simulativer Testansätze für Optionswertmodelle, die zu einem Großteil eine Validierung der Modelle zum Ziel haben, vgl. Geske, R./Trautmann, S. (1986), S. 97-122, Hauck, W. (1991), S. 219-224, Copeland,Th./Weston, J.F. (1992), S. 282-289 und die Bibliographie bei Cox, J.C./Rubinstein, M. (1985), S. 482-484. Vgl. darüberhinaus für eine empirische Überprüfung theoretischer Bewertungsansätze anhand von Optionspreisen in der

tät werden in weiten Teilen der Optionstheorie also schon durch einen Forschungsansatz verwischt, der empirische Marktpreise als "richtig" akzeptiert und Modellierungen primär die Zielsetzung deren theoretischer Fundierung zuschreibt. Solches Zusammenrücken von Optionspreisen und -werten läßt deren sprachliche Differenzierung aber im Interesse präziser Aussagen keineswegs obsolet, sondern nur um so dringender geboten erscheinen.

2. Zum anderen dominieren innerhalb der Optionstheorie mittlerweile Ansätze, die als Bewertungsmodell selbst von einem Marktmodell mit relativ strengen Gleichgewichtsannahmen ausgehen. Innerhalb dieser Modelle ist ein Auseinanderklaffen von anlegerindividuellen Optionswerten und den Bewertungsergebnissen des Modellmarktes dann oftmals gar nicht mehr möglich. Im Extremfall entspricht innerhalb dieser Bewertungsmodelle dann jeder einzelne individuelle Optionswert dem Wert der Option auf dem Modellmarkt.[51] Mit einer Bezeichnung auch der modellmäßigen Marktbewertungen als Optionspreise wird in diesen Ansätzen dann aber gleichzeitig die sprachliche Grenze zwischen Modell und Realität aufgehoben. Die Unterschiede zwischen Modell und Realität werden hier also durch die doppelte Verwendung des Marktbegriffs in Realität und Modell verwischt. Diese doppelte Verwendung des Marktbegriffs läßt eine klare Trennung von Modell- und Realwelt diffizil erscheinen, will man nicht auf eine generelle Bezeichnung marktmäßiger Bewertungsergebnisse als "Preise" verzichten. Im Interesse präziser Aussagen wäre dann etwa jeweils durch einen Wortzusatz zwischen "Modellpreisen" und "realen Marktpreisen" zu unterscheiden.

Insgesamt erscheint innerhalb der Optionstheorie eine sprachliche Differenzierung zwischen realen Marktpreisen einer Option, Modellwerten einer Option und Modellpreisen als speziellen Modellwerten einer Option zur präzisen Bezeichnung des Gemeinten grundsätzlich wünschenswert. Wenn Bewertungsmodelle und reale Märkte nebeneinander betrachtet werden sollen, ist andernfalls kaum trennbar, ob Aussagen über reale Optionspreise oder modellmäßige Optionswerte gemacht werden. Die überwiegend synonyme Verwendung von Optionspreisen und Optionswerten in der Optionsliteratur ist durch die beiden angeführten Erkenntnisorientierungen der Optionstheorie zwar erklärbar, aber kaum gerechtfer-

---

Bundesrepublik Deutschland z.B. Jentzsch, B. (1985), Trautmann, S. (1990), Pflaumer, P. (1990), (1991).

[51] Vgl. die in Abschnitt 3.3.4 dieses Kapitels dargestellten Modelle.

tigt. Sie birgt die Gefahr, daß Aussagen der Optionstheorie im Einzelfall mißverstanden werden.

Die Gefahr solcher Mißverständnisse besteht in dieser Arbeit aber kaum. Diese Arbeit versteht sich ausdrücklich und ausschließlich als Beitrag zur rein modellmäßigen Optionsbewertungstheorie. Aussagen über empirische Optionspreise oder über die Relation zwischen Modellpreisen und realen Marktpreisen sind demgegenüber nicht intendiert. Wenn hier im folgenden von Optionspreisen die Rede ist, handelt es sich also stets um eine vereinfachte Bezeichnung von Modellpreisen als spezielle Modellwerte einer Option. In dem besonderen Fall, daß doch einmal auf reale Marktpreise Rekurs genommen wird, sind diese mit einem besonderen Zusatz ausdrücklich als solche kenntlich gemacht.

Diese Einordnung der hier beabsichtigten Aussagen sollte insbesondere auch in Kapitel D bedacht werden, in dem die Möglichkeiten von Bewertungsaussagen über Optionen in einem präferenz- und verteilungsfreien Modellrahmen sehr kritisch durchleuchtet werden. Wenn dort verschiedene Bewertungsaussagen als nicht allgemeingültig verworfen werden, bezieht sich diese Beurteilung immer nur auf eine modellmäßige Bewertungssituation und nicht auf eine reale Marktsituation.

3.2 Bewertungsmodelle im Grobüberblick

Vorgeschlagene Ansätze zur Bewertung von Optionen können in einem allerersten Systematisierungsschritt nach den Variablen unterschieden werden, auf denen die Bewertungsergebnisse der Modelle abgebildet werden. Nach diesem Systematisierungskriterium sollen hier Optionswertmodelle und sonstige Bewertungsansätze unterschieden werden.

Als Optionswertmodelle sollen dabei Bewertungsansätze bezeichnet werden, bei denen ein monetärer Wert der Option Ergebnisvariable des Modells ist. Alle anderen Bewertungsansätze, deren Ergebnisse nicht monetäre Optionswerte beinhalten, sollen hier unter der Bezeichnung "sonstige Bewertungsansätze" zusammengefaßt werden.

Prominente Vertreter sonstiger Bewertungsansätze sind z.B. Bewertungsverfahren, die auf eine Ermittlung von Kennzahlen wie "Hebel", "Prämie", "annualisierte Prämie", "zur Verdopplung des Optionswertes erforderliche Aktienkurssteigerung" etc. zielen.[52] Sonstige Bewertungsansätze sind primär auf einen relativen Vorteilhaftigkeitsvergleich zwischen verschiedenen Optionen gerichtet. Die realen Marktpreise der Optionen bilden dabei in aller Regel Eingangsdaten des Vorteilhaftigkeitsvergleichs. Der Zusammenhang zwischen dem monetären Wert einer einzelnen Option und ihren originären Werteinflußfaktoren tritt hinter dieses Interesse eines Bewertungsvergleichs zurück. Ein solcher Zusammenhang zwischen monetärem Optionswert und seinen Werteinflußfaktoren kann in sonstigen Bewertungsansätzen zwar implizit berücksichtigt sein - etwa wenn bestimmte Kennzahlen durch ein Optionswertmodell fundiert werden können. Ein solcher Zusammenhang kann aber auch vollständig fehlen. Ungeachtet möglicher anlagepraktischer Relevanz[53] erscheinen sonstige Bewertungsansätze für eine theoretische Auseinandersetzung mit Problemen der Optionsbewertung jedenfalls als ein wenig geeigneter Ausgangspunkt. Im folgenden soll daher nur noch auf Optionswertmodelle als Bewertungsansätze für Optionen eingegangen werden.

Zu einer groben Klassifizierung vorgeschlagener Optionswertmodelle hat sich eine Einteilung als zweckmäßig erwiesen, die ursprünglich auf Smith zurückgeht.[54] Auf einer ersten Ebene können Optionswertmodelle seinem Vorschlag folgend in Ad-hoc-Modelle und Gleichgewichtsmodelle differenziert werden. Zu einer Veranschaulichung der groben Systematik von Optionsbewertungsansätzen vgl. Abb. B-2.

---

[52] Vgl. zu Kennzahlen zur Optionsbewertung z.B. Weger, G. (1985), S. 49-84, Mesler, D. (1986), Gastineau, G.L. (1988), S. 168-171, Welcker, J./Schindler, K./Nerge, C./Mayer, A. (1991), S. 7-14. Eine eher "praxisorientierte" Darstellung verschiedener Kennzahlen zur Optionsbewertung findet sich z.B. in Doll, G./Neuroth, H. (1991).

[53] Regelmäßige Verwendung finden Kennzahlen zur Optionsbewertung z.B. in den Publikationen von Finanzintermediären, die wie Börsenbriefe oder auch Banken und Broker innerhalb einer Anlageberatung den Adressaten eine Hilfestellung bei konkreten Anlageentscheidungen bieten wollen. Zum Begriff des Finanzintermediärs und verschiedenen Intermediationsleistungen vgl. Bitz, M. (1993), S. 12-34.

[54] Vgl. Smith, C.W. (1976), S. 5. Dem Vorschlag von Smith folgen z.B. Kjer, V. (1981), S. 14-25, Bös, M. (1991), S. 33-54, Lingner, U. (1991), S. 100-103, Perridon, L./ Steiner, M. (1993), S. 173-174. Zu einer Diskussion weiterer Systematisierungsansätze für Optionswertmodelle vgl. Köpf, G. (1987), S. 110-125.

32 Kapitel B: Einordnung und Grundbegriffe

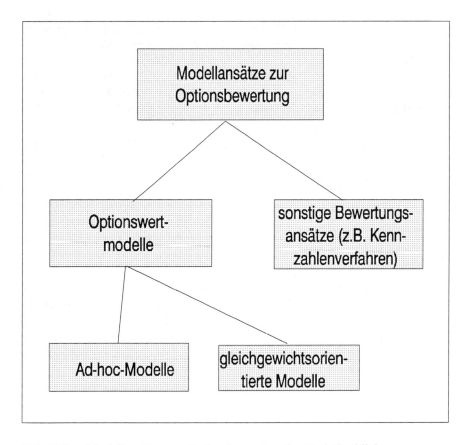

Abb. B-2: Modellansätze zur Optionsbewertung im Grobüberblick

Ad-hoc-Modelle[55] sind nach der Einteilung von Smith dadurch charakterisiert, daß mittels statistischer oder ökonometrischer Modellansätze oder auch nur aufgrund von Einzelbeobachtungen versucht wird, zwischen empirisch beobachtba-

---

[55] Beispiele für Ad-hoc-Modelle finden sich in den Arbeiten von Hallingby, P. (1947), Morrison, R. (1957), Giguère, G. (1958), Pease, F. (1963), Kassouf, S.T. (1962), (1968), (1969), Thorp, E./Kassouf, S.T. (1967), Shelton, J. (1967) Teil 2. Für zusammenfassende Darstellungen jeweils mehrerer dieser Modellansätze vgl. z.B. Shelton, J. (1967) Teil 1, Gastineau, G.L. (1988), S. 171-189, Bös, M. (1991), S. 34-39. Die meisten der genannten Ad-hoc-Modelle wurden ursprünglich allerdings nicht für Optionen i.e.S. sondern für Optionsscheine formuliert.

ren Optionspreisen und empirischen Wertausprägungen verschiedenster Einflußgrößen einen funktionalen Zusammenhang zu ermitteln,[56] dessen Gültigkeit dann zumeist auch für die Zukunft postuliert wird.[57] Ad-hoc-Modelle sind durch einen intuitiv, induktiven und vergangenheitsorientierten Ansatz der Modellbildung oder - negativ ausgedrückt - durch das Fehlen eines deduktiven Ansatzes, der etwa von einer zukünftigen Kursentwicklung des Basisobjekts und einem Maximierungsverhalten der Anleger ausgeht, gekennzeichnet.[58] Ad-hoc-Modelle stellen damit erst gar nicht den Versuch eigenständiger, rational begründeter Bewertungsmodelle im Sinne kausaler Erklärungen dar, sondern beschränken sich von vornherein auf eine rein funktionale Beschreibung des Zusammenhangs zwischen verschiedenen empirisch beobachteten Daten.[59] Ad-hoc-Modelle verwenden damit zwar formal einen monetären Optionswert als Ergebnisvariable. Sie sind aber tatsächlich weniger Optionsbewertungsmodelle im eigentlichen Sinne des Wortes als vielmehr Optionspreisbeschreibungsmodelle.

Auch wenn aus diesem Mangel an kausalen Erklärungsansätzen keineswegs eine mangelhafte anlagestrategische Eignung von Ad-hoc-Modellen gefolgert werden kann,[60] so läßt er diese Modellklasse doch zumindest für theoretische Analysen

---

[56] Vorgelegt wurden in diesem Zusammenhang sowohl zeitliche Längsschnittanalysen für einzelne oder mehrere Optionen als auch zeitliche Querschnittsanalysen für verschiedene Optionen.

[57] Wegen ihrer Vergangenheitsorientierung werden Ad-hoc-Modelle teilweise auch als "A-Posteriori-Modelle" bezeichnet (vgl. z.B. Ernst, D. (1973), S. 77). Andere Autoren sprechen wegen der überwiegenden Anwendung statistischer Methoden von ihnen auch als statistische oder ökonometrische Bewertungsmodelle (vgl. z.B. Weger, G. (1985), S. 209-213, Perridon, L./Steiner, M. (1993), S. 173-174). Insgesamt scheinen sich die Modelle, die nach Smith dieser Modellklasse zugeordnet werden, weniger durch ein gemeinsames positives Merkmal als vielmehr durch das gemeinsame Fehlen bestimmter Merkmale zusammenfassen zu lassen. Dementsprechend erscheint die ansonsten wenig aussagekräftige Bezeichnung "Ad-hoc-Modelle" in diesem Fall treffend, da sie diese Negativabgrenzung anklingen läßt.

[58] Smith selbst führt als Merkmal von Ad-hoc-Modellen außerdem deren Publikation in nichtwissenschaftlicher Literatur an (vgl. Smith, C.W. (1976), S. 5). Dieses Merkmal ist aber wohl weniger als definitorisch notwendiges denn vielmehr als zusätzliches, häufig zu beobachtendes Sekundärmerkmal von Ad-hoc-Modellen zu betrachten.

[59] Grünwald bezeichnet Ad-hoc-Modelle daher auch als "relativ theorielose empirische Untersuchungen" (Grünwald, L. (1980), S. 154). Wilhelm stellt fest, daß sie sich in kasuistischer Empirie und Kurvenanpassungstechniken "erschöpfen" (vgl. Wilhelm, J. (1978), S. 511).

[60] Perridon/Steiner stellen sogar ausdrücklich fest: "Ökonometrische Modelle können jedoch prinzipiell für Anlagestrategien durchaus gut geeignet sein, da sie das jeweilige Marktverhalten, wie z.B. ständige Über- oder Unterbewertungen im Hinblick auf den theoretisch `richtigen` Wert, abbilden." (Perridon, L./Steiner, M. (1993), S. 173; Hervorhebung im Original). Shelton und Thorp/Kassouf belegen den anlagestrategischen Wert ihrer Modelle sogar jeweils durch Modellportefeuilles, mit deren Hilfe testweise Renditen oberhalb empirischer Marktrenditen erzielt

eines Zusammenhangs zwischen Optionswerten und ihren Werteinflußfaktoren ungeeignet erscheinen. Ad-hoc-Modelle sollen daher im folgenden ebenfalls nicht weiter berücksichtigt werden.

Gleichgewichtsmodelle[61] zur Optionsbewertung unterscheiden sich von Ad-hoc-Modellen gerade dadurch, daß sie in theoretisch, deduktiver Weise den Wert einer Option aus Vorstellungen über die Kursentwicklung des Basisobjektes und über Präferenzen der Anleger zu gewinnen versuchen.

Ausgangspunkt der Gleichgewichtsmodelle ist die Vorstellung, daß der Wert einer Option im Verfallzeitpunkt für jeden bekannten Kurs des Basisobjektes allein aus Gleichgewichtsüberlegungen eindeutig gegeben sein muß. Innerhalb von Gleichgewichtsmodellen werden Kursveränderungen des Basisobjektes ferner regelmäßig als Realisationen eines stochastischen Prozesses betrachtet.[62] Damit existiert in Zeitpunkten vor der Optionsfälligkeit keine offensichtliche, eindeutige Wertbeziehung zwischen Basisobjekt und Option mehr. Eine Wertbeziehung zwischen Basisobjekt und Option vor Fälligkeit versuchen Gleichgewichtsmodelle erst mittels Annahmen über den Kursentwicklungsprozeß des Basisobjektes und gegebenenfalls die Präferenzen der Anleger in theoretisch, deduktiver Weise herzustellen.

---

werden konnten (vgl. Shelton, J. (1967), Teil 2, S. 97, Thorp, E./Kassouf, S.T (1967), S. 43). Pflaumer kommt nach einer Analyse des deutschen "Optionsscheinmarktes" zu dem Ergebnis, daß sich relativ simple ökonometrische Modelle besser zur Anlageentscheidung eignen als vergleichsweise aufwendige Gleichgewichtsmodelle (vgl. Pflaumer, P. (1990), (1991)). Die genannten empirischen Belege stehen aber methodisch auf eher wackeligen Beinen. Auf eine Kritik der verwendeten Methoden soll hier aber nicht näher eingegangen werden.

[61] Der Begriff der Gleichgewichtsmodelle als Klasse von Optionswertmodellen geht auf Smith zurück (vgl. Smith, C.W. (1976), S. 5). Er hat sich seither in der Literatur etabliert und soll dementsprechend auch hier im Sinne von Smith Verwendung finden. Gleichzeitig sei aber auf eine Problematik hingewiesen, die sich mit diesem Begriff verbindet und daraus resultiert, daß ihm keine explizite Definition und stringente Verwendung eines Gleichgewichtsbegriffs zugrundegelegt wird. Als Konsequenz werden unter der Oberklasse der Gleichgewichtsmodell daher auch Modellansätze zusammengefaßt, die strenggenommen keiner der in der Finanzwirtschaft gängigen Gleichgewichtsdefinitionen genügen (zu einem Überblick verschiedener Gleichgewichtsbegriffe vgl. z.B. Loistl, O. (1994), S. 311-312).

[62] Bös weist in diesem Zusammenhang ausdrücklich darauf hin, daß die Betrachtung zukünftiger Aktienkurse als Realisationen eines stochastischen Prozesses nicht mit der Betrachtung der Börse als Zufallsmechanismus zu verwechseln ist (vgl. Bös, M. (1991), S. 27, i.V.m. Schmidt, R.H. (1976), S. 232; zum Zusammenhang zwischen der Hypothese stochastischer Kursänderungen und der Informationseffizienz des Kapitalmarktes vgl. außerdem Franke, G./Hax, H. (1990), S. 315-320, mit den dort angegebenen Literaturhinweisen.

Eine Wertbeziehung zwischen Basisobjekt und Option, die in Gleichgewichtsmodellen für Zeitpunkte vor der Optionsfälligkeit hergestellt wird, muß damit zumindest davon abhängen,

1. welche Annahmen für den Kursentwicklungsprozeß des Basisobjektes bis zur Fälligkeit getroffen werden und
2. welche Annahmen über die Präferenzen der Anleger getroffen werden.

Gleichgewichtsmodelle zur Optionsbewertung können je nach Spezifizierung dieser beiden Prämissen damit in weitere Modelltypen unterschieden werden. Vor einer solchen weitergehenden Typisierung von Gleichgewichtsmodellen soll hier allerdings geklärt werden, welcher Gleichgewichtsbegriff dabei, quasi als Basisprinzip einer Bewertung in Gleichgewichtsmodellen, zugrunde gelegt wird, und etwas genauer beschrieben werden, worin das Grundproblem einer gleichgewichtsorientierten Optionsbewertung besteht.

3.3 Gleichgewichtsorientierte Bewertungsmodelle

3.3.1 Arbitragefreiheit als grundlegendes Bewertungsprinzip

Gleichgewichtsmodelle der Optionstheorie gehen i.d.R. von Arbitragefreiheit als Bedingung für einen gleichgewichtigen Kapitalmarkt aus.[63] Optionswerte werden dieser Bedingung folgend nur dann als rational akzeptiert, wenn sie keine "Arbitragemöglichkeiten", sogenannte free-lunch-Situationen, eröffnen. Mit einer Arbitragemöglichkeit verbindet sich in diesen Modellen die Vorstellung, sofort oder später positive Zahlungssalden erzielen zu können, ohne eine Anfangsauszahlung tätigen zu müssen und ohne das Risiko negativer Zahlungssalden in der Zukunft eingehen zu müssen.[64] Gleichzeitig werden in diesen Modellen Anleger unter-

---

[63] Als Bedingungen für ein Marktgleichgewicht kommen neben der Arbitragefreiheit grundsätzlich etwa auch Markträumung, Plankonstanz oder Fixpunktkonvergenz in Betracht (vgl. Loistl, O. (1994), S. 311-312). Innerhalb der Optionstheorie scheint aber die Arbitragefreiheit als Bedingung für ein Marktgleichgewicht eindeutig zu dominieren.

[64] Vgl. z.B. Hörnstein, E. (1990), S. 39-40, die in Anlehnung an Spremann und Wilhelm (vgl. Spremann, K. (1985), S. 257, Wilhelm, J. (1985), S. 40-42) zusammenfassend die Arbitragefreiheitsbedingungen bekannter Arbitragemodelle in analoger Weise charakterisiert, dazu allerdings die Begriffe "positive Anfangsinvestition", "Verlustrisiko" und "positiver Ertrag" verwendet.

stellt, die mehr finanziellen Wohlstand gegenüber weniger präferieren.[65] Allein aufgrund dieser sehr schwachen Präferenzannahme soll in diesen Modellen dann die (dauerhafte) Existenz von Arbitragemöglichkeiten ausgeschlossen werden. Die Existenz einer Arbitragemöglichkeit würde dieser Gleichgewichtsvorstellung folgend sofort "Arbitrageoperationen" auslösen, die die Preise auf dem Modellmarkt so verändern, daß wieder eine arbitragefreie Konstellation entsteht. Diese intuitive Vorstellung von Arbitragefreiheit erfordert für ihre Anwendung als Bewertungsprinzip die Konkretisierung einer Arbitragemöglichkeit und vor allem auch von "Arbitrageoperationen", die in Ungleichgewichtssituationen ausgelöst werden und den Gleichgewichtszustand stets wiederherstellen können.

Die Konkretisierung von Arbitragefreiheitsbedingungen erfolgt in der gleichgewichtsorientierten Optionstheorie dabei in unterschiedlicher und im Einzelfall auf Anhieb oft auch unkompatibler Weise. Die meisten der formulierten Arbitragefreiheitsbedingungen beruhen aber dennoch auf einer relativ homogenen Grundvorstellung von einer Arbitragemöglichkeit. Diese gemeinsame Grundvorstellung risikoloser Arbitragemöglichkeiten kann auf das Prinzip der Zustandsdominanz, wie es aus der Entscheidungstheorie bekannt ist,[66] zurückgeführt werden.

Entsprechend dem Prinzip der Zustandsdominanz soll hier eine Position (Portefeuille oder Wertpapier) A gegenüber einer Position (Portefeuille oder Wertpapier) B als dominant bezeichnet werden, wenn A in jedem zukünftigen Zeitpunkt und Zustand mindestens gleichhohe Zahlungen wie B und in mindestens einem Zeitpunkt und Zustand eine höhere Zahlung als B liefert. Zwei Positionen A und B, die in jedem zukünftigen Zeitpunkt und Zustand gleichhohe Zahlungen liefern, sollen hier als äquivalente Positionen bezeichnet werden. Mit Hilfe dieser beiden Relationen können für die gemeinsame Grundvorstellung von Arbitragefreiheit folgende zwei Bedingungen formuliert werden, auf die nachfolgend als "Grundbedingungen" Bezug genommen wird:[67]
- Äquivalente Positionen haben identische Werte und
- dominante Positionen haben höhere Werte als von ihnen dominierte.

---

[65] Vgl. zur Einordnung dieser Annahme z.B. Merton, R.C. (1982), S. 622.

[66] Zum Begriff der Zustandsdominanz und alternativen Dominanzprinzipien vgl. z.B. Bitz, M. (1977), S. 393-398, Bitz, M. (1981), S. 20-24, jeweils mit den dort angegebenen Quellen.

[67] Zu einer analogen Definition von Arbitragefreiheitsbedingungen vgl. z.B. Bös, M. (1991), S. 55-56, i.V.m. Franke, G./Hax, H. (1990), S. 295-297. Ähnlich definiert etwa auch Varian, H. (1987), S. 59-60.

Kapitel B: Einordnung und Grundbegriffe 37

Während die Einhaltung dieser Grundbedingungen zumindest implizit eine gemeinsame Vorstellung von gleichgewichtsorientierten Bewertungsansätzen der Optionstheorie zu sein scheint, unterscheiden sich die in einzelnen Modellansätzen explizit formulierten Gleichgewichtsbedingungen auf den ersten Blick von diesen Grundbedingungen und auch untereinander teilweise erheblich.

Neben mangelnder sprachlicher Präzision[68] und Spezifika des jeweiligen Modellansatzes[69] ergeben sich grundsätzlichere Unterschiede in den formulierten Gleichgewichtsbedingungen dabei wohl vor allem aus unterschiedlichen Vorstellungen über die Vollkommenheit des Kapitalmarktes und, damit korrespondierend, aus unterschiedlichen Vorstellungen darüber, welche Arbitrageoperationen überhaupt als gleichgewichtserzeugend akzeptiert werden. Diese unterschiedliche Weite der prinzipiell als gleichgewichtserzeugend akzeptierten Arbitrageoperationen und der Umfang, in dem der modellierte Kapitalmarkt diese Operationsmöglichkeiten auch bietet, können wohl als wesentliche Ursachen unterschiedlicher Arbitragefreiheitsdefinitionen in gleichgewichtsorientierten Optionswertmodellen angesehen werden.

Entsprechend einem sehr engen Arbitragebegriff kann unter einer Arbitrageoperation zunächst ausschließlich die Erzielung sofortiger, risikoloser Einzahlungen durch das Ausnutzen von Preisunterschieden äquivalenter oder dominanter Positionen durch deren simultanen Kauf und Verkauf verstanden werden. Die Möglichkeit zur Bildung von sogenannten Arbitrageportefeuilles, die sofort eine Ein-

---

[68] Ein Beispiel für eine sprachlich unpräzise Definition liefert z.B. Bookstaber: "It is assumed that if security A gives at least as great a return in all circumstances as security B, and that in at least one possible circumstance gives a greater return, then security A will have at least as high a price as security B" (Bookstaber, R.M. (1981), S. 23). Seine Definition fordert also nur, daß dominante Positionen keinen kleineren Wert als dominierte haben, nicht aber daß sie auch einen höheren Wert haben müssen. Gleichzeitig fehlt eine Forderung des Einheitspreises für äquivalente Positionen, die sich aus seiner Definition auch nicht ableiten läßt. Durch seine weiteren Arbitrageüberlegungen erweckt Bookstaber aber den Eindruck, als sei diese Begriffsdivergenz gar nicht intendiert sondern nur Ergebnis sprachlicher Unsauberkeit. Schon seine Folgerung, daß der Optionswert bei Fälligkeit genau dem Maximum aus dem Wert Null und der Differenz zwischen Aktienkurs und Basispreis entspricht, läßt sich aus seiner Definition allein nämlich gar nicht ableiten (vgl. zu dieser Folgerung Bookstaber, R.M. (1981), S. 24).

[69] So stellen Black/Scholes in ihrem ursprünglichen Modellansatz z.B. von vornherein als Arbitrageoperation nur auf die Bildung eines Hedge-Portefeuilles aus Aktien und Optionen ab und fordern für eine Gleichgewichtssituation dementsprechend auch nur, daß die gehedgte Position dieselbe Rendite wie eine risikolose Anlage erbringen muß (vgl. Black, F./Scholes, M. (1973), S. 640). Allgemeinere Forderungen an eine Gleichgewichtssituation werden demgegenüber von ihnen - zumindest explizit - gar nicht formuliert.

zahlung bewirken aber in keinem Zustand Auszahlungen erfordern, wird bei diesem engen Arbitragebegriff als einzige Arbitragemöglichkeit akzeptiert.[70]

Demgegenüber können nach einem weiten Arbitragebegriff auch Auswahl- und Tauschoperationen von Kapitalanlegern als Arbitrageoperationen akzeptiert werden. Nach diesem weiten Arbitragebegriff können Verletzungen der beiden Grundbedingungen auch dadurch verhindert werden, daß

- Anleger unter äquivalenten Positionen stets die preisniedrigste auswählen und niemals dominierte Positionen auswählen, die nicht einen niedrigeren Preis haben als die sie dominierenden, und

- Anleger auch bereits bestehende Positionen entsprechend dieser Auswahlregel umstrukturieren.[71,72]

Akzeptiert man den weiten Arbitragebegriff, so kann die Einhaltung der beiden Grundbedingungen für Arbitragefreiheit allein dadurch gewährleistet werden, daß Anleger suboptimale Positionen erkennen und diese durch Auswahl- und Tauschentscheidungen friktionsfrei vermeiden bzw. wieder eliminieren können. Der weite Arbitragebegriff impliziert damit Bedingungen wie einen friktionsfreien Kapitalmarkt ohne Steuern und Transaktionskosten und Kapitalanleger mit homogenen Erwartungen. Er setzt aber nicht die Möglichkeit zur Bildung von Arbitrageportefeuilles voraus. Damit impliziert er vor allem keine zusätzlichen Bedingungen an die Vollständigkeit der Handelsmöglichkeiten auf dem Kapitalmarkt. Insbesondere sind Leerverkaufsmöglichkeiten von Wertpapieren und Handelsmöglichkeiten für synthetische Positionen nicht erforderlich. Die Definition der Arbitragefreiheit könnte auf Basis des weiten Arbitragebegriffs etwa direkt mit Hilfe der beiden formulierten Grundbedingungen erfolgen. Die relativ weite Vor-

---

[70] Arbitrageoperationen, die aus dem simultanen Kauf und Verkauf äquivalenter oder dominanter Positionen bestehen, werden auch als Differenzarbitrage bezeichnet (vgl. Bender, D. (1977), S. 325).

[71] Arbitrageoperationen, die aus Auswahl- oder Tauschoperationen bestehen, werden auch als Ausgleichsarbitrage bezeichnet (vgl. Bender, D. (1977), S. 325, Welcker, J./Schindler, K./Nerge, C./Mayer, A. (1991), S. 6).

[72] Der weite Arbitragebegriff kann auch dadurch gefaßt werden, daß jede Restrukturierung eines bestehenden Portefeuilles als Arbitrage begriffen wird, wenn das Portefeuille nach dieser Restrukturierung im Vergleich zum Ausgangsportefeuille zustandsdominant ist. Der allgemeine Begriff der Restrukturierung kann dabei sowohl das Errichten eines Arbitrageportefeuilles im engen Sinne als zusätzliches Teilportefeuille als auch Tauschoperationen umfassen. Vgl. zu einer Definition eines weiten Arbitragebegriffs mittels Portefeuillerestrukturierungen z.B. Spremann, K. (1986), S. 198.

Kapitel B: Einordnung und Grundbegriffe 39

stellung gleichgewichtserzeugender Operationen gewährleistet dann die Einhaltung dieser Grundbedingungen bei relativ schwachen Kapitalmarktprämissen.

Ein Beispiel für die Definition einer Arbitragemöglichkeit nach dem engen Arbitragebegriff liefern demgegenüber Cox/Rubinstein: "Riskless arbitrage opportunities in this context are situations that require no initial investment but that yield a positive amount immediately and only nonnegative amounts in the future under all possible circumstances."[73] Die Wahl dieses restriktiven Arbitragebegriffs faßt, isoliert betrachtet, die Vorstellung einer Arbitragemöglichkeit zunächst wesentlich enger als die Grundbedingungen (nicht jede Arbitragesituation nach dem weiten Begriff ist auch eine nach dem engen) und mündet dementsprechend für sich allein genommen in einer weicheren Definition von Arbitragefreiheit (Arbitragefreiheit nach dem engen Arbitragebegriff impliziert noch keine Arbitragefreiheit nach dem weiten Arbitragebegriff).

Die Wahl eines Arbitragebegriffs muß aber vor dem Hintergrund sonstiger Bedingungen des Kapitalmarktes gesehen werden. Auch bei Zugrundelegung des engen Arbitragebegriffs kann nämlich durch zusätzliche Bedingungen an die Vollständigkeit des Kapitalmarktes sichergestellt werden, daß die relativ wenigen akzeptierten Arbitrageoperationen eine Einhaltung der beiden Grundbedingungen gewährleisten können. Dazu muß der Markt in dem Sinn vollständig sein, daß er bei jeder Verletzung dieser Bedingungen Transaktionsmöglichkeiten zum Aufbau eines Arbitrageportefeuilles bietet. Die Bildung von Arbitrageportefeuilles erfordert ihrerseits Möglichkeiten zum Leerverkauf von Wertpapieren, damit äquivalente Positionen mit unterschiedlichen Preisen und Positionen mit Dominanzbeziehungen überhaupt zu Portefeuilles mit ausschließlich nichtnegativen Zahlungsreihen zusammengefaßt werden können. Für den Fall von Dominanzbeziehungen ist dann strenggenommen zusätzlich auch eine Handelsmöglichkeit für diese Portefeuilles erforderlich, damit zustandsabhängige positive Zahlungen aus der Kombination dominanter und leerverkaufter dominierter Positionen auch in positive Gegenwartszahlungen transformiert werden können. Die enge Arbitragevorstellung führt also dann ebenfalls zu einer Einhaltung der beiden Grundbedingungen, wenn zusätzliche Bedingungen an die Vollständigkeit des Kapitalmarktes gestellt werden.[74]

---

[73] Cox, J.C./Rubinstein, M. (1985), S. 127.

[74] Der strengeren Forderung an die Vollständigkeit des Marktes steht beim engen Arbitragebegriff dabei aber eine tendenziell schwächere Forderung an die Anleger und die Friktionsfreiheit ihrer Transaktionsmöglichkeiten gegenüber. Mit der Bildungsmöglichkeit von Arbitrageportefeuilles sind beim engen Arbitragebegriff zur Einhaltung der beiden Grundbedingungen im Extremfall nur zwei

Tatsächlich überwiegen in der Optionstheorie Gleichgewichtsmodelle mit einer Kombination aus rigider Arbitragedefinition und einem Kapitalmarkt, der so umfassende Transaktionsmöglichkeiten bietet, daß die beiden Grundbedingungen eingehalten werden. Daher können die beiden Grundbedingungen zum einen ungeachtet der Vielzahl konkreter Arbitragedefinitionen tatsächlich wohl als gemeinsame Grundvorstellung eines gleichgewichtigen Marktes angesehen werden. Zum anderen kann daraus aber für die gewonnen Modellergebnisse auch gefolgert werden, daß diese oft auch unter schwächeren Annahmen für den Kapitalmarkt gültig bleiben, wenn ein weiter Arbitragebegriff akzeptiert wird.[75]

Dieser Zusammenhang zwischen Arbitragebegriff und Kapitalmarktbedingungen sollte berücksichtigt werden, wenn im weiteren - soweit nicht ausdrücklich anders angemerkt - von einem relativ perfekten Kapitalmarkt ausgegangen wird.[76]

Zusammenfassend kann die in gleichgewichtsorientierten Optionswertmodellen verwendete gemeinsame Grundvorstellung von Arbitragefreiheit jedenfalls durch die beiden oben formulierten Grundbedingungen beschrieben werden.

3.3.2 Grundproblem der Optionsbewertung

Während der Optionswert in gleichgewichtsorientierten Ansätzen im Fälligkeitszeitpunkt mittels Arbitrageüberlegungen als durch den Aktienkurs und den Basispreis eindeutig und unabhängig vom Optionstyp bestimmbar angesehen wird,[77] existiert eine ähnlich simple und vor allem eindeutige Wertbestimmungsgleichung für Optionen vor Verfall nicht. In einem Zeitpunkt vor dem Verfall werden mit

---

miteinander konkurrierende Arbitrageure erforderlich, die über friktionsfreie Transaktionsmöglichkeiten verfügen, Arbitragemöglichkeiten erkennen und diese auch ergreifen. Beim weiten Arbitragebegriff ist demgegenüber für das Gros der Anleger vorauszusetzen, daß sie suboptimale Positionen erkennen und diese auch friktionsfrei vermeiden bzw. eliminieren.

[75] Welcker u.a. weisen bzgl. der Ausgleichsarbitrage darauf hin, daß durch diesen Arbitragemechanismus die Ergebnisse gleichgewichtsorientierter Optionswertmodelle mit engem Arbitragebegriff auch in Situationen akzeptiert werden können, in denen weder Terminverkäufe noch Leerverkäufe möglich sind (vgl. Welcker, J./Schindler, K./Nerge, C./Mayer, A. (1991), S. 6). Vgl. zu einer ähnlichen Argumentation auch Cox, J.C./Rubinstein, M. (1985), S. 128.

[76] Zu den unterstellten Kapitalmarktannahmen vgl. Abschnitt 2.2 von Kapitel C.

[77] Vgl. dazu Abschnitt 3. von Kapitel C.

der Dauer der Restlaufzeit gleichzeitig andere Einflußfaktoren wie die zukünftige Aktienkursentwicklung, mögliche Dividendenzahlungen während der Restlaufzeit und die Rendite sicherverzinslicher Anlagemöglichkeiten zusätzlich zu dem aktuellen Aktienkurs und dem Basispreis für den Optionswert relevant. Komplex wird die Optionswertbestimmung dabei nicht nur durch das Auftreten zusätzlicher Werteinflußfaktoren an sich, sondern zusätzlich durch deren teilweise interdependente Wirkungsweise.

Mehrdeutig und noch komplexer wird eine Optionsbewertung, wenn zudem bzgl. künftiger Aktienkursentwicklung, möglicher Dividendenzahlungen und Zinsentwicklung während der Restlaufzeit ex ante von Unsicherheit auszugehen ist. Der Optionswert wird mit der Stochastik seiner Einflußfaktoren prinzipiell selbst zu einer komplexen, stochastischen Größe.

Die meisten bekannten gleichgewichtsorientierten Optionswertmodelle vereinfachen die Komplexität dieses Zusammenhangs von vornherein dadurch, daß künftige Dividendenzahlungen und Zinsentwicklungen als deterministische Größen angenommen werden. Unterschiede bestehen zwischen den verschiedenen Modellen dann vornehmlich noch darin, inwieweit die Komplexität des Zusammenhangs auch durch Spezifizierung des Kursentwicklungsprozesses vereinfacht wird und inwieweit zusätzliche Präferenzannahmen zur Spezifizierung des Zusammenhangs herangezogen werden.

3.3.3 Systematik gleichgewichtsorientierter Ansätze einer Optionsbewertung

Die gleichgewichtsorientierten Ansätze zur Optionsbewertung können danach weiter unterschieden werden, ob über die mit der Arbitragefreiheitsbedingung ohnehin verbundene allgemeine Präferenzannahme, daß Anleger mehr finanziellen Wohlstand gegenüber weniger präferieren, hinaus zusätzliche Präferenzannahmen getroffen werden. Nach diesem Kriterium können unterschieden werden:
- Präferenzfreie Modelle, die keine solchen zusätzlichen Präferenzannahmen treffen, und
- präferenzabhängige Modelle, die zusätzliche Präferenzannahmen treffen.[78]

---

[78] Diese Gliederung entspricht formal der von Smith vorgeschlagenen Gliederung (vgl. Smith, C.W. (1976)), der partielle Gleichgewichtsmodelle (mit zusätzlichen Präferenzannahmen) und

a) präferenzabhängige Modelle

Unter die präferenzabhängigen Optionswertmodelle fallen dabei Bewertungsansätze von erheblicher Heterogenität. Zum einen fallen hierunter zahlreiche Modelle aus der Zeit vor dem Black/Scholes-Modell,[79] zu deren Entwicklungszeitpunkt noch gar keine Möglichkeiten bekannt waren, die Risikounterschiede zwischen Basisobjekt und Option durch Diversifikation zu eliminieren und so die Bewertung der Option allein mittels Arbitrageüberlegungen aus der Bewertung des Basisobjektes zu gewinnen.[80]

Diese Modelle gehen zur Bewertung einer Option überwiegend so vor, daß in einem ersten Bewertungsschritt aus einer Wahrscheinlichkeitsverteilung der Optionswerte bei Fälligkeit der Erwartungswert bestimmt wird und in einem zweiten Bewertungsschritt dieser Erwartungswert als einwertige Kennzahl der zukünftigen Verteilung dann auf den Bewertungsstichtag vor Fälligkeit diskontiert wird.[81] Die Berücksichtigung des unterschiedlichen Risikos von Option und Basisobjekt erfolgt in diesen Modellen also mit der Wahl des Diskontierungsfaktors. Der adäquate Diskontierungsfaktor wird dabei nicht aus dem Modell selbst, sondern

---

vollständige Gleichgewichtsmodelle (ohne zusätzliche Präferenzannahmen) unterscheidet. Trotzdem ergeben sich zwischen der hier vorgeschlagenen Systematik und der Systematik von Smith mindestens zwei wesentliche inhaltliche Abweichungen. Zum einen hat Smith bei seiner Systematik von vornherein nur Optionswertmodelle vor Augen, die eindeutige Optionswerte liefern, während dieses Eindeutigkeitskriterium hier zunächst keine Rolle spielt. Zum anderen betrachtet Smith partielle Gleichgewichtsmodelle primär als Modellentwicklungsstufe, die dem Black/Scholes-Modell zeitlich vorausging und in der Präferenzannahmen nur deshalb getroffen wurden, weil in diesem Entwicklungsstadium sonst noch nicht die Ableitung eindeutiger Optionswerte gelang. Neuere präferenzabhängige Modelle, die erst auf dem Black/Scholes-Modell aufbauen und versuchen, durch die Einführung "schwacher" Präferenzannahmen andere restriktive Annahmen des Black/Scholes-Modells zu erübrigen, konnten bei Smith z.B. noch keine Berücksichtigung finden. Sie sind formal den partiellen Gleichgewichtsmodellen zuzuordnen. Es ist aber unklar, ob Smith eine solche Zusammenfassung von Modellklassen bei Kenntnis dieser Modelle auch selbst vorgenommen hätte.

[79] Zum Black/Scholes-Modell vgl. die entsprechende Darstellung in Abschnitt 3.3.4.2 dieses Kapitels.

[80] Diese Modelle hat Smith wohl vornehmlich vor Augen, wenn er von partiellen Gleichgewichtsmodellen spricht (vgl. Smith, C.W. (1976), S. 15-20). Beispiele entsprechender Modelle finden sich in den Arbeiten von Bachelier, L. (1900), Sprenkle, C.M. (1964), Boness, A.J. (1964), Samuelson, P. (1965). Zu einer zusammenfassenden Darstellung dieser Modelle vgl. Smith, C.W. (1976), S. 15-20, Gastineau, G.L. (1988), S. 189-195. Ergänzende Literaturhinweise zum Boness- und Samuelson-Modell finden sich bei Bös, M. (1991), S. 39.

[81] Diese Modelle werden daher auch als Wahrscheinlichkeits- oder Erwartungswertmodelle bezeichnet (vgl. Gastineau, G.L. (1988), S. 189-195, Grünwald, L. (1980), S. 175).

durch exogene Annahmen über Anlegerpräferenzen bestimmt.[82] Ein Erfordernis exogener Präferenzannahmen resultierte bei Modellen vor dem Black/Scholes-Modell primär aus den seinerzeit noch nicht erkannten Möglichkeiten einer Hedge- oder Duplikationsbewertung.[83]

Zum anderen existieren auch präferenzabhängige Optionswertmodelle, die auf der Kenntnis des Black/Scholes-Modells und anderer präferenzfreier, verteilungsabhängiger Optionswertmodelle mit eindeutigen Optionswerten aufbauen.

Besondere Erwähnung verdienen in diesem Zusammenhang Bewertungsansätze, die neben einer Verteilungsannahme zusätzlich Annahmen über die Anlegerpräferenzen treffen - etwa die Annahme, daß die Nutzenfunktionen der Anleger konstante proportionale Risikoaversion aufweisen - und unter diesen Annahmen dann zeigen, daß die Bewertungsergebnisse präferenzfreier, verteilungsabhängiger Optionswertmodelle auch in Konstellationen Bestand haben, in denen eine reine Hedge- oder Duplikationsbewertung nicht möglich ist. Innerhalb dieser Modelle gelingt - auf der Basis einer Präferenzklassifikation, ohne deren vollständige Spezifikation - so z.B. die Übertragung der Bewertungsergebnisse des Black/Scholes-Modells oder des Binomialmodells auf Konstellationen mit Marktunvollkommenheiten, z.B. beim Fehlen von zwischenzeitlichen Handelsmöglichkeiten zwischen dem Bewertungsstichtag und dem Verfalltermin der Option.[84]

Daneben existieren auch Bewertungsansätze mit Präferenzannahmen aus der Zeit nach dem Black/Scholes-Modell, deren Ziel nicht in der Bestimmung eindeutiger Optionswerte besteht, sondern die in Konstellationen, in denen eine reine Hedge- oder Duplikationsbewertung nicht möglich ist, auf die Bestimmung von Wertobergrenzen und/oder Wertuntergrenzen für Optionen zielen. Ziel ist dabei die Ableitung engerer Wertgrenzen als in einem präferenz- und verteilungsfreien Be-

---

[82] Das Kernproblem der Optionsbewertung im Rahmen dieser Modelle wird daher auch als Suche nach einem risikoadäquaten Diskontierungssatz umschrieben (vgl. Perridon, L./Steiner, M. (1993), S. 173-174, Grünwald, L. (1980), S. 182).

[83] Black/Scholes stellen daher zu den gleichgewichtsorientierten Vorläufermodellen ihres eigenen Diffusionsmodells fest: "They advance the theory by treating the option price as a function of the stock price. (...) But they do not make use of the fact, that investors must hold other assets as well, so that the risk of an option or stock that affects its discount rate is only that part of the risk that cannot be diversified away." (Black, F./Scholes, M. (1973), S. 640).

[84] Vgl. dazu etwa die Arbeiten von Rubinstein, M. (1976), Brennan, M. (1979), Egle, K./Trautmann, S. (1981), Stapleton, R./Subrahmanyam, M. (1984) und die zusammenfassenden Überblicke bei Geske, R./Trautmann, S. (1986), S. 94-95 und Jurgeit, L. (1989), S. 143-148. Vgl. außerdem Cox, J.C./Rubinstein, M. (1985), S. 212-215.

wertungsansatz. Die Modelle gehen dabei überwiegend von einer Kombination aus kontinuierlichem Kursprozeß und nur diskreten Handlungsmöglichkeiten aus. Vereinzelt werden in diesen Modellen nur Präferenzannahmen getroffen. Überwiegend werden aber Präferenz- und Verteilungsannahmen kombiniert.[85]

Insgesamt sind präferenzabhängige Modelle innerhalb der gleichgewichtsorientierten Optionsbewertungsansätze aber doch eher von untergeordneter Bedeutung. Im folgenden wird daher schwerpunktmäßig auf präferenzfreie Optionsbewertungsansätze eingegangen.

b) präferenzfreie Modelle

Präferenzfreie Ansätze einer Optionsbewertung können grundsätzlich danach unterschieden werden, ob Annahmen über die Stochastik des Kursprozesses des Basisobjektes getroffen werden. Nach diesem Kriterium sollen hier unterschieden werden:

- Präferenz- und verteilungsfreie Modelle, in denen weder zusätzliche Annahmen über die Anlegerpräferenzen noch Annahmen über die Stochastik des Kursprozesses getroffen werden, und

- präferenzfreie, verteilungsabhängige Modelle, in denen zwar keine zusätzlichen Annahmen über die Anlegerpräferenzen, aber Annahmen über die Stochastik des Kursprozesses getroffen werden.

Insgesamt ergibt sich damit eine Gliederung der gleichgewichtsorientierten Bewertungsansätze für Optionen, wie er in Abb. B-3 dargestellt ist.[86]

---

[85] Vgl. zu Modellansätzen solcher Ausrichtung Perrakis, S./Ryan, P. (1984), Levy, H. (1985), Ritchken, P. (1985), Perrakis, S. (1986), Sachdeva, K. (1986), Ritchken, P./Kuo, S. (1988), (1989). Vgl. außerdem Lo, A. (1987).

[86] Auf eine theoretisch denkbare, weitere Unterteilung der präferenzabhängigen Modelle in verteilungsabhängige und verteilungsunabhängige Modelle wird dabei verzichtet, da präferenzabhängige, verteilungsunabhängige Gleichgewichtsmodelle in der Optionstheorie praktisch keine Rolle spielen.

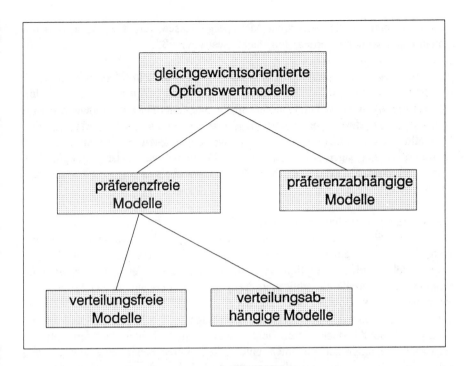

Abb. B-3:   Systematik der Gleichgewichtsmodelle

Auf verschiedene Ansätze einer präferenz- und verteilungsfreien Optionsbewertung und auf die Frage, welche Bewertungsaussagen in solchen Ansätzen für Optionen tatsächlich getroffen werden können, soll an dieser Stelle noch nicht näher eingegangen werden. Dieser Frage wird in den Kapiteln C und D dieser Arbeit noch ausgiebig nachzugehen sein. Vorab kann aber bereits festgestellt werden, daß präferenz- und verteilungsfreie Optionswertmodelle im allgemeinen keine eindeutigen Optionswerte liefern können. Der Optionswert bleibt in diesen Modellen im allgemeinen eine unsichere Größe, für die nur relativ "weiche" Bewertungsrelationen bestimmt werden können, die hier als Arbitragerelationen bezeichnet werden sollen. Arbitragerelationen zeichnen sich im Gegenzug durch hohe Allgemeingültigkeit aus. Sie liefern wegen des gleichzeitigen Verzichts auf eine Spezifikation von Anlegerpräferenzen und von Aktienkursprozessen einen

Bewertungsrahmen, der von allen Modellergebnissen, die unter spezifischeren Annahmen gewonnen werden, eingehalten werden muß.[87]

Präferenzfreie, verteilungsabhängige Modelle liefern dazu im Vergleich "härtere" Bewertungsaussagen, die die Arbitragerelationen einhalten müssen und - bis hin zur Bestimmung eindeutiger Optionswerte - spezifizierter sein müssen. Zur Einordnung eines präferenz- und verteilungsfreien Bewertungsansatzes erscheint eine Vorstellung davon hilfreich, zum "Preis" welcher zusätzlichen Annahmen diese "härteren" Bedingungen gewonnen werden. Daher soll auf existierende Ansätze einer präferenzfreien, verteilungsabhängigen Optionsbewertung näher eingegangen werden.

Präferenzfreie, verteilungsabhängige Modelle können zunächst von den Modellergebnissen her danach weiter unterschieden werden, ob sie eindeutige Optionswerte liefern oder einen Spielraum für Optionswerte belassen. Ob die Bewertungsmodelle eindeutige Optionswerte liefern, hängt von dem gesamten Prämissenkranz der Modelle ab. Mißt man die zentrale Bedeutung für die Möglichkeit einer eindeutigen Optionsbewertung dabei aber der Kursprozeßannahme selbst bei, dann können die verschiedenen Vorschläge präferenzfreier, verteilungsabhängiger Modelle auch vereinfacht danach unterschieden werden, ob sie "schwache" Kursprozeßannahmen unterstellen, unter denen eine Bestimmung eindeutiger Optionswerte im allgemeinen unmöglich bleibt, oder ob sie "starke" Kursprozeßannahmen treffen, unter denen die Bestimmung eindeutiger Optionswerte möglich wird.

Ein Beispiel für ein präferenzfreies, verteilungsabhängiges Optionswertmodell mit schwachen Kursprozeßannahmen, das einen relativ großen Spielraum für Optionswerte beläßt, liefern etwa Levy/Levy.[88] Levy/Levy treffen in ihrem Modell nur die Annahme, daß der Aktienkurs am Verfalltag der Option einen beliebigen Wert aus einem nach oben und unten begrenzten Intervall annehmen kann. Zwischen der Weite dieses Werteintervalls für Aktienkurse am Verfalltag und dem Spielraum von Optionswerten vor Fälligkeit muß in ihrem Modell dann ein positiver Zusammenhang bestehen.

---

[87] Vgl. zu dieser Einordnung von Arbitragerelationen als den Ergebnissen präferenz- und verteilungsfreier Modelle insbesondere Merton, R.C. (1973), S. 142, Smith, C.W (1976), S. 7, Cox, J.C./Rubinstein, M. (1985), S. 127-128.

[88] Vgl. Levy, H./Levy, A. (1988). Hier wird Bezug genommen auf eine Darstellung des Levy/Levy-Modells bei Bös, M. (1991), S. 74-83.

Im Vordergrund des Interesses an präferenzfreien, verteilungsabhängigen Optionswertmodellen stehen aber offensichtlich Modelle, die eindeutige Optionswerte liefern. Die Konstruktion entsprechender Modelle beruht auf einem Hedgeansatz und/oder einem Duplikationsansatz.[89] In einem Hedgeansatz werden Positionen in Optionen und Basisaktien so zu einem Portefeuille zusammengefaßt, daß dieses Portefeuille - jeweils bis zum nächsten Revisionszeitpunkt - äquivalent ist zu einem Portefeuille, das nur aus Titeln mit deterministischer Wertentwicklung, sogenannten sicherverzinslichen Titeln,[90] besteht. Das Risiko einer Option wird durch entsprechende Kombination mit der Basisaktie in diesem Ansatz also "gehedgt". In einem Duplikationsansatz werden demgegenüber Positionen in Basisaktien und sicherverzinslichen Titeln so zu einem Portefeuille zusammengefaßt, daß dieses Portefeuille - wiederum jeweils bis zum nächsten Revisionszeitpunkt - äquivalent ist zu einem Portefeuille, das nur aus Optionen besteht. Das Risiko einer Option wird in diesem Ansatz durch entsprechende Kombination aus Basisaktien und sicherverzinslichen Titeln also nachgebildet oder dupliziert.

In präferenzfreien Optionswertmodellen mit "starken" Kursprozeßannahmen, also solchen Optionswertmodellen, die trotz fehlender Präferenzannahmen eine eindeutige Duplikations- oder Hedgebewertung erlauben, muß dann gelten, daß

- die ermittelten Optionswerte unabhängig von den Präferenzen der Anleger sind und
- die ermittelten Optionswerte unabhängig von Erwartungen der Anleger sind.

Abhängig sind die Optionswerte - innerhalb des ansonsten unterstellten Modellrahmens - dann nur von der unterstellten Kursprozeßannahme und den gegebenen Kursen der Basisaktie und der sicherverzinslichen Titel. Präferenzen und Erwartungen der Anleger finden in diesen Modellen dementsprechend nur noch mittelbaren Eingang in die Optionsbewertung durch ihren Einfluß auf die aktuellen Kurse der Basisaktie und der sicherverzinslichen Titel.[91]

---

[89] Vgl. dazu auch Jurgeit, L. (1989), S. 92-93, der eine grundsätzliche Überlegenheit des Duplikationsansatzes gegenüber dem Hedgeansatz konstatiert.

[90] Mit dem Begriff der sicheren Verzinsung verbindet sich dabei in diesem Zusammenhang nicht nur die Vorstellung eines in absoluter Höhe fixierten Zahlungsanspruchs, die hier allein als feste Verzinsung bezeichnet würde, sondern darüber hinaus auch die Vorstellung von dessen sicherer, vollständiger und fristgerechter Erfüllung.

[91] Zu einer Charakterisierung der mittels Duplikations- oder Hedgeansatz gewonnenen Optionswerte vgl. auch Geske, R./Trautmann, S. (1986), S. 87-88. Die angeführten Eigenschaften von mittels Duplikations- oder Hedgeansätzen gewonnenen Optionswerten werden im Beispiel des

Die verschiedenen präferenzfreien, verteilungsabhängigen Modelle mit "starker" Kursprozeßannahme lassen sich dann zunächst danach weiter unterteilen, ob sie amerikanische oder europäische Optionen unterstellen. Unterhalb dieser Gliederungsebene können die Modelle dann noch vor allem nach ihren speziellen Verteilungsannahmen weiter unterschieden werden. Als zwei besonders wesentliche Merkmale der verschiedenen Verteilungsannahmen können dabei angesehen werden:

- ob Kursänderungen als kontinuierlich oder diskontinuierlich angenommen werden und

- ob die Streuung der relativen Kursänderungen konstant oder variabel ist.

Aus diesen Unterscheidungsmerkmalen ergibt sich für die präferenzfreien, verteilungsabhängigen Optionswertmodelle insgesamt eine Systematik wie in Abb. B-4 dargestellt.[92]

Binomialmodells (zum Binomialmodell vgl. Abschnitt 3.3.4.3 dieses Kapitels) besonders deutlich. Vgl. zu einer einfachen Darstellung dieser Eigenschaften im Kontext des Binomialmodells z.B. Kruschwitz, L./Schöbel, R. (1984), Teil I und II, hier insb. S. 72.

[92] Auf eine weitere Untergliederung der Optionswertmodelle für amerikanische Optionen wurde dabei allein aus Gründen der Übersichtlichkeit verzichtet. Je nach Modellierung des Kursprozesses lassen sich analoge Modellklassen wie bei den Optionswertmodellen für europäische Optionen bestimmen. Außerdem erscheinen bei Optionswertmodellen für amerikanische Optionen noch zusätzliche Differenzierungen nach der Modellierung von Dividendenerwartungen sinnvoll.

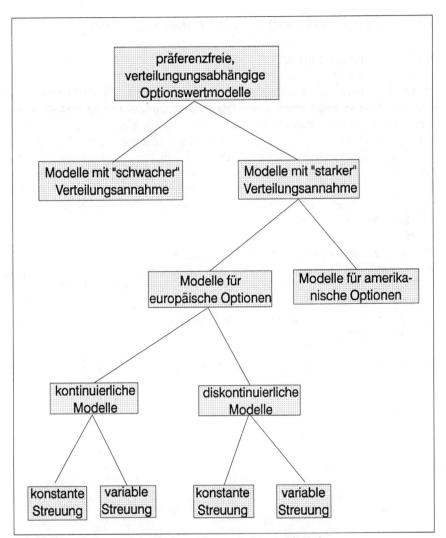

Abb. B-4: Systematik präferenzfreier, verteilungsabhängiger Optionswertmodelle

3.3.4 Darstellung ausgewählter Optionswertmodelle

3.3.4.1 Vorbemerkung

Präferenzfreie, verteilungsabhängige Optionswertmodelle, die eindeutige Optionswerte liefern, stehen heute zweifellos im Zentrum des theoretischen und zunehmend auch des praktischen Interesses an Ansätzen einer Optionsbewertung. Einige wesentliche dieser Modelle sollen hier kurz beschrieben werden. Ihre Beschreibung soll zum einen einen Eindruck von der mittlerweile vorhandenen Vielzahl "starker" Kursprozeßannahmen vermitteln, zum anderen aber auch verdeutlichen, daß die verschiedenen Modelle trotz ihrer unterschiedlichen Kursprozeßannahmen das Spektrum theoretisch denkbarer Kursprozeßannahmen insgesamt doch nur sehr unvollständig abdecken.

Die Auswahl der Modelle beschränkt sich dabei zunächst auf Optionswertmodelle für europäische Optionen und dividendenlose Basistitel. In den Fällen, in denen die Modelle oder darauf aufbauende Modellvarianten auch Dividenden und/oder vorzeitige Ausübungsmöglichkeiten berücksichtigen, wird auf eine Darstellung dieser Modellaspekte verzichtet. Einen Überblick über die hier beschriebenen Modelle liefert Tab. B-1.

Modell	Kontinuität der Kursänderungen	Streuung der relativen Kursänderungen
Diffusionsmodell (Black/Scholes)	kontinuierlich	konstant
Binomialmodell (Cox/Ross/Rubinstein; Redleman/Bartter)	diskret	(konstant)
Sprung-Modelle (Cox/Ross)	diskontinuierlich	konstant
CEV-Modelle (Cox/Ross)	kontinuierlich	variabel
Compound-Modell (Geske)	kontinuierlich	variabel
Displaced-Diffusion-Modell (Rubinstein)	kontinuierlich	variabel

Tab. B-1: Kursprozeßannahmen wichtiger Optionswertmodelle[93]

Die Beschreibung der Modelle wird hier auf eine Charakterisierung ihrer Annahmen über den stochastischen Kursprozeß für das Basisobjekt konzentriert. Eine Beschreibung der Kursprozeßannahmen erfolgt dabei in Kategorien des "Renditeprozesses":

- Kursprozeßannahmen werden dazu nicht in der Kategorie absoluter Kurswerte, sondern in der Kategorie von Kursveränderungen beschrieben.

- Kursveränderungen werden ihrerseits nicht in absoluten Größen, sondern in relativen Größen beschrieben. Relevant erscheinen in diesem Zusammenhang insbesondere zwei Arten relativer Kursänderungsgrößen. Die relative Größe S_{t+1}/S_t, mit S_t als Aktienkurs in einem Zeitpunkt t und S_{t+1} als Aktienkurs in einem Zeitpunkt t+1, wird dabei als Kursänderungsfaktor der Aktie von t nach t+1 bezeichnet. Die relative Größe $(S_{t+1}-S_t)/S_t$ wird als Kursrendite der Aktie von t nach t+1 bezeichnet. Die Varianz bzw. die Standardabweichung der Kursrendite wird dabei als Kennzahl für die Volatilität (Flatterhaftigkeit)

---

[93] In Anlehnung an entsprechende Übersichten bei Geske, R./Trautmann, S. (1986), S. 89, Bös, M. (1991), S. 54.

des Aktienkurses angesehen und daher auch kurz als Volatilität der Aktie bezeichnet.[94]

- Kursveränderungen werden hier jeweils für einen sehr kurzen Zeitraum beschrieben - im Fall zeitdiskreter Modelle für den Zeitraum zwischen zwei unmittelbar aufeinanderfolgenden Zeitpunkten und im Fall zeitkontinuierlicher Modelle als sogenannte "instantane" Kursänderungen. Die Kursrendite für einen solchen sehr kurzen Zeitraum wird auch als Momentanrendite bezeichnet.

Annahmen über die stochastischen Eigenschaften der Momentanrendite sind hier - wie implizit auch in weiten Teilen der Optionsliteratur - gemeint, wenn ohne erläuternden Zusatz von einer "Verteilungsannahme" gesprochen wird.

Im Zuge der folgenden Modelldarstellungen soll,

- ein Eindruck von der Vielzahl und der Heterogenität der Verteilungsannahmen vermittelt werden, für die mittlerweile Optionswertmodelle mit eindeutigen Bewertungsergebnissen verfügbar sind,

- deutlich werden, daß die Grenzen zwischen den Modellklassen fließend sind, da sich zahlreiche Modelle durch Modifikationen anderer Modelle gewinnen oder als Spezialfälle anderer Modelle interpretieren lassen,[95]

- deutlich werden, in welcher Weise Verteilungsannahmen für Aktienkurse in den verschiedenen Modellen von exogenen Annahmen abhängen, die im Modell ihrerseits nicht mehr selbst erklärt werden,

- deutlich werden, wie die Verallgemeinerung von Modellansätzen in der Regel mit der Einführung zusätzlicher - in der praktischen Modellanwendung zumeist nur schwer numerisch spezifizierbarer - Modellparameter einhergeht, und

- deutlich werden, daß auch die Vielzahl mittlerweile bekannter starker Kursprozeßannahmen das Spektrum theoretisch denkbarer Verteilungsannahmen ingesamt doch nur sehr unvollständig abdeckt.

---

[94] Da Kursänderungsfaktoren und Kursrenditen sich nur durch einen konstanten Summanden unterscheiden, sind Varianz und Standardabweichung beider relativen Kursgrößen identisch.

[95] Vgl. zu einer ähnlichen Einschätzung auch Jurgeit, L. (1989), S. 94-95.

3.3.4.2 Diffusionsmodell nach Black/Scholes

Das von Black/Scholes entwickelte und daher auch als Black/Scholes-Modell bezeichnete Diffusionsmodell[96] bildet das Ursprungsmodell präferenzfreier, verteilungsabhängiger Optionswertmodelle. Black/Scholes gelang es als ersten, aus einem Hedgeansatz eine geschlossene Bewertungsformel zu deduzieren, die ohne exogene Präferenzannahmen eindeutige Optionswerte liefert.

Black/Scholes unterstellen dazu hinsichtlich des Aktienkursprozesses,

- daß Aktienkurse einem zeit- und zustandskontinuierlichen Random Walk[97] folgen,
- daß absolute Aktienkurse in einem beliebigen zukünftigen Zeitpunkt lognormalverteilt sind und
- daß die Varianz der Aktienkursrendite im Zeitablauf konstant ist.[98]

Black/Scholes unterstellen damit implizit, daß die Momentanrendite der Aktie mit konstantem Erwartungswert und konstanter Varianz normalverteilt ist und daß die Aktienkursrendite einem Prozeß voneinander unabhängiger Zufallsvariablen folgt.[99] Die unterstellten Kursbewegungen folgen damit einem Prozeß, wie er in der Physik zur Beschreibung des Diffusionsprozesses von Molekularbewegungen gebräuchlich ist und als geometrische Brownsche Bewegung bezeichnet wird. Diese Verteilungsannahme unterstellt u.a mit der Konstanz der Varianz der Aktienkursrendite für ein Zeitintervall gegebener Länge eine mit der Länge des Zeitintervalls zunehmende Varianz der Aktienkursrendite.

---

[96] Vgl. Black, F./Scholes, M. (1973). Sekundärdarstellungen und Modifikationen des Black/Scholes-Modells finden sich z.B. bei Merton, R.C. (1973), S. 160-172, Smith, C.W. (1976), S. 20-31, Cox, J.C./Rubinstein, M. (1985), S. 196-358, Köpf, G. (1987), S. 141-163, Ritchken, P. (1987), S. 149-176, Jurgeit, L. (1989), S. 115-133 und 440-459, Bös, M. (1991), S. 102-164, Welcker, J./Kloy, J./Schindler, K. (1992), S. 119-173, Weßels, Th. (1992), S. 25-46, Brenner, M./Subrahmanyam, M. (1994).

[97] Zum Begriff des Random Walk vgl. z.B. Grünwald, L. (1980), S. 138-148.

[98] Vgl. Black, F./Scholes, M. (1973), S. 640.

[99] Ein Prozeß mit diesen Eigenschaften weist gleichzeitig die Eigenschaft der Stationarität auf, die dann vorliegt, wenn die gemeinsame Verteilung jedes endlichen Systems von Zufallsvariablen einer Zeitreihe unabhängig von einer zeitlichen Verschiebung dieses Systems ist. Vgl. dazu und zu weiteren Stationaritätsbegriffen Schlittgen, R./Streitberg, B. (1991), S. 79-83.

Die Möglichkeit einer Hedgebewertung ergibt sich im Black/Scholes-Modell aus der Möglichkeit permanenter und friktionsfreier Portefeuilleanpassungen. Durch die Portefeuilleanpassungen kann auf Wertänderungen der Option, die aus dem Fortschreiten der Zeit und/oder Änderungen des Aktienkurses resultieren, so reagiert werden, daß stets ein risikoloses Portefeuille aus Aktien und Optionen realisiert wird.[100]

Das Black/Scholes-Modell trägt in seiner ursprünglichen Form damit hinsichtlich der Verteilungsannahme u.a. folgende Charakteristika:

- Die Annahme über den Verteilungstyp wird vollständig als exogene Annahme getroffen. Dabei wird für die Momentanrendite die Annahme einer Normalverteilung getroffen.

- Für die Momentanrendite wird außerdem die Annahme eines konstanten Erwartungswertes und einer konstanten und bekannten Varianz getroffen.

Mit dem aktuellen Aktienkurs, dem Basispreis, der Restlaufzeit, dem Zinssatz einer sicheren Mittelanlage und der Volatilität des Aktienkurses existieren im ursprünglichen Black/Scholes-Modell nur fünf Größen, die einen Einfluß auf den Optionswert haben können. Die Werteinflußrichtung dieser fünf Größen auf den Optionswert unter ceteris paribus Bedingungen ergibt sich aus den partiellen Ableitungen der von Black/Scholes abgeleiteten Optionswertformel.[101] Die Werteinflußrichtung der fünf Größen ist in Tab. B-2 zusammengestellt.

---

[100] Black/Scholes gehen in ihrer Modellableitung von einem Hedgeansatz aus und entwickeln für den Optionswert daraus eine partielle Differentialgleichung. Die ursprüngliche Herleitung des Black//Scholes-Modells birgt allerdings kleinere Widersprüche. Vgl. zu ersten Hinweisen darauf Harrison, J.M./Pliska, S.R. (1981), S. 218, hier zitiert nach Jurgeit, L. (1989), S. 92, zu einer ausführlicheren Behandlung Bergman, Y.Z. (1981), hier zitiert nach Jarrow, R.A./Rudd, A. (1983), S. 98, sowie zu einer Behandlung im deutschsprachigen Schrifttum Jurgeit, L. (1989), S. 440-459, Köpf, G. (1987), S. 154-159. Vom Black/Scholes-Ansatz abweichende Modellherleitungen finden sich bei Cox, J.C./Ross, St./Rubinstein, M. (1979), S. 246-254, die das Black/Scholes-Modell als kontinuierlichen Grenzfall des Binomialmodells ableiten (vgl. dazu auch Rendleman, R.J./Bartter, B.J. (1979), S. 1107-1109, Jarrow, R.A./Rudd, A. (1983), S. 187-192, Omberg, E. (1987), Uhlir, H./Steiner, P. (1994), S. 232-243) und Cox, J.C./Ross, St. (1976), die Black/Scholes-Werte als diskontierte durchschnittliche Werte der Option am Verfalltag bestimmen.

[101] Vgl. Black, F./Scholes, M. (1973), S. 644. Zu den partiellen Ableitungen der Optionswertformel nach Black/Scholes vgl. ausführlich Cox, J.C./Rubinstein, M. (1985), S. 215-235, Bös, M. (1991), S. 129-164 und 214-237.

Kapitel B: Einordnung und Grundbegriffe 55

Werteinflußfaktor	Wirkung auf Optionswert
Aktueller Aktienkurs	+
Basispreis	-
Restlaufzeit	+
Zinssatz	+
Volatilität	+

Tab. B-2: Ceteris paribus Wirkung der Werteinflußfaktoren im Black/Scholes-Modell

Die hier vorgenommene Charakterisierung des Black/Scholes-Modells ist insofern zu relativieren, als zum Black/Scholes-Modell zahlreiche Modellvarianten existieren, die teilweise anders in die Modellsystematik einzuordnen wären. Letztlich können die meisten bekannten präferenzfreien, verteilungsabhängigen Optionswertmodelle auch als Modifikationen des Black/Scholes-Modells interpretiert werden.[102]

3.3.4.3 Binomialmodell

Das Binomialmodell wurde gleichzeitig und voneinander unabhängig von Cox/Ross/Rubinstein[103] und Rendleman/Bartter[104] entwickelt.[105] Ansatzpunkte

---

[102] Vgl. dazu jeweils die Hinweise bei der Darstellung der folgenden Modelle.

[103] Vgl. Cox, J.C./Ross, St./Rubinstein, M. (1979). Cox/Ross/Rubinstein weisen dabei ausdrücklich darauf hin, erste Anregungen zur Entwicklung ihres diskreten Optionsbewertungsmodells von William Sharpe erhalten zu haben (vgl. Cox, J.C./Ross, St./Rubinstein, M. (1979), Fn. auf S. 229 und Fn. 2 auf S. 230 i.V.m. Sharpe, W.F. (1978), S. 366-373).

[104] Vgl. Rendleman, R.J./Barrter, B.J. (1979). Die Modellableitung von Rendleman/Bartter wurde zwar später publiziert als die von Cox/Ross/Rubinstein. Die letztgenannten Autoren konstatieren aber selbst, daß beide Modellableitungen zeitlich parallel und voneinander unabhängig entwickelt wurden (vgl. Cox, J.C./Ross, St./Rubinstein, M. (1979), S. 230 Fn. 2). Rendleman/Barrter lehnen sich bei ihrer Modellableitung, anders als Cox/Ross/Rubinstein, allerdings an die von Black/Scholes gewählte Vorgehensweise mittels Hedgeansatz an. Jurgeit weist darauf hin, daß Rendleman/Bartter damit auch Inkonsistenzen aus dem Black/Scholes-Ansatz übernehmen, die bei Cox/Ross/Rubinstein nicht vorliegen (vgl. Jurgeit, L. (1989), S. 460-468).

für die Entwicklung des Binomialmodells waren vornehmlich Kritikpunkte am Black/Scholes-Modell, wie der Umstand, daß mit dem Black/Scholes-Modell keine Kurssprünge erklärt werden können,[106] oder die Tatsache, daß eine Ableitung der Bewertungsgleichung im Black/Scholes-Modell relativ hohe mathematische Ansprüche stellt.[107]

Das Binomialmodell ist zeit- und zustandsdiskret.[108] Es unterstellt, daß Finanztitel zu diskreten, äquidistanten Zeitpunkten gehandelt werden und bei gegebenem Kurs zu Beginn eines Zeitintervalls nur jeweils einen von zwei verschiedenen Kursen am Ende des Zeitintervalls annehmen können. Die beiden alternativen Kursänderungsfaktoren werden als im Zeitablauf konstant angenommen. Diese Annahme ermöglicht die Ableitung einer geschlossenen Bewertungsgleichung.

In einigen Fassungen enthält das Binomialmodell darüber hinaus die Annahme konstanter Eintrittswahrscheinlichkeiten der beiden alternativen Kursveränderungen. Mit dieser zusätzlichen Annahme ist das Binomialmodell ein diskretes Modell mit konstantem Erwartungswert und konstanter Varianz der Aktienrendite. Die Annahme konstanter Eintrittswahrscheinlichkeiten ist für die Ableitung der Modellergebnisse allerdings keine notwendige Prämisse, da diese gar nicht als Parameter in der Bewertungsgleichung auftreten. Dieselbe Bewertungsgleichung ließe sich auch auf der Basis variabler, insbesondere auch stochastischer, Eintrittswahrscheinlichkeiten ableiten. Die Varianz der Aktienrendite wäre dann

---

[105] Vgl. zum Binomialmodell außerdem die Darstellungen bei Jarrow, R.A./Rudd, A. (1983), S. 175-197, Kruschwitz, L./Schöbel, R. (1984), Teil I und II, Cox, J.C./ Rubinstein, M. (1985), insb. S. 165-178, Ritchken, P. (1987), S. 177-210, Zimmermann, H. (1988), S. 59-84, Jurgeit, L. (1989), insb. S. 101-115 und S. 460-468, Bös, M. (1991), S. 83-102, Hauck, W. (1991), S. 191-202, Copeland, Th. /Weston, J.F. (1992), S. 256-269, Uhlir, H./Steiner, P. (1994), S. 223-232.

[106] Vgl. Hauck, W. (1991), S. 191.

[107] Vgl. dazu Cox, J.C./Ross, St./Rubinstein, M. (1979), S. 229-230. Rendleman/Bartter stellen dazu fest: "Thus, the two-state approach opens the door to the understanding of modern option pricing theory without the added complications associated with the solutions of stochastic differential equations." (Rendleman, R.J./Barrter, B.J. (1979), S. 1103).

[108] Diskrete Modelle können zwar einerseits als ein Spezialfall diskontinuierlicher Modelle betrachtet werden. Gleichzeitig erscheint es in diesem Zusammenhang aber sinnvoll, diskrete Modelle von diskontinuierlichen Modellen zu trennen (vgl. die differenzierenden Einträge in Tab. B-1). Diskrete Modelle können nämlich u.a. die Möglichkeit einer beliebigen Annäherung an kontinuierliche Modellierungen bieten, während ein Charakteristikum der in Tab. B-1 als diskontinuierlich gekennzeichneten Modelle gerade in der ausdrücklichen Modellierung diskontinuierlicher Kursverläufe bestehen soll.

ebenfalls nicht mehr konstant, sondern könnte z.B. in einem stochastischen Sinn variabel sein.[109] Charakteristisch für das Binomialmodell ist also zunächst eine Konstanz der Kursänderungsfaktoren als Streuungskennzahlen nicht aber eine Konstanz der Varianz als Streuungsmaß.[110]

Der besondere Vorzug des Binomialmodells besteht aber gerade in seinem einfachen Aufbau und einer damit verbundenen hohen Flexibilität. So kann aus dem Binomialmodell z.B. das Black/Scholes-Modell als Grenzfall abgeleitet werden, wenn die Länge der Zeitintervalle gegen Null strebt und andere Modellparameter entsprechende Anpassungen erfahren.[111] Für andere Spezifikationen der Modellparameter lassen sich aber auch CEV-Modelle[112] oder Sprung-Modelle[113] als Spezialfälle des Binomialmodells ableiten. Darüber hinaus bietet das Binomialmodell auch Möglichkeiten zur Berücksichtigung diskreter Dividendenzahlungen und anderer Variationen des Kursprozesses oder auch von Merkmalen des Optionskontraktes - auch wenn eine solche Berücksichtigung i.d.R. dann nicht mehr die Ableitung einer geschlossenen Bewertungsgleichung erlaubt, sondern den Einsatz numerischer Lösungstechniken erforderlich macht.

Die hohe Flexibilität des Binomialansatzes resultiert dabei insbesondere daraus, daß die Kursänderungsfaktoren zeitpunkt- und sogar zustandsindividuell festgelegt werden können. Selbst die Annahme zustandsabhängig differierender Kursänderungsfaktoren beeinträchtigt prinzipiell nicht die eindeutige numerische Lösbarkeit des Modellansatzes, sondern nur die Möglichkeit zur Ableitung einer geschlossenen Bewertungsgleichung. Diese, schon bei der Modellentwicklung im

---

[109] Vgl. dazu Jurgeit, L. (1989), S. 101-102, Fn. 4, der sich mit seiner Argumentation auf Senghas bezieht (vgl. Senghas, N. (1989), S. 27-32 und 109). Geske/Trautmann ziehen abweichend zu Jurgeit zwar bereits aus der Annahme konstanter Kursänderungsfaktoren den Schluß einer konstanten Varianz der Aktienkursveränderungen (vgl. Geske, R./Trautmann, S. (1986), S. 90). Eine solche Schlußfolgerung erscheint ohne zusätzliche Annahme über die Eintrittswahrscheinlichkeiten aber nicht möglich.

[110] Mit der Annahme konstanter Eintrittswahrscheinlichkeiten wird im Binomialmodell für die Renditeentwicklung wie im Black/Scholes-Modell ein stationärer Prozeß unterstellt, während der Kursprozeß bei variablen Eintrittswahrscheinlichkeiten nicht stationär sein muß. Vgl. dazu Jurgeit, L. (1989), S. 101-102 Fn.4.

[111] Vgl. dazu die beim Black/Scholes-Modell angegebenen Literaturhinweise.

[112] Zur Modellklasse der CEV-Modelle vgl. Abschnitt 3.3.4.5. Zu einer Ableitung eines CEV-Modells aus einem Binomialansatz vgl. Cox, J.C./Ross, St./Rubinstein, M. (1979), S. 254-255.

[113] Zur Modellklasse der Sprung-Modelle vgl. Abschnitt 3.3.4.4. Zu einer Ableitung eines Sprung-Modells aus einem Binomialansatz vgl. Cox, J.C./Rubinstein, M. (1985), S. 365-366.

Vordergrund stehende,[114] hohe Flexibilität läßt eine Charakterisierung und Abgrenzung des Binomialmodells von anderen Optionswertmodellen nur begrenzt möglich und sinnvoll erscheinen.

Das Binomialmodell zeichnet sich im Kern nur durch die exogene Annahme aus, daß für die Aktienkursrendite von einer Zweipunktverteilung ausgegangen wird. In engen Modellierungen wird darüber hinaus von ausschließlich exogen bestimmten und im Zeitablauf konstanten Kursänderungsfaktoren und Eintrittswahrscheinlichkeiten ausgegangen. Sowohl die Eigenschaft der Konstanz als auch die der Exogenität kann aber sowohl für die Kursänderungsfaktoren als auch für deren Eintrittswahrscheinlichkeiten aufgehoben werden, ohne daß die eindeutige Lösbarkeit des Modellansatzes damit verloren ginge.[115] Die Flexibilisierung des Modells stellt allerdings einen deutlich erhöhten Anspruch an die Anzahl festzulegender Modellparameter. Z.B. müssen die Kursänderungsfaktoren im Extremfall zustandsspezifisch bekannt sein. Mit einem Großteil der Flexibilisierungsmöglichkeiten geht gleichzeitg die Möglichkeit zur Ableitung einer geschlossenen Bewertungsgleichung verloren.[116]

3.3.4.4 Sprung-Modelle

Erstmals vorgeschlagen wurde ein Sprung-Modell von Cox/Ross.[117] Ihre Entwicklung des Modellansatzes setzt dabei an der Prämisse des Black/Scholes-Modells an, nach der einzelne Kursänderungen im infinitisimalen Bereich bleiben und Kurse damit im Zeitablauf einen kontinuierlichen Verlauf nehmen. Cox/Ross stellen dieser Modellierung des Kursverlaufs als Diffusionsprozeß die Möglichkeit sprunghafter Kursveränderungen als zweite Grundform eines Diffusionspro-

---

[114] Vgl. dazu Cox, J.C./Ross, St./Rubinstein, M. (1979), S. 261-263.

[115] Vgl. zur Vielfalt der Variationsmöglichkeiten z.B. die tabellarische Übersicht bei Cox, J.C./ Rubinstein, M. (1985), S. 424-425. Diese Flexibilität wurde von Cox/Ross/Rubinstein bereits mit der ersten Präsentation des Binomialansatzes betont (vgl. Cox, J.C./Ross, St./Rubinstein, M. (1979), S. 261-263).

[116] Eine Annahme konstanter Varianz der Aktienkursrendite, die bei Bös und Geske/Trautmann als Charakteristikum des Binomialmodells vermerkt wird (vgl. Geske, R./Trautmann, S. (1986), S. 89, Bös, M. (1991), S. 54), kann dem Binomialansatz damit insgesamt nur mit starker Einschränkung zugeschrieben werden. Daher wurde der entsprechende Eintrag in Tab. B-1 in Abweichung zu den Darstellungen bei Bös und Trautmann/Geske geklammert.

[117] Vgl. Cox, J.C./Ross, St. (1976).

zesses gegenüber.[118] Sie gehen dazu in ihrem Modell davon aus, daß sich der Kurs des Basisobjektes zwischen zwei Sprüngen deterministisch verhält, und modellieren zusätzlich eine Sprungkomponente des Kursprozesses. Cox/Ross entwickeln dabei genaugenommen verschiedene Modellierungen dieser Sprungkomponente,[119] für die aber nur teilweise Duplikations- oder Hedgeansätze zur eindeutigen Optionsbewertung dargestellt werden.[120] Insbesondere gelingt Cox/Ross für einen Kursverlauf, der einem Poissonprozeß mit multiplikativer Sprungkomponente mit deterministischer Höhe und Richtung entspricht, die Entwicklung eines Duplikationsansatzes.[121] Die resultierende Bewertungsformel hat eine ähnliche Gestalt und Interpretation wie die Black/Scholes-Formel, enthält allerdings eine komplementäre Poisson-Verteilung statt einer kumulativen Normalverteilung zur Beschreibung der Wahrscheinlichkeiten, daß der Aktienkurs bei Optionsfälligkeit über dem Basispreis liegen wird.[122]

Cox/Ross formulieren Sprungmodelle zwar in verschiedenen Varianten. Die Verteilungsannahme für die Aktienkursrendite bleibt dabei aber jeweils vollständig exogen. Eine eindeutige Optionsbewertung gelingt ihnen darüber hinaus im wesentlichen nur in solchen Prämissenkränzen, in denen die relativen Kursänderungen zusätzlich eine konstante Varianz aufweisen. Für andere Prämissenkränze, z.B. mit stochastischer Höhe und Richtung des Kurssprungs, läßt sich nur noch in speziellen Fällen ein Duplikationsansatz entwickeln.[123]

Merton hat darüber hinaus versucht, mit einem sogenannten Diffusions-Sprung-Modell[124] die bei isolierter Betrachtung jeweils unrealistisch erscheinenden Ver-

---

[118] Vgl. Cox, J.C./Ross, St. (1976), S. 147. Zu einer Zusammenführung verschiedener Diffusionsmodelle in einem einheitlichen, allgemeinen Modellansatz vgl. außerdem Goldenberg, D. (1991).

[119] Vgl. Cox, J.C./Ross, St. (1976), S. 148-151.

[120] Vgl. Cox, J.C./Ross, St. (1976), S. 155-159.

[121] Diese spezielle Modellierung meinen Geske/Trautmann, wenn sie von dem Sprung-Modell nach Cox/Ross sprechen (vgl. Geske, R./Trautmann, S. (1986), S. 92 und 125-126).

[122] Vgl. Geske, R./Trautmann, S. (1986), S. 92.

[123] Vgl. Jurgeit, L. (1989), S. 140-141. Sprung-Modelle lassen sich auch aus dem Binomialansatz ableiten (vgl. Cox, J.C./Rubinstein, M. (1985), S. 365-366, Amin, K. (1993)). Damit lassen sich auch komplexe Sprung-Modelle formulieren, die zumindest mit Hilfe numerischer Techniken lösbar bleiben.

[124] Vgl. Merton, R.C. (1976). Zu Sekundärdarstellungen des Modells vgl. Jarrow, R.A./ Rudd, A. (1983), S. 160-171, Cox, J.C./Rubinstein, M. (1983), S. 21-29, Cox, J.C./Rubinstein, M. (1985), S. 368-371.

teilungsannahmen des Black/Scholes-Modells und der "reinen" Sprung-Modelle zu einer insgesamt realistischer erscheinenden Verteilungsannahme zu vereinigen. Merton geht dazu von einem Aktienkursverlauf aus, der sich zwischen Preissprüngen analog zum Black/Scholes-Modell als Diffusionsprozeß beschreiben läßt, und kombiniert diesen Verlauf mit einem Poissonprozeß, bei dem Höhe und Richtung der Sprungkomponente stochastisch sind. Das Diffusions-Sprung-Modell stellt ein weiteres "wesentliches" Optionswertmodell dar.[125] Es ist aber kein Optionswertmodell, das im allgemeinen allein aufgrund von Annahmen über den Kursprozeß des Basisobjektes eine eindeutige Bewertung einer Option mittels Hedge- oder Duplikationsansatz ermöglicht. Die Kombination aus kontinuierlichen und diskontinuierlichen Kursänderungen läßt gemeinsam mit dem stochastischen Charakter der Kursänderungen selbst bei kontinuierlichen Handelsmöglichkeiten nicht mehr in jedem Fall eine eindeutige Optionsbewertung mittels Hedge- oder Duplikationsansatz möglich erscheinen. Zur Bestimmung eines eindeutigen Optionswertes sind im Diffusions-Sprung-Modell entweder zusätzliche Annahmen darüber erforderlich, wie die Kurssprünge einzelner Aktien mit der Gesamtmarktentwicklung korreliert sind, oder zusätzliche Annahmen über die Präferenzen der Anleger.[126] Das Diffusions-Sprung-Modell läßt sich damit nicht eindeutig einer hier diskutierten Klasse von Optionswertmodellen zuordnen und soll nicht weiter berücksichtigt werden.

Die bislang skizzierten Modelle beruhen - zumindest in ihrer jeweiligen Grundform - auf der Annahme eines Aktienkursprozesses mit konstantem Verteilungstyp und konstanten Streuungsparametern, deren Wertausprägungen ebenfalls exogen angenommen werden. Im Fall des Black/Scholes-Modells wird z.B. von einer konstanten Varianz der relativen Kursveränderungen und im Fall des Binomialmodells von konstanten Kursänderungsfaktoren ausgegangen.[127] Die

---

[125] Eine besondere Eignung des Diffusions-Sprung-Modells wird dabei in Teilen der Literatur für die Erklärung der Preisbildung "langlaufender" Optionsrechte vermutet. Zu einem empirischen Vergleich des Black/Scholes-Modells und des Diffusions-Sprung-Modells zur Erklärung von Optionsscheinpreisen, der diese Vermutung überprüft, allerdings nur partiell zu bestätigen vermag, vgl. Kremer, J./Roenfeldt, R. (1993).

[126] Vgl. dazu z.B. Cox, J.C./Ross, St./Rubinstein, M. (1979), S. 262-263 Fn. 21, Cox, J.C./Rubinstein, M. (1985), S. 369, Jurgeit, L. (1989), S. 141 Fn. 2. Vgl. aber auch Geske, R./Trautmann, S. (1986), S. 92-93, Bös, M. (1991), S. 53-54, die das Diffusions-Sprung-Modell jeweils trotzdem den Hedge-Modellen zurechnen, was Jurgeit als "inkonsequent" erscheint.

[127] Zu den Einschränkungen dieser Charakterisierung vgl. insbes. die Ausführungen zum Binomialmodell.

Konstanz der Verteilung gilt dabei jeweils sowohl hinsichtlich des Zeitpunktes als auch hinsichtlich des Aktienkursniveaus.

Diese Annahme konstanter Verteilungstypen und -parameter wurde durch empirische Tests dieser Modelle bereits früh in Frage gestellt.[128] Daher wurden aufbauend auf den skizzierten Modellen auch Optionswertmodelle entwickelt, die die Annahme einer variablen Kursverteilung treffen. Im wesentlichen sind bei den Optionswertmodellen mit variablen Verteilungsannahmen dann zwei Entwicklungsrichtungen zu unterscheiden:

1. Modelle mit variablen Verteilungen der Aktienkursrendite, bei denen die Verteilungsannahme vollständig modellexogen formuliert wird, und

2. Modelle mit variablen Verteilungen der Aktienkursrendite, bei denen die Verteilungsannahme teilweise auch im Modell selbst erklärt wird.

3.3.4.5 CEV-Modelle[129]

Einige Modelle mit variabler Verteilungsannahme unterstellen eine direkte Abhängigkeit der Varianz der Aktienkursverteilung von der Höhe des Aktienkurses und/oder dem Zeitpunkt.[130] Besondere Bedeutung kommt innerhalb dieser Modellklasse den sogenannten CEV-Modellen zu. CEV-Modelle gehen überwiegend

---

[128] Black/Scholes stellen mit ihrem Modell 1973 bereits selbst erste Testergebnisse ihres Modells vor und konstatieren dabei: "Also, the difference between the price paid by option buyers and the value given by formula is greater for options on low-risk stocks than for options on high-risk stocks" (Black, F./Scholes, M. (1973), S. 653). Black/Scholes interpretieren diese Abweichung zwar selbst 1973 noch dahingehend, daß der Markt die Bedeutung unterschiedlicher Aktienkursvolatilitäten für Optionswerte unterschätze (vgl. Black, F./Scholes, M. (1973), S. 653). In einem positivistischen Sinn kann aber bereits dieser empirische Befund andersherum auch als erster Hinweis gedeutet werden, die unterstellte konstante Verteilungsannahme durch die Annahme einer variablen Verteilung zu ersetzen.

[129] CEV steht für "Constant Elasticity of Variance".

[130] Vgl. zu einer allgemeinen Darstellung entsprechender Modelle Cox, J.C./Rubinstein, M. (1985), S. 361-364. Zu einer erstmaligen Darstellung solcher Modelle vgl. Cox, J.C. (1975), hier zitiert nach Jarrow, R.A./Rudd, A. (1983), S. 150. Vgl. insbesondere auch Cox, J.C./Ross, St. (1976), S. 148-151 und 159-163. Vgl. desweiteren Beckers, S. (1980), Jarrow, R.A./Rudd, A. (1983), S. 149-159, Jurgeit, L. (1989), S. 137-140.

vom kontinuierlichen Black/Scholes-Modell aus.[131] Sie unterstellen eine konstante Elastizität der Varianz der Aktienkursrendite in Bezug auf Aktienkursänderungen (kurz CEV), die nachfolgend einfach als Elastizität bezeichnet wird. Die Annahme einer CEV bedeutet dabei, daß die prozentuale Änderung der Varianz der Aktienkursrendite für eine einprozentige Aktienkursveränderung unabhängig vom Aktienkursniveau ist.[132] Das Black/Scholes-Modell selbst kann dabei als spezielles CEV-Modell angesehen werden, bei dem sich die Varianz der Aktienkursrendite bei Aktienkursänderungen überhaupt nicht verändert, die Elastizität also gerade den Wert Null annimmt. CEV-Modelle können dementsprechend auch als eine Verallgemeinerung des Black/Scholes-Modells angesehen werden.

Wenn von einer eigenständigen Modellklasse der CEV-Modelle die Rede ist, sind damit aber zumeist nur solche Modelle gemeint, die von einer CEV ausgehen, die kleiner als die im Black/Scholes-Modell unterstellte ist. In CEV-Modellen im Sinne einer solchen eigenen Modellklasse wird für das Verhältnis zwischen dem Aktienkursniveau und der Varianz relativer Aktienkursveränderungen also eine inverse Beziehung unterstellt. Die zu erwartenden relativen Kursänderungen steigen, wenn der Aktienkurs fällt, und sinken, wenn der Aktienkurs steigt.[133] Damit wird die Verteilung der Aktienkursrendite in einer bestimmten Periode gleichzeitig in spezieller Weise abhängig von den Kursänderungen der vorangegangenen Perioden. Mit unterschiedlichen Absolutniveaus der CEV können negative Zusammenhänge von unterschiedlicher Intensität modelliert werden.

Die Modellierung eines solchen negativen Zusammenhangs wurde nicht nur von diversen empirischen Untersuchungen als realitätsnahe Modellierung nahege-

---

[131] Entsprechende Modellansätze lassen sich aber auch aus dem Binomialmodell ableiten (vgl. Cox, J.C./Rubinstein, M. (1985), S. 361-364). Von einer kontinuierlichen Modellierung gehen aber z.B. Cox/Ross aus (vgl. Cox, J.C./Ross, St. (1976)), die als die gemeinsamen "Väter" dieses Modelltyps gelten.

[132] Vgl. Jarrow, R.A./Rudd, A. (1983), S. 151.

[133] Die unterstellte negative Beziehung zwischen dem Aktienkursniveau und der Varianz relativer Aktienkursänderungen soll dabei ausdrücklich nicht bedeuten, daß Aktien mit höherem Kursniveau generell eine geringere Streuung der relativen Kursänderungen aufweisen, sondern soll sich jeweils nur auf eine bestimmte Aktie beziehen. Es wird unterstellt, daß die Streuung der relativen Kursänderungen einer Aktie abnimmt (steigt), wenn der Kurs dieser Aktie gestiegen (gefallen) ist. Vgl. Cox, J.C./Rubinstein, M. (1985), S. 280.

legt,[134] sondern läßt sich auch theoretisch durch die Wirkung eines sogenannten "financial leverage" und/oder eines "operating leverage" begründen.

Eine Begründung mittels "financial leverage" liefern z.B. Cox/Rubinstein wie folgt: "When a firm`s stock price falls, the percentage decrease in the market value of the equity is usually greater than the percentage decrease in the market value of the firm`s debt. This automatically increases a firm`s debt-equity ratio in market value terms. In turn, this increases the risk of owning a firm`s stock wich leads to a rise in the stock`s volatility."[135]

Zur Begründung mittels "operating leverage" führen Cox/Rubinstein an: "Even if a firm were purely equitiy financed, a decline in its stock price might very well be caused by a decline in sales. Profits of firms with high operating leverage (that is, a high ratio of fixed to variable costs) or products with high gross margin (that is, a large difference between selling price and variable cost per unit) will become proportionately more sensitive to changes in sales. Again this increases the risk of owning the firm`s stock and increases its volatility."[136]

Zusammenfassend lassen sich CEV-Modelle charakterisieren als Optionswertmodelle mit einer variablen Verteilungsannahme. Sie stellen eine Verallgemeinerung des Black/Scholes-Ansatzes dar, erfordern aber gleichzeitig die Festlegung des CEV-Wertes und damit im Vergleich zum Black/Scholes-Modell die exogene Bestimmung eines zusätzlichen Modellparameters. Die Verteilungsannahme für die Aktienrendite bleibt in CEV-Modellen trotz einer Flexibilisierung damit allerdings insgesamt eine vollständig exogene Annahme, die in keiner Weise durch das Modell selbst erklärt wird. CEV-Modelle gehören also zur ersten Klasse der oben angesprochenen Modellklassen mit variabler Verteilungsannahme.

---

[134] Ein erster Hinweis in diese Richtung findet sich bereits bei Black, F. (1975), S. 40 (vgl. dazu auch Black, F. (1976), hier zitiert nach Jarrow, R.A./Rudd, A. (1983), S. 150). Vgl. außerdem Schmalensee, R./Trippi, R.P. (1978), Beckers, S. (1980).

[135] Cox, J.C./Rubinstein, M. (1985), S. 280. Ähnlich auch Jarrow, R.A./Rudd, A. (1983), S. 151, Beckers, S. (1980), S. 661-662.

[136] Cox, J.C./Rubinstein, M. (1985), S. 280-281. Ähnlich auch Beckers, S. (1980), S. 662.

3.3.4.6 Compound-Option-Modell

Das von Geske vorgeschlagene Compound-Option-Modell[137] stellt wie die CEV-Modelle eine Verallgemeinerung des Black/Scholes-Modells dar und unterstellt wie diese im Ergebnis eine negative Beziehung zwischen dem Kursniveau einer Aktie und der Varianz relativer Aktienkursveränderungen. Anders als in den CEV-Modellen wird dieser Zusammenhang im Compound-Option-Modell aber auch selbst erklärt. Der Erklärungsansatz des Compound-Option-Modell geht von heterogenen Unternehmensparten aus und greift auf die Wirkung eines "financial leverage" als Einflußgröße für Aktienkursschwankungen zurück, um den Aktienrenditeprozeß teilweise modellendogen zu erklären.

Ausgangspunkt des Compound-Option-Modells ist die Vorstellung, daß der Aktienkurs selbst noch keine elementare Werteinflußgröße des Optionswertes darstellt, sondern als abhängig vom gesamten Unternehmenswert zu betrachten ist. Geske geht bei seinem Optionswertmodell daher vom Unternehmensgesamtwert als der elementaren stochastischen Größe aus und trifft für diese Größe eine identische Verteilungsannahme wie sie im Black/Scholes-Modell für Aktienkurse getroffen wird. Er nimmt zusätzlich an, daß das Unternehmen vollständig in Aktien und kuponlose, festverzinsliche Titel, sogenannte Diskontanleihen, als finanzielle Parten aufgeteilt ist. Aktien interpretiert Geske dann zunächst selbst als Kaufoptionen auf das Unternehmen mit einem Basispreis in Höhe der Rückzahlungsverpflichtungen aus ausstehenden Diskontanleihen und einer Fälligkeit im Zeitpunkt der Anleihefälligkeit.[138] Mit der Möglichkeit eines ausübungslosen Verfalls dieser Option enthält Geskes Modellierung gleichzeitig die Möglichkeit, daß das Unternehmen in Konkurs geht. Geske interpretiert Optionen auf Aktien damit als Optionen auf Optionen (compound options). Aktienkurse werden im Compound-Option-Modell damit durch einen Kursprozeß beschrieben, wie er im Black/Scholes-Modell für Optionswerte abgeleitet wird. Die Kurse folgen einem Random Walk, bei dem die Varianz relativer Aktienkursveränderungen mit steigendem (fallendem) Aktienkurs fällt (steigt).[139]

---

[137] Vgl. zur ursprünglichen Darstellung des Modells Geske, R. (1979). Zu Sekundärdarstellungen und Weiterentwicklungen vgl. außerdem Cox, J.C./ Rubinstein, M. (1983), S. 13-16, Cox, J.C./Rubinstein, M. (1985), S. 412-415, Geske, R./Trautmann, S. (1986), S. 91 und 124-125, Selby, M./Hodges, S. (1987), Hauck, W. (1991), S. 202-213.

[138] Vgl. zu diesem Ansatz, Aktien als Kaufoptionen auf den Wert eines Unternehmens zu interpretieren, auch Geske, R. (1977) i.V.m. Geske, R./Johnson, H. (1984).

[139] Vgl. Cox, J.C./Rubinstein, M. (1985), S. 412.

Die Varianz der Aktienkursrendite hängt im Compound-Option-Modell außer von der Stochastik des Unternehmensgesamtwertes vom Ausmaß der Unternehmensverschuldung, gemessen als Relation zwischen der Summe der Rückzahlungsverpflichtungen aus Diskontanleihen und dem gesamten Marktwert des Unternehmens, und der Restlaufzeit der Schuldtitel ab. Für eine Unternehmensverschuldung von Null geht das Compound-Option-Modell ebenso wie für eine unendlich lange Restlaufzeit der Schuldtitel in das Black/Scholes-Modell über.

Auch das Compound-Option-Modell kann also als eine Verallgemeinerung des Black/Scholes-Modells mit variabler Verteilungsannahme betrachtet werden. Im Unterschied zu CEV-Modellen wird die Variabilität dieser Verteilung im Compound-Option-Modell aber auch selbst erklärt. Mit der Restlaufzeit der Diskontanleihen und der relativen Höhe der Rückzahlungsverpflichtungen werden im Compund-Option-Modell gegenüber dem Black/Scholes-Modell dabei aber gleich zwei zusätzliche Werteinflußfaktoren zur Erklärung dieses negativen Zusammenhangs benötigt, deren Bestimmung in der praktischen Modellanwendung recht problematisch erscheint.

3.3.4.7 Displaced-Diffusion-Modell

Das von Rubinstein vorgeschlagene Displaced-Diffusion-Modell[140] enthält ebenfalls die Annahme einer variablen Varianz der relativen Aktienkursveränderungen und erklärt diese Varianzvariation auch im Modell selbst. Ansatzpunkt für diese Erklärung ist im Displaced-Diffusion-Modell aber, anders als im Compound-Option-Modell, nicht allein eine Finanzierung des Unternehmens mittels heterogener Parten, sondern zusätzlich eine Heterogenität der Unternehmensinvestitionen.

Rubinstein geht davon aus, daß ein Unternehmen parallel zwei Investitionsprojekte mit unterschiedlichen Risikostrukturen realisiert, und zwar eine sicherverzinsliche Mittelanlage und eine risikobehaftete Mittelanlage. Die Wertentwicklung der risikobehafteten Mittelanlage folgt einem Prozeß, wie er im Black/Scholes-Modell für Aktienkursentwicklungen unterstellt wird. Der Wert-

---

[140] Vgl. Rubinstein, M. (1983). Vgl. außerdem Jarrow, R.A./Rudd, A. (1983), S. 128-130, Geske, R./Trautmann, S. (1986), S. 92, Hull, J. (1993), S. 441. Das Modell wird hier in einer etwas vereinfachten Form - ohne Dividendenzahlungen - skizziert.

entwicklungsprozeß nur der risikobehafteten Mittelanlage weist damit eine konstante Varianz der relativen Wertänderungen auf.

Der Wertentwicklungsprozeß des Gesamtunternehmens weist wegen der Kombination mit einer sicherverzinslichen Anlage aber eine variable Varianz auf. Steigt der Wert der risikobehafteten Anlage in einer Periode stärker als der Wert der sicheren Mittelanlage, so nimmt der Anteil der risikobehafteten Anlage am gesamten Unternehmenswert zu und steigt damit auch die Varianz relativer Änderungen des Gesamtunternehmenswertes. Steigt der Wert der risikobehafteten Anlage in einer Periode weniger stark als der Wert der sicheren Mittelanlage oder fällt er gar, so nimmt der Anteil der risikobehafteten Anlage am gesamten Unternehmenswert ab und fällt damit auch die Varianz relativer Änderungen des Gesamtunternehmenswertes.[141] Damit existiert zwischen dem Gesamtunternehmenswert und der Varianz relativer Wertänderungen zwar eine direkte Beziehung. Diese Beziehung weist aber bereits kein eindeutiges Vorzeichen mehr auf.

Darüber hinaus entspricht die Wertentwicklung des Gesamtunternehmens im Displaced-Diffusion-Modell aber noch nicht der Wertentwicklung der Aktien, da Rubinstein, in Analogie zum Compound-Option-Modell, zusätzlich davon ausgeht, daß das Unternehmen festverzinsliche Verbindlichkeiten hat. Anders als im Compound-Option-Modell geht Rubinstein zwar davon aus, daß diese festverzinslichen Verbindlichkeiten auch sicher erfüllt werden. In seinem Modell kann ein Unternehmen also nicht in Konkurs gehen und müssen Aktien daher nicht erst selbst mit einem Optionswertmodell bewertet werden. Eine Verschuldung wirkt aber bei Rubinstein, isoliert betrachtet, trotzdem in gleicher Richtung wie im Compound-Option-Modell: Zwischen der Varianz relativer Änderungen des Unternehmenswertes und der Varianz relativer Änderungen des Aktienwertes wird durch die Verschuldung bei isolierter Betrachtung ein negativer Zusammenhang hergestellt.[142]

Damit wirken auf die Beziehung zwischen absolutem Aktienwert und der Varianz relativer Aktienwertänderungen im Displaced-Diffusion-Modell zwei gegenläufige Einflüsse:

---

[141] Vgl. zu dieser Interpretation Rubinstein, M. (1983), S. 215.

[142] D.h., daß die Verschuldung auch im Displaced-Diffusion-Modell bei isolierter Betrachtung bewirkt, daß die Varianz relativer Aktienkursveränderungen fällt (steigt), wenn der Aktienkurs steigt (fällt).

- Die zusätzliche sicherverzinsliche Mittelanlage auf der Aktivseite wirkt gegenüber einer ausschließlich risikobehafteten Mittelanlage tendenziell in Richtung eines positiven und damit zum Compound-Option-Modell konträren Zusammenhangs.[143]
- Die zusätzliche Verschuldung wirkt demgegenüber analog zum Compound-Option-Modell in Richtung eines negativen Zusammenhangs.

Im Displaced-Diffusion-Modell wird damit insgesamt von einem funktionalen Zusammenhang zwischen Aktienkursniveau und Varianz relativer Aktienkursänderungen ausgegangen. Das Vorzeichen dieses Zusammenhangs hängt aber von der Spezifikation weiterer Modellparameter, insbesondere der Aufteilung der Unternehmensaktiva auf sichere und risikobehaftete Anlageformen sowie dem Verschuldungsgrad des Unternehmens, ab.[144]

Auch das Displaced-Diffusion-Modell stellt eine Verallgemeinerung des Black/Scholes-Modells dar. Tätigt das Unternehmen keine sichere Anlagen und ist es unverschuldet, dann geht das Displaced-Diffusion-Modell in das Black/Scholes-Modell über. Mit dem Verschuldungsgrad des Unternehmens und der Aufteilung des Unternehmensportefeuilles auf eine risikolose und risikobehaftete Anlage werden im Displaced-Diffusion-Modell gegenüber dem Black/Scholes-Modell aber ebenfalls zwei zusätzliche Modellparameter benötigt, deren Bestimmung in einer praktischen Modellanwendung problematisch erscheint.

---

[143] Bei dieser Aussage wird der Fall ignoriert, in dem die risikobehaftete Anlage in einer Periode zwar im Wert steigt, aber weniger stark im Wert steigt als die sicherverzinsliche Anlage.

[144] Geske/Trautmann ziehen den Schluß, daß ein generell negativer Zusammenhang modelliert wird (vgl. Geske, R./Trautmann, S. (1986), S. 92). Ein solcher Zusammenhang kann ohne weitere Annahmen aber nur gefolgert werden, wenn eine sichere Anlage zinslos erfolgt und das Unternehmen selbst unverschuldet ist. Die fehlende Allgemeingültigkeit dieses Geske/Trautmann-Schlusses läßt sich mit numerischen Beispielen widerlegen. Dazu ist von einer Unternehmung auszugehen, deren Volumen in risikolosen Anlagen geringer ist als ihre eigenen Verbindlichkeiten. (Vgl. dazu auch die Modelldarstellung bei Hull, J. (1993), S. 441). Rubinstein stellt im Gegensatz zu Geske/Trautmann und im Einklang mit der hier gewählten Darstellung fest: "Wether the volatility of the stock will rise or fall with increases in the stock will depend jointly on the influences of the asset composition, α, and the debt-equity ratio, β" (Rubinstein, M. (1983), S. 215).

3.3.4.8 Weitere Modelle

Die bislang skizzierten Modelle bilden dabei nur einen schmalen, wenn auch relativ zentralen, Ausschnitt der insgesamt verfügbaren präferenzfreien, verteilungsabhängigen Optionswertmodelle, die eindeutige Optionswerte liefern. Die Gesamtheit der verfügbaren Modelle geht über diesen Ausschnitt in vielfältiger Weise hinaus. Besonders hingewiesen sei hier auf folgende Erweiterungen der Modellpalette:

1. Zum einen werden auch für den Fall einer europäischen Kaufoption i.e.S. noch weitere Modelle vorgeschlagen, die sich von den dargestellten durch die getroffene Kursprozeßannahme unterscheiden. Dabei existieren sowohl Modellvorschläge mit anderen theoretischen Verteilungsannahmen, als auch solche, die von empirischen Verteilungen als Annahmen für relative Aktienkursänderungen ausgehen.

Unter den erstgenannten Modellansätzen erscheinen dabei solche Ansätze besonders erwähnenswert, die von einer variablen Streuung relativer Aktienkursveränderungen ausgehen und die Streuung selbst als stochastischen Prozeß modellieren.[145] Der Optionswert hängt in den entsprechenden Modellen damit von zwei stochastischen Werteinflüssen ab, der Stochastik der relativen Aktienkursänderungen in einem Zeitpunkt, die in einem Volatilitätsmaß ausgedrückt wird, und der Stochastik dieses Volatilitätsmaßes im Zeitablauf. Probleme ergeben sich bei diesen Modellansätzen aus dem Erfordernis, für den stochastischen Prozeß der Volatilität eine "geeignete" Annahme für den Verteilungstyp und die Verteilungsparameter zu bestimmen, und aus den höheren Anforderungen an eine Lösbarkeit der Modelle. Eindeutige Lösungen können die entsprechenden Modelle ohne Präferenzannahmen dann liefern, wenn nicht nur das Risiko einer Aktienkursänderung bei gegebener Volatilität, sondern auch das Risiko einer Volatilitätsänderung diversifizierbar ist. Diese Bedingung ist insbesondere dann erfüllt, wenn die Volatilität selbst als handelbares Wertpapier betrachtet werden kann. Die resultierenden Optionswertfunktionen sind aber in der Regel nicht mehr allgemein lösbar, sondern erfordern eine Lösung mittels Simulationsrechnungen.

---

[145] Vgl. zu solchen Modellen Hull, J./White, A. (1987), Scott, L.O. (1987), Wiggins, J.B. (1987), Johnson, H./Shanno, D. (1987), Naik, V. (1993). Vgl. außerdem zum Folgenden Finucane, Th. (1989), Bös, M. (1991), S. 52, Hull, J. (1993), S. 439-440.

Letztgenannte Modellansätze, die von empirischen Verteilungen als Annahmen für relative Aktienkursänderungen ausgehen, schlagen demgegenüber wieder eine Brücke zwischen der Gleichgewichtsbewertung einer Option und den oben angeführten Ad-hoc-Modellen zur Optionsbewertung. In diesen Modellansätzen erfolgt die Optionsbewertung selbst zwar gleichgewichtsorientiert, die dabei zugrundegelegte Aktienkursprozeßannahme wird aber aus statistischen oder ökonometrischen Ansätzen gewonnen.[146]

2. Daneben existieren Modellvorschläge für die Bewertung amerikanischer Kaufoptionen i.e.S. Diese Modelle gehen in der Regel von den Annahmen des Diffusions- bzw. des Binomialmodells aus und modifizieren sie in zweierlei Hinsicht: Zum einen durch zusätzliche Berücksichtigung von Dividendenzahlungen und zum anderen durch Möglichkeiten einer vorzeitigen Optionsausübung unmittelbar vor einem Dividendentermin.[147]

Während im Binomialansatz eine Berücksichtigung vorzeitiger Ausübungsmöglichkeiten, für bekannte, diskrete Dividendenzahlungen und für eine konstante Dividendenrendite, auf numerischem Wege auf Anhieb in exakter Weise gelingt,[148] existierten für das kontinuierliche Black/Scholes-Modell lange Zeit überhaupt nur approximative Lösungen.[149] Mittlerweile existiert auch für das Black/Scholes-Modell ein exakter Modellansatz, der allerdings nur für den Fall einer einzigen Dividendenzahlung eine analytisch lösbare Bewertungsformel liefert,[150] für den Fall mehrerer Dividendenzahlungen hin-

---

[146] Vgl. zu Optionswertmodellen mit empirischen Aktienkursverteilungen z.B. das Gastineau/Madansky-Modell (vgl. Gastineau, G.L. (1988), S. 202-210, Madansky, A. (1977), hier zitiert nach dem Wiederabdruck in Gastineau, G.L. (1988), S. 329-335).

[147] Zu der in diesen Modellen unterstellten Annahme, daß die vorzeitige Ausübung einer amerikanischen Option nur jeweils unmittelbar vor einem Dividendentermin rational sein kann, vgl. Abschnitt 4.1 von Kapitel C.

[148] Vgl. dazu Cox, J.C./Ross, St./Rubinstein, M. (1979), S.255-258, Cox, J.C./ Rubinstein, M. (1985), S. 236-245, Welcker, J./Kloy, J./Schindler, K. (1992), S.161-169, Weßels, Th. (1992), S. 56-78, Hull, J. (1993), S. 345-348.

[149] Zu einem frühen Ansatz einer approximativen Bewertung amerikanischer Optionen vgl. den Vorschlag von Black, F. (1975), S. 60-61, der auch als pseudo-amerikanischer Bewertungsansatz bezeichnet wird.

[150] An der Entwicklung der entsprechenden Formel waren im Zeitablauf verschiedene Autoren beteiligt. Nach ihren maßgeblichen Autoren wird die entsprechende Formel auch als Geske/Roll/Whaley-Formel bezeichnet. Der Bewertungsansatz geht zwar vom Black/Scholes-Modell aus, greift aber zur Lösung des Bewertungsproblems auf das Compound-Option-Modell zurück. Vgl. Roll, R. (1977), Geske, R. (1979a), Geske, R. (1981), Whaley, R.E. (1981). Zu empirischen Tests der vorgeschlagenen Bewertungsformeln vgl. Sterk, W.E. (1982), Whaley, R.E.

gegen nach wie vor einer, wenn auch deutlich fortgeschrittenen, Approximation bedarf.[151]

3. Außerdem existieren Modellvorschläge, die den Besonderheiten einer Bewertung von Optionsscheinen Rechnung tragen sollen. Die Besonderheit einer Bewertung von Optionsscheinen wird in diesen Modellen primär darin gesehen, daß die Ausübung eines Optionsscheins, anders als die einer Option, Rückwirkungen auf die Vermögenssumme und die Kapitalstruktur des Unternehmens, dessen Aktien optiert werden können, hat:

- Das Unternehmensvermögen erhöht sich bei der Ausübung eines Optionsscheins um geleistete Basispreiszahlungen.

- Die Anzahl der ausstehenden Aktien erhöht sich um die Zahl der optierten Aktien.[152]

Die Ausübung eines Optionsscheins wird nur vorteilhaft sein, wenn der Wert einer Basisaktie nach der Ausübung über dem Basispreis liegt.[153] Die Ausübung eines Optionsscheins läßt das Unternehmensvermögen folglich prozen-

---

(1982), Sterk, W.E. (1983), Zivney, T. (1991). Vgl. außerdem Jarrow, R.A./Rudd, A. (1983), S. 122-132, Selby, M./Hodges, S. (1987), Weßels, Th. (1992), S. 45-46, Hull, J. (1993), S. 232-237, Uhlir, H./Steiner, P. (1994), S. 258-263. Zu einem abweichenden Ansatz einer Dividendenberücksichtigung im Black/Scholes-Kontext vgl. Rubinstein, M. (1983) i.V.m. Jarrow, R.A./Rudd, A. (1983), S. 128-130.

[151] Vgl. Welcker, J./Schindler, K./Nerge, C./Mayer, A. (1991), S. 5 i.V.m. der dort angegebenen Literatur, insbesondere McMillan, L. (1986), Stoll, H./Whaley, R.E. (1986). Vgl. aber auch Weßels, Th. (1992), S. 46, Uhlir, H./Steiner, P. (1994), S. 264-265.

[152] Zur Verdeutlichung dieser Rückwirkungen vgl. z.B. Black, F./Scholes, M. (1973), S. 649, Uhlir, H./Steiner, P. (1994), S. 286-287, Kohler, H.-P. (1992), S. 45-49. Zusätzliche Rückwirkungen von Optionsscheinen auf das emittierende Unternehmen treten nicht nur im Ausübungszeitpunkt auf, sondern können bereits im Emissionszeitpunkt auftreten, wenn der Emissionserlös den Wert des Unternehmensvermögens erhöht. Dieser zusätzliche Interdependenzeffekt soll hier vernachlässigt werden. Vgl. dazu Schulz, G.U./ Trautmann, S. (1993), S. 3 mit den dort angegebenen Literaturhinweisen.

[153] Dazu wird in den Bewertungsmodellen überwiegend davon ausgegangen, daß entweder kein Optionsschein ausgeübt wird oder alle Optionsscheine gleichzeitig zum Laufzeitende ausgeübt werden. Zu einer kritischen Diskussion dieser Annahme vgl. Emanuel, D.C. (1983), Constantinides, G.M. (1984), Constantinides, G.M./Rosenthal, R.W. (1984), Cox, J.C./Rubinstein, M. (1985), S. 392-399, Ingersoll, J.E. (1987), S. 435-445, Spatt, C.S./Strebenz, F.P. (1988), Kohler, H.-P. (1992), S. 143-145, Veld, Ch. (1992), hier zitiert nach Schulz, G.U./Trautmann, S. (1993), S. 3, Uhlir, H./Steiner, P. (1994), S. 287-290.

tual weniger stark steigen als die Zahl der auf dieses höhere Unternehmensvermögen gerichteten Eigenkapitaltitel. Die Ausübung impliziert damit eine Wertminderung der Altaktien. Dieser Effekt einer Optionsscheinausübung auf den Wert der Basisaktie wird als Verwässerungseffekt des Optionsscheins bezeichnet. Modelle zur Optionsscheinbewertung gehen davon aus, daß dieser Verwässerungseffekt den Wert eines Optionsscheins im Vergleich zu dem einer Option mit ansonsten identischen Merkmalen negativ beeinflussen muß. Der negative Werteinfluß aus dem Verwässerungseffekt von Optionsscheinen ist dabei nicht erst im Zeitpunkt der Ausübung zu berücksichtigen, sondern wird durch Eskomptierung einer möglichen Ausübung bereits während der gesamten Laufzeit bewertungsrelevant. Er muß sich sowohl im Aktienkurs als auch im Optionswert niederschlagen. Durch ihren Verwässerungseffekt entsteht also zwischen Optionsscheinen und Aktien ein interdependenter Bewertungszusammenhang, da nicht nur der Wert der Option vom Aktienwert abhängt, sondern dieser seinerseits von der Existenz und den Merkmalen der Option.

Modelle zur Optionsscheinbewertung weichen von den oben dargestellten Modellen zur Bewertung von Optionen i.e.S. dadurch ab, daß sie versuchen, diesen interdependenten Bewertungszusammenhang zu berücksichtigen.[154] Die Berücksichtigung erfolgt teilweise durch die Einfügung von Korrekturfaktoren in Optionswertgleichungen für Optionen i.e.S. Dieses Verfahren erscheint aber theoretisch sehr fragwürdig, da die Eskomptierung des Verwässerungseffekts im Aktienkurs dabei nur unvollständig berücksichtigt werden

---

[154] Ein bislang nach Einschätzung des Autors undiskutierter Schwachpunkt der Theorie der Optionsscheinbewertung besteht dabei allerdings in der Annahme, daß durchgängig Unternehmen betrachtet werden, die nur Optionsscheine mit homogenen Ausstattungsmerkmalen ausstehen haben. Relevant für die Bewertung einer Aktie und damit auch für die Bewertung eines Optionsrechts muß aber letztlich nicht nur die "primäre" Verwässerungswirkung dieser gerade zu bewertenden Optionsrechte selbst, sondern auch die "sekundäre" Verwässerungswirkung aller anderen ausstehenden, bedingten Eigenkapitaltitel sein. Bei der Bewertung eines Optionsscheins muß also auch die Verwässerungswirkung anderer Optionsscheine und auch die von Wandelanleihen mit Umtauschrecht berücksichtigt werden. Dieselbe Aussage gilt aber weitergehend auch für Optionen i.e.S. Eine unterschiedliche Bewertung von identisch ausgestatteten Optionen und Optionsscheinen erscheint nicht plausibel. Eine solche unterschiedliche Bewertung wird bei Vernachlässigung sekundärer Verwässerungseffekte durch die vorgelegten Modelle aber gerade nahegelegt. Dieser Schwachpunkt der Modellierungen könnte auch teilweise die schwachen Ergebnisse von Modellen zur Optionsscheinbewertung in empirischen Tests erklären (vgl. zu solchen Tests z.B. Pflaumer, P. (1990), (1991), Kohler, H.- P. (1992), insbes. S. 166-172).

kann.[155] Daneben existiert mit dem Schulz/Trautmann/Fischer-Modell aber mittlerweile auch ein Modell zur Bewertung von Optionsscheinen, das den Verwässerungseffekt einschließlich seiner Eskomptierung im Aktienkurs vollständig berücksichtigt. Dieses Modell macht zur Optionsscheinbewertung allerdings eine aufwendigere Schätzung der Volatilität und eine iterative Lösung zweier Gleichungen erforderlich, die simultan für den Gleichgewichtswert eines Optionsscheins gelten müssen.[156]

3.3.5 Zur Bedeutung einer präferenz- und verteilungsfreien Optionsbewertung

Unter den verfügbaren Ansätzen zur Optionsbewertung ist - zumindest innerhalb der Literatur, die um ein theoretisches Verständnis einer Optionsbewertung bemüht ist - eine eindeutige Prävalenz gleichgewichtsorientierter Modelle zu konstatieren. Innerhalb der gleichgewichtsorientierten Modelle liegt darüber hinaus ein deutlicher Schwerpunkt der Theorieentwicklung auf präferenzfreien Modellen.

Der besondere Vorteil von gleichgewichtsorientierten Modellen ohne Präferenzannahmen wird dabei vor allem darin gesehen, daß der Optionswert in diesen Modellen ausschließlich von "beobachtbaren" Einflußgrößen abhängt.[157] Diese Einschätzung präferenzfreier Optionswertmodelle ist zwar insofern zu relativieren, als in diesen Modellen z.B. mit Zins-, Dividenden- und Aktienkursprozeßannahmen auch Einflußfaktoren auftreten, bei denen nicht die eigentlich bewertungsrelevanten Zukunftsgrößen, sondern nur Vergangenheitsgrößen tatsächlich

---

[155] Vgl. zur Darstellung eines entsprechenden Modells Galai, D./Schneller, M. (1978). Vgl. zur Sekundärdarstellung des Galai/Schneller-Ansatzes und einer Modellkritik Lauterbach, B./Schultz, P. (1990), Leonard, D.C./Solt, M.E. (1990), Kohler, H.- P. (1992), S. 146-150, Uhlir, H./Steiner, P. (1994), S. 287-290. Vgl. außerdem Kruschwitz, L./Schöbel, R. (1985), S. 1-11, Lim, K.-G./Phoon, K.-F. (1991).

[156] Vgl. zu einer wesentlichen Grundidee für die Modellentwicklung Fischer, E.O. (1989) und zur Modellentwicklung selbst Schulz, G.U./Trautmann, S. (1993). Vgl. außerdem Pflaumer, P. (1990), (1991), Kohler, H.-P. (1992), S. 150-171, und zu einer Verallgemeinerung des Modells Jarrow, R.A./Trautmann, S. (1991), hier zitiert nach Schulz, G.U./Trautmann, S. (1993), S. 18.

[157] Vgl. zu einer solchen Einschätzung z.B. die Würdigung des Black/Scholes- Modells bei Cox, J.C./Ross, St. (1976), S. 145.

beobachtbar sind. Trotzdem verbleibt unter dem Aspekt einer Beobachtbarkeit von Werteinflußfaktoren aber grundsätzlich ein komparativer Vorteil der präferenzfreien Ansätze gegenüber präferenzabhängigen Ansätzen, da Anlegerpräferenzen selbst ex post kaum beobachtbar sind.

Unter den präferenzfreien Optionswertmodellen dominieren wiederum, sowohl im theoretischen Schrifttum als auch in der praktischen Anwendung, eindeutig Modelle mit "starken" Kursprozeßannahmen, also solche Modelle, die eine eindeutige Optionsbewertung erlauben. Diese Dominanz von Modellen mit "starken" Kursprozeßannahmen erscheint durch eine Maxime möglichst "genauer" Bewertungsaussagen erklärbar.

Ein Nachteil der präferenzfreien, verteilungsabhängigen Modelle besteht zwar offensichtlich darin, daß die Gültigkeit ermittelter, eindeutiger Optionswerte von der Gültigkeit der unterstellten Kursprozeßannahmen und den Werten weiterer Modellparameter abhängt. Die empirische Dominanz der Modelle mit "starker" Kursprozeßannahme legt aber den Schluß nahe, daß dieser Nachteil der Verteilungsabhängigkeit entweder nicht gesehen wird, oder gemessen am Vorteil der Bewertungseindeutigkeit zumindest als vergleichsweise gering betrachtet wird. Der Nachteil der Verteilungsabhängigkeit dürfte dabei u.a. wegen der skizzierten Vielfalt mittlerweile verfügbarer Optionswertmodelle mit "starken" Kursprozeßannahmen als vergleichsweise gering betrachtet werden. Die Vielzahl der verfügbaren Modelle erlaubt heute eine Modellierung der Kursentwicklung des Basisobjektes mit sehr unterschiedlichen und teilweise auch sehr flexibel gestaltbaren stochastischen Eigenschaften. Der reichlich bestückte Instrumentenkoffer zur eindeutigen, präferenzfreien Optionsbewertung könnte damit den Schluß nahe legen, daß eine Beschäftigung mit einer präferenz- und verteilungsfreien Optionsbewertung, die doch bestenfalls eine Bestimmung "weicher" Arbitragerelationen verspricht, obsolet erscheint. Damit steht die Frage im Raum, welche Relevanz "weiche" Arbitragerelationen eines präferenz- und verteilungsfreien Ansatzes überhaupt noch haben können, wenn gleichzeitig eindeutige Optionswerte aus einer Vielzahl präferenzfreier, verteilungsabhängiger Modelle gewonnen werden können, der Nachteil der Verteilungsabhängigkeit also gar nicht mehr als so enge Fessel einer präferenzfreien, eindeutigen Optionsbewertung betrachtet werden kann.

Eine Bedeutung präferenz- und verteilungsfreier Bewertungsaussagen ergibt sich dabei zum einen unmittelbar daraus, daß diese den Bewertungsrahmen abstecken, innerhalb dessen sich alle Bewertungsergebnisse von Modellen mit spezielleren

Annahmen bewegen müssen. Die Kenntnis präferenz- und verteilungsfreier Bewertungsaussagen ermöglicht damit umgekehrt eine Einschätzung, in welchem Ausmaß die eindeutigen Optionswerte speziellerer Modelle tatsächlich von der unterstellten Kursprozeßannahme abhängen.

Diese Bedeutung einer präferenz- und verteilungsfreien Optionsbewertung entspringt einem eher modelltheoretischen Interesse. Dem an einer konkreten Modellanwendung Interessierten dürfte sie zunächst wenig bedeutsam erscheinen. Der Modellanwender könnte verleitet sein, eine präferenz- und verteilungsfreie Optionsbewertung angesicht des Black/Scholes-Modells und der Vielzahl von dessen Nachfolgermodellen für grundsätzlich entbehrlich zu halten. Eine solche Einschätzung erscheint aber auch bezogen auf ein konkretes Bewertungsproblem nur dann zwingend, wenn mindestens die beiden folgenden Bedingungen als erfüllt angesehen werden können:

1. Die Optionstheorie muß tatsächlich für das konkrete Bewertungsproblem ein präferenzfreies Optionswertmodell mit einer "starken" Kursprozeßannahme bereitstellen, die als problemadäquate Modellierung der künftigen Kursentwicklung des Basisobjektes akzeptiert werden kann.

2. Wenn die Optionstheorie für ein konkretes Bewertungsproblem eine adäquate Modellierung bereitstellt, muß die entsprechende Modellierung auch als solche identifiziert werden können. Dazu müssen sowohl der "richtige" Modelltyp als auch die "richtigen" Werte der Modellparameter bestimmbar sein.

Gegen die Vermutung, daß beide Bedingungen in allen konkreten Bewertungssituationen als hinlänglich erfüllt betrachtet werden können, drängen sich allerdings einige Vorbehalte auf. Wünschenswert wäre in diesem Zusammenhang eine umfassende, kritische und theoretisch orientierte Diskussion der bislang vorgeschlagenen Kursprozeßannahmen. Eine solche Diskussion ist dem Autor aber leider nicht bekannt. In der Optionstheorie wird kaum versucht, die Eignung vorgeschlagener Optionswertmodelle aus theoretischer Sicht zu hinterfragen. Stattdessen wird überwiegend versucht, die Eignung der Modelle durch empirische Tests zu überprüfen.[158] Solche empirischen Tests liefern allerdings tatsächlich

---

[158] Vgl. zu Übersichten über empirische Tests die entsprechenden Literaturhinweise in Abschnitt 3.1 dieses Kapitels.

nicht nur z.T. recht widersprüchliche Modellevaluationen.[159] Emprische Tests könnten auch ohnehin keine Modellevaluationen der hier gewünschten Art liefern:

1. Empirische Tests prüfen die Eignung von Bewertungsmodellen durch einen Vergleich von modellmäßig ermittelten Optionswerten mit real feststellbaren Optionspreisen. In empirischen Tests werden also reale Optionspreise als "richtiger" Maßstab für die Modellqualität akzeptiert. Hier soll ein Modell demgegenüber eher aus einem theoretischen Blickwinkel beurteilt werden, indem danach gefragt wird, ob theoretisch relevante Werteinflußfaktoren in einem Optionswertmodell vollständig und in rational erscheinender Verknüpfung berücksichtigt werden.

2. Empirische Tests zielen primär auf die statistische Eignung eines Modells für eine Grundgesamtheit aus zahlreichen einzelnen Bewertungssituationen. Die Eignung der Modelle in einem konkreten Einzelfall tritt dabei, etwas verkürzt, hinter die Eignung des Modells im Durchschnitt der Bewertungssituationen zurück. Hier soll aber gerade auch darauf abgestellt werden, ob die beiden oben genannten Bedingungen in jedem Einzelfall erfüllt sein müssen.

Die fehlende umfassende theoretische Kritik der bislang vorgeschlagenen Kursprozeßannahmen kann an dieser Stelle sicher nicht nachgeholt werden. Trotzdem soll aber hier der Glaube an eine generelle Überlegenheit von Optionswertmodellen mit "starken" Kursprozeßannahmen[160] zumindest dadurch etwas erschüttert

---

[159] Vgl. zu widersprüchlichen Ergebnissen empirischer Tests exemplarisch die Gegenüberstellung einiger Testergebnisse zum Black/Scholes Modell bei Hauck: "Dabei wurde bereits mit den ersten Tests festgestellt, daß mit diesem Ansatz systematische Abweichungen zu den Marktpreisen auftraten. Die Untersuchungsreihen der Jahre 1973-1975 zeigten, daß die berechneten Preise um so stärker unterbewertet waren, je mehr die Optionen *out-of-the-money* waren und / oder je kürzer die Restlaufzeit war. Dagegen lagen die *in-the-money* Optionspreise über den Marktpreisen. Doch diese Abweichungen waren nur temporär. So stellten MACBETH und MERVILLE für das Zeitintervall von 1975 bis 1977 fest, daß die zuvor analysierten systematischen Modellabweichungen nun in das Gegenteil umgeschlagen waren. Erneute Untersuchungen haben für den Zeitraum von 1975 bis 1978 gezeigt, daß die anfangs festgestellten Abweichungen wieder in der gleichen Richtung aufgetreten sind." (Hauck, W. (1991), S. 220, Hervorhebungen im Original, i.V.m. Black, F. (1975), S. 36-41und 61-72, Macbeth, J.D./Merville, L.J. (1979), Macbeth, J./Merville, L.J. (1980)).

[160] Sehr deutlich kommt dieser Glaube an die Bewertungsergebnisse von Modellen mit starker Kursprozeßannahme z.B. bei Welcker/Schindler/Nerge/Mayer zum Ausdruck, die behaupten, "daß der mathematische Erwartungswert **als einzige Kennziffer** (gemeint ist damit für europäische Optionen der Black/Scholes-Wert bzw. für amerikanische Optionen der McMillan/Stoll/Whaley-Wert; der Verfasser) eine Aussage über die **Höhe des Wertes der Kaufoption** beinhaltet" und " daß die Werte der Optionsscheine **infolge Arbitrage** tatsächlich **zu diesem mathematischen**

werden, daß einige problematische Aspekte solcher bislang vorgeschlagenen Optionswertmodelle exemplarisch angeführt werden.

Erste Probleme ergeben sich selbst dann, wenn man davon ausgeht, daß die Optionstheorie mittlerweile für jedes konkrete Bewertungsproblem eine befriedigende Modellierung anbietet:

1. Die Identifikation des adäquaten Modelltyps und die Bestimmung der "richtigen" Parameterwerte bleibt stets ein Entscheidungsproblem unter Unsicherheit. Die Eignung des Modelltyps und der gewählten Parameterwerte ist nur z.T. anhand beobachtbarer Merkmale einer Bewertungssituation, wie z.B. den Merkmalen des Optionskontrakts, zu beurteilen. Zu einem anderen Teil hängt die Adäquanz der Modellierung aber von zukünftigen, unsicheren Entwicklungen ab. Eindeutige Optionswerte suggerieren damit eher eine Bewertungssicherheit, die faktisch gar nicht vorhanden sein kann.

2. Die Verallgemeinerungen des Black/Scholes-Modells, insbesondere die des Compound-Option-Modells und des Displaced-Diffusion-Modells, berücksichtigen mit dem Verschuldungsgrad des Unternehmens, der Restlaufzeit der Schuldtitel und der Zusammensetzung des Anlageportefeuilles im Unternehmen Werteinflußfaktoren, deren Berücksichtigung grundsätzlich die Bestimmung besser fundierter Optionswerte als im Black/Scholes-Modell erwarten läßt. Die Verfügbarkeit theoretisch besser fundierter Optionswertmodelle gewährleistet allein in einer konkreten Modellanwendung aber noch nicht die Bestimmung "besserer" Optionswerte. In einer praktischen Modellanwendung dürften die Werte der zusätzlichen Modellparameter nämlich nur schwer bestimmbar sein. Die Flexibilisierung der Optionswertmodelle geht ganz allgemein mit steigenden Anforderungen an eine Modellauswahl und Parameterspezifikation einher. Einen Vorteil bietet die Flexibilisierung der Optionsbewertung in einer konkreten Modellanwendung damit nur, wenn auch gleichzeitig gestiegenene Anforderungen an eine Parameterspezifikation erfüllt werden können.

Weitere Probleme einer eindeutigen Optionsbewertung ergeben sich aus der Frage, ob die Optionstheorie denn tatsächlich für jedes Bewertungsproblem eine

---

Erwartungswert tendieren." (Welcker, J./Schindler, K./Nerge, C./Mayer, A. (1991), S. 5; Hervorhebungen aus dem Original).

adäquate "starke" Kursprozeßannahme zur Verfügung stellt oder ob nicht trotz der Vielzahl bekannter "starker" Kursprozeßannahmen für eine Vielzahl von Bewertungssituationen nach wie vor eine problemadäquate "starke" Kursprozeßannahme fehlt:

3. Die Verallgemeinerungen des Black/Scholes-Modells zeigen nicht nur, daß mit der Struktur des Unternehmensvermögens und der Unternehmensparten wesentliche Einflußfaktoren in einer Optionsbewertung zu berücksichtigen wären, die im Black/Scholes-Modell selbst noch nicht berücksichtigt werden. Die Verallgemeinerungen stoßen gleichzeitig auch auf Grenzen in ihrem eigenen Bemühen um eine Flexibilisierung der Optionsbewertung. Sowohl die Struktur des Unternehmensvermögens als auch die der Unternehmensparten dürfte in praktischen Bewertungssituationen deutlich komplexer als in den verfügbaren Modellen modellierbar sein. Z.B. ist die Praktikabilität des Displaced-Diffusion-Modells bereits für den Fall einer zweiten risikobehafteten Anlagemöglichkeit mit eigener Risikostruktur nicht mehr gegeben.[161] Auch das Compound-Option-Modell gewinnt ganz erheblich an Komplexität, wenn etwa nur von einer Unternehmensverschuldung durch Kupontitel statt durch Diskontanleihen ausgegangen wird. Darüber hinaus wäre aber auch danach zu fragen, ob überhaupt die in diesen Modellen unterstellte Annahme einer Lognormalverteilung für zukünftige Wertverteilungen risikobehafteter Unternehmensinvestitionen in jedem Einzelfall als adäquate Modellierung akzeptiert werden kann.

4. Darüber hinaus stellt sich die Frage, ob sich die Kursprozesse aller Aktien überhaupt durch eine einzige oder einige wenige Verteilungstypen befriedigend beschreiben lassen können oder ob nicht im Extremfall jede Aktie einem Kursprozeß von ganz eigenem Verteilungstyp folgt.[162] Daß es grundsätzlich nicht unproblematisch ist, den Kursprozeß aller Aktien durch eine einzige oder einige wenige Verteilungstypen zu beschreiben, kann durch eine relativ einfache Überlegung verdeutlicht werden. Dazu kann man davon ausgehen, daß der Kursverlauf einer Aktie A tatsächlich durch eine bestimmte Verteilungsannahme adäquat modelliert werden kann und daß sich ein Unternehmen B an Unternehmen A beteiligt. Dann legen das Compound-Option-Modell und das Displaced-Diffusion-Modell nahe, daß der Kursverlauf von Aktie B

---

[161] Vgl. zu dieser Grenze des Modells Rubinstein, M. (1983), S. 215.

[162] Einen Hinweis in dieser Richtung geben Uhlir, H./Steiner, P. (1994), S. 303.

i.d.R. nicht durch eine Zufallsvariable vom selben Verteilungstyp wie der Kursverlauf von Aktie A beschreibbar sein kann, wenn
- Unternehmen B auf heterogene Unternehmensparten aufgeteilt ist und/oder
- Unternehmen B auch risikobehaftete Anlagen mit anderer Risikostruktur als die der Aktie A tätigt.

Führt man die Verteilungsannahme einer Aktie auf die Verteilungsannahmen einzelner Unternehmensinvestitionen und die Partenstruktur der Unternehmung zurück, dann ist die Adäquanz vorhandener Kursprozeßannahmen zumindest im Einzelfall in Frage zu stellen. Im Extremfall könnte jede Aktie einem Kursprozeß von eigenem Verteilungstyp folgen.

5. Ein weiterer Vorbehalt gegenüber vorgeschlagenen Kursprozeßannahmen ergibt sich daraus, daß diese Kursprozeßannahmen in dem Sinne exogen sind, daß Möglichkeiten einer Rückwirkung des Optionskontraktes auf die Wertentwicklung des optierbaren Objekts aus der Modellierung ausgeschlossen bleiben.

Eine gewisse Ausnahme von der Exogenität der Kursprozeßannahmen bildet dabei noch die Berücksichtigung von Kursverwässerungseffekten in Modellen zur Optionsscheinbewertung. Auch in Optionsscheinmodellen bleibt aber zumindest die Exogenität der Wertentwicklung des gesamten Eigenkapitalmarktwertes[163] bestehen. Außerdem kann selbst die Modellierung der Verwässerungseffekte bei exogener Wertentwicklung des Gesamtunternehmens nicht als überzeugend modelliert betrachtet werden, da jeweils nur die "primäre" Verwässerungswirkung des zu bewertenden Titels selbst modelliert wird, nicht aber die gleichermaßen bewertungsrelevanten "sekundären" Verwässerungswirkungen anderer ausstehender, bedingter Eigenkapitaltitel.

Gänzlich unberücksichtigt bleiben in Optionswertmodellen aber mögliche Rückwirkungen von Optionskontrakten auf die Entwicklung des gesamten Eigenkapitalmarktwertes. Die Bedingungen für das Auftreten solcher Rückwirkungen sollen hier nicht ausführlich untersucht werden. Daß entsprechende Rückwirkungen aber prinzipiell als Werteinflußfaktor in Betracht zu ziehen sein können, läßt sich anhand eines einfachen Beispiels illustrieren:

---

[163] Der gesamte Eigenkapitalmarktwert setzt sich dabei aus dem Marktwert der Aktien und dem Marktwert aller bedingten Rechte auf Erwerb junger Aktien zusammen. Der Marktwert von Optionen i.e.S. bleibt dabei außer acht.

Angenommen der Alleinaktionär von Unternehmen A nimmt für seinen gesamten Aktienbesitz und möglicherweise auch noch darüber hinaus eine Stillhalterposition in Kaufoptionen auf Aktie A ein. Optionär und Aktionär bewerten Optionen nach einem Gleichgewichtsmodell mit exogener Annahme über die Wertentwicklung des Unternehmens. Der Optionär zahlt für den Erwerb der Optionen einen Preis, bei dessen Ermittlung er von der Fortführung der Unternehmenspolitik wie in der Vergangenheit ausgeht. Nach Abschluß des Optionskontraktes ergibt sich durch die asymmetrische Verteilung von Handlungskompetenzen und Betroffenheiten für den Alleinaktionär aber ein Anreiz, im Vergleich zur Vergangenheit ein risikoärmeres Investitionsprogramm zu realisieren, die Unternehmensverschuldung zu reduzieren und/oder die Ausschüttungen zu erhöhen. Der Optionär wäre - zumindest bei fixen Optionsbedingungen - von allen drei Maßnahmen negativ betroffen. Der Aktionär könnte durch diese Maßnahmen Vermögen vom Optionär zu sich selbst verlagern.[164]

Durch Berücksichtigung solcher Verhaltensanreize könnten auch Annahmen für die Aktienkursentwicklung motiviert werden, die ansonsten wenig plausibel erscheinen und die ganz gravierend von den in der Optionstheorie bislang vorgeschlagenen Kursprozeßannahmen abweichen. Eine weitere Analyse von Verhaltensanreizen als möglichem Werteinflußfaktor von Optionen muß einer eigenen Arbeit vorbehalten bleiben. Das extreme Beispiel zeigt aber, daß deren generelle Vernachlässigung zumindest im Einzelfall zu gravierenden Fehlbewertungen führen kann.

Bemerkenswerterweise wird die Möglichkeit von Verhaltensanreizen aus Optionen in der Finanzierungstheorie grundsätzlich wohl erkannt. So werden z.B. verschiedene Möglichkeiten diskutiert, mit Hilfe der Verhaltensanreize aus Optionen die Verhaltensanreize aus anderen Kontrakten ganz oder teilweise zu neutralisieren.[165] Die Anreizeffekte aus Optionen werden dabei so-

---

[164] Zu einer Darstellung asymmetrischer Betroffenheiten, asymmetrisch verteilter Handlungskompetenzen und aymmetrisch verteilter Informationen als Ursachen von Problemen im Zusammenhang mit Finanzierungsbeziehungen vgl. Bitz, M. (1988), insbes. S. 4-11.

[165] Anzuführen ist in diesem Zusammenhang etwa die Diskussion von Möglichkeiten, mittels Manager-Optionen Anreizprobleme im Verhältnis zwischen Eigenkapitalgebern und Managern zu lösen (vgl. z.B. Haugen, R./Senbet, L. (1981), Barnea, A./Haugen, R./Senbet, L. (1985), Farmer, R.E.A./Winter, R.A. (1986), Haugen, R./Senbet, L. (1986)), und die Diskussion von Möglichkeiten, mittels Optionsanleihen Anreizprobleme zwischen Eigen- und Fremdkapitalgebern zu lösen (vgl. z.B. Green, R.C. (1984), Fischer, E.O./Zechner, J. (1990)).

gar ausdrücklich als Erklärung für die Existenz bestimmter Optionsrechte ins Feld geführt. Nur in die Theorie der Optionsbewertung selbst haben die Verhaltensanreize aus Optionen bislang noch keinen Eingang gefunden. In der Optionstheorie, die relativ stark auf die an einer Optionsbörse gehandelten Kontrakte als Bewertungsobjekte schielt, wird noch immer - von der auf den zweiten Blick keineswegs zwingenden - Anfangsvermutung Mertons ausgegangen, nach der der Optionsmarkt eine rückwirkungslose Winkelbörse darstellt.[166]

Die angeführten Vorbehalte stellen eine Anwendung von präferenzfreien Optionswertmodellen mit "starken" Kursprozeßannahmen sicherlich nicht insgesamt in Frage. Sie sollten aber zumindest den "Glauben" des Modellanwenders an die Bewertungsergebnisse dieser Modelle erschüttern und damit sein Interesse für solche Bewertungsaussagen wecken, die in einem volkommenen Markt auch ohne Präferenz- und vor allem auch ohne Verteilungsannahmen für den Kursprozeß möglich sind.

---

[166] Merton legt seiner Arbeit aus dem Jahr 1973 folgende Annahme zugrunde: "The principal difference between valuing the call option and the warrant is that the aggregate supply of call options is zero, while the aggregate supply of warrants is generally positive. The 'bucket shop' or incipient' assumption of zero aggregate supply ist usefull because the probability distribution of the stock price return is unaffected by the creation of these options, which ist not in general the case when they are isssued by firms in positive amounts." (Merton, R.C. (1973), S. 142-143). Merton geht also davon aus, daß Rückwirkungen von Optionen auf die Aktienkursentwicklung nur aus Verwässerungseffekten resultieren können. Der Möglichkeit von Rückwirkungen via Verhaltensanreizen mißt er demgegenüber keine Bedeutung zu.

Kapitel C: Präferenz- und verteilungsfreie Bewertungsaussagen

1. Vorbemerkung

In diesem Kapitel sollen Arbitragerelationen, die in einem vollkommenen Markt tatsächlich präferenz- und verteilungsunabhängig gültig sind, dargestellt und ihre Gültigkeit nachgewiesen werden. Die dargestellten Arbitragerelationen gehen überwiegend auf eine "Theorie der rationalen Optionsbewertung" zurück, wie sie von Merton abgeleitet wurde.[167] Die Ausführungen in diesem Kapitel zerfallen dabei in vier wesentliche Schritte:

1. Im zweiten Abschnitt sollen zunächst einige Vorarbeiten für eine Diskussion von Arbitragerelationen erbracht werden. Zum einen soll ein formales Modellgerüst definiert werden, in dem sich Zahlungen und Wertentwicklungen von Wertpapieren dynamisch darstellen lassen. Dieses Modellgerüst wird vor allem auch für die Diskussion der Aussagegrenzen einer präferenz- und verteilungsfreien Optionsbewertung in Kapitel D benötigt. Zum anderen sollen im zweiten Abschnitt die Annahmen zusammengestellt werden, von denen im folgenden hinsichtlich des Kapitalmarktes und dessen Vollkommenheit ausgegangen wird.

2. Im dritten Abschnitt soll der Zusammenhang zwischen dem Optionswert und dem Kurs der Basisaktie im Verfallzeitpunkt näher betrachtet werden. Für diesen Wertzusammenhang wird auch ohne Präferenz- und Verteilungsannahmen eine eindeutige funktionale Beziehung festzustellen sein.

3. Im vierten Abschnitt sollen dann Arbitragerelationen für den Optionswert vor Fälligkeit dargestellt werden. Die in diesem Abschnitt untersuchten Arbitragerelationen beschränken sich dabei einerseits auf Wertrelationen zwischen Kaufoption, Kurs und Dividende der Basisaktie und sicherverzinslichen Mit-

---

[167] Vgl. zu einer ersten umfassenden Darstellung solcher Arbitragerelationen Merton, R.C. (1973), die eine der wesentlichsten Arbeiten der gesamten Optionstheorie darstellt. Die hier gewählte Form der Darstellung orientiert sich allerdings etwas stärker an den darauf aufbauenden Arbeiten von Smith, C.W. (1976), S. 7-14 und insbesondere von Cox, J.C./Rubinstein, M. (1985), S. 127-163, die die Möglichkeit von Dividendenzahlungen umfassender berücksichtigen. Vgl. auch z.B. Bookstaber, R. M. (1981), S. 23-39, Geske, R./Trautmann, S. (1986), S. 81-86, Ritchken, P. (1987), S. 70-90, Zimmermann, H. (1988), S. 33-57, Jurgeit, L. (1989), S. 52-71, Bös, M. (1991), S. 60-73, Lingner, U. (1991), S. 97-99, Plötz, G. (1991), S. 51-102, Welcker, J./Kloy, J./Schindler, K. (1992), S. 87-122, Uhlir, H./Steiner, P. (1994), S. 213-223.

telanlage- bzw. Mittelaufnahmemöglichkeiten und andererseits auf Wertrelationen zwischen verschiedenen Kaufoptionen, die sich jeweils nur durch den Optionsrechtstyp, den Basispreis oder den Verfalltermin unterscheiden. Wertrelationen zwischen verschiedenen Kaufoptionen, die sich hinsichtlich anderer als den genannten Kontraktmerkmalen unterscheiden, werden erst im nachfolgenden Kapitel D untersucht. Zusätzlich ableitbare Wertrelationen für Verkaufoptionen und für Kaufoptionen unter Berücksichtigung von Verkaufoptionen bleiben in dieser Arbeit grundsätzlich unberücksichtigt.[168]

4. Im fünften Abschnitt werden zum Abschluß dieses Kapitels dann die Ergebnisse der Arbitrageanalyse als Zwischenergebnis zusammengefaßt.

2. Modellrahmen

2.1 Modellgerüst zur Zahlungs- und Wertentwicklung

Vorstellungen über die Zahlungs- und Wertentwicklung eines Wertpapiers sollen hier in einem diskreten Modell abgebildet werden, das nach Zeitpunkten und Zuständen differenziert.[169] Eine diskrete Modellierung wird wegen der damit verbundenen Möglichkeit einer anschaulicheren Darstellung gewählt. Mit zunehmender Differenzierung der Zeitpunkte und Zustände kann das Modell einer zeit- und zustandskontinuierlichen Vorstellung theoretisch beliebig angenähert werden.

Hier wird von einem Planungszeitraum ausgegangen, der neben dem Beurteilungszeitpunkt t = 0 noch T weitere, äquidistante Zeitpunkte umfaßt,[170] an denen Zahlungen fließen, Kurse ermittelt oder andere Bewertungen vorgenommen wer-

---

[168] Vgl. zu solchen zusätzlichen Wertrelationen z.B. die in der vorangegangenen Fn. angegebenen Quellen.

[169] Die Formulierung des nachfolgenden Modellgerüstes lehnt sich - wenn auch unter deutlichen Modifikationen - an Zeit-Zustands-Modelle bei Haley/Schall und Myers an (vgl. Haley, C./Schall, L. (1979), S. 184-189 und S. 218-224, Myers, St. (1968)).

[170] Mit einem Planungszeitraum bis zum Zeitpunkt T verbindet sich hier die Vorstellung, daß nur Aktionen und auch nur Ergebnisse aller vorgenommenen Aktionen bis zum Zeitpunkt T explizit in die Betrachtungen einbezogen werden. Der Zeitpunkt T ist damit gleichzeitig Planungs- und Ergebnishorizont. Zu einer differenzierten Betrachtung verschiedener zeitlicher Einschränkungen des Betrachtungshorizonts vgl. Bitz, M. (1977), S. 224. Die Überlegungen von Bitz beziehen sich allerdings auf Entscheidungsmodelle und lassen sich daher nur mit kleineren Einschränkungen auf eine hier beabsichtigte Modellierung eines Bewertungsproblems übertragen.

Kapitel C: Präferenz- und verteilungsfreie Aussagen

den können. Die Höhe von Zahlungen und die Bewertung von Wertpapieren hängt in jedem Zeitpunkt t ε {1,..., T} davon ab, welcher Zustand (der Umwelt) s eintritt. Für jeden Zeitpunkt t ε {1,..., T} wird von n(t) möglichen Zuständen ausgegangen, die sich gegenseitig ausschließen und in ihrer Summe alle möglichen Umweltzustände in t umfassen.

Ein Zustand s im Zeitpunkt t, nachfolgend durch (t,s) symbolisiert und einfach als Zustand bezeichnet, soll dabei nicht allein durch die "neuen" Ereignisse definiert sein, die von t−1 nach t eintreten, sondern durch die gesamte Ereignishistorie vom Zeitpunkt 0 bis zum Zeitpunkt t. Ein Zustand (t,s) kann dabei mehrere Folgezustände in t+1, aber immer nur genau einen Vorgängerzustand in t−1 haben. Die Definition der Zustände bildet das Grundgerüst des Modells.[171] Alle anderen Informationen lassen sich den Zuständen zuordnen. Das Modell entspricht in graphischer Veranschaulichung einem Zustandsbaum, wie er aus der Entscheidungstheorie bekannt ist.[172]

Insbesondere kann einem Zustand (t,s) für jedes Wertpapier eine Bewertungs-/Kursgröße und eine Zahlungsgröße zugeordnet werden. Bzgl. anderer Wertpapiere als den hier zu bewertenden Optionen selbst wird davon ausgegangen, daß einem Zustand (t,s) jeweils eine eindeutige Kursgröße und eine eindeutige Zahlungsgröße zugeordnet werden kann. Wenn in einem Zeitpunkt t der Zustand s, mit s ε {1,..., n(t)} eintritt, dann sollen z.B. der Kurs und die Dividende einer Aktie i mit Sicherheit bekannt sein. Der Kurs der Aktie i im Zustand (t,s) wird mit $S^i_{t,s}$ und die Dividende der Aktie i im Zustand (t,s) mit $D^i_{t,s}$ bezeichnet.

Unsicherheit herrscht in diesem Modell also nur hinsichtlich des Eintritts der Umweltzustände, nicht aber hinsichtlich der Aktienkurse und Dividendenzahlungen bei gegebenem Zustand. Der Zustand im aktuellen Zeitpunkt t = 0 soll bekannt sein, also n(0) = 1 gelten. Damit sollen auch die aktuellen Kurse/Bewertungen und Zahlungen aller Wertpapiere bekannt sein.

Die nach Zuständen geordneten Aktienkurse im Zeitpunkt t werden zum Vektor $\tilde{S}^i_t$ zusammengefaßt:

---

[171] Der angemessene Differenzierungsgrad der Zustände hängt vom Verwendungszweck des Modells ab. Die Mindestzahl zu unterscheidender Zustände wird dabei durch den Umstand bestimmt, daß jedem Zustand immer nur eine Konstellation von Wertpapierkursen und Zahlungen, nur ein Vorgängerzustand und nur eine Eintrittswahrscheinlichkeit zugeordnet werden kann.

[172] Vgl. zum Konzept des Zustandsbaums z.B. Bitz, M. (1981), S. 312-315.

$\tilde{S}^i_t = (S^i_{t,1}, ..., S^i_{t,n(t)})$,

die der Dividenden zum Vektor $\tilde{D}^i_t$:

$\tilde{D}^i_t = (D^i_{t,1}, ..., D^i_{t,n(t)})$.

Aktienkurse und Dividenden können in einem Zeitpunkt auch gleiche Werte in verschiedenen Zuständen annehmen. Die Vektoren $\tilde{S}^i_t$ und $\tilde{D}^i_t$ geben jeweils die nach Zuständen geordneten Realisationen der Zufallsvariablen Aktienkurs und Dividendenzahlung im Zeitpunkt t wieder. $\tilde{S}^i_t$ und $\tilde{D}^i_t$ können daher auch als Zufallsvariablen interpretiert werden. Zufallsvariablen werden nachfolgend mit einer Tilde kenntlich gemacht. Im Zeitpunkt t selbst oder danach herrscht Sicherheit über den in t eingetretenen Zustand s. Die im Zustand (t,s) tatsächlich eingetretenen und bekannten Realisationen $S^i_{t,s}$ und $D^i_{t,s}$ werden aus Sicht des Zeitpunkts t oder eines späteren Zeitpunkts dann einfach mit S^i_t bzw. D^i_t bezeichnet.

Analog zur Kurs- und Zahlungsentwicklung einer Aktie lassen sich in dem Modell auch die Kurs- und Zahlungsentwicklungen beliebiger anderer Wertpapiere darstellen. So sollen auch die zustandsabhängigen Bewertungen einer Kaufoption auf Aktie i im Zeitpunkt t zu einem Vektor $\tilde{C}^i_t$ zusammengefaßt werden.[173] Ein Vektorelement $C^i_{t,s}$ muß dabei aber im Unterschied zu anderen Wertpapieren keinem eindeutigen numerischen Wert entsprechen, sondern kann auch durch die Angabe von Bedingungen, denen $C^i_{t,s}$ genügen muß, z.B. durch die Angabe eines Wertintervalls, beschrieben werden.

Wird zusätzlich angenommen, daß jedem Zustand (t,s) auch eine Eintrittswahrscheinlichkeit zugeordnet werden kann, so muß diese Eintrittswahrscheinlichkeit zusätzlich von dem Zustand abhängen, zu dem die Zuordnung dieser Eintrittswahrscheinlichkeit vorgenommen wird. Mit dem Fortschreiten der Zeit scheidet nach und nach ein Eintreten von immer mehr Zuständen in der Zukunft aus, wodurch die Eintrittswahrscheinlichkeiten der verbleibenden Zustände sich im Zeitablauf ändern, also selbst zu einer dynamischen Größe werden. Mit einer Ein-

---

[173] Zur Vermeidung einer Indexflut wird hier zunächst von maximal einer Option pro Aktie ausgegangen, so daß die Option durch den Index i der Aktie hinreichend identifiziert ist. Sind mehrere Optionen auf eine Aktie zu unterscheiden, so sollen diese im weiteren dadurch identifiziert werden, daß die charakterisierenden Konditionen zusätzlich in Klammern angegeben werden.

Kapitel C: Präferenz- und verteilungsfreie Aussagen 85

trittswahrscheinlichkeit $p_{t,s}$ soll hier die spezielle Eintrittswahrscheinlichkeit bezeichnet werden, die dem Zustand (t,s) im Zeitpunkt t = 0 zugeordnet wird.

Mit der Annahme, daß im Zeitpunkt t genau einer der n(t) Zustände eintreten muß, wird gleichzeitig angenommen, daß sich die Eintrittswahrscheinlichkeiten aller Zustände in einem Zeitpunkt zu eins summieren, also

$$\sum_{s=1}^{n(t)} p_{t,s} = 1 \quad \text{für alle } t \in \{1,..., T\} \text{ gilt.}$$

Die Eintrittswahrscheinlichkeiten aller Zustände in einem Zeitpunkt t werden zum Vektor P_t zusammengefaßt:

$$P_t = (p_{t,1},..., p_{t,n(t)})$$

und die aller nach Zeitpunkten geordneten Zustände zum Vektor P:

$$P = (p_{1,1},..., p_{1,n(1)};...; p_{T,1},..., p_{T,n(T)})$$
$$= (P_1;...; P_T).$$

Verteilungsunabhängigkeit einer Optionsbewertung bedeutet im Kontext dieser Modellierung dann, daß ein Optionswert unabhängig von einer numerischen Spezifikation des Vektors P bzw. für jede beliebige Spezifikation des Vektors P gelten muß.

2.2 Kapitalmarktannahmen

Hier wird von einem vollkommenen Kapitalmarkt ausgegangen, der durch die folgenden Merkmale gekennzeichnet ist.[174]

a) Allgemeine Kapitalmarktannahmen

- Es gibt keine Transaktionskosten, Steuern und Marginforderungen.
- Die Marktstruktur ist atomistisch in dem Sinne, daß einzelne Transaktionen keine Rückwirkungen auf die Preise der Wertpapiere haben.
- Alle Transaktionen, also sowohl das Eröffnen als auch das Schließen von Positionen, können jederzeit und ohne Verzögerung am Markt realisiert werden.
- Alle Wertpapiere sind beliebig teilbar.
- Für alle Wertpapiere bestehen Leerverkaufsmöglichkeiten in beliebigem Umfang.
- Es exitieren keine Bonitätsrisiken, d.h. daß alle Akteure ihre eingegangenen Liefer- und fixen Leistungspflichten in vollem Umfang und termingerecht erfüllen können und auch tatsächlich erfüllen.

b) Annahmen über Kapitalmarktakteure

- Die Akteure beurteilen Wertpapiere ausschließlich anhand deren Zahlungskonsequenzen und präferieren ceteris paribus höhere Zahlungssalden in einem Zustand.
- Die Akteure stimmen in ihren Zukunftserwartungen insoweit überein, als sie für zukünftige Entwicklungen von denselben Zuständen ausgehen und diesen

---

[174] Durch die folgenden Kapitalmarktannahmen werden auch Möglichkeiten stochastischer Dividenden- und Zinsentwicklungen berücksichtigt. Der hier unterstellte Kapitalmarkt zeichnet sich damit durch eine erheblich allgemeinere Modellierung aus, als sie in den meisten bekannten Ansätzen einer präferenz- und verteilungsfreien Optionsbewertung unterstellt wird. Die meisten bekannten Ansätze dieser Ausrichtung vereinfachen die Komplexität des Bewertungszusammenhangs von vornherein dadurch, daß Dividendenzahlungen und Zinsentwicklung als deterministische, oftmals sogar als im Zeitablauf konstante, Größen angenommen werden (vgl. dazu die in Abschnitt 1. angegebenen Quellen). Zu einem Ansatz, der auch Möglichkeiten stochastischer Dividendenzahlungen und Zinsentwicklungen berücksichtigt, vgl. Cox, J.C./Rubinstein, M. (1985), S. 127-163.

Zuständen auch interpersonell identische Kurs- und Zahlungserwartungen für Wertpapiere zuordnen. Unterschiedliche Zukunftserwartungen können die Akteure allerdings hinsichtlich der Eintrittswahrscheinlichkeiten der Zustände hegen - solange die Akteure nur denselben Zuständen positive Eintrittswahrscheinlichkeiten zuordnen.[175]

c) Annahmen über sicherverzinsliche Mittelanlagemöglichkeiten[176]

- Am Wertpapiermarkt existieren sicherverzinsliche Wertpapiere, deren Erwerb im Zustand (t,s) Auszahlungen in Höhe von $B((t,s),\tau) \leq 1$ verursacht, die in einem Zeitpunkt $\tau > t$ in jedem Zustand (τ,s) eine Einzahlung von einer Geldeinheit erbringen, aber außerhalb der Zeitpunkte t und τ keinerlei Zahlungskonsequenzen haben.

- Der Zinssatz $i((t,s),\tau) > 0$, der die Bedingung $B((t,s),\tau) \cdot (1 + i)^{\tau-t} = 1$ erfüllt, wird hier als Periodenverzinsung einer sicheren Mittelanlage von t nach τ unter der Bedingung, daß in t der Zustand s eintritt, bezeichnet. Der Ausdruck $r((t,s),\tau) = i((t,s),\tau) + 1$ wird als Zinsfaktor der sicheren Mittelanlage bezeichnet. Es wird davon ausgegangen, daß die Periodenverzinsung $i((t,s),\tau)$ für jeden Zustand (t,s) und jeden Anlagehorizont τ die Bedingung $i((t,s),\tau) > 0$ erfüllt.[177]

- Durch die Möglichkeit eines Leerverkaufs eignen sich diese sicherverzinslichen Wertpapiere gleichermaßen zur sicherverzinslichen Mittelanlage wie zur Mittelaufnahme. Dadurch wird für einen gegebenen Zustand der Mittelanlage und eine gegebene Mittelanlagedauer eine identische Periodenverzinsung für eine sicherverzinsliche Mittelanlage und eine Mittelaufnahme unterstellt.

---

[175] Ohne die Annahme einer solchen "Ähnlichkeit" von Zukunftserwartungen verschiedener Anleger wären auch Konstellationen mit unterschiedlichen Anlegererwartungen denkbar, in denen aus anlegerindividueller Sicht Arbitragemöglichkeiten bestünden, die aber wegen gegenläufiger Arbitrageoperationen der verschiedenen Anleger dann nicht mehr durch Arbitrageoperationen eliminiert werden könnten. Vgl. zur Bedeutung homogener Anlegererwartungen für das Gleichgewicht eines Kapitalmarktes Swoboda, P. (1982), Müller, S. (1985), S. 7, i.V.m. Kreps, D.M. (1980), hier zitiert nach Müller, S. (1985), S. 7.

[176] Wegen des Ausschlusses von Bonitätsrisiken sind festverzinsliche Anlagen innerhalb des gewählten Modellrahmens stets auch sicherverzinsliche Anlagen.

[177] Ist der Zustand der Mittelanlage bzw. -aufnahme (t,s) bekannt, so werden Emissionskurse sicherverzinslicher Titel, Periodenverzinsungen und Zinsfaktoren - analog zur Symbolik für Kurse und Zahlungen anderer Titel - ebenfalls einfach mit $B(t,\tau)$, $i(t,\tau)$ und $r(t,\tau)$ bezeichnet.

- Es wird davon ausgegangen, daß in jedem Zustand (t,s) sicherverzinsliche Wertpapiere mit jedem Rückzahlungstermin τ, mit t < τ ≤ T, existieren. Wegen der Annahme stets positiver Periodenverzinsungen wird hier davon ausgegangen, daß zu gegebenem (t,s) der Emissionskurs eines festverzinslichen Wertpapiers B((t,s),τ) eine fallende Funktion in der Fälligkeit τ ist.

d) Annahmen über Dividendenzahlungen[178]

- Bzgl. Dividendenzahlungen während der Restlaufzeit einer Option werden hier jeweils alternativ die Möglichkeiten "keine Dividendenzahlung" und "mögliche Dividendenzahlungen" betrachtet. Mögliche Dividendenzahlungen werden dabei als unsichere, zustandsabhängig bekannte Größen betrachtet

- Der in der Optionstheorie ebenfalls prominente Fall eines "vollständigen Dividendenschutzes" wird dabei hier ausdrücklich nicht unter den Fall eines Dividendenausschlusses subsumiert. Unter einer Option mit vollständigem Dividendenschutz wird in der Optionsliteratur eine Option verstanden, deren Wert durch entsprechende Konditionengestaltung von Dividendenzahlungen unabhängig ist und die daher stets wie eine Option unter Dividendenausschluß bewertet werden kann.[179] Die Definition eines vollständigen Dividendenschutzes erfolgt also vom Ergebnis der Bewertungsirrelevanz von Dividenden her. Damit könnte der Fall vollständig dividendengeschützter Optionen bewertungstechnisch schon per definitionem unter den Nicht-Dividendenfall subsumiert werden. Problematisch erscheint aber die konkrete Ausgestaltung expliziter Schutzmechanismen, die tatsächlich eine Irrelevanz der Dividende für den Optionswert gewährleisten können. Für in der Optionstheorie vorgeschlagene Anpassungsregelungen, denen diese Eigenschaft zugesprochen wird, werden im Verlauf der Arbeit[180] mehr oder weniger enge Grenzen ihrer Gültigkeit aufgezeigt. Der Begriff "vollständiger Dividendenschutz" soll in dieser Arbeit daher bewußt distanziert verwendet werden.

- Vereinfachend wird die Wirkung einer Dividendenzahlung auf den Aktienkurs hier zunächst ausschließlich durch einen Kursabschlag exakt in Dividendenhöhe am ex-Dividenden-Tag berücksichtigt. Möglicherweise darüber hinaus-

---

[178] Die Gültigkeit dieser Annahmen beschränkt sich zunächst auf Kapitel C. Zu einer differenzierteren Analyse der Dividendenwirkungen auf Aktienkurse und Optionswerte vgl. Abschnitt 5. in Kapitel D dieser Arbeit, in dem der Wertzusammenhang zwischen Option, Aktie und Dividendenhöhe näher untersucht wird.

[179] Vgl. dazu insbesondere Merton, R.C. (1973), S. 151-156.

[180] Vgl. Abschnitt 5.5 in Kapitel D.

gehende Kurseinflüsse, wie sie etwa im Zeitpunkt einer Dividendenankündigung entstehen könnten, wenn mit der Ankündigung gleichzeitig Zusatzinformationen über den Wert der Aktie verknüpft werden, bleiben ebenso unberücksichtigt wie Kurseinflüsse, die sich aus sogenannten "dividendenorientierten" Käufen und Verkäufen in der Basisaktie ergeben könnten.

3. Optionswert bei Fälligkeit

Geht man von einer Option mit T als Fälligkeitszeitpunkt aus, so steht der Optionär im Zeitpunkt T vor der Entscheidung, seine Option entweder auszuüben und gegen Zahlung des vereinbarten Basispreises in Höhe von X die Lieferung der Basisaktie zu verlangen oder die Option verfallen zu lassen. Der Handlungsalternative Optionsverfall kann dabei unmittelbar ein Wert von null zugeordnet werden, da sie nicht mit Zahlungskonsequenzen verbunden ist. Der Wert der Ausübungsalternative hängt demgegenüber vom Kurs der Basisaktie ab.

Bezeichnet man allgemein für einen Zeitpunkt t während der Optionslaufzeit die Differenz zwischen dem Kurs der Basisaktie und der Höhe des Basispreises ($S_t - X$) als Ausübungswert der Option, so kann man der Handlungsalternative "Ausübung im Fälligkeitszeitpunkt" den speziellen Ausübungswert ($S_T - X$) als Wert zuordnen. Der Ausübungswert ergibt sich als Wertsaldo der beiden zeitgleich auszuführenden Transaktionen "Kauf der Aktie vom Stillhalter zu X" und "Verkauf der Aktie an der Börse zu S_T".[181]

Die verfügbaren Handlungsalternativen unterscheiden sich im Verfallzeitpunkt für den Inhaber einer europäischen Option und einer ansonsten identischen amerikanischen Option nicht mehr, weshalb sich bei Fälligkeit auch der Wert einer euro-

---

[181] Schon bei dieser relativ trivialen Bestimmung eines Ausübungswertes sei hier auf die sehr eingeschränkte, eben nur modellhafte, Gültigkeit dieser und aller folgenden Bewertungsaussagen hingewiesen. In der Realität können etwa Transaktionskosten, Steuerwirkungen, Ausstattungsnachteile der optierbaren Aktie gegenüber den am Markt gehandelten Aktien, Lieferfristen und daraus resultierende Kursunsicherheiten oder auch die Möglichkeit von Kursrückwirkungen von Aktienverkäufen zu teilweise erheblich abweichenden "Ausübungswerten" führen, die unter solchen Marktunvollkommenheiten dann durchaus rational sein können.

päischen Option (C_T) und einer amerikanischen Option (c_T) entsprechen müssen ($c_T = C_T$).

Ein rational handelnder Optionär wird sich zwischen beiden Handlungsalternativen für die jeweils wertvollere entscheiden, d.h. die Option genau dann ausüben, wenn der Aktienkurs den Basispreis übersteigt, und sie andernfalls unausgeübt verfallen lassen. Der Wert der Option am Verfalltag beträgt damit:

$$c_T = C_T = \max[0, S_T - X].$$

Max $[0, S_t - X]$ soll hier allgemein als innerer Wert der Option im Zeitpunkt t bezeichnet werden. Der Wert einer Option am Verfalltag entspricht dann also ihrem inneren Wert am Verfalltag.[182] Für $S_T \leq X$ beträgt der Wert der Option bei Verfall mithin unabhängig vom Aktienkurs null, während ihr Wert für $S_T > X$ proportional mit S_T steigt.

Für die Option am Verfalltag lassen sich aus dieser Wertbestimmungsgleichung unmittelbar zwei weitere Relationen für isolierte Variationen des Aktienkurses und des Basispreises ableiten:

Für $S_{T,1} > S_{T,2}$ gilt ceteris paribus:

$$c_T(S_{T,1}, X) = C_T(S_{T,1}, X) \geq C_T(S_{T,2}, X) = c_T(S_{T,2}, X).$$

Für $X_1 > X_2$ gilt ceteris paribus:

$$c_T(S_T, X_1) = C_T(S_T, X_1) \leq C_T(S_T, X_2) = c_T(S_T, X_2).$$

Am Verfalltag ist der Wert einer Option also - soweit er überhaupt positiv ist - um so höher, je höher der Aktienkurs ist, und um so niedriger, je höher der Basispreis ist.

---

[182] In anderen Publikationen wird die hier als innerer Wert bezeichnete Größe auch als rechnerischer Wert oder als Parität einer Option bezeichnet (vgl. Weger, G. (1985), S. 49).

4. Arbitragerelationen für den Optionswert vor Fälligkeit

4.1 Relationen zwischen Option und Aktie

Für gegebene Konditionen einer Option lassen sich folgende Arbitragerelationen zwischen Option, Aktie, Dividendenerwartung und festverzinslicher Anlagemöglichkeit bestimmen:[183]

(i) $S_t \geq c_t \geq C_t$

(ii) $c_t \geq C_t \geq 0$

(iii) $c_t \geq S_t - X$

(iii') $c_t > S_t - X$ für $t < T$ und $D_t = 0$

(iv) $c_t \geq C_t \geq S_t - X \cdot B(t,T) - D_t^*$.

zu (i): $S_t \geq c_t \geq C_t$

Eine amerikanische Option kann ceteris paribus keinen niedrigeren Wert als eine europäische Option haben, da sie alle Rechte einer europäischen Option und darüber hinaus das Recht einer vorzeitigen Ausübung aufweist. Dieses zusätzliche Recht vorzeitiger Ausübung kann ex ante für einen rationalen Optionär keinen negativen Wert haben, da er davon nur Gebrauch machen wird, wenn er mit einer vorzeitigen Ausübung einen größeren Wert erzielt als bei deren Verzicht.

Der Wert einer Kaufoption kann unabhängig vom Optionstyp und unabhängig von Dividendenzahlungen den Preis der Aktie nicht übersteigen. Andernfalls könnte ein Arbitrageportefeuille aus dem Kauf der Aktie und dem Verkauf der Option gebildet werden. Dieses Portefeuille erbrächte einen positiven Anfangssaldo von $(C_t - S_t)$ bzw. $(c_t - S_t)$ und ausschließlich nichtnegative Zahlungssalden in der Zukunft. Bei Ausübung der Option könnte gegen Empfang von X die gekaufte Aktie geliefert werden. Das Portefeuille erbrächte dann also einen zusätzlichen positiven Schlußsaldo von X. Bei ausübungslosem Verfall der Option bestünde das Portefeuille in T andernfalls nur noch aus der Aktie, die ihrerseits

---

[183] Zur Definition der Variablen D_t^* vgl. die nachfolgenden Ausführungen zu Relation (iv).

annahmegemäß keinen negativen Wert aufweisen kann. Das Portefeuille erbrächte dann also einen zusätzlichen nichtnegativen Schlußsaldo von S_T. Evtl. Dividendenzahlungen erbrächten am Dividendentermin jeweils zusätzliche positive Zahlungssalden aus dem Portefeuille.

Relation (i) kann auch so interpretiert werden, daß eine Option nie mehr Rechte gewähren kann als die Aktie selbst und daher deren Wert nicht übersteigen kann. Cox/Rubinstein illustrieren diese Interpretation mit dem Vergleich, daß das Recht, ein Auto zu kaufen, niemals mehr wert sein könne als das Auto selbst, mit dem man ja zusätzlich fahren könne.[184] In anderer Sichtweise wird die Aktie selbst auch als die denkbar wertvollste, amerikanische Option auf die Aktionärsrechte interpretiert, die mit einer unendlichen Laufzeit und einem Basispreis von Null ausgestattet ist und die in ihrem Wert von keiner anderen Option übertroffen werden kann.[185]

Trotz solch eingängiger Illustrationen sollten aber vorhandene Grenzen der Gültigkeit von Relation (i) nicht übersehen werden.[186] Die Arbitrageargumentation für diese Relation gilt ohne weitere Bedingungen nur dann, wenn die Stillhalterpflichten des Arbitrageurs in jedem Zeitpunkt der Restlaufzeit ausschließlich aus der im Zeitpunkt t gekauften Aktie erfüllt werden können. Möglichkeiten einer Einforderung ausstehender Einlagen, "negativer Dividendenzahlungen" in Form von Zuzahlungen der Aktionäre oder von Kapitalherabsetzungen in der Form der Zusammenlegung von Anteilen können die Gültigkeit dieser Relation aber einschränken,[187] soweit sie vom Arbitrageur zur Erfüllung seiner Stillhalterpflichten die Einbringung zusätzlicher finanzieller Mittel oder zusätzlicher Aktien erforderlich machen können.

---

[184] Vgl. Cox, J.C./Rubinstein, M. (1985), S. 130. Diese Illustration wird in der Optionsliteratur verschiedentlich aufgegriffen (vgl. z.B. Welcker, J./Kloy, J./Schindler, K. (1992), S. 87).

[185] Vgl. zu dieser Interpretation einer Aktie z.B. Smith, C.W. (1976), S. 9. Merton argumentiert für den Fall eines Dividendenausschlusses darüber hinaus sogar die Wertidentität zwischen Aktie und ewiger Option (vgl. Merton, R.C. (1973), S. 145).

[186] In der einschlägigen Literatur bleiben die Gültigkeitsgrenzen dieser Relation zumeist unerwähnt.

[187] Daß es sich bei diesen Gültigkeitsgrenzen der Relation (i) keineswegs nur um rein theoretische Möglichkeiten handelt, zeigt etwa das Beispiel des Stumpf-Optionsscheins aus dem Jahre 1982 bei Weger, G. (1985), S. 170-171. In diesem Beispiel wurde die Arbitragerelation (i) durch die Ankündigung einer Kapitalherabsetzung durch Zusammenlegung von Anteilen verletzt.

Kapitel C: Präferenz- und verteilungsfreie Aussagen

zu (ii): $c_t \geq C_t \geq 0$

Der Wert einer Option kann nicht negativ werden. Andernfalls könnte allein durch den Erwerb der Option und deren Halten bis zur Fälligkeit ein positiver Anfangssaldo mit ausschließlich nichtnegativen Folgesalden erzielt werden. Die Relation gilt unabhängig vom Optionstyp und unabhängig von Dividendenzahlungen.

zu (iii): $c_t \geq S_t - X$

Der Wert einer amerikanischen Option kann nicht unter ihren Ausübungswert fallen. Andernfalls könnte aus gleichzeitigem Kauf der Option, Bezug der Aktie zu X und Verkauf der Aktie am Markt zu S_t ein positiver Anfangssaldo erzielt werden, dem keine weiteren Zahlungen folgen.

Für amerikanische Optionen gilt diese Relation unabhängig von Dividendenzahlungen. Für europäische Optionen gilt diese Relation demgegenüber nicht allgemein,[188] da die Möglichkeit einer sofortigen und risikofreien Realisation des Marktpreises der Aktie S_t fehlt. Diese Möglichkeit wird ausdrücklich auch durch Möglichkeiten eines Terminverkaufs oder eines sogenannten Leerverkaufs nicht in jedem Fall eröffnet.

Beim Terminverkauf handelt es sich um einen heute zum festen Preis für einen zukünftigen Zeitpunkt beidseitig verbindlich vereinbarten Aktienverkauf. Der dabei durch Kombination mit einer Kreditaufnahme sofort erzielbare diskontierte Terminkurs der Aktie wird aber i.a. nur dann dem aktuellen Aktienkurs entsprechen, wenn entweder bis zur Fälligkeit keine Dividenden auf die Aktie gezahlt werden oder diese zum Auszahlungstermin jeweils dem Terminkäufer zustehen. Sollten zwischen den Zeitpunkten t und T hingegen Dividenden auf die Aktie gezahlt werden, die ein Terminkäufer nicht miterwirbt, so wird der diskontierte Terminkurs der Aktie um die Summe der diskontierten erwarteten Dividendenwerte unter dem aktuellen Aktienkurs liegen.

Beim Leerverkauf handelt es sich demgegenüber um einen sofortigen Kassaverkauf geliehener Aktien, wobei die geliehenen Aktien - bei fristenkongruenter Leihe - im Zeitpunkt T dem Verleiher zurückzugeben sind und i.a. zusätzlich alle Dividendenzahlungen jeweils am Tag ihrer Auszahlung an ihn weiterzuleiten

---

[188] Vgl. z.B. Merton, R.C. (1973), S. 143, Cox, J.C./Rubinstein, M. (1985), S. 130.

sind. Beim Leerverkauf ist für den Fall voller Dividendenberechtigung des Verleihers dann zwar rein formal, wie beim Terminverkauf mit Dividendenrecht des Käufers, durch den Verkauf der geliehenen Aktien in einem Zeitpunkt t sofort genau der aktuelle Marktpreis der Aktie S_t erzielbar. Im Dividendenfall stellt sich aber sowohl beim Leerverkauf als auch beim Terminverkauf mit Dividendenanrecht des Käufers das Problem, daß der Arbitrageur seine Dividendenverpflichtungen gegenüber dem Verleiher/Terminkäufer aus seiner eigenen Dividendenberechtigung aus der optierbaren Aktie i.a. nicht erfüllen kann. Die Möglichkeit, aus der optierbaren Aktie alle Dividendenpflichten gegenüber dem Verleiher/Terminkäufer erfüllen zu können, ist jeweils nur für ganz spezielle Kombinationen der Dividendenanrechte eines Verleihers/Terminkäufers und der Behandlung eines Optionärs bei Dividendenzahlungen gegeben.[189]

Bei Berücksichtigung von Dividendenzahlungen gilt Relation (iii) also auch unter der Annahme fristenkongruenter und marginfreier Leerverkaufsmöglichkeiten für europäische Optionen nicht allgemein. Unter Ausschluß von Dividendenzahlungen gilt demgegenüber die strengere Relation $c_t \geq C_t \geq S_t - X \cdot B(t,T)$, wie den Erläuterungen der Relation (iv) zu entnehmen ist.[190]

zu (iii'): $\quad c_t > S_t - X \quad$ für $t < T$ und $D_t = 0$

Außer an ihrem Verfalltag t = T und umittelbar vor bzw. an Tagen mit Dividendenzahlungen (t mit $D_t > 0$) liegt der Wert einer amerikanischen Option über ihrem Ausübungswert.[191] Andernfalls[192] kann ein Arbitrageportefeuille aus dem

---

[189] Wenn also Welcker/Kloy/Schindler feststellen, daß auch europäische Kaufoptionen (nur dann) nicht unter ihren inneren Wert sinken können, wenn Terminverkäufe möglich sind und der Terminkurs gleich dem Kassakurs ist, und weiter konstatieren, daß diese Bedingung beim short selling erfüllt ist (vgl. Welcker, J./Kloy, J./Schindler, K. (1992), S. 87), dann gilt eine solche Aussage so allgemein nur ohne Berücksichtigung von Dividendenzahlungen - auch wenn diese Bedingung von den drei Autoren in diesem Zusammenhang nicht ausdrücklich erwähnt wird.

[190] Relation (iii) gilt für amerikanische Optionen darüber hinaus auch unabhängig von der Möglichkeit späterer Bezugspreiserhöhungen, während solche Möglichkeiten bei europäischen Optionen einen zusätzlichen und von dem Dividendenargument unabhängigen Einwand gegen die Gültigkeit dieser Relation liefern würden.

[191] Wird zusätzlich die Möglichkeit einer Basispreisanhebung während der Optionslaufzeit berücksichtigt, so kann auch an solchen Anpassungstagen - genau wie an Dividendentagen - die Relation $c_t = S_t - X_t$ gelten - bei variablem Basispreis ist der Basispreis ebenfalls eine dynamische Größe und trägt daher zusätzlich den Zeitindex.

Kauf der Option, dem Leerverkauf der Aktie und einer sicherverzinslichen Anlage des diskontierten Basispreises jeweils bis zum nächsten Dividendentag oder dem Verfalltag gebildet werden.

Bezeichnet man den Zeitpunkt der nächsten Dividendenzahlung bzw. den Verfalltag mit τ, so erbringt dieses Portefeuille wegen der Annahme positiv- und sicherverzinslicher Anlagemöglichkeiten einen positiven Anfangssaldo von $S_t - c_t - X \cdot B(t,\tau)$.[193] Unmittelbar vor dem nächsten Dividendentag oder am Verfalltag wird das Arbitrageportefeuille wieder liquidiert. Da in diesem Zeitpunkt $c_\tau \geq S_\tau - X$ gelten muß, kann die eingegangene Terminverpflichtung mindestens durch Ausübung der Option und Bezahlung des Basispreises aus den Erlösen der festverzinslichen Mittelanlage erfüllt werden. Für den Fall $c_\tau > S_\tau - X$ kann durch Verkauf der Option (bei $c_\tau > 0$) bzw. deren ausübungslosen Verfall (bei $c_\tau = 0$) und gleichzeitiger Erfüllung der Terminverpflichtung durch den Kauf der Aktie zum Marktpreis sogar ein zusätzlicher positiver Abschlußsaldo erzielt werden. Im Sinne einer risikolosen Arbitrage muß aber unmittelbar vor dem Zeitpunkt τ das Portefeuille wieder aufgelöst werden.[194] Ansonsten entsteht gegenüber dem Terminkäufer der Aktie eine Dividendenverpflichtung, die nicht mehr in jedem Fall aus den Zinseinkünften der festverzinslichen Mittelanlage geleistet werden kann.[195]

Aus Relation (iii') kann weitergehend gefolgert werden, daß der Wert einer amerikanischen Option ohne Dividendenzahlungen vor dem Verfalltag stets über dem Ausübungswert liegt, die Handlungsalternative der vorzeitigen Ausübung also nie vorteilhaft ist. Ohne Berücksichtigung von Dividendenzahlungen ist das vorzeitige Ausübungsrecht damit also wertlos und müssen sich die Werte amerikanischer und europäischer Optionen ceteris paribus entsprechen.[196]

---

[192] Da wegen Relation (iii) $c_t \geq S_t - X$ gelten muß, kann eine Verletzung der Relation (iii') nur noch in $c_t = S_t - X$ bestehen.

[193] Hier wird unterstellt, daß der diskontierte Terminkurs der Aktie für den Termin τ gerade dem aktuellen Kassakurs der Aktie entspricht. Da bis zu diesem Termin annahmegemäß keine Dividenden gezahlt werden, erscheint diese Annahme relativ plausibel.

[194] Abgesehen von dem Spezialfall, wenn gleichzeitig $\tau < T$ und $c_\tau = 0$ gilt. In diesem Fall kann die Option über τ hinaus quasi kostenfrei gehalten werden und es reicht die Auflösung des sonstigen Arbitrageportefeuilles.

[195] Vgl. Cox, J.C./Rubinstein, M. (1985), S. 139 und S. 140-144.

[196] Auch diese Aussage gilt wieder nur unter dem zusätzlichen Ausschluß von zwischenzeitlichen Basispreisanhebungen.

zu (iv): $c_t \geq C_t \geq S_t - X \cdot B(t,T) - D_t^*$

Relation (iv) soll zunächst ohne Berücksichtigung von Dividenden ($D_t^* = 0$) und erst anschließend unter zusätzlicher Berücksichtigung von Dividenden diskutiert werden.

Bei Ausschluß von Dividenden kann der Wert einer Option unabhängig vom Optionstyp zunächst nicht unter den aktuellen Aktienkurs abzüglich des diskontierten Basispreises fallen ($C_t \geq S_t - X \cdot B(t,T)$ bzw. $c_t \geq S_t - X \cdot B(t,T)$). Andernfalls könnte aus dem Leerverkauf der Aktie, einem Kauf der Option und einer sicherverzinslichen Anlage des diskontierten Basispreises bis zum Fälligkeitszeitpunkt T ein Arbitrageportefeuille gebildet werden. Das Portefeuille erbrächte einen positiven Anfangssaldo von $S_t - X \cdot B(t,T) - C_t$ bzw. $S_t - X \cdot B(t,T) - c_t$ und in der Folge nur nichtnegative Zahlungssalden.

Notiert die Aktie am Verfalltag über dem Basispreis ($S_T > X$), so kann aus der Festzinsanlage der Basispreis geleistet, die Aktie bezogen und damit die Terminverpflichtung erfüllt werden, insgesamt also ein Abschlußsaldo von null aus dem Arbitrageportefeuille realisiert werden.

Notiert die Aktie hingegen zu einem Kurs unterhalb oder genau in Höhe des Basispreises ($S_T \leq X$), so kann die Option unausgeübt bleiben, aus dem Erlös der Festzinsanlage eine Aktie zum Marktpreis gekauft und damit die Terminverpflichtung erfüllt werden. In diesem Fall erbrächte das Portefeuille einen nichtnegativen Schlußsaldo von $X - S_T$.[197] In beiden Fällen könnten sich aus einer vorzeitigen Glattstellung des Arbitrageportefeuilles darüber hinausgehende Möglichkeiten zur Erzielung positiver Zahlungssalden ergeben.

Unter Berücksichtigung von Dividenden reduziert sich diese Wertuntergrenze um den "maximalen" Barwert aller während der Restlaufzeit anfallenden Dividendenzahlungen. Dieser Sachverhalt kann durch die Vorstellung veranschaulicht werden, daß der Leerverkauf der Aktie im Arbitrageportefeuille durch einen Terminverkauf mit vollem und termingerechtem Dividendenanrecht des Käufers realisiert wird. Der Arbitrageur muß zur Erfüllung seiner Terminverpflichtungen also zusätzlich zur Lieferung der Aktie in T in jedem Dividendentermin die Dividen-

---

[197] Diese Arbitrageüberlegungen gelten natürlich so nur für den Fall, daß der Basispreis in T nicht über dem in t liegen kann, sind also bei möglichen Basispreisanhebungen in dieser Form wiederum nicht anwendbar.

denzahlung an den Terminkäufer leisten. Erhält der Arbitrageur aus seiner Option selbst keine Dividenden, so muß er zur Erfüllung seiner eigenen Dividendenverpflichtungen bereits in t einen Betrag D_t^* von solcher Höhe und mit solcher Risiko- und Laufzeitstruktur anlegen, daß er dem Terminkäufer daraus alle Dividenden der Aktie termingerecht auszahlen kann. D_t^* ist damit definiert als der kleinste Betrag, der unter den gegebenen Anlagemöglichkeiten im Zeitpunkt t für die Errichtung eines Teilportefeuilles aufgebracht werden muß, aus dem dann in jedem Zeitpunkt der Restlaufzeit jede zu erwartende Dividendenzahlung geleistet werden kann. D_t^* ist damit implizit als ein "minimaler" Barwert "maximal" denkbarer zukünftiger Dividendenzahlungen definiert.[198] Für den Fall deterministischer Dividendenzahlungen kann die Korrekturgröße D_t^* ermittelt werden aus:

$$D_t^* = \sum_{j=t+1}^{T} D_j \cdot B(t,j).$$

Läßt man aber darüber hinaus Unsicherheit bzgl. der Dividendenzahlungen zu, kann sich die explizite Bestimmung von D_t^* erheblich komplexer gestalten. D_t^* entspricht als "minimaler" Barwert "maximaler" zukünftiger Dividenden dann nämlich im allgemeinen nicht mehr einfach der Barwertsumme aller periodengerecht diskontierten Dividendenmaxima der einzelnen möglichen Dividendentermine der Restlaufzeit. Stattdessen sind je nach unterstellter Dividendenpolitik u.U. bestimmte Relationen zwischen einzelnen Dividendenzahlungen, gemeinsame Ober- bzw. Untergrenzen aller oder bestimmter Dividendenzahlungen, Verknüpfungen der Dividendenhöhe mit exogenen Größen wie z.B. dem Aktienkurs oder andere Bedingungen der unterstellten Dividendenpolitik zu berücksichtigen. Mit der Unsicherheit der Dividenden können darüber hinaus die zwischenzeitlichen Mittelanlagemöglichkeiten, also die Stochastik der Zinsstrukturentwicklung, für die Barwertermittlung relevant werden. Das mit dem Betrag D_t^* in t zu installierende Teilportefeuille muß sich dann aber auch gar nicht mehr unbedingt nur aus festverzinslichen Anlagen zusammensetzen. Etwa wäre bei einer Verknüpfung von Dividendenhöhe und Aktienkursniveau auch denkbar, daß ein "minimales" D_t^* für die "maximalen" Dividenerwartungen sich

---

[198] Diese implizite Definition von D_t^* geht auf Cox/Rubinstein zurück (vgl. Cox, J.C./Rubinstein, M. (1985), S. 128-129). Sie definieren neben dem maximalen Dividendenbarwert auch einen minimalen, lassen für beide aber die Problematik der expliziten Ermittlung abgesehen von zwei speziellen Beispielen offen. Cox/Rubinstein betrachten D_t^* quasi als eigenes Wertpapier, das man kaufen und verkaufen kann. Auch der Wert dieses Wertpapiers muß vom Zeitpunkt t abhängen.

erst unter der Einbeziehung von Aktien in dieses Teilportefeuille ergibt.[199] Insgesamt kann dann also allein aus der Bestimmung von D_t^* ein umfassendes Planungsproblem resultieren. Da Dividendenpolitiken nahezu beliebig formulierbar sind, erscheint eine allgemeingültige und explizite Definition von D_t^* unter Unsicherheit, etwa durch Angabe eines allgemeingültigen Bestimmungsalgorithmusses, nicht möglich. Dieser Aspekt dürfte u.a. dafür verantwortlich sein, daß die Möglichkeit stochastischer Dividenden in der präferenz- und verteilungsfreien Optionstheorie wenig Berücksichtigung findet. Auch hier soll die Definition von D_t^* letztlich auf eine implizite beschränkt bleiben. Als einfacher zu ermittelnde Obergrenze dieses Dividendenbarwertes kann bei stochastischen Dividenden aber zumindest hilfsweise die Barwertsumme aller Dividendenmaxima der einzelnen Dividendentermine angesehen werden:

$$D_t^* \leq \sum_{j=t+1}^{T} \max_s (D_{j,s}) \cdot B(t,j).$$

Insgesamt lassen sich die bisher abgeleiteten Wertgrenzen für Optionen je nach Optionstyp und Berücksichtigung von Dividenden wie in Tab. C-1 dargestellt zusammenfassen.

	amerikanische Option	europäische Option
mit Dividendenberücksichtigung	$S_t \geq c_t \geq \max [0, S_t - X, S_t - X \cdot B(t,T) - D_t^*]$	$S_t \geq C_t \geq \max [0, S_t - X \cdot B(t,T) - D_t^*]$
ohne Dividendenberücksichtigung	$S_t \geq C_t = c_t \geq \max [0, S_t - X \cdot B(t,T)]$	

Tab C-1: Arbitragerelationen zwischen Aktie und Option in Abhängigkeit von Optionstyp und Dividendenzahlungen

---

[199] Cox/Rubinstein liefern ein Beispiel zur Bestimmung von D_t^* für eine Dividendenpolitik, bei der die jährliche Dividendenzahlung proportional zum Aktienkursniveau erfolgt. Vgl. hierzu Anhang 4A bei Cox, J.C./Rubinstein, M. (1985), S. 161-163.

Ohne Berücksichtigung von Dividendenzahlungen ergeben sich damit für amerikanische und europäische Optionen identische Wertgrenzen.[200] Bei Dividendenberücksichtigung gilt diese Aussage nicht allgemein, da für amerikanische Optionen mit $S_t - X$ durch die sofortige Ausübungsmöglichkeit eine zusätzliche Wertuntergrenze existiert. Ob diese zusätzliche Wertuntergrenze dann im Einzelfall tatsächlich eine weitere Beschränkung des zulässigen Wertebereichs für die Option darstellt, hängt von der nicht eindeutigen Größenrelation:

$$S_t - X <> S_t - X \cdot B(t,T) - D_t^*$$

ab, also davon, ob im Einzelfall die entgangenen Zinsen aus der festverzinslichen Anlage des diskontierten Basispreises den Dividendenbarwert übersteigen oder nicht.[201]

4.2 Relationen zwischen Optionen verschiedener Basispreise

Für ansonsten identische Optionen, die sich nur durch die Höhe des Basispreises unterscheiden, lassen sich über die Relationen (i) bis (iv) hinaus folgende Arbitragerelationen bestimmen:

(v) $\quad C_t(X_1) \geq C_t(X_2) \quad\quad$ für $X_2 > X_1$
$\quad\quad c_t(X_1) \geq c_t(X_2) \quad\quad$ für $X_2 > X_1$

---

[200] Ohne Dividendenzahlungen und Bezugspreisanhebungen gilt sogar weitergehend die Wertidentität von amerikanischen und europäischen Optionen, da dann das zusätzliche Recht auf vorzeitige Ausübung in keiner Situation mehr einen positiven Wert haben kann. Beide Aussagen, sowohl über die Wertgrenzen als auch über die Werte, gelten aber ausdrücklich nur unter diesen Bedingungen. Wenn z.B. Varian ohne diese Annahmen allgemein die Wertidentität von amerikanischen und europäischen Optionen "beweist", so ist dieser Beweis tatsächlich nicht allgemeingültig, auch wenn in Varians Argumentation der Punkt, an dem die Annahme eines Dividendenausschlusses implizit getroffen wird, nicht ganz einfach zu erkennen ist. Er benutzt in seinem Beweis und in seiner Symbolik eine Relation $S_t = \sum_{s=1}^{S} \pi_s S_{s0}$, die tatsächlich nur gilt, wenn Ausschüttungen ausgeschlossen werden (vgl. Varian, H. (1987), S. 62-64, insbes. S. 64).

[201] Die Konstellationen, in denen die zusätzliche Wertuntergrenze amerikanischer Optionen greift, sind dann identisch mit den Situationen, in denen eine vorzeitige Optionsausübung vorteilhaft ist.Vgl. zu den korrespondierenden Entscheidungsregeln für eine optimale Strategie vorzeitiger Ausübung z.B. Cox, J.C./Rubinstein, M. (1985), S. 140-144.

(vi) $(X_2 - X_1) \cdot B(t,T) \geq C_t(X_1) - C_t(X_2)$ für $X_2 > X_1$
$X_2 - X_1 \geq c_t(X_1) - c_t(X_2)$ für $X_2 > X_1$

(vii) $C_t(X_2) \leq \lambda \cdot C_t(X_1) + (1 - \lambda) \cdot C_t(X_3)$
$c_t(X_2) \leq \lambda \cdot c_t(X_1) + (1 - \lambda) \cdot c_t(X_3)$
für $X_1 < X_2 < X_3$ und $0 \leq \lambda = (X_3 - X_2) / (X_3 - X_1) \leq 1$.

zu (v): $C_t(X_1) \geq C_t(X_2)$ bzw. $c_t(X_1) \geq c_t(X_2)$ für $X_2 > X_1$

Von zwei Optionen, die sich nur durch den Basispreis unterscheiden, kann diejenige mit dem höheren Basispreis keinen höheren Wert haben.[202] Andernfalls könnte aus dem Kauf einer Option mit niedrigem Basispreis und Verkauf einer Option mit hohem Basispreis ein Arbitrageportefeuille gebildet werden.[203] Dieses Portefeuille erbrächte sofort einen positiven Anfangssaldo von $c_t(X_2) - c_t(X_1)$ und nur nichtnegative Zahlungssalden in der Zukunft.

Wird die verkaufte Option, am Verfalltag oder vorzeitig, ausgeübt, so kann die gehaltene Option ebenfalls ausgeübt werden, mit der bezogenen Aktie die Stillhalterverpflichtung erfüllt und zusätzlich ein positiver Abschlußsaldo von $X_2 - X_1$ realisiert werden. Bleibt die verkaufte Option hingegen unausgeübt, so wird die eigene Option bis zum Verfalltag gehalten und erbringt dann entweder keine weiteren Zahlungskonsequenzen (für $S_T \leq X_1$) oder bei positivem Ausübungswert im Fälligkeitszeitpunkt einen zusätzlichen positiven Abschlußsaldo von $S_T - X_1$ (für $X_2 \geq S_T > X_1$). Diese Relation gilt unabhängig vom Optionstyp aber nicht allgemein zwischen Optionen verschiedenen Typs. Außerdem ist die Gültigkeit der Relation unabhängig von Dividendenzahlungen.

---

[202] Die Arbitrageargumentation zu Relation (v) wird hier auf den im Sinne dieser Relation allgemeineren Fall einer amerikanischen Option abgestellt. Eine europäische Option ist als Spezialfall ohne Berücksichtigung vorzeitiger Ausübungsmöglichkeiten dabei in die Argumentation eingeschlossen.

[203] Ein solches Portefeuille aus dem gleichzeitigen Kauf und Verkauf von zwei Optionen, die sich nur durch ihren Basispreis unterscheiden, wird auch als vertikaler spread bezeichnet (vgl. Cox, J.C./ Rubinstein, M. (1985), S. 12).

zu (vi): $(X_2 - X_1) \cdot B(t,T) \geq C_t(X_1) - C_t(X_2)$ bzw.

$X_2 - X_1 \geq c_t(X_1) - c_t(X_2)$ für $X_2 > X_1$

Für Optionen, die sich nur durch ihren Basispreis unterscheiden, kann der Preisvorteil der Option mit dem höheren Basispreis - unabhängig vom Optionstyp - nicht größer sein als die Differenz der Basispreise. Andernfalls könnte aus dem Kauf der Option mit dem hohen Basispreis ($C_t(X_2)$), dem Verkauf der Option mit dem niedrigen Basispreis ($C_t(X_1)$) und der festverzinslichen Anlage von Mitteln in Höhe der Differenz der Basispreise ($X_2 - X_1$) bis zur Optionsfälligkeit ein Arbitrageportefeuille gebildet werden.

Ohne Berücksichtigung einer vorzeitigen Ausübungsmöglichkeit würde dieses Portefeuille einen positiven Anfangssaldo von $C_t(X_1) - C_t(X_2) - X_2 + X_1 > 0$ und in der Zukunft nur nichtnegative Zahlungssalden liefern. Ohne vorzeitige Ausübungsmöglichkeit können sich am Verfalltag drei mögliche Situationen ergeben:

$S_T \leq X_1$: Beide Optionen bleiben unausgeübt. Das Portefeuille erbringt einen zusätzlichen positiven Abschlußsaldo in Höhe der festverzinslich angelegten Mittel zuzüglich kumulierter Zinsen von $(X_2 - X_1) / B(t,T)$.

$S_T > X_2$: Beide Optionen werden ausgeübt. Der Arbitrageur liefert die selbst bezogene Aktie zur Erfüllung seiner Stillhalterpflicht. Die zusätzlich von ihm aufzubringende Differenz zwischen dem zu leistenden Basispreis X_2 und dem zu empfangenden Basispreis X_1 kann aus der Auflösung der festverzinslichen Mittelanlage erbracht werden. Es verbleibt für ihn ein zusätzlicher positiver Abschlußsaldo in Höhe der kumulierten Zinsen auf die Festzinsanlage von $(X_2 - X_1) \cdot (1/B(t,T) - 1)$.

$X_1 < S_T \leq X_2$: Die verkaufte Option wird ausgeübt, während der Arbitrageur seine eigene Option vorteilhafterweise unausgeübt läßt. Er erfüllt seine Stillhalterverpflichtung durch Lieferung einer Aktie, die er am Markt zu S_T kauft. Den Aktienkauf finanziert er aus der zu empfangenden Basispreisleistung von X_1 und für den darüber hinausgehenden Teil ($S_T - X_1$) aus einem teilweisen Einsatz der festverzinslich angelegten Mittel.[204] Nach Auflösung der Festzinsanlage und Erfüllung seiner Stillhalterpflicht verbleibt dem Arbitrageur damit ein zusätzlicher

---

[204] Wegen $S_T \leq X_2$ muß gelten $S_T - X_1 < X_2 - X_1$, so daß dieser zusätzliche Mittelaufwand von $S_T - X_1$ auf jeden Fall aus der Festzinsanlage geleistet werden kann.

positiver Abschlußsaldo von $(X_2 - X_1)/B(t,T) - (S_T - X_1) = (X_2 - X_1) \cdot (1/B(t,T) - 1) + (X_2 - S_T)$.

Ohne Berücksichtigung vorzeitiger Ausübung erbringt das Arbitrageportefeuille damit nicht nur ausschließlich nichtnegative Abschlußsalden, sondern sogar mindestens einen positiven Abschlußsaldo von $(X_2 - X_1) \cdot (1/B(t,T) - 1)$. Für europäische Optionen muß die Relation (vi) zum Ausschluß von Arbitragemöglichkeiten daher in der schärferen Form $(X_2 - X_1) \cdot B(t,T) \geq C_t(X_1) - C_t(X_2)$ gefaßt werden.

Für amerikanische Optionen gewährleisten Arbitrageprozesse wegen der erforderlichen zusätzlichen Berücksichtigung vorzeitiger Ausübungsmöglichkeiten aber nur die Einhaltung der schwächeren Relation $X_2 - X_1 \geq c_t(X_1) - c_t(X_2)$. Bei amerikanischen Optionen verhält sich der Arbitrageur im Fall einer vorzeitigen Ausübung der verkauften Option in einem Zeitpunkt τ bei einem Aktienkurs von S_τ wie folgt:

Er empfängt den Basispreis X_1 und erlöst aus sofortiger Auflösung der Festzinsanlage mindestens den Betrag $(X_2 - X_1)$ zuzüglich aufgelaufener Zinsen. Damit verfügt er neben der eigenen Option über liquide Mittel von mindestens X_2. Er kann damit mindestens den Basispreis für die Ausübung seiner eigenen Option leisten und durch deren sofortige Ausübung seine eigenen Stillhalterpflichten erfüllen. Das Arbitrageportefeuille kann damit also immer mit einem nichtnegativen Zahlungssaldo abgeschlossen werden. Darüber hinaus besteht für den Arbitrageur auch noch die Chance auf einen positiven Abschlußsaldo. Positive Abschlußsalden können sich dabei ergeben aus den vereinnahmten Zinsen auf die Festzinsanlage und/oder aus der Chance, daß der Marktpreis der eigenen Option in τ über dem Ausübungswert liegt ($c_\tau(X_2) > S_\tau - X_2$), der Verkauf der eigenen Option also einen höheren Erlös als ihren Ausübungswert erbringt.[205]

Weder für die Zinseinnahmen noch für die Differenz zwischen Marktpreis und Ausübungswert der eigenen Option in τ können aber positive Wertuntergrenzen definiert werden. Wegen der Ungewißheit des Termins einer vorzeitigen Ausübung und des dann herrschenden Marktpreises von $c_\tau(X_2)$ kann für beide Größen

---

[205] Zumindest für den Fall, daß der Aktienkurs in τ zwischen den beiden Ausübungspreisen liegt ($X_1 < S_\tau < X_2$), wird ein positiver Abschlußsaldo über vereinnahmte Zinsen hinaus von $X_2 + C_\tau(X_2) - S_\tau$ erzielt.

nur Nichtnegativität unterstellt werden. Für amerikanische Optionen kann daher nur die schwächere Arbitragerelation abgeleitet werden.

Relation (vi) gilt dabei ceteris paribus unabhängig von Dividendenzahlungen, solange die Inhaber der beiden zu vergleichenden Optionen im Dividendenfall gleichermaßen keinen Dividendenanspruch haben.

Der Arbitragerelation (vi) seien zwei zusätzliche Anmerkungen hinzugefügt:
- Selbst wenn im Einzelfall eine vom Arbitrageur verkaufte amerikanische Option nicht vorzeitig ausgeübt wird, erbringt das Arbitrageportefeuille i.a. nicht denselben minimalen Abschlußsaldo, wie er ohne Berücksichtigung der vorzeitigen Ausübungsmöglichkeit für europäische Optionen ermittelt werden kann. Zwar bleibt die Strategie des Arbitrageurs bei amerikanischen Optionen im Verfallzeitpunkt grundsätzlich dieselbe wie oben für europäische aufgezeigt. Allein die Möglichkeit einer vorzeitigen Ausübung zwingt den Arbitrageur aber bei der sicherverzinslichen Anlage zu Varianten, die entweder jederzeit kündbar sind oder permanent revolvierend erfolgen müssen. Die Verzinsung dieser Anlage wird damit im allgemeinen von der Zinsentwicklung im Zeitablauf abhängen und in t selbst noch eine unsichere Größe sein,[206] wenn eine zeitliche Dynamik der Zinsstruktur zugelassen wird. Der in T zu vereinnahmende Zinssaldo kann bei amerikanischen Optionen am Verfalltag daher sowohl größer als auch kleiner als $(X_2 - X_1) \cdot (1/B(t,T) - 1)$ ausfallen.

- Die Tatsache, daß diese Arbitragerelation für europäische Optionen schärfer als für amerikanische gefaßt werden kann, darf nicht dahingehend interpretiert werden, daß für europäische Optionen durch Arbitrageprozesse höhere Wertuntergrenzen garantiert werden als für amerikanische. Die diametrale Aussage der Arbitragerelation (i) bleibt gültig. Arbitragerelation (vi) liefert demgegenüber nur Aussagen über die Werterelation zwischen Optionen gleichen Optionstyps.

---

[206] Die Mittelanlage ist in diesem Fall daher richtigerweise nicht als sicherverzinslich sondern treffender als sicher positivverzinslich zu bezeichnen.

zu (vii): $C_t(X_2) \leq \lambda \cdot C_t(X_1) + (1 - \lambda) \cdot C_t(X_3)$
$c_t(X_2) \leq \lambda \cdot c_t(X_1) + (1 - \lambda) \cdot c_t(X_3)$
für $X_1 < X_2 < X_3$ und $0 \leq \lambda = (X_3 - X_2) / (X_3 - X_1) \leq 1$.

Für Werte von Optionen, die sich nur durch ihren Basispreis unterscheiden, muß Konvexität gelten.[207,208] Bei Verletzung der Konvexitätsbedingung kann ein Arbitrageportefeuille aus dem Kauf von $\lambda \cdot C_t(X_1)$, dem Kauf von $(1 - \lambda) \cdot C_t(X_3)$ und dem Verkauf von $C_t(X_2)$ aufgebaut werden.[209,210] Dieses Portefeuille erbrächte einen positiven Anfangssaldo von $C_t(X_2) - \lambda \cdot C_t(X_1) - (1 - \lambda) \cdot C_t(X_3)$ und ausschließlich nichtnegative Zahlungssalden in der Zukunft. Ohne Berücksichtigung vorzeitiger Ausübung sind für den Arbitrageur am Verfalltag dabei zunächst vier Konstellationen denkbar:

$S_T \leq X_1$: Keine der drei Optionen wird ausgeübt. Das Portefeuille erbringt einen Abschlußsaldo von Null.

$S_T > X_3$: Die verkaufte Option mit mittlerem Basispreis wird ausgeübt. Zur Erfüllung seiner Stillhalterpflicht muß der Arbitrageur einen Differenzbetrag von $(S_T - X_2)$ aufwenden. Dieser Betrag kann exakt durch die Ausübung seiner beiden eigenen Optionen gedeckt werden: $\lambda \cdot (S_T - X_1) + (1 - \lambda) \cdot (S_T - X_3) = S_T - (\lambda \cdot X_1 + (1 - \lambda) \cdot X_3) = S_T - X_2$. Das Portefeuille erbringt auch in diesem Fall einen Abschlußsaldo von Null.

$X_1 < S_T \leq X_2$: Die verkaufte Option mit dem mittleren Basispreis sowie die eigene Option mit dem höheren Basispreis bleiben unausgeübt. Der Arbitrageur übt nur seine Option mit dem niedrigen Basispreis aus und erzielt so aus dem Portefeuille einen positiven Abschlußsaldo von $\lambda \cdot (S_T - X_1)$.

---

[207] Eine Funktion f(x) heißt konvex über einem Intervall [a,b], wenn für beliebige x_1 und x_2 aus [a,b] und für alle $0 \leq \lambda \leq \infty$ gilt: $f(\lambda \cdot x_1 + (1-\lambda) \cdot x_2) \leq \lambda \cdot f(x_1) + (1-\lambda) \cdot f(x_2)$ (vgl. Körth, H./Otto, C./Runge, W./Schoch, M. (1975), S. 418).

[208] Die Gültigkeit von Relation (vii) wird zunächst für den Fall einer europäischen Option gezeigt und anschließend auf den Fall einer amerikanischen Option übertragen.

[209] Ein solches Portefeuille aus drei ansonsten identischen Optionen mit unterschiedlichen Basispreisen, von denen die mit dem höchsten und die mit dem niedrigsten gekauft und gleichzeitig die mit dem mittleren Basispreis verkauft wird, wird auch als vertikaler butterfly spread bezeichnet. Vgl. Cox, J.C./Rubinstein, M. (1985), S. 15.

[210] Die Gewichtungsfaktoren $\lambda = (X_3 - X_2)/(X_3 - X_1)$ und $(1 - \lambda) = (X_2 - X_1)/(X_3 - X_1)$ ergeben sich dabei aus der Ausgangsbedingung $X_2 = \lambda \cdot X_1 + (1 - \lambda) \cdot X_3$.

$X_2 < S_T \le X_3$: Die verkaufte Option mit dem mittleren Basispreis wird ausgeübt. Der Arbitrageur übt seinerseits die Option mit dem niedrigen Basispreis aus, läßt die Option mit dem hohen Basispreis aber unausgeübt. Die Differenzauszahlung aus der Ausübung der verkauften Option beträgt für den Arbitrageur $S_T - X_2$, die Differenzeinzahlung aus der eigenen Optionsausübung $\lambda \cdot (S_T - X_1)$. Dabei gilt:

$$S_T - X_2 = \lambda \cdot S_T + (1 - \lambda) \cdot S_T - \lambda \cdot X_1 - (1 - \lambda) \cdot X_3$$
$$= \lambda \cdot (S_T - X_1) - (1 - \lambda) \cdot (X_3 - S_T).$$

Der Arbitrageur erzielt als Differenz aus den beiden Optionsausübungen aus dem Portefeuille also einen Abschlußsaldo von $(1 - \lambda) \cdot (X_3 - S_T)$. Wegen der Eingangsbedingung $S_T \le X_3$ ist dieser Abschlußsaldo stets nichtnegativ.

Auch bei Berücksichtigung vorzeitiger Ausübungsmöglichkeiten können sich keine negativen Zahlungskonsequenzen für den Arbitrageur ergeben. Bei vorzeitiger Ausübung der verkauften Option mit dem mittleren Basispreis kann der Arbitrageur seine Stillhalterpflicht durch analoge Strategie wie in den Fällen $S_T > X_3$ und $X_2 < S_T \le X_3$ im Verfallzeitpunkt durch Ausübung einer oder beider eigenen Optionen immer mindestens decken. Notieren eine oder beide eigenen Optionen in dieser Situation über ihrem inneren Wert, so kann der Arbitrageur durch Verkauf statt Ausübung dieser betreffenden Option(en) sogar zusätzliche positive Zahlungssalden erzielen.

Diese Arbitrageargumentationen gelten unabhängig vom Optionstyp und unabhängig von Dividendenzahlungen, solange alle drei Optionen jeweils keine Dividendenberechtigung beinhalten.

4.3 Relationen zwischen Optionen verschiedener Restlaufzeiten

Für ansonsten identische amerikanische Optionen, die sich nur durch die Dauer ihrer Restlaufzeit unterscheiden, gilt die Arbitragerelation:

(viii) $c_t(T_2) \geq c_t(T_1)$ für $T_2 > T_1$.

Der Wert einer amerikanischen Kaufoption kann nicht kleiner sein als der einer ansonsten identischen Option mit kürzerer Restlaufzeit. Andernfalls könnte aus dem Verkauf der Option mit kürzerer Restlaufzeit $c_t(T_1)$ und dem Kauf der Option mit längerer Restlaufzeit $c_t(T_2)$ ein Arbitrageportefeuille gebildet werden. Dieses Portefeuille erbrächte einen positiven Anfangssaldo von $c_t(T_1) - c_t(T_2)$ und ausschließlich nichtnegative Zahlungssalden in der Zukunft.

Bleibt die verkaufte Option unausgeübt, so besteht das Protefeuille nach T_1 nur noch aus der eigenen Option, durch deren rationale Ausübung oder Verkauf nur noch nichtnegative Abschlußsalden erzielt werden können. Wird die kürzerlaufende Option demgegenüber in einem Zeitpunkt τ - am Verfalltag T_1 oder vorzeitig - ausgeübt, so kann der Arbitrageur seine Stillhalterverpflichtung von $S_\tau - X$ stets durch gleichzeitige Ausübung seiner eigenen längerlaufenden Option mindestens decken. Notiert seine eigene Option in diesem Zeitpunkt über ihrem Ausübungswert von $S_\tau - X$, so kann er durch Verkauf statt Ausübung der eigenen Option sogar einen zusätzlichen positiven Abschlußsaldo erzielen.

Relation (viii) gilt für amerikanische Optionen unabhängig von Dividendenzahlungen, solange beide Optionen im Dividendenfall gleich behandelt werden. Für europäische Optionen gilt Relation (viii) nicht allgemein, da der Arbitrageur bei Ausübung der kürzerlaufenden Option dann keine Möglichkeit zur sofortigen Ausübung der eigenen Option hat. Damit kann bei europäischen Optionen in T_1 für die Möglichkeit von Dividenden zwischen T_1 und T_2 auch $C_{T_1}(T_2) < S_{T_1} - X$ gelten, wie bereits bei der Ableitung von Relation (iii) dargestellt wurde.

5. Zusammenfassung

Die Arbitragerelationen (i) - (viii) zeigen, daß der Wert einer Option - abgesehen von Anlegerpräferenzen und Anlegererwartungen hinsichtlich des künftigen Aktienkursverhaltens - mindestens von folgenden Größen abhängig sein muß:

- Typ des Optionsrechts,
- Basispreis,
- Verfallzeitpunkt,
- aktueller Aktienkurs,
- Zinssituation[211] und
- Dividendenerwartungen für die Restlaufzeit.

Für den Typ des Optionsrechts, den Basispreis und den Verfallzeitpunkt, die sich als Merkmale des Optionskontraktes selbst zusammenfassen lassen, kann dabei nicht nur deren prinzipielle Relevanz als Werteinflußfaktor, sondern auch deren Einflußrichtung auf den Optionswert wie folgt generell festgestellt werden:

- Der Wert einer amerikanischen Option kann nicht geringer als der einer ansonsten identischen europäischen Option sein.[212]
- Der Wert einer amerikanischen Option mit späterem Fälligkeitstermin kann nicht geringer als der einer ansonsten identischen Option mit früherem Fälligkeitstermin sein.
- Der Wert einer Option mit niedrigerem Basispreis kann nicht geringer als der einer ansonsten identischen Option mit höherem Basispreis sein.

Der aktuelle Aktienkurs, die Zinssituation und Dividendenerwartungen bilden neben diesen Kontraktmerkmalen zusätzliche Parameter der absoluten Wertunter- und Wertobergrenzen einer Option. Die prinzipielle Relevanz dieser Größen für den Wert einer Option wird damit ebenfalls erkennbar. Die Arbitragerelationen enthalten aber (noch) keine Aussagen über eine generelle Einflußrichtung dieser Werteinflußgrößen.

---

[211] Unter dem Begriff Zinssituation sollen dabei sowohl die aktuelle Zinssituation im Bewertungszeitpunkt als auch Erwartungen hinsichtlich der Zinsentwicklung in der Zukunft zusammengefaßt werden.

[212] Die entsprechende Relation $c_t \geq C_t$ wird oben nicht als eigenständige Arbitragerelation angeführt, sondern findet sich als Bestandteil diverser Arbitragerelationen, insbesondere der Relation (i), wieder.

Kapitel D: Grenzen präferenz- und verteilungsfreier Bewertungsaussagen

1. Vorbemerkungen

1.1 Einordnung und Gang der Diskussion

Die in Kapitel C dargestellten Arbitragerelationen können als "gesichertes" Wissen der Optionstheorie betrachtet werden. Sie werden, wenn auch mit unterschiedlicher Präzision, in verschiedenen Publikationen der Optionstheorie präsentiert. Hier soll nun zusätzlich untersucht werden, inwieweit darüber hinaus Möglichkeiten präferenz- und verteilungsfreier Bewertungsaussagen über Optionen existieren.[213] Eine solche Diskussion von Aussagegrenzen einer präferenz- und verteilungsfreien Optionsbewertung erfolgt in der Optionsliteratur vergleichsweise selten und bislang allenfalls fragmentarisch.[214]

Eine Diskussion der Aussagegrenzen könnte als entbehrlich betrachtet werden, wenn in der Optionstheorie vorzufindende, positive Bewertungsaussagen diese Aussagegrenzen stillschweigend einhielten und damit erkennbar würde, daß diese Grenzen allgemein bekannt sind. Eine Analyse der Optionsliteratur offenbart aber einen gegenteiligen Befund. Dort finden sich auch Wertrelationen, denen wie den Relationen (i) - (viii) verteilungs- und präferenzunabhängige Gültigkeit zugesprochen wird, die tatsächliche Gültigkeit aber erst unter zusätzlichen Verteilungs- und/oder Präferenzannahmen erlangen.[215] Solche zusätzlichen Bewertungsaussagen sollen hier unter der Bezeichnung "Pseudo-Arbitragerelationen" zusammengefaßt werden.

In diesem Kapitel soll insbesondere für die folgenden vier Typen von in der Optionsliteratur häufiger anzutreffenden Bewertungsaussagen untersucht werden, inwieweit es sich bei ihnen um Pseudo-Arbitragerelationen handelt:

---

[213] Dabei bleibt die Diskussion aber weiterhin auf eine Situation ohne Verkaufoptionen beschränkt.

[214] Zu fragmentarischen Ansätzen einer Diskussion vgl. z.B. Cox, J.C./Rubinstein, M. (1985), S. 138 und S. 154-161, Jagannathan, R. (1984), Jurgeit, L. (1989), S. 64-66.

[215] Zu entsprechenden Beispielen vgl. die Abschnitte 2. - 5. dieses Kapitels.

A1: "Der Optionswert ist eine steigende Funktion des Zinsniveaus."
A2: "Der Optionswert ist eine steigende Funktion des aktuellen Aktienkurses."
A3: "Der Optionswert ist eine steigende Funktion des Aktienrisikos."
A4: "Der Optionswert ist eine fallende Funktion der Höhe der Dividendenerwartungen."[216]

Die Gemeinsamkeit dieser Bewertungsaussagen besteht darin, daß sie einen qualitativ eindeutigen Zusammenhang zwischen dem Optionswert und jeweils einer Werteinflußgröße postulieren. Unter einem qualitativ eindeutigen Zusammenhang zwischen einer Werteinflußgröße und dem Optionswert soll dabei verstanden werden, daß sich aus der Richtung der Wertänderung eines Einflußfaktors eindeutig auf die Richtung der Wertänderung der Option schließen läßt. Dabei soll hier dann von einem positiven (negativen) Zusammenhang zwischen einer Werteinflußgröße und dem Optionswert gesprochen werden, wenn aus einem steigenden (fallenden) Wert der Einflußgröße auf einen steigenden (fallenden) Optionswert geschlossen werden kann. Eine der absoluten Höhe nach eindeutige Bestimmbarkeit des Optionswertes ist mit einem "qualitativ eindeutigen Zusammenhang" hingegen nicht gemeint.

A priori kann wohl davon ausgegangen werden, daß die vier in Rede stehenden Werteinflußgrößen für eine Option prinzipiell bewertungsrelevant sind. Zinsniveau, aktueller Aktienkurs und Dividendenerwartungen sind bereits in den Arbitragerelationen (i) - (viii) als Parameter aufgetreten. Ihre Bewertungsrelevanz kann damit als nachgewiesen angesehen werden. Eine Bewertungsrelevanz des Aktienrisikos erscheint auf Anhieb plausibel und soll hier nicht weiter problematisiert werden. Ob zwischen diesen Werteinflußgrößen und dem Optionswert auch ein qualitativ eindeutiger Zusammenhang besteht, erscheint demgegenüber a priori nicht erkennbar.

Die Bewertungszusammenhänge A1 bis A4 mögen intuitiv plausibel erscheinen, in bekannten Optionswertmodellen mit expliziten Verhaltensannahmen gültig sein[217] und möglicherweise auch in der überwiegenden Mehrzahl der Fälle empirische Gültigkeit besitzen. Dennoch kommt ihnen eine andere Aussagequalität als den Relationen (i) - (viii) zu, wenn ihre Gültigkeit nicht auch eine logische Not-

---

[216] Die Begriffe "Zinsniveau", "Aktienrisiko" und "Höhe der Dividendenerwartungen" sind in den folgenden Abschnitten noch zu präzisieren.

[217] Vgl. dazu etwa die Darstellung des Black/Scholes-Modells in Abschnitt 3.3.4.2 von Kapitel B.

wendigkeit allein aufgrund von Arbitrageargumenten ohne Verteilungs- und Präferenzannahmen darstellt.

Im folgenden soll daher untersucht werden, inwieweit bereits diesen scheinbar allgemeingültigen Bewertungszusammenhängen implizite Präferenz- und/oder Verteilungsannahmen zugrunde liegen. Mit dieser Untersuchung soll insgesamt ein besseres Verständnis dafür gewonnen werden, wie sehr Bewertungsaussagen über Optionen von Präferenz- und Verteilungsannahmen abhängen.

Dazu werden in diesem Abschnitt zunächst aus allgemeiner, modelltheoretischer Sicht einige Überlegungen zu den Voraussetzungen angestellt, die für eine Ableitung qualitativ eindeutiger Wertzusammenhänge zwischen dem Optionswert und seinen Einflußgrößen erfüllt sein müssen. In den folgenden Abschnitten dieses Kapitels soll dann die Gültigkeit der Bewertungsaussagen A1 bis A4 detaillierter untersucht werden. Innerhalb dieser detaillierteren Untersuchung soll jeweils auch auf Aussagen der Optionsliteratur zurückgegriffen werden, die den Aussagen A1 bis A4 inhaltlich entsprechen. Anhand dieser Aussagen aus der Optionsliteratur soll beispielhaft verdeutlicht werden, inwiefern die dort als Begründungen der Bewertungsaussagen anzutreffenden Argumentationen von impliziten Präferenz- und/oder Verteilungsannahmen ausgehen.

1.2 Voraussetzungen für die Ableitung von Bewertungsaussagen aus modelltheoretischer Sicht

Aussagen über die Einflußrichtung eines einzelnen Werteinflußfaktors auf den Optionswert können zunächst einmal durch eine ceteris paribus Analyse gewonnen werden. Dazu ist ein Wertvergleich zwischen zwei Optionen vorzunehmen, die sich nur hinsichtlich der Ausprägung des einen zu untersuchenden Werteinflußfaktors unterscheiden. Die Variation eines Einflußfaktors kann man sich dabei zunächst auf zweierlei Weise vorstellen:

tatsächliche, gleichzeitige Variation: In einem Zeitpunkt existieren am Markt tatsächlich zwei Optionen, die sich nur hinsichtlich eines Werteinflußfaktors unterscheiden.

hypothetische Variation: In einem Zeitpunkt existiert am Markt tatsächlich nur eine Option. Dieser Option wird gedanklich eine weitere Option gegenübergestellt, die sich nur hinsichtlich eines Werteinflußfaktors von der ersten Option unterscheiden soll.

Diese zwei möglichen Arten einer Faktorvariation eignen sich für eine Analyse des Werteinflusses allerdings in unterschiedlichem Maße:

tatsächliche, gleichzeitige Variation: Eine solche Vergleichskonstellation eignet sich für eine Analyse des Einflusses von Werteinflußfaktoren uneingeschränkt, wenn die Bewertungseinflüsse der beiden gleichzeitig existierenden Optionen sich dabei tatsächlich nur durch die Ausprägung eines einzelnen Einflußfaktors unterscheiden. Diese Art der Faktorvariation hat den Vorteil, daß für den Vergleich der Optionen keine Informationen über mögliche Abhängigkeiten zwischen den verschiedenen Werteinflußfaktoren einer Option erforderlich sind, da die Werteinflußfaktoren mit Ausnahme des zu untersuchenden immer identische Ausprägungen haben. Außerdem ist diese Art der Faktorvariation die einzige, in der tatsächlich Arbitrageoperationen überhaupt zur Einhaltung irgendwelcher Wertrelationen zwischen Optionen führen können. Voraussetzung für eine tatsächliche, gleichzeitige Faktorvariation ist allerdings, daß der zu untersuchende Einflußfaktor bei sonst gleichen Bedingungen in einem Zeitpunkt überhaupt verschiedene Ausprägungen annehmen kann. Diese Voraussetzung soll hier kurz als "Variierbarkeit" eines Einflußfaktors bezeichnet werden. Ist die Voraussetzung der Variierbarkeit nicht erfüllt, so ist eine Analyse des Werteinflußfaktors nur auf der Basis einer hypothetischen Variation möglich. Diese Art der Faktorvariation birgt aber einige Probleme.

hypothetische Variation: Zwischen einer real existierenden Option und einer hypothetischen Vergleichsoption können keine "echten" Arbitragerelationen bestimmt werden, da die hypothetische Option nicht gekauft oder verkauft werden kann. Die für einen Wertvergleich erforderlichen Arbitrageoperationen können selbst in den Kategorien des Modellmarktes nur hypothetisch durchgeführt werden. Eine Arbitragebewertung von Optionen in dieser Vergleichskonstellation soll daher als "arbitrageähnliche" Bewertung bezeichnet werden.

Mit einer hypothetischen Faktorvariation verbindet sich ein Problem hinsichtlich der ceteris paribus Bedingung. Während eine ceteris paribus Bedingung bei einer tatächlichen, gleichzeitigen Faktorvariation als erfüllt betrachtet werden kann, sind bei einer hypothetischen Variation eines Werteinflußfaktors mit der Variation des zu untersuchenden Einflußfaktors immer gleichzeitig Annahmen darüber zu treffen, in welcher Weise die Änderung dieses Werteinflußfaktors sich auf andere Werteinflußfaktoren auswirkt. Solche Annahmen über den Zusammenhang der Werteinflußfaktoren untereinander werden hier unter dem Begriff der Variationsannahme zusammengefaßt.

Der Notwendigkeit einer Variationsannahme kann man sich bei einer hypothetischen Faktorvariation grundsätzlich nicht entziehen. Insbesondere kann man sich ihr auch nicht durch die in ökonomischen Analysen weitverbreitete ceteris paribus Klausel entziehen. Die Annahme einer ceteris paribus Konstellation stellt letztlich nur eine ganz spezielle aus der Vielzahl denkbarer Variationsannahmen dar. Mit der ceteris paribus Annahme wird eben gerade unterstellt, daß alle anderen Werteinflußfaktoren von der Variation des untersuchten Werteinflußfaktors unabhängig sind. Welche Implikationen mit dieser Annahme verbunden sind und ob sie als Variationsannahme bei einer hypothetischen Faktorvariation sinnvoll erscheint, kann letzlich nur im Einzelfall beurteilt werden. Darauf wird im weiteren noch an verschiedenen Stellen dieses Kapitels einzugehen sein.[218]

Damit ist ein gravierender Unterschied zwischen einer ceteris paribus Konstellation im Kontext einer tatsächlichen Faktorvariation und einer ceteris paribus Annahme im Kontext einer hypothetischen Faktorvariation festzustellen. Während die ceteris paribus Konstellation bei einer tatsächlichen Faktorvariation ohne Variationsannahme erfüllt sein kann, stellt eine ceteris paribus Annahme bei einer hypothetischen Faktorvariation stets eine Variationsannahme dar. Dieser Unterschied beider Arten einer Faktorvariation wird im Laufe der folgenden Analyse der einzelnen Werteinflußfaktoren noch deutlicher werden.

Ist die Voraussetzung der Variierbarkeit eines Einflußfaktors gegeben oder im Falle einer hypothetischen Faktorvariation eine "geeignete" Variationsannahme formuliert, so muß für die Gültigkeit eines qualitativ eindeutigen Zusammenhangs zwischen einer Einflußgröße und dem Optionswert außerdem ein Wertvergleich auch tatsächlich eine eindeutige Wertrelation zwischen zu vergleichenden Optionen liefern. Diese Voraussetzung soll hier als "Eindeutigkeit" eines Werteinflusses bezeichnet werden. Eindeutig bedeutet dabei, daß eine Option mit dem Faktorwert A nie weniger wert sein kann als eine Option mit dem Faktorwert B, solange zwischen A und B eine bestimmte Wertrelation besteht. Die Wertrelation zwischen den beiden Optionen muß dabei unabhängig von den Absolutwerten A und B des Faktors, unabhängig von den Absolutwerten anderer Werteinflußfaktoren und im Sinne einer präferenz- und verteilungsfreien Bewertung auch unabhängig von Anlegerpräferenzen und -erwartungen sein.

---

[218] Vgl. insbes. die Diskussion des Zinseinflusses auf den Optionswert in Abschnitt 2. dieses Kapitels.

1.3 Bisherige Arbitragerelationen aus modelltheoretischer Sicht

Hinsichtlich der Werteinflußfaktoren "Typ des Optionsrechts", "Basispreis" und "Verfallzeitpunkt" haben sich in der obigen Analyse beide Voraussetzungen einer Arbitrageanalyse des qualitativen Wertzusammenhangs als erfüllt erwiesen. Diese drei Werteinflußfaktoren lassen sich auch als Merkmale des Optionskontraktes zusammenfassen. Die Voraussetzung einer Variierbarkeit der Kontraktmerkmale ergibt sich dabei aus der Möglichkeit, daß an einem Markt gleichzeitig Optionen mit unterschiedlichen Konditionen existieren können.

Für die übrigen Kontraktmerkmale kann dabei jeweils eine ceteris paribus Konstellation sichergestellt werden, indem nur Optionen in den Bewertungsvergleich einbezogen werden, die sich ausschließlich durch die Wertausprägung eines einzigen Kontraktmerkmals unterscheiden. Für alle kontraktexogenen Merkmale,[219] also das Zinsniveau und die als Aktienmerkmale zusammenfaßbaren Größen aktueller Aktienkurs, Dividendenerwartungen und zukünftiges Kursverhalten, wird eine ceteris paribus Konstellation durch die Annahme identischer Basistitel und die Konstellation einer tatsächlichen, gleichzeitigen Faktorvariation quasi automatisch sichergestellt.

Bei tatsächlicher Variation eines Kontraktmerkmals kann von identischem Zinsniveau, identischem Aktienkurs, identischen Dividendenerwartungen und einem identischen zukünftigen Aktienkursverhalten für die zu vergleichenden Optionen ausgegangen werden, ohne daß irgendeine Annahme über diese Größen getroffen werden muß.[220] Von einer Wertidentität der kontraktexogenen Faktoren kann sogar dann noch ausgegangen werden, wenn mögliche Rückwirkungen von Optionskontrakten auf die Werte kontraktexogener Faktoren in Betracht gezogen werden. Essentiell für die Gültigkeit der ceteris paribus Bedingung ist nicht, daß die Werte exogener Faktoren von Optionskontrakten unbeeinflußt bleiben, sondern nur, daß in einem Zeitpunkt je Werteinflußgröße immer nur ein Faktorwert

---

[219] Die Klassifizierung des Zinsniveaus, des aktuellen Aktienkurses, der Dividendenerwartungen und des Aktienkursverhaltens als kontraktexogene Merkmale soll sich hier nur an dem Umstand orientieren, daß diese Merkmale im Gegensatz zu den Kontraktmerkmalen nicht ausdrücklicher Regelungsinhalt des Optionskontraktes sind. Eine über die ausdrückliche vertragliche Fixierung von Faktorwerten hinausgehende Wirkung eines Optionskontraktes auf die Wertausprägungen einzelner Einflußfaktoren soll mit dieser Klassifizierung nicht ausgeschlossen werden.

[220] Abgesehen wird dabei natürlich von Generalannahmen, wie positiven Periodenzinssätzen, nicht negativen Aktienkursen etc..

für alle zu vergleichenden Optionskontrakte gilt. Prinzipiell beeinträchtigen also auch Rückwirkungen der Optionskontrakte auf ihre Umwelt, z.B. durch Verhaltensanreize, nicht die Gültigkeit der Arbitragerelationen (i) - (viii).

Aus der ceteris paribus Variation der Kontraktmerkmale resultieren zudem eindeutige Dominanzbeziehungen zwischen den zu vergleichenden Optionen. Zusätzliche Annahmen über das Aktienkursverhalten sind für die Gültigkeit der Wertrelationen dabei insbesondere deshalb nicht erforderlich, weil das Aktienkursverhalten automatisch in die ceteris paribus Konstellation eingeschlossen ist, das Kursverhalten also zwar als unbekannt aber bzgl. einer Variation der Kontraktmerkmale zumindest als konstant betrachtet werden kann.

Grenzen einer präferenz- und verteilungsunabhängigen Optionsbewertung müssen sich dann umgekehrt zwangsläufig überall dort ergeben, wo entweder die Voraussetzung einer Variierbarkeit des Faktors nicht gegeben ist und bei einer hypothetischen Faktorvariation nicht einfach von einer ceteris paribus Bedingung als Variationsannahme hinsichtlich der anderen Werteinflußfaktoren ausgegangen werden kann oder aber dort, wo sich trotz einer Faktorvariation unter ceteris paribus Bedingungen aus dieser Faktorvariation ohne einschränkende Annahmen über das Aktienkursverhalten oder die Anlegerpräferenzen keine eindeutigen Wertrelationen ableiten lassen. Wie sich im folgenden zeigen wird, ist hinsichtlich der Verteilungsunabhängigkeit im Kontext einer hypothetischen Faktorvariation dabei auch zu untersuchen, inwieweit nicht schon die Variationsannahme eine Verteilungsannahme impliziert.

Bevor auf die Bewertungsaussagen A1 bis A4 näher eingegangen wird, soll hier noch kurz bei den Relationen (i) - (viii) verweilt werden. Erste Aussagegrenzen einer Arbitragebewertung lassen sich im Lichte der modelltheoretischen Überlegungen - als Grenzen ihrer Interpretierbarkeit - nämlich bereits für die oben abgeleiteten Arbitragerelationen erkennen. Zwei dieser Aussagegrenzen sollen hier angeführt werden.[221] Die erste bezieht sich auf die Bewertung neuer Optionskontrakte, die zweite auf den Verfallzeitpunkt als Werteinflußfaktor.

Sollen Bewertungsaussagen für einen neu zu schaffenden Optionskontrakt getroffen werden, so können dazu dann nicht einfach die oben abgeleiteten Arbitrage-

---

[221] Zusätzlich könnte z.B. auch die Beschränkung der Arbitragerelation (viii), Werteinfluß des Fälligkeitstermins, auf den Fall amerikanischer Optionen hier als eine Aussagegrenze zitiert werden. Diese Aussagegrenze wäre dem Eindeutigkeitsproblem zuzuordnen, könnte aber gegebenenfalls auch als Ausdruck eines Variationsproblems gedeutet werden.

relationen auf Basis der gegebenen Preise existierender Wertpapiere herangezogen werden, wenn in Betracht zu ziehen ist, daß der neue Optionskontrakt Rückwirkungen auf die Werte kontraktexogener Faktoren haben kann. Den relevanten Vergleichsmaßstab für die Bewertung neuer Optionskontrakte können in strenger Betrachtung nur die (unbekannten) Werte existierender Finanztitel liefern, wie sie sich nach Abschluß des neuen Optionskontraktes am Markt ergeben.

Eine Verwendung gegebener Faktorwerte zur Bewertung neuer Optionskontrakte impliziert umgekehrt die Unabhängigkeit exogener Faktoren von der Existenz der Optionskontrakte. Unter Berücksichtigung von Rückwirkungsmöglichkeiten von Optionen auf ihre Umwelt gelten die Arbitragerelationen (i) - (viii) also nur nach Abschluß des Optionskontraktes unmodifiziert, aber nicht zwangsläufig vor Kontraktschluß. So erscheint z.B. die Bewertung eines noch zu emittierenden Optionsscheins auf Basis geltender Werte der Einflußfaktoren nicht unbedingt sinnvoll. Stattdessen ist etwa der aktuelle Aktienkurs um Verwässerungseffekte aus der Optionsscheinemission zu korrigieren.[222] Zusätzlich können etwa Änderungen des Aktienkursverhaltens und/oder der Dividendenerwartungen wegen der Optionsscheinemission in Betracht zu ziehen sein. Sollen für den neuen Optionsschein keine absoluten Bewertungsaussagen getroffen werden, sondern ein Bewertungsvergleich mit bereits existierenden Optionsscheinen durchgeführt werden, so ist auch für die Werte existierender Optionsscheine in einem solchen Bewertungsvergleich nicht von den derzeit gültigen Bewertungen auszugehen, sondern von den hypothetischen Bewertungen, die nach einer Emission des neuen Optionsscheins erwartet werden.

Eine weitere Interpretationsgrenze ergibt sich für den Werteinflußfaktor Verfallzeitpunkt. Relation (viii) trifft lediglich eine Aussage über die Wertrelation zwei ansonsten identischer amerikanischer Optionen, die sich nur durch ihren Verfallzeitpunkt unterscheiden. Bei der Ableitung dieser Relation wird mit der ceteris paribus Bedingung auch eine Identität des Bewertungszeitpunktes unterstellt. Der in Relation (viii) variierte Werteinflußfaktor ist bei genauer Betrachtung eben nur der Verfallzeitpunkt bei gegebenem Bewertungszeitpunkt und nicht allgemein die Länge der Zeitspanne Restlaufzeit. Weitergehende Aussagen über den allgemeineren Werteinflußfaktor Restlaufzeit und damit also insbesondere auch Aussagen über die Wertveränderung einer einzelnen Option im Zeitablauf können aus der

---

[222] Zur Verwässerungswirkung von Optionsscheinen vgl. Abschnitt 3.3.4.8 in Kapitel C.

Arbitrageargumentation zu Relation (viii) nicht abgeleitet werden.[223] Mit unterschiedlichen Bewertungszeitpunkten kann eine ceteris paribus Konstellation der kontraktexogenen Faktoren nicht mehr als gegeben angesehen werden. Für solche Aussagen erscheinen zusätzliche Annahmen, u.a. solche über das Aktienkursverhalten im Zeitablauf, unerläßlich.

Wesentlich kritischer stellen sich die Voraussetzungen der Variierbarkeit und der Eindeutigkeit aber dar, wenn die Einflußrichtung kontraktexogener Werteinflußfaktoren auf den Optionswert bestimmt werden soll. Die Problematik dieser beiden Voraussetzungen soll im folgenden separat für die verschiedenen, kontraktexogenen Einflußfaktoren untersucht werden.

2. Zinssituation und Optionswert

2.1 Möglichkeiten einer Arbitrageanalyse

Eine präferenz- und verteilungsfreie Analyse des Einflusses der Zinssituation auf den Optionswert scheitert in dem gegebenen Prämissenkranz bereits an der Voraussetzung einer Variierbarkeit. Für den Kapitalmarkt wurde in einem Zeitpunkt zwar eine komplexe Zinsstruktur mit zustands- und laufzeitabhängigen Zinssätzen und im Zeitablauf darüber hinaus eine dynamische Entwicklung der Zinsstruktur zugelassen. Für einen gegebenen Zustand und eine gegebene Anlagedauer wurde aber die Eindeutigkeit des Zinssatzes angenommen.[224] Eine Aufhebung dieser Kapitalmarktprämisse erscheint im Hinblick auf eine Arbitragebewertung von Optionen auch wenig sinnvoll. Ohne diese Prämisse eröffnete der Markt für sicherverzinsliche Anlagen selbst Arbitragemöglichkeiten. Die Arbitragebewertung eines Titels innerhalb eines ohnehin ungleichgewichtigen Marktes erscheint aber wenig sinnvoll. Die mit einer solchen Situation verbundene Annahme, daß Anleger sich bietende Arbitragemöglichkeiten zwischen Optionen bzw. zwischen Optionen und anderen Finanztiteln sofort nutzen, solche zwischen festverzinslichen Mittelanlagemöglichkeiten aber ungenutzt lassen, erscheint unplausibel.

---

[223] Auf diese Aussagegrenze von Relation (viii) weisen bereits Cox/Rubinstein hin (vgl. Cox, J.C./Rubinstein, M.(1985), S. 138).

[224] Vgl. die Annahmen zum Modellgerüst und über sicherverzinsliche Mittelanlagemöglichkeiten in den Abschnitten 2.1 und 2.2 von Kapitel C.

Mit der Variierbarkeit der Zinssituation fehlt die Grundvoraussetzung für die Ermittlung einer Einflußrichtung des Zinsniveaus auf den Optionswert allein aus Arbitrageüberlegungen. Die Bewertungsaussage eines positiven Zinseinflusses auf den Optionswert kann also keinesfalls eine Arbitragebeziehung im strengen Sinn des Wortes sein. Eine Analyse des Zinseinflusses kann allenfalls hilfsweise auf der Basis einer hypothetischen Faktorvariation und mit Hilfe einer arbitrageähnlichen Bewertung erfolgen.

Nachfolgend ist zu untersuchen, ob ein positiver Zinseinfluß auf Optionswerte bei einer solchen hypothetischen Zinsvariation präferenz- und verteilungsunabhängig ableitbar ist. Eine solche Untersuchung verspricht einen Einblick in die Annahmen, die implizit getroffen werden, wenn in der Optionsliteratur von einem positiven Zinseinfluß auf Optionswerte ausgegangen wird.

Ein erstes, kleineres Problem verbindet sich bei dieser Untersuchung mit der Frage, wie sich im Zusammenhang mit einer nach Zuständen und Anlagedauern differenzierten Zinssituation verschiedene Zinssituationen überhaupt nach ihrer Größe ordnen lassen. Dieses Problem einer Größenrelation zwischen verschiedenen Zinssituationen soll hier einfach dadurch aus den Betrachtungen ausgeklammert werden, daß hier nur Zinssituationen mit unterschiedlichen "Zinsniveaus" betrachtet werden. Von einem "höheren" bzw. "niedrigeren" Zinsniveau soll hier dann gesprochen werden, wenn für alle zustands- und anlagedauerspezifischen Periodenzinssätze zweier Zinssituationen dieselbe Größenrelation gilt. Diese sprachliche Regelung bedeutet eine deutliche Einschränkung von Variationen des Zinsniveaus, deren Auswirkungen auf den Optionswert hier überhaupt nur untersucht werden.

Wesentlich gewichtigere Probleme ergeben sich aber bzgl. der mit einer Zinsvariation gleichzeitig zu treffenden Variationsannahme. Eine naheliegende Variationsannahme scheint zunächst in einer ceteris paribus Annahme zu bestehen, bei der mit Ausnahme des Zinsniveaus die Werte aller anderen Einflußfaktoren als konstant unterstellt werden.

Im Zusammenhang mit einer ceteris paribus Annahme ist dabei kritisch zu hinterfragen,
- ob die Unabhängigkeit anderer Einflußfaktoren vom Zinsniveau überhaupt plausibel erscheint und
- ob die ceteris paribus Annahme nicht selbst bereits eine erste Verteilungsannahme impliziert.

Hinsichtlich dieser beiden Fragen ist festzustellen, daß eine wertmäßige Konstanz der sonstigen Werteinflußfaktoren sich bei einer hypothetischen Zinsvariation zwar theoretisch einfach per Annahme festlegen ließe, daß eine solche Festlegung aber hinsichtlich der sonstigen kontraktexogenen Faktoren teilweise wenig plausibel erscheint. Darüber hinaus bedeutet eine solche ceteris paribus Annahme aber in der Tat bereits eine erste Annahme über das Aktienkursverhalten. Mit der Einschränkung des Aktienkursverhaltens wird durch die ceteris paribus Annahme gleichzeitig der Untersuchungsrahmen einer verteilungsunabhängigen Optionsbewertung verlassen. Diese Sachverhalte werden nachfolgend verdeutlicht.

Die fehlende Plausibilität einer ceteris paribus Annahme für Zinsvariationen wird dabei am Beispiel des aktuellen Aktienkurses besonders deutlich. Ähnliche Überlegungen ließen sich aber auch für die Annahme einer vom Zinsniveau unabhängigen Dividendenerwartung anstellen. Unterstellt man vereinfachend einen von der Zinssituation unabhängigen Zahlungsstrom aus der Aktie, so negiert eine ceteris paribus Annahme eine Abhängigkeit der Bewertung unsicherer Zahlungsströme, wie sie gerade in den aktuellen Aktienkursen ihren Ausdruck finden soll, vom Zinsniveau. Offensichtlich wird die fehlende Plausibilität einer solchen Annahme z.B., wenn man sich vergegenwärtigt, daß mit der Unterscheidung in sicherverzinsliche Mittelanlagen und Aktienanlagen nur eine polare Differenzierung nach Unsicherheitstypen einer Mittelanlage, nicht aber die Differenzierung in vollständig disjunkte Mengen von Anlageformen gemeint sein kann. Diesen kontinuierlichen Zusammenhang zwischen einer Aktienanlage und sicherverzinslichen Mittelanlagen kann man sich z.B. durch die Vorstellung verdeutlichen, daß das Investitionsportefeuille eines Unternehmens außer Anlagen mit unsicheren Zahlungskonsequenzen teilweise und im Extremfall auch vollständig aus sicherverzinslichen Mittelanlagen bestehen kann.[225]

In dem Extremfall, daß ein Unternehmen ein Investitionsprogramm mit sicherem Zahlungsstrom realisiert,[226] kann die Aktie dieses Unternehmens selbst als

---

[225] Vgl. dazu auch die ähnliche Modellierung eines Anlageportefeuilles im Displaced-Diffusion-Modell in Abschnitt 3.3.4.7 von Kapitel B.

[226] Die vollständige Anlage des Unternehmensvermögens in isoliert betrachtet sicherverzinsliche Finanzanlagen stellt dabei keineswegs die einzige Möglichkeit zur Realisierung eines Investititionsprogramms dar, das insgesamt als sicherverzinslich angesehen werden kann. Eine andere Möglichkeit zur Realisierung eines sicheren Investitionsprogramms besteht etwa in der geeigneten Kombination risikobehafteter Titel, deren Einzelrisiken vollständig negativ miteinander korreliert sind - eine Investitionspolitik, wie sie z.B. erklärtermaßen von sogenannten Hedge-Fonds verfolgt wird. Als Annäherung an ein sicheres Investitionsprogramm können aber auch ausgesprochen risikoarme Realinvestitionsprogramme angesehen werden. So stellen z.B.

sichere Mittelanlage betrachtet werden. Eine Option auf diese Aktie müßte demzufolge ähnliche Eigenschaften wie die Option auf einen sicherverzinslichen Anlagetitel aufweisen. Sicherverzinsliche Anlagen können also nicht nur als Alternative einer Aktienanlage, sondern gleichzeitig auch als deren deterministischer Spezialfall betrachtet werden.

Zumindest für diesen Spezialfall einer Aktie mit dem Charakter einer sicheren Anlage erscheint aber die Annahme eines vom Zinsniveau unabhängigen Aktienkurses offensichtlich unplausibel. Die Analogie zur Theorie der Optionen auf festverzinsliche Mittelanlagen, in der gerade auch die Annahme eines von der Zinssituation unabhängigen aktuellen Kurses des Basisobjektes als unplausibel verworfen wird,[227] ist offensichtlich. In der Theorie der Optionen auf festverzinsliche Mittelanlagen wird statt von zinsunabhängigen Kursen des Basisobjektes tendenziell von einem negativen Zusammenhang zwischen dem Zinsniveau und dem aktuellen Kurs des Basispapiers ausgegangen.

Im Gegensatz zur herrschenden Interpretation in der Optionsliteratur ist diese Problematik aber nicht unbedingt als Spezifikum zu betrachten, durch das sich Rentenoptionen von Aktienoptionen in systematischer Weise unterscheiden müssen. Vielmehr kann ein solcher negativer Zusammenhang auch als Problematik von Aktienoptionen allgemein betrachtet werden, deren Relevanz im Spezialfall sicherer Zahlungsströme besonders hoch ist, aber als weniger eindeutiger Zusammenhang eben auch für Aktien anderer Investitions- und Finanzierungspolitiken plausibel erscheint. Die schlichte Annahme eines von der Zinssituation unabhängigen aktuellen Aktienkurses erscheint jedenfalls weniger plausibel als die eines negativen Zusammenhangs zwischen diesen beiden Größen.[228]

Welcker/Kloy/Schindler aus Sicht eines Optionärs ausdrücklich die Ähnlichkeit von Aktien von Versorgungsunternehmen und von festverzinslichen Anlagen fest (vgl. Welcker, J./Kloy, J./Schindler, K. (1992), S.195).

[227] Zur Problematik des Zusammenhangs zwischen einer exogenen Zinsannahme und dem Kurs einer optierbaren Anleihe vgl. z.B. Bühler, W.(1988), mit der dort angegebenen Literatur, Welcker, J./Kloy, J /Schindler, K. (1992), S. 195-198.

[228] Die größere Plausibilität eines negativen Zusammenhangs zwischen Zinsniveau und aktuellem Aktienkurs ergibt sich dabei nicht nur aus der argumentierten Annäherbarkeit einer Aktienanlage an eine sicherverzinsliche Anlage. Sie wird gleichzeitig auch durch die überwiegende Verwendung eines solchen Zusammenhangs in finanzwirtschaftlichen Modellen, die auf die Erklärung der Preisbildung risikobehafteter Titel zielen, naheglegt. Allen voran ist in diesem Zusammenhang auf die zentralen Thesen des sogenannten "Capital Asset Pricing Model"zu verweisen. Vgl. dazu z.B. die Darstellung bei Franke, G./Hax, H. (1990), S. 280-285 i.V.m. Sharpe, W. (1964), Lintner, J. (1965), Mossin, J. (1966).

Als Variationsannahme einer Zinsvariation erscheint eine ceteris paribus Annahme damit wenig geeignet. Statt nach plausibleren Variationsannahmen zu suchen, soll hier im weiteren der Frage nachgegangen werden, ob eine konkrete Variationsannahme für eine Zinsvariation nicht ohnehin bereits eine Verteilungsannahme impliziert. Dieser Frage soll hier exemplarisch wiederum für den Spezialfall einer ceteris paribus Annahme nachgegangen werden.

Daß die Annahme eines vom Zinsniveau unabhängigen Aktienkursverhaltens gleichzeitig eine Einschränkung des Aktienkursverhaltens selbst bedeutet, läßt sich z.B. dadurch verdeutlichen, daß mit einer solchen Unabhängigkeitsannahme bestimmte zinsabhängige Definitionen einer Investitions-, Finanzierungs- und Ausschüttungspolitik eines Unternehmens ausgeschlossen werden.[229] Z.B. würde mit einer ceteris paribus Annahme folgende Investitionspolitik eines Unternehmens ausgeschlossen: "Liegt in einem Zustand die Periodenverzinsung für sicherverzinsliche Anlagen bestimmter Anlagedauer oberhalb eines kritischen Zinssatzes i^*, so werden im Unternehmen ausschließlich sicherverzinsliche Anlagen getätigt. Andernfalls werden Investitionen mit unsicheren Zahlungskonsequenzen vorgenommen."

Eine solche Investitionspolitik kann zumindest nicht als völlig abwegig verworfen werden. Auch ohne detaillierte Analyse ist aber offensichtlich, daß sich mit einer solchen Investitionspolitik Beispiele von Optionen konstruieren lassen, bei denen der Wert der Option mit Übersteigen des Zinsniveaus von i^* fallen muß. Im einfachsten Fall lassen sich solche Beispiele in der Weise konstruieren, daß die Aktie bei sicherer Mittelanlage während der gesamten Restlaufzeit der Option nur Kurse unterhalb des Basispreises erreichen kann, während sie bei unsicherer Mittelanlage mit positiver Wahrscheinlichkeit auch Kurse oberhalb des Basispreises erreichen kann. Aber auch in Konstellationen, in denen der Wert einer Option nicht eindeutig negativ auf Zinsanstiege reagieren muß, dürfte eine negative Wirkungsrichtung zumindest in einer Vielzahl von Einzelfällen plausibel erscheinen.

---

[229] Die Möglichkeit einer zinsabhängigen Definition von Investitions-, Finanzierungs- und Ausschüttungspolitik eines Unternehmens wird hier nur wegen der in diesen Fällen besonders offensichtlich vorhandenen Abhängigkeit des Aktienkursverhaltens vom Zinsniveau als Beispiel angeführt. Ähnliche Abhängigkeiten können aber auch bei zinsunabhängiger Investitions-, Finanzierungs- und Ausschüttungspolitik bestehen, wenn sich mit dem Zinsniveau die Erwartungen für das den Aktionären in der Zukunft zustehende Unternehmensnettovermögens ändern (z.B. durch möglicherweise veränderte Zinszahlungen, die das Unternehmen an seine Fremdkapitalgeber zu leisten hat, oder veränderte Zinszahlungen, die das Unternehmen selbst aus sicherverzinslichen Mittelanlagen erhält) oder gleiche Zahlungserwartungen von den Anlegern wegen der Zinsvariation in der Zukunft anders bewertet werden.

Wenn in der Optionstheorie ein positiver Zinseinfluß auf den Optionswert unter einer ceteris paribus Annahme argumentiert wird, muß also stets berücksichtigt werden, daß diese ceteris paribus Annahme zum einen bereits eine Verteilungsannahme impliziert und zum anderen auch von einer relativ unplausiblen Unabhängigkeit anderer Werteinflußfaktoren vom Zinsniveau ausgeht.

Im Kontext einer präferenz- und verteilungsfreien Optionsbewertung stellen beide Aspekte der ceteris paribus Annahme die Gültigkeit der gewonnenen Bewertungsergebnisse in Frage. Im Kontext einer präferenzfreien, verteilungsabhängigen Optionsbewertung ist zwar der Aspekt einer impliziten Verteilungsannahme uninteressant, wenn Verteilungsannahmen dort ohnehin explizit getroffen werden. Auch im Kontext einer präferenzfreien, verteilungsabhängigen Optionsbewertung bleibt aber die Annahme der Unabhängigkeit zwischen Zinsniveau und anderen Werteinflußgrößen eine problematische Prämisse.

Wenn z.B. die partielle Ableitung der Black/Scholes-Optionswertformel nach dem Zinssatz ein positives Vorzeichen aufweist,[230] dann kann daraus nur gefolgert werden, daß Optionswerte positiv auf höhere Zinsniveaus reagieren, wenn gleichzeitig unterstellt wird, daß u.a. der aktuelle Aktienkurs und auch die Dividendenerwartungen von einer Zinsniveauänderung unberührt bleiben. Unter der plausibleren Annahme eines negativen Zusammenhangs zwischen Zinsniveau und aktuellem Aktienkurs ist ein qualitativ eindeutiger Zusammenhang zwischen dem Zinsniveau und dem Optionswert z.B. auch im Kontext einer Black/Scholes-Welt nicht mehr feststellbar. Eine ähnliche Aussage gilt auch für die Mehrzahl der anderen in Kapitel B skizzierten Optionswertmodelle.

Erscheint die Aussage eines positiven Zinseinflusses auf Optionswerte damit schon für eine Zinsvariation in einem Zeitpunkt als Pseudo-Arbitragerelation, so erscheint eine Aussage von der Art "Der Optionswert steigt, wenn das Zinsniveau steigt" erst recht problematisch, wenn mit der Zinsvariation dabei eine Zinsvariation im Zeitablauf gemeint ist. So nimmt die Problematik einer Variationsannahme für eine Zinsvariation insbesondere deutlich zu, wenn die Vergleichssituationen als verschiedene Zinssituationen für ein- und dieselbe Option in unterschiedlichen Zeitpunkten ihrer Laufzeit interpretiert werden und für diese Vergleichssituationen von einer ceteris paribus Annahme ausgegangen wird.

---

[230] Vgl. die Darstellung des Black/Scholes-Modells in Abschnitt 3.3.4.2 von Kapitel B.

Zum einen liegen mit einer solchen Interpretation einer Zinsänderung per se gar nicht mehr Vergleichssituationen mit isolierter Faktorvariation, sondern solche mit gleichzeitiger Variation von mindestens zwei Einflußfaktoren (Zinssituation und Restlaufzeit) vor. Damit können die Effekte dieser Faktorvariation auf den Optionswert also auch gar nicht mehr eindeutig einer einzelnen Werteinflußgröße zugeschrieben werden. Zum anderen impliziert eine Annahme ansonsten konstanter Werteinflußfaktoren bei einer Zinsvariation im Zeitablauf aber neben der Zinsunabhängigkeit dieser Faktoren zusätzlich auch deren Zeitunabhängigkeit. Die zusätzliche Unabhängigkeitsannahme mag auf Anhieb nicht gar so unplausibel wie die der Zinsunabhängigkeit erscheinen. Hinsichtlich des zukünftigen Aktienkursverhaltens bedeutet sie aber jedenfalls eine zusätzliche einschränkende Verteilungsannahme.

Zusammenfassend kann für die Analyse eines Zinseinflusses auf Optionswerte festgestellt werden, daß
- von einer Variierbarkeit der Zinssituation in einem Zeitpunkt auf einem vollkommenen Kapitalmarkt nicht sinnvoll ausgegangen werden kann, der Werteinflußfaktor Zinssituation also von vornherein einer strikten Arbitragebewertung unzugänglich bleiben muß,
- in einer rein gedanklichen Variation der Zinssituation eine ceteris paribus Annahme als Variationsannahme für die übrigen kontraktexogenen Faktoren zumindest wenig plausibel erscheint,
- ohne einschränkende Verteilungsannahme allein aus Arbitrageüberlegungen kein qualitativ eindeutiger Zusammenhang zwischen dem Zinsniveau und dem Optionswert abgeleitet werden kann und
- Aussagen über einen positiven Zinseinfluß auf Optionswerte mit zusätzlichen Verteilungsannahmen verknüpft sind, wenn die Zinsvariation als Zinsänderung im Zeitablauf interpretiert wird.

Vor dem Hintergrund dieser grundsätzlichen Hindernisse, mittels Arbitrageargumenten und ohne Verteilungsannahmen einen positiven Zusammenhang zwischen Zinsniveau und Optionswert nachzuweisen, erscheint eine genauere Betrachtung der Argumentationen interessant, mit denen in der Optionsliteratur doch immer wieder gerade die Gültigkeit eines solchen Zusammenhangs abgeleitet wird.

2.2 Problematik von Argumentationen der Optionsliteratur

Aussagen über einen präferenz- und verteilungsunabhängig gültigen, positiven Zusammenhang zwischen dem Zinsniveau und dem Optionswert werden in der Optionsliteratur teilweise durch schlichte, nicht weiter begründete Verallgemeinerungen von Zusammenhängen gewonnen, die in Optionswertmodellen mit ganz speziellen Verteilungsannahmen abgeleitet wurden. Teilweise werden sie aber auch ohne Rekurs auf ein Optionswertmodell mit einer Verteilungsannahme aufgestellt und dann mit einer Argumentation unterlegt, die suggeriert, ein positiver Zusammenhang zwischen Zinsniveau und Optionswert erfordere tatsächlich keinerlei Verteilungs- und Präferenzannahmen. Solche Argumentationen bewegen sich dann zum Teil auf einer informalen, eher intuitiven Ebene. Zum Teil wird die Gültigkeit des positiven Zusammenhangs aber auch durch Interpretation aus Arbitragerelationen wie z.B. der Relation (iv) gewonnen.

a) Zwei informale Argumentationen

Ein Beispiel für eine hier als intuitiv bezeichnete Argumentation liefert Plötz, der wie folgt argumentiert:

"Der Einfluß des Zinssatzes auf den Optionswert kann am einfachsten aus der Sicht des Optionsverkäufers (Stillhalter) gezeigt werden. Im Falle einer Kaufoption hält dieser die Aktie bis zum Verfalltermin und verzichtet solange auf eine Verzinsung der bei Veräußerung der Aktie anlegbaren Mittel. Je höher der Zinsverzicht, desto höher muß der für das Eingehen einer Stillhalterposition geforderte Optionspreis sein."[231]

Diese Argumentation basiert auf einer hypothetischen Variation des Zinsniveaus. Sie stellt keine Arbitrageargumentation dar, sondern vergleicht nur die Opportunitätskosten eines Stillhalters mit einem Deckungsbestand in Aktien in unterschiedlichen Zinssituationen. Dabei impliziert die Argumentation eine umfassende ceteris paribus Annahme für die Faktorvariation.

Indem Plötz bei seiner Argumentation die veränderten Opportunitätskosten als einzige Konsequenz einer Zinsänderung für den Stillhalter in Aktien ins Kalkül zieht, unterstellt er nicht nur eine Unabhägigkeit des aktuellen Aktienkurses und künftiger Dividendenerwartungen vom Zinsniveau, sondern auch eine Unabhän-

---
[231] Plötz, G. (1991), S. 48.

gigkeit des künftigen Kursverhaltens vom Zinsniveau. Die Problematik dieser partialanalytischen Betrachtung liegt nicht in der ceteris paribus Annahme an sich, sondern in ihrer stillschweigenden, möglicherweise sogar unbewußten Setzung. Dadurch erweckt die Argumentation einen Anspruch auf verteilungs- und präferenzunabhängige Gültigkeit, die ihr - wie in Abschnitt 2.1 gezeigt wurde - tatsächlich nicht zukommt.

Eine eher intuitive Argumentation für einen positiven Zusammenhang zwischen Zinsniveau und Optionswert liefert auch Hull. Hull argumentiert dazu wie folgt:

"As interest rates in the economy increase, the expected growth rate of the stock price tends to increase. However, the present value of any future cash flows received by the holder of the option decreases. (...) In the case of calls, the first effect tends to increase the price while the second effect tends to decrease it. It can be shown that the first effect always dominates the second effect; that is, the prices of calls always increase as the risk-free interest rate increases."[232]

Im Gegensatz zu der Argumentation von Plötz geht Hull bei seiner Argumentation nicht von einem zinsunabhängigen Aktienkursverhalten aus, sondern unterstellt grundsätzlich einen positiven Zusammenhang zwischen dem Zinsniveau und der Aktienkursrendite. Insoweit erscheint Hulls Vorstellung zunächst noch plausibler als die ceteris paribus Annahme.

Im weiteren kann Hulls Argumentation aber kaum überzeugen. Irritierenderweise geht Hull nämlich zusätzlich wohl auch von einem zinsunabhängigen aktuellen Aktienkurs aus. Die höhere Aktienkursrendite kann nach seiner Argumentation nicht aus stärkerer Diskontierung gegebener zukünftiger Zahlungen, sondern nur aus der Vorstellung von mit dem Zinsniveau steigenden, zukünftigen Zahlungen resultieren. Die Vorstellung von Hull könnte damit z.B. auf ein Unternehmen passen, das ausschließlich variabel verzinsliche Anleihen im Anlageportefeuille hält. Für Unternehmen mit Investitionsprojekten, die zinsniveauunabhängige Zahlungen liefern, erscheint Hulls Argumentation demgegenüber nicht passend. Hulls Argumentation beruht damit auf einer sehr speziellen Annahme über den Zusammenhang zwischen Zinsniveau, Aktienkurs und Aktienkursverhalten.

Hulls Argumentation ist auf dieser sehr speziellen Vorstellung aufbauend dann wohl so zu verstehen, daß höhere Zinsen im Fälligkeitszeitpunkt zu höheren Ak-

---

[232] Hull, J. (1993), S. 153.

tienkursen und damit zu höheren Ausübungswerten der Option führen. Diese höheren Ausübungswerte der Option bei Fälligkeit werden bei höherem Zinsniveau zur Ermittlung des Gegenwartswertes der Option zwar auch stärker diskontiert, der negative Diskontierungseffekt soll nach Hull aber stets weniger stark auf den Gegenwartswert der Option wirken als der positive Effekt der höheren Ausübungswerte.

Ob dieser letzte Zusammenhang tatsächlich wie von Hull behauptet stets, also auch ohne jede Präferenzannahme gilt, wäre separat zu überprüfen. Auf jeden Fall beruht Hulls Argumentation aber auf der Annahme eines ausgesprochen speziellen Zusammenhangs zwischen dem Zinsniveau, dem aktuellen Aktienkurs und dem zukünftigen Aktienkursverhalten. Hulls Argumentation trifft damit insbesondere auch eine implizite Verteilungsannahme. Seine Argumentation erscheint damit gleichzeitig ungeeignet, eine positive Beziehung zwischen Zinsniveau und Optionswert als stets gültig nachzuweisen, wie er selbst behauptet.

b) Eine Argumentation durch Interpretation gültiger Arbitragerelationen

Ein Beispiel für die Argumentation eines positiven Zinseinflusses auf den Optionswert mittels Interpretation von verteilungsfreien Arbitragerelationen könnte am Beispiel von Arbitragerelation (iv) etwa wie folgt lauten:

"Mit steigendem (fallendem) Zinsniveau fällt (steigt) in Relation (iv) der Barwert des Basispreises $X \cdot B(t,T)$ und bei Berücksichtigung von Dividenden ggfs. auch der Dividendenbarwert D_t^*. Damit steigt (fällt) mit steigendem (fallendem) Zinssatz insgesamt die Wertuntergrenze einer Option. Aus einer mit dem Zinsniveau steigenden (fallenden) Wertuntergrenze resultiert ein mit dem Zinsniveau steigender (fallender) Optionswert."[233]

Diese Aussage basiert zwar auf der Interpretation einer Arbitragerelation. Sie ist damit aber selbst noch keine Bewertungsaussage, deren Gültigkeit als durch Arbitrageoperationen gesichert angesehen werden kann. Die Gültigkeitsgrenzen dieser interpretativen Aussage decken sich im wesentlichen mit denen der intuitiven Ar-

---

[233] Eine eigenständige Formulierung dieser Argumentation erscheint hier sinnvoll, da die Arbitragerelationen, an denen entsprechende Argumentationen in der Literatur ansetzen, im Detail etwas von den hier formulierten abweichen. Zu sinngemäß ähnlichen Argumentationen in der Optionsliteratur vgl. aber z.B. Bös, M. (1991), S. 66, der seine Argumentation sogar unter der ausdrücklichen Überschrift einer präferenz- und verteilungsfreien Bewertung führt, Zimmermann, H. (1988), S. 40, Bookstaber, R.M. (1987), S. 33.

gumentation von Plötz. Die Bedingungen für die Gültigkeit der Bewertungsaussage werden, wegen ihres Rückgriffs auf einen formalen Wertzusammenhang, aber teilweise besser erkennbar als bei der intuitiven Argumentation.

Auch die Interpretation von Arbitragerelation (iv) basiert zunächst auf einer hypothetischen Variation des Zinsniveaus. Darüber hinaus geht auch diese Argumentation von einer ceteris paribus Annahme als Variationsannahme aus. Zur Identifikation der einzelnen Komponenten der unterstellten ceteris paribus Annahme wird die Argumentation zweckmäßigerweise in zwei Argumentationsschritte zerlegt:
- Einen ersten Argumentationsschritt, in dem von einem steigenden Zinsniveau auf eine steigende Wertuntergrenze einer Option geschlossen wird, und
- einen zweiten Argumentationsschritt, in dem von einer steigenden Wertuntergrenze einer Option auf einen steigenden Optionswert geschlossen wird.

Im ersten Argumentationsschritt wird für die Höhe des aktuellen Aktienkurses und die Höhe der Dividendenerwartungen stillschweigend eine ceteris paribus Annahme getroffen. In diesem Argumentationsschritt wird davon ausgegangen, daß veränderte Barwerte für den Basispreis und die Dividendenerwartungen die einzigen Auswirkungen einer Zinsvariation auf die Komponenten der Wertrelation (iv) darstellen. Mögliche Zinsabhängigkeiten des aktuellen Aktienkurses werden damit nicht in Betracht gezogen. Zinsabhängigkeiten des Dividendenbarwertes werden nur insoweit in Betracht gezogen, wie sie aus der Diskontierung gegebener Dividendenzahlungen resultieren, nicht aber, soweit sie aus einer Zinsabhängigkeit der Dividendenzahlungen selbst resultieren können.

Gleichzeitig wird anhand der Relation (iv) aber auch erkennbar, daß eine solche Unabhängigkeitsannahme für den aktuellen Aktienkurs und die Höhe der Dividendenerwartungen von der Zinssituation eine hinreichende Bedingung für die Gültigkeit des ersten Argumentationsschritts darstellt, nicht aber eine notwendige. Hinreichend für die Gültigkeit des ersten Argumentationsschritts wäre auch die schwächere Bedingung, daß mit einem steigenden Zinsniveau der aktuelle Aktienkurs nicht stärker fällt (bzw. nicht weniger steigt) als die Summe aus Dividendenbarwert und Barwert des Basispreises.

Abstrahiert man von Dividendenzahlungen, dann folgt aus einem Zinsanstieg also eine höhere Wertuntergrenze der Option, wenn die mit einem Zinsanstieg verbundene Kursminderung der Aktie nicht stärker ausfällt als der Kursrückgang einer kuponlosen, sicherverzinslichen Anlage mit einem Rückzahlungsbetrag in Höhe

Kapitel D: Grenzen präferenz- und verteilungsfreier Bewertung 127

des Basispreises und einer mit der Restlaufzeit der Option identischen Laufzeit. Diese Gegenüberstellung zweier Zinseffekte auf die Wertuntergrenze einer Option legt eine Kritik an der Annahme über die Unabhängigkeit des aktuellen Aktienkurses vom Zinsniveau nahe, die noch über die in Abschnitt 2.1 diskutierte Kritik hinausgeht. Betrachtet man nämlich den Aktienkurs selbst als Barwert einer Zahlungsreihe aus Zahlungen zinsunabhängiger Höhe, die eine bedeutend längere Gesamtlaufzeit als die Option aufweist, und unterstellt gleichzeitig, daß die Option einen positiven Ausübungswert aufweist, dann erscheint nicht nur plausibel, daß Zinserhöhungen sich auf den aktuellen Aktienkurs überhaupt negativ auswirken, sondern in den meisten Konstellationen weitergehend auch, daß dieser aktienkursmindernde Effekt einer Zinserhöhung den Diskontierungseffekt beim Basispreis übersteigt, daß also - ohne Dividendenberücksichtigung - auch die Wertuntergrenze der Option mit steigendem Zins insgesamt fällt.[234]

Darüber hinaus wird mit dem zweiten Argumentationsschritt, der Folgerung von einer höheren Wertuntergrenze auf einen höheren Optionswert, - bei Gültigkeit des ersten Interpretationsschritts - auch zusätzlich eine Annahme über die Verteilung künftiger Aktienkurse getroffen. Arbitragerelation (iv) kann ohne Verteilungsannahmen nur die Untergrenze eines zulässigen Bereichs für den Optionswert definieren. Wo der Optionswert innerhalb dieses Wertebereichs liegt, hängt aber auch von der Verteilung künftiger Aktienkurse und den Anlegerpräferenzen ab.

Aus einer höheren Wertuntergrenze allein kann nur dann eindeutig auf eine Erhöhung des Optionswertes geschlossen werden, wenn die neue Wertuntergrenze oberhalb der alten Wertobergrenze liegt. In allen anderen Fällen muß die Relation der Optionswerte bei unterschiedlichen Wertuntergrenzen von zusätzlichen Faktoren abhängen. Einen der dabei relevanten Faktoren bildet die Verteilung künftiger Aktienkurse und hier insbesondere ihre Abhängigkeit von der Zinssituation. Soll der Fall, daß mit einer höheren Wertuntergrenze ein niedrigerer Optionswert einhergehen kann, ausgeschlossen werden, so müssen dazu u.a. bestimmte Rückwirkungsarten der Zinsänderung auf die Verteilung der Aktienkurse ausgeschlossen werden. Ausgeschlossen werden muß dann z.B. ein Zusammenhang zwischen

---

[234] Die Argumentation muß hier auf eine intuitive Ebene beschränkt und ohne Anspruch auf Allgemeingültigkeit bleiben. Ein formaler Zusammenhang zwischen dem Diskontierungseffekt bei Aktie und Nullkupon-Anleihe ist nicht nur von der Zahlungsstruktur der Aktie, sondern auch davon abhängig, wie Anleger die unsichere Zahlungsstruktur der Aktie in Abhängigkeit von der Verzinsung sicherer Alternativanlagemöglichkeiten bewerten. Anlegerpräferenzen sollen hier aber gerade unspezifiziert bleiben.

Zinsniveau und Aktienkursverteilung, wie er sich im Beispiel des Abschnitts 2.1 aus der dort unterstellten zinsabhängigen Investitionspolitik ergibt. Die Frage nach den gleichzeitig notwendigen und hinreichenden Restriktionen des Aktienkursverhaltens, die mit dem zweiten Argumentationsschritt verbunden sind, dürfte in allgemeiner Form allerdings kaum beantwortbar sein. Die Unabhängigkeit des Aktienkursverhaltens vom Zinsniveau stellt zwar eine hinreichende Bedingung für den zweiten Argumentationsschritt dar. Eine solche Unabhängigkeitsannahme stellt - wie oben diskutiert - andererseits aber auch bereits eine einschränkende Verteilungsannahme dar.

Insgesamt können also die angeführten Argumentationen für einen positiven Zusammenhang zwischen Zinsniveau und Optionswert, die in der Optionsliteratur zu finden sind, die Gültigkeit eines solchen Zusammenhangs erwartungsgemäß nicht als vollständig präferenz- und verteilungsunabhängig nachweisen - auch wenn die entsprechenden Argumentationen einen solchen Allgemeingültigkeitsanspruch zumindest suggerieren.

3. Aktienkurs und Optionswert

3.1 Möglichkeiten einer Arbitrageanalyse

Für den Werteinfluß des aktuellen Aktienkurses kann die Variierbarkeit als Voraussetzung einer Arbitrageanalyse grundsätzlich als erfüllbar angesehen werden. Der aktuelle Kurs der Basisaktie kann in einem Zeitpunkt dadurch variiert werden, daß ansonsten identische Optionen betrachtet werden, die sich auf unterschiedliche Aktien beziehen, die sich ihrerseits ausschließlich durch den aktuellen Kurs unterscheiden und hinsichtlich aller anderen Aktienmerkmale gleich sind (Mehr-Aktien-Fall).

Hinsichtlich einer Arbitrageanalyse des Werteinflußfaktors "aktueller Aktienkurs" sind dabei im Mehr-Aktien-Fall vorab zwei Fragen zu klären:

- Zum einen ist zu klären, was vor dem Hintergrund divergierender aktueller Kurse verschiedener Aktien überhaupt unter gleichen sonstigen Aktienmerkmalen verstanden werden soll.
- Zum anderen ist zu klären, in welchen Situationen davon ausgegangen werden kann, daß bei einer Variation des aktuellen Aktienkurses gleiche Aktienmerkmale im definierten Sinn vorliegen.

Die Bedingung gleicher sonstiger Aktienmerkmale kann hinsichtlich der Dividendenerwartungen und der Erwartung zukünftiger Aktienkurse bei unterschiedlichen aktuellen Aktienkursen offensichtlich nicht durch eine wertmäßige Indentität künftiger Kurse und Dividendenzahlungen sinnvoll präzisiert werden. Würde für zwei Aktien 1 und 2 mit $S^1_0 \neq S^2_0$ tatsächlich $S^1_{t,s} = S^2_{t,s}$ und $D^1_{t,s} = D^2_{t,s}$ für alle t ε $\{1,...,T\}$ und s ε $\{1,...,n(t)\}$ gelten, dann würde zwangsläufig eine Dominanzbeziehung und damit eine Arbitragemöglichkeit zwischen beiden Aktien selbst bestehen.

Als Präzisierung gleicher sonstiger Aktienmerkmale erscheint stattdessen folgende Vorstellung einer renditemäßig identischen Entwicklung verschiedener Aktien mit unterschiedlichen aktuellen Kursen sinnvoll:[235]

---

[235] Diese Definition gleicher Aktienmerkmale geht auf einen Vorschlag von Cox/Rubinstein zurück, die sich allerdings auf das Aktienkursverhalten am Verfalltag als sonstiges Aktienmerkmal konzentrieren (vgl. Cox, J.C./Rubinstein, M. (1985), S. 156).

Kapitel D: Grenzen präferenz- und verteilungsfreier Bewertung

- Aktie 2 hat dann ein gleiches Aktienkursverhalten wie Aktie 1, wenn für jeden zukünftigen Zustand während der Restlaufzeit der Option das aktuell geltende Kursverhältnis der beiden Aktien erhalten bleibt, also gilt:
$S^1_{t,s}/S^2_{t,s} = S^1_0/S^2_0$ für alle $t \in \{1,...,T\}$ und $s \in \{1,...,n(t)\}$, für die $S^1_{t,s} > 0$ oder $S^2_{t,s} > 0$ gilt.

- Aktie 2 hat dann gleiche Dividendenzahlungen wie Aktie 1, wenn in jedem Zustand während der Restlaufzeit zwischen Dividendenzahlungen auf beide Aktien ein mit dem Kursverhältnis identisches Wertverhältnis gilt, also gilt:
$D^1_{t,s}/D^2_{t,s} = S^1_0/S^2_0$ für alle $t \in \{1,...,T\}$ und $s \in \{1,...,n(t)\}$, für die $D^1_{t,s} \neq 0$ oder $D^2_{t,s} \neq 0$ gilt.

Unter Ausschluß von stückabhängigen Transaktionskosten und Problemen der Unteilbarkeit stellen die beiden Aktien unter diesen Bedingungen Anlagealternativen dar, zwischen denen Anleger unabhängig von ihren Präferenzen indifferent sein müssen. Eine Variation des aktuellen Aktienkurses, bei der alle sonstigen Einflußfaktoren numerisch konstant sind und bei der für Aktienkurserwartungen und Dividendenerwartungen die beiden obigen Bedingungen gelten, wird daher hier als eine Aktienkursvariation unter ceteris paribus Bedingungen bezeichnet.

Daß bei einer tatsächlichen Aktienkursvariation von einer solchen ceteris paribus Bedingung ausgegangen werden kann, ist theoretisch denkbar, ist praktisch aber nur in Ausnahmesituationen plausibel. Unmittelbar plausibel ist die Erfüllung dieser Bedingung z.B., wenn ansonsten identisch ausgestattete Aktien unterschiedlicher Stückelung derselben Gesellschaft betrachtet werden. Problematisch wird die Erfüllung dieser Bedingung aber, wenn Aktien verschiedener Gesellschaften miteinander verglichen werden.

Schon unter Ausschluß von Dividendenzahlungen erachten Cox/Rubinstein den Fall der Aktien von Holdinggesellschaften mit identischen Portefeuilles, z.B. Index-Fonds auf denselben Index, dann als den einzigen Fall einer solchen ceteris paribus Konstellation mit praktischer Relevanz.[236] Unter Berücksichtigung von

---

[236] Vgl. Cox, J.C./Rubinstein, M. (1985), S. 156. Strenggenommen reicht für die Gleichheit des Aktienkursverhaltens dabei nicht die von Cox/Rubinstein ausdrücklich erwähnte Identität der Portefeuilles aus, sondern wäre zusätzlich eine Identität der Finanzierung dieser Portefeuilles zu fordern. Diese zusätzliche Forderung kann aber als erfüllt angesehen werden, wenn entweder auch Finanzierungstitel als Teil des Unternehmensportefeuilles betrachtet werden oder etwa von vornherein unterstellt wird, daß betrachteten Holdinggesellschaften ausschließlich eine Finanzierung im Wege der Emission identischer Titel offensteht. Von einer dieser beiden Fiktionen dürften Cox/Rubinstein bei der Formulierung ihrer Aussage ausgegangen sein.

Dividendenzahlungen wäre dieser ohnehin enge Fall praktischer Relevanz aber noch weiter einzuschränken auf solche Holdinggesellschaften mit identischen Portefeuilles, die auch eine gleiche Dividendenpolitik im oben definierten Sinn verfolgen.

Unter der Voraussetzung, daß eine Variation des aktuellen Aktienkurses im Mehr-Aktien-Fall tatsächlich unter einer ceteris paribus Bedingung im definierten Sinn erfolgt, können dann allerdings zwei zusätzliche Bewertungsrelationen für den Zusammenhang zwischen dem aktuellen Aktienkurs und dem Optionswert abgeleitet werden, die allein aufgrund von Arbitrageüberlegungen gelten müssen:[237]

(ix) $C_t(S^1_t) \leq C_t(S^2_t)$ für $S^2_t > S^1_t$
$c_t(S^1_t) \leq c_t(S^2_t)$ für $S^2_t > S^1_t$

(x) $C_t(S^2_t) \leq \lambda \cdot C_t(S^1_t) + (1 - \lambda) \cdot C_t(S^3_t)$
$c_t(S^2_t) \leq \lambda \cdot c_t(S^1_t) + (1 - \lambda) \cdot c_t(S^3_t)$
für $S^3_t > S^2_t > S^1_t$ und $0 \leq \lambda = (S^3_t - S^2_t)/(S^3_t - S^1_t) \leq 1$.[238]

zu (ix): $C_t(S^1_t) \leq C_t(S^2_t)$ bzw. $c_t(S^1_t) \leq c_t(S^2_t)$ für $S^2_t > S^1_t$

Der Wert einer Option kann nicht höher sein als der einer ansonsten identischen Option, wenn diese zweite Option sich von der ersten Option nur dadurch unterscheidet, daß die beziehbare Aktie aktuell zu einem höheren Kurs notiert. Ein Beweis der Relation (ix) kann analog zum Beweis der Relation (v) geführt werden. Bei Verletzung der Relation (ix) kann aus dem Kauf einer Option mit dem höheren aktuellen Aktienkurs und dem Verkauf einer Option mit dem niedrigeren aktuellen Aktienkurs ein Arbitrageportefeuille gebildet werden, das sofort einen positiven Anfangssaldo von $C_t(S^1_t) - C_t(S^2_t)$ liefert und nur nichtnegative Zahlungssalden in der Zukunft.

---

[237] Auf die Gültigkeit der Relationen (ix) und (x) und den prinzipiellen Weg ihres Beweises weisen bereits Cox/Rubinstein hin; vgl. Cox, J.C./Rubinstein, M. (1985), S. 156-157.

[238] Die Gewichtungsfaktoren $\lambda = (S^3_t - S^2_t)/(S^3_t - S^1_t)$ und $(1 - \lambda) = (S^2_t - S^1_t)/(S^3_t - S^1_t)$ ergeben sich in Analogie zu den Gewichtungsfaktoren in Relation (vii) aus einer Definitionsgleichung $S^2_t = \lambda \cdot S^1_t + (1 - \lambda) \cdot S^3_t$. Während die Faktoren λ und $(1 - \lambda)$ in Relation (vii) allerdings Gewichtungen unterschiedlicher Basispreise darstellen, treten sie in Relation (x) als Gewichtungsfaktoren unterschiedlicher Aktienkurse auf. Mit ihnen verbindet sich in beiden Relationen also eine unterschiedliche Information.

Wird die verkaufte Option in einem Zeitpunkt τ, am Verfalltag oder vorzeitig, ausgeübt, so übt auch der Arbitrageur seine eigene Option aus. Aus der erhaltenen Basispreiszahlung von X und dem Differenzerlös seiner eigenen Optionsausübung von $S^2_\tau - X$, also einer Gesamteinzahlung von S^2_τ, kann der Arbitrageur wegen $S^2_\tau > S^1_\tau$ die zu liefernde Aktie erwerben und realisiert zusätzlich einen positiven Abschlußsaldo von $S^2_\tau - S^1_\tau$.

Bleibt die verkaufte Option hingegen unausgeübt, so läßt der Arbitrageur am Verfalltermin entweder, bei $S^2_T \leq X$, auch seine eigene Option unausgeübt und entstehen aus dem Arbitrageportefeuille keine weiteren Zahlungskonsequenzen, oder übt der Arbitrageur, bei $S^2_T > X$, seine eigene Option aus und erzielt so einen positiven Abschlußsaldo von $S^2_T - X$ aus dem Portefeuille.

Relation (ix) gilt unabhängig vom Optionstyp aber, wie Relation (v), nicht allgemein zwischen Optionen verschiedenen Typs. Außerdem gilt auch Relation (ix) unabhängig von Dividendenzahlungen - zumindest wenn diese Dividendenzahlungen im definierten Sinne gleich sind.

zu (x): $\quad C_t(S^2_t) \leq \lambda \cdot C_t(S^1_t) + (1 - \lambda) \cdot C_t(S^3_t)$ bzw.
$\quad\quad\quad\quad c_t(S^2_t) \leq \lambda \cdot c_t(S^1_t) + (1 - \lambda) \cdot c_t(S^3_t)$
$\quad\quad\quad\quad$ für $S^3_t > S^2_t > S^1_t$ und $0 \leq \lambda = (S^3_t - S^2_t)/(S^3_t - S^1_t) \leq 1$

Für ansonsten identische Optionen, die sich nur durch den aktuellen Kurs der beziehbaren Aktien unterscheiden, muß der Wert der Option eine konvexe Funktion des aktuellen Aktienkurses sein.[239] Ein Beweis der Relation (x) kann analog zum Beweis der Relation (vii) geführt werden. Bei Verletzung der Relation (x) kann ein Arbitrageportefeuille aus dem gleichzeitigen Kauf von $\lambda \cdot C_t(S^1_t)$ und $(1 - \lambda) \cdot C_t(S^3_t)$ und dem Verkauf von $C_t(S^2_t)$ gebildet werden. Dieses Portefeuille erbrächte einen positiven Anfangssaldo von $C_t(S^2_t) - \lambda \cdot C_t(S^1_t) - (1 - \lambda) \cdot C_t(S^3_t)$ und ausschließlich nichtnegative Zahlungssalden in der Zukunft. Ohne Berücksichtigung vorzeitiger Ausübungsmöglichkeiten sind in t = T zunächst vier mögliche Wertekonstellationen in Betracht zu ziehen:

$S^3_T \leq X$: Alle drei Optionen bleiben unausgeübt. Das Portefeuille erbringt einen Abschlußsaldo von null.

---

[239] Zum Konvexitätsbegriff vgl. Abschnitt 4.2 von Kapitel C.

$S^2_T \leq X < S^3_T$: Die verkaufte Option mit mittlerem Aktienkurs und die eigene Option mit niedrigem Aktienkurs bleiben unausgeübt. Der Arbitrageur übt nur seine Option mit hohem Aktienkurs aus und erzielt dadurch aus dem Portefeuille einen positiven Abschlußsaldo von $(1 - \lambda)\cdot(S^3_T - X)$.

$S^1_T \leq X < S^2_T$: Die verkaufte Option mit mittlerem Aktienkurs wird ausgeübt. Der Arbitrageur übt seinerseits die Option mit hohem Aktienkurs aus, läßt die Option mit niedrigem Aktienkurs aber unausgeübt. Die negative Differenzzahlung aus der Ausübung der verkauften Option beträgt für den Arbitrageur $-(S^2_T - X)$. Aus der eigenen Optionsausübung erzielt er gleichzeitig eine positive Differenzzahlung von:

$$(1 - \lambda)\cdot(S^3_T - X) = (1 - \lambda)\cdot((S^2_T - \lambda\cdot S^1_T)/(1 - \lambda) - X)$$
$$= S^2_T - X + \lambda\cdot(X - S^1_T).^{240}$$

Als Differenz aus beiden Optionsausübungen erzielt der Arbitrageur damit insgesamt einen Abschlußsaldo von $\lambda\cdot(X - S^1_T)$. Wegen der Eingangsbedingung $S^1_T \leq X$ ist dieser Abschlußsaldo stets nichtnegativ.

$X < S^1_T$: Alle drei Optionen werden ausgeübt. Die Ausübung der verkauften Option mit mittlerem Aktienkurs erbringt für den Arbitrageur eine negative Differenzzahlung von $-(S^2_T - X)$. Die Ausübung seiner beiden eigenen Optionen mit hohem und niedrigem Aktienkurs erbringt für ihn gleichzeitig eine positive Differenzzahlung von $\lambda\cdot(S^1_T - X) + (1 - \lambda)\cdot(S^3_T - X) = \lambda\cdot S^1_T + (1 - \lambda)\cdot S^3_T - X = S^2_T - X$. Insgesamt erbringt das Portefeuille in diesem Fall damit gerade einen Abschlußsaldo von null.

Bei vorzeitiger Ausübung der verkauften Option kann der Arbitrageur entsprechend der Fälle $S^1_T \leq X < S^2_T$ oder $X < S^1_T$ reagieren und so auch im Fall amerikanischer Optionen bei einer vorzeitigen Ausübung der verkauften Option negative Zahlungssalden des Arbitrageportefeuilles stets vermeiden. Relation (x) gilt demnach unabhängig vom Optionstyp. Außerdem gilt Relation (x) unabhängig von Dividendenzahlungen - zumindest wenn diese Dividendenzahlungen im definierten Sinne gleich sind.

---

[240] Wegen der Definitionsgleichung für die Gewichtungsfaktoren λ und $(1 - \lambda)$, $S^2_t = \lambda\cdot S^1_t + (1 - \lambda)\cdot S^3_t$, und wegen $S^i_T/S^j_T = S^i_t/S^j_t$ gilt $S^3_T = (S^2_T - \lambda\cdot S^1_T)/(1 - \lambda)$.

Die Relationen (ix) und (x) stellen also zusätzliche "echte" Arbitragerelationen über den Zusammenhang zwischen aktuellem Aktienkurs und Optionswert dar. Im Unterschied zu den Relationen (i) - (viii) bedeutet die ceteris paribus Annahme im Zusammenhang mit den Relationen (ix) und (x) aber eine vergleichsweise rigide Gültigkeitsvoraussetzung. Allein aufgrund von Arbitrageüberlegungen gelten die Relationen (ix) und (x) eben nur für den Vergleich von Optionen auf unterschiedliche Aktien unter relativ speziellen Zusatzbedingungen[241] für die Relation ihrer zukünftigen Aktienkurse und Dividendenzahlungen zueinander. Im Unterschied zu den Relationen (i) - (viii) kann den Relationen (ix) und (x) damit nur eine stark eingeschränkte praktische Relevanz beigemessen werden.

Darüber hinaus kann natürlich auch die Frage von Interesse sein, ob sich die Relationen (ix) und (x) aus dem Mehr-Aktien-Fall sinngemäß auf den Wertverlauf einer Option (Ein-Aktien-Fall) übertragen lassen, ob also im Beispiel der Relation (ix) etwa eine Aussage der Art "Der Wert einer Option ist eine steigende Funktion des aktuellen Aktienkurses" präferenz- und verteilungsunabhängige Gültigkeit besitzt.

Zunächst ist analog zur Zinsvariation festzustellen, daß auch entsprechende Aussagen über den Zusammenhang zwischen dem aktuellen Aktienkurs und dem Wert einer Option per se keine "echten" Arbitragerelationen sein können. In einem arbitragefreien und vollkommenen Markt kann eine Aktie gleichzeitig immer nur einen Kurs aufweisen. Aussagen über den Einfluß des aktuellen Aktienkurses auf den Wert einer Option sind damit wiederum nur durch eine hypothetische Aktienkursvariation zu gewinnen.

Eine ceteris paribus Bedingung für eine hypothetische Variation des aktuellen Aktienkurses[242] kann theoretisch einfach durch deren Annahme sichergestellt werden. Im Vergleich zur ceteris paribus Annahme für eine Zinsvariation ist eine solche Annahme für die Aktienkursvariation in vielen Fällen auch nicht als offensichtlich unplausibel zu betrachten. Die ceteris paribus Annahme einer Zinsvaria-

---

[241] Die oben unterstellte ceteris paribus Bedingung für Aktienkursverhalten und Dividendenzahlungen ist dabei als hinreichende nicht aber als notwendige Bedingung für die Gültigkeit der Arbitrageargumentationen anzusehen. Hinreichend für deren Gültigkeit dürften insgesamt auch etwas schwächere Bedingungen sein.

[242] Die Definition einer ceteris paribus Bedingung für die Aktienkursvariation erfolgt im Ein-Aktien-Fall sinnvollerweise analog zum Mehr-Aktien-Fall, also dadurch, daß unter gleichen Kurs- und Dividendenerwartungen von der Aktienkurshöhe unabhängige Erwartungen für die Dividenden- und Kursrendite einer Aktie verstanden werden.

tion trifft mit einem unveränderten Aktienkursverhalten nämlich nicht nur die Annahme, daß zukünftige Aktienkurse ihrer Absoluthöhe nach nicht von der Zinssituation abhängen, sondern unterstellt mit ihrer gleichzeitigen Annahme eines zinsunabhängigen aktuellen Aktienkurses auch, daß Anleger unsichere Zahlungsströme unabhängig von der Periodenverzinsung sicherer Alternativanlagen bewerten. Genau solch unplausible Implikationen verbinden sich mit der hier für eine Aktienkursvariation formulierten ceteris paribus Bedingung nicht.[243]

Die ceteris paribus Annahme für Aktienkursvariationen trifft demgegenüber lediglich Annahmen über die Dividendenpolitik der Unternehmung und die Unsicherheitsstruktur des künftigen Aktienkursverhaltens, nicht aber über Anlegerpräferenzen. Mit ihr verbindet sich die Einschränkung, daß nur Aussagen über solche Aktien gemacht werden können, deren Dividenden- und Kursrendite jeweils vom Absolutniveau des Aktienkurses unabhängig sind.[244]

Für Aktien mit einer vom Kursniveau unabhängigen Dividenden- und Kursrendite erscheinen die Relationen (ix) und (x) dann auch auf den Ein-Aktien-Fall übertragbar. Die einschränkenden Annahmen für das Aktienkursverhalten und die Dividendenzahlungen mögen dabei in einigen praktischen Anwendungen sogar als adäquate Modellierung realer Erwartungen anzusehen sein. Trotzdem wird mit dieser ceteris paribus Annahme im Ein-Aktien-Fall aber das Untersuchungsfeld einer verteilungsunabhängigen Optionsbewertung verlassen. Einige mögliche Aktienkurs- und Dividendenverteilungen werden durch diese Annahme nämlich aus

---

[243] Die höhere Plausibilität der ceteris paribus Annahme für eine Aktienkursvariation resultiert natürlich daraus, daß durch die Art ihrer Formulierung von ansonsten gleichen Aktien ausgegangen wird, zwischen denen Anleger stets indifferent sein müssen. Im Fall der Zinsvariation hängt die relative Bewertung der Aktie in verschiedenen Zinssituationen demgegenüber von der konkreten Unsicherheitsstruktur der Aktie und den Anlegerpräferenzen ab. Dementsprechend kann die Ursache für deren höhere Plausibilität in einem Umkehrschluß auch in einer "unzulänglichen" Definition der ceteris paribus Bedingung im Fall der Zinsvariation gesehen werden. Daraus möglicherweise folgenden Forderungen nach einer "besseren" ceteris paribus Bedingung für den Fall der Zinsvariation steht aber entgegen, daß in diesem Fall die Formulierung einer ceteris paribus Bedingung mit ähnlicher Eigenschaft, nämlich jeglichem Verzicht auf Implikationen bezüglich der Kurs- und Dividendenerwartungen der Aktien und der Anlegerpräferenzen, gar nicht möglich ist.

[244] Eine entsprechende Verteilungsbeschränkung verbindet sich im Mehr-Aktien-Fall mit derselben ceteris paribus Bedingung nicht, da sich die Bedingung dort nicht auf gleiche Erwartungen bei unterschiedlichen Kursen einer Aktie, sondern nur auf eine gleiche Relation der Erwartungen für unterschiedliche Aktien mit unterschiedlichen Kursen richtet. Im Mehr-Aktien-Fall bedeutet die ceteris paribus Annahme nur eine Einschränkung für die Aktien, die als ansonsten gleich betrachtet werden können, aber keine Einschränkung der Dividenden- und Kursverteilung selbst.

den Betrachtungen ausgeschlossen.[245] Zur Konstruktion eines Beispiels, das der ceteris paribus Bedingung nicht genügt, bietet sich die Betrachtung eines Unternehmens mit aktienkursabhängiger Definition seiner Investitionspolitik an. Cox/Rubinstein liefern ein solches Beispiel, das nicht nur der ceteris paribus Bedingung nicht genügt, sondern gleichzeitig auch in eindeutigem Widerspruch zu den Relationen (ix) und (x) steht.[246]

Beispiel:

Es wird der Einfachheit halber von einem sicheren Zinssatz von null für alle Zustände und alle Anlagedauern während der Restlaufzeit ausgegangen. Für den Basispreis wird ein Wert von X = 50 unterstellt. Die Unternehmung verfolge nun folgende Investitionspolitik: Solange sich der Aktienkurs S_t zwischen 30 und 40 bewegt, wird in riskante Projekte investiert, die bei erfolgreichem Verlauf auch eine positive Wahrscheinlichkeit für eine Aktienkursverdoppelung (in einem einzigen Kurssprung) bieten. Bei höheren und niedrigeren Aktienkursen werden nur sichere, also unverzinsliche, Anlagen getätigt.

In diesem Beispiel von Cox/Rubinstein kann für den Optionswertverlauf in Abhängigkeit vom aktuellen Aktienkurs rationalerweise weder Relation (ix) noch Relation (x) gelten. Die Option kann nur für aktuelle Aktienkurse $30 \leq S_t \leq 40$ einen positiven Wert haben, da überhaupt nur für solche Aktienkurse die Möglichkeit eines positiven Ausübungswertes eine positive Wahrscheinlichkeit hat.

---

[245] Vgl. dazu auch die in Abschnitt 3.3.4 von Kapitel B dargestellten Optionswertmodelle mit variabler Streuung relativer Kursänderungen, insbes. die CEV-Modelle, das Compound-Option-Modell und das Displaced-Diffusion-Modell. Diese Modelle enthalten zwar auch die Annahme einer vom Aktienkursniveau abhängigen Aktienkursverteilung. In diesen Modellen gelten aber gleichzeitig zwei wesentliche Bedingungen, die trotz der Abhängigkeit zwischen Aktienkurs und Aktienkursverteilung einen positiven Zusammenhang zwischen dem aktuellen Aktienkurs und dem Optionswert sicherstellen. Zum einen werden kontinuierliche Kursveränderungen unterstellt und 5 zum anderen wird eine eindeutige Beziehung zwischen dem Aktienkursniveau und der Aktienkursverteilung unterstellt. Eine negative Beziehung zwischen dem akutellen Aktienkurs und dem Optionswert kann aber nur dann existieren, wenn mindestens eine dieser beiden Bedingungen verletzt ist. Das im Text nachfolgend angeführte Beispiel basiert dabei auf einer Verletzung der Bedingung kontinuierlicher Kursveränderungen bei Beibehaltung eines eindeutigen Zusammenhangs zwischen Aktienkurs und Aktienkursverteilung. Andere Beispiele ließen sich bei kontinuierlichen Kursveränderungen aber auch konstruieren durch einen mehrdeutigen Zusammenhang zwischen dem Aktienkursniveau und dem Aktienkursverhalten. Dazu könnte man sich etwa ein Unternehmen vorstellen, das eine risikoarme Investitionspolitik verfolgt und erst mit Unterschreiten eines kritischen Aktienkurses zu einer riskanten Investitionspolitik wechselt, diese dann aber auf jeden Fall beibehält.

[246] Vgl. Cox, J.C./Rubinstein, M. (1985), S. 157.

Kapitel D: Grenzen präferenz- und verteilungsfreier Bewertung 137

Der Optionswert kann in diesem Beispiel damit im aktuellen Aktienkurs weder eine steigende noch eine konvexe Funktion sein.[247]

Wie im Fall einer Zinsvariation können auch im Fall einer Aktienkursvariation im Ein-Aktien-Fall verschiedene Aktienkurse noch ganz anders interpretiert werden, nämlich als Kurse derselben Aktie zu verschiedenen Zeitpunkten. Wie im Fall der Zinsvariation nimmt aber auch im Fall einer Aktienkursvariation die ceteris paribus Problematik mit einer Faktorvariation im Zeitablauf grundsätzlich erheblich zu.

Analog zum Fall der Zinsvariation liegt mit solchen Vergleichssituationen nämlich gar keine isolierte Faktorvariation, sondern eine gleichzeitige Variation von mindestens zwei Einflußfaktoren (aktueller Aktienkurs und Restlaufzeit) vor. Die Effekte der Faktorvariation auf den Optionswert können damit - ebenfalls analog zum Fall der Zinsvariation - nicht mehr eindeutig einer einzelnen Werteinflußgröße zugeschrieben werden. Außerdem erfordert eine Annahme ansonsten konstanter Werteinflußfaktoren dann deren zusätzliche Annahme als zeitunabhängig. Diese zusätzliche Unabhängigkeitsannahme würde gleichzeitig zusätzliche Einschränkungen der Aktienkurs- und Dividendenverteilungen bedeuten. Eine Übertragung der Relationen (ix) und (x) auf den Wertverlauf einer Option im Zeitablauf kann damit letztendlich nur in Konstellationen sinnvoll erscheinen, in denen die zeitliche Differenz der Vergleichssituationen marginal[248] ist und in denen zusätzlich die oben definierte ceteris paribus Bedingung einer isolierten Aktienkursvariation im Ein-Aktien-Fall gilt.

Im Gegensatz zum Fall der Zinsvariation existieren für den Fall der Aktienkursvariation im Zeitablauf aber einige Situationen von praktischer Relevanz, für die diese Bedingungen ad hoc häufig als erfüllt angesehen werden kann. Hohe Plausibilität wird einer ceteris paribus Vermutung dabei insbesondere zugesprochen,

---

[247] Die etwas extrem anmutende Formulierung des Beispiels resultiert primär aus dem Anspruch, mit einem einzigen Beispiel gleichzeitig beide Relationen, (ix) und (x), zu widerlegen und zusätzlich diese Widerlegung auch noch so deutlich zu machen, daß die Relationen (ix) und (x) nicht nur ihre zwingende Gültigkeit verlieren, sondern darüber hinaus für bestimmte Aktienkursniveaus sogar zwingend ein inverser Zusammenhang zwischen Aktienkurs und Optionswert gelten muß. Ohne diesen hohen Anspruch lassen sich leicht auch realistischere Gegenbeispiele formulieren, für die die ceteris paribus Bedingung nicht gilt und auch die Relationen (ix) und (x) ihre zwingende präferenzunabhängige Gültigkeit verlieren. Vgl. dazu auch die vorletzte Fn.

[248] Was unter einer zeitlich marginalen Divergenz zu verstehen ist, kann dabei immer nur im Gesamtkontext der Vergleichssituationen, vor allem aber in Relation zur Länge der gesamten Restlaufzeit einer Option beurteilt werden.

wenn die Kursänderung ausschließlich aus einer Neudimensionierung der beziehbaren Aktien resultiert, also etwa einem Aktiensplit, einer Aktienzusammenlegung, der Emission sogenannter Gratisaktien oder einer Stock-Dividende. Zentrale Voraussetzungen für das Vorliegen einer ceteris paribus Variation des Aktienkurses bleiben aber auch für diese speziellen Ursachen einer Aktienkursänderung bei genauer Betrachtung, daß die Höhe zu erwartender Dividendensummen[249] als von der Maßnahme unabhängig anzusehen ist und daß ausgeschlossen sein muß, daß die Maßnahme über den reinen Redimensionierungseffekt hinausgehende Einflüsse auf den aktuellen Aktienkurs und künftige Aktienkursveränderungen hat.

Auszuschließen sind damit sofortige Kurswirkungen, etwa als Konsequenz von Informationseffekten der Maßnahme, und Auswirkungen auf die Erwartungen über das zukünftige Aktienkursverhalten. Dazu müssen wiederum Rückwirkungen der Maßnahme auf das Investitionsprogramm oder das sonstige Finanzierungsprogramm der Gesellschaft ausgeschlossen bleiben. Auch für die genannten Maßnahmen bleibt die Frage, ob die Relationen (ix) und (x) Gültigkeit haben, damit von den konkreten Erwartungen in der Einzelsituation abhängig. Von der Gültigkeit der dazu hinreichenden ceteris paribus Bedingung wird in diesen Spezialfällen aber relativ häufig ausgegangen.[250]

---

[249] Mit einer vom Aktienkurs unabhängigen Dividendenerwartung ist im Zusammenhang einer Neudimensionierung der beziehbaren Aktie gemeint, daß je Dividendenzeitpunkt eine von der Zahl der umlaufenden Aktien unabhängige Erwartung für die Ausschüttungssumme der Gesellschaft besteht.

[250] Die Annahme einer ceteris paribus Konstellation für diese Maßnahmen entspricht einer in der Finanzierungstheorie verbreiteten Auffassung, diese Maßnahmen aus Sicht des Aktionärs als reine Stückelungsprobleme zu betrachten, denen in einem vollkommenen Markt keine Bewertungsrelevanz zukommt. (vgl. z.B. Brigham, E. (1985), S. 559-562, Van Horne, J. (1989), S. 358-364, Vormbaum, H. (1990), S. 223-227, Wöhe, G./Bilstein, J. (1991), S. 82-84) Diese Betrachtung wird auch für eine Beurteilung aus Optionärssicht übernommen, wenn innerhalb der Diskussion von Verwässerungsschutzklauseln es als eine bewertungsneutrale Anpassung der Optionskontrakte angesehen wird, auf eine Veränderung der Aktienzahl mit einer proportionalen Veränderung der Zahl der Optionsrechte und gleichzeitig einer umgekehrt proportionalen Anpassung des Basispreises zu reagieren (vgl. z.B. Welcker, J. (1968), S. 96-98, Merton, R.C. (1973), S. 151-154, Ludwig, W. (1977), S. 96-98, Cox, J.C./Rubinstein, M. (1985), S. 157-158). Die Annahme, daß solche Maßnahmen einer Variation des Aktienkurses unter ceteris paribus Bedingungen genügen, muß aber gleichzeitig unbefriedigend bleiben, da sie die Wertkonsequenzen der Maßnahmen sowohl aus der Sicht der Aktionäre als auch für Optionäre unter Annahmen beurteilt, unter denen für die Existenz dieser Maßnahmen gleichzeitig keine rationale Begründung mehr existiert.

Kann für diese sehr speziellen Ursachen einer Aktienkursveränderung im Zeitablauf die Vermutung einer ceteris paribus Konstellation unter Vorbehalten noch als plausibel angesehen werden, so gibt es für eine "normale tägliche" Kursveränderung einer Aktie im allgemeinen überhaupt keine fundamentale Begründung für die Vermutung mehr, daß mit dieser Kursveränderung alle sonstigen Werteinflußfaktoren auf den Optionswert unverändert bleiben.[251] Damit fehlt für die Wertentwicklung einer Option bei "normalen täglichen" Kursveränderungen einer Aktie auch eine Begründung für die allgemeine Gültigkeit der Relationen (ix) und (x). Zu konstatieren bleibt in diesem Zusammenhang, daß in den Fällen, in denen von der Gültigkeit der Relationen (ix) und (x) auch für "normale tägliche" Kursveränderungen einer Aktie ausgegangen wird, implizit wohl unterstellt wird, daß sowohl die Erwartungen für die Aktienkursrendite als auch die Erwartungen für die Dividendenrendite der Aktie von der Kurshöhe der Aktie und der Zeit unabhängig sind. Mit einer Übertragung der Relationen (ix) und (x) auf "normale tägliche" Kursveränderungen einer Aktie wird damit implizit auch der Bereich präferenz- und verteilungsunabhängiger Bewertungsaussagen über Optionen verlassen.

3.2 Problematik von Argumentationen der Optionsliteratur

In der Optionsliteratur werden sehr unterschiedliche Aussagen über einen präferenz- und verteilungsunabhängigen Zusammenhang zwischen dem aktuellen Aktienkurs und dem Optionswert gemacht. Dabei zeigen die Ausführungen in einigen Standardwerken der Optionsliteratur, daß die Problematik vorhandener Aussagegrenzen prinzipiell erkannt ist. So macht schon Merton in seiner "Theorie der rationalen Optionsbewertung" ausdrücklich keine verteilungsunabhängigen Aussagen über diesen Zusammenhang, sondern diskutiert solche Zusammenhänge jeweils nur unter expliziten, einschränkenden Annahmen. Er beschränkt sich dabei im wesentlichen auf einen Vergleich zweier Aktien mit identischer und zeitunabhängiger Verteilung ihrer zukünftigen standardisierten Aktienkurse.[252] Merton zeigt in diesem Zusammenhang auch bereits die Bedeutung der Annahme, daß die relativen Aktienkursschwankungen nicht von der Höhe des Aktienkurses abhängen dürfen, als Voraussetzung für die Gültigkeit seiner Aussagen.

---

[251] Vgl. zu einer ähnlichen Ansicht z.B. Cox, J.C./Rubinstein, M. (1985), S. 157.

[252] Vgl. Merton, R.C. (1973), S. 147, S. 149-150 und ein Gegenbeispiel und eine entsprechende Ableitung im Anhang S. 179-180. Als standardisierter Aktienkurs wird dabei in Bezug auf eine bestimmte Option der Quotient aus Aktienkurs und Basispreis S_t/X bezeichnet.

Besonders deutlich werden entsprechende Aussagegrenzen darüber hinaus auch vor allem bei Cox/Rubinstein, die diese Grenzen mit dem oben zitierten Beispiel zusätzlich veranschaulichen.[253]

Trotzdem sind in der Optionsliteratur erstaunlicherweise auch immer wieder Aussagen anzutreffen, die verteilungs- und präferenzunabhängig einen positiven Zusammenhang zwischen aktuellem Aktienkurs und Optionswert behaupten. Die deutschsprachige Literatur zur Optionstheorie fällt dabei leider besonders negativ auf. Ähnlich wie im Fall der Zinsvariation bleiben diese Aussagen dabei zum Teil mehr im informalen, intuitiven Bereich und greifen zu einem anderen Teil auf eine Interpretation von Relationen mit verteilungs- und präferenzunabhängiger Gültigkeit zurück.

a) Eine informale Argumentation

Ein Beispiel für eine hier als intuitiv bezeichnete Argumentation liefert Köpf. Er argumentiert wie folgt:

"Den entscheidenden Einfluß auf den momentanen Wert einer Option übt zweifellos der Aktienkurs aus. Je höher (niedriger) der Aktienkurs für einen Call (Put), um so größer ist der Wert der Option. Dies ergibt sich schon aus Arbitragegründen und aus der Antizipation eines höheren Wertes der Option bei Verfall."[254]

Eine weitere Begründung liefert Köpf für seine Aussage nicht. Daher kann auch letztendlich nicht geklärt werden, von welchen zusätzlichen Annahmen er ausgeht. Es ist aber zu vermuten, daß Köpf implizit einfach davon ausgeht, daß relative Aktienkursveränderungen und Dividendenerwartungen stets unabhängig vom Aktienkursniveau sind.

---

[253] Vgl. Cox, J.C./Rubinstein, M. (1985), S. 159. Etwas unglücklich an der Darstellung bei Cox/Rubinstein erscheint deren starke Ausrichtung auf die Definition eines Dividendenschutzes für Optionen. Die von Jurgeit vertretene Kritik an Cox/Rubinstein, daß deren Vorgehen etwas mißverständlich sei, da sie die Zusammenhänge in einem Teil ihres Buches behandeln, der mit "general arbitrage relationschips" überschrieben ist, obwohl sie diese Zusammenhänge doch selbst für nicht allgemeingültig halten (vgl. Jurgeit, L. (1989), Fußnote 1 auf S. 66), kann allenfalls als Gliederungshinweis nicht aber als inhaltliche Kritik verstanden werden.

[254] Köpf, G. (1987), S. 46.

b) Eine Argumentation durch Interpretation gültiger Arbitragerelationen

Ein Beispiel für eine Aussage gleichen Inhalts, die als Interpretation einer verteilungs- und präferenzunabhängigen Relation gewonnen wird, liefert Zimmermann. Er geht von einer "Preisuntergrenze für Calloptionen (ohne Dividenden)" aus, die er als "Callpreis $\geq$ heutiger Aktienkurs – Barwert(Ausübungspreis)" faßt, und interpretiert dann wie folgt:

"Aus dieser Relation erkennt man, daß der Callpreis umso höher ausfällt,
- je höher der Aktienkurs ist
- je tiefer der Ausübungspreis ist
- je höher der Zinssatz (und damit umso geringer der Barwertausdruck) ist.

Die ersten beiden Punkte sind intuitiv einleuchtend: Je mehr die Option in-the-money liegt, d.h. je höher der innere Wert der Option ist, desto höher muß selbstverständlich der Preis ausfallen."[255]

Eine detaillierte Begründung für einen positiven Zusammenhang zwischen dem Aktienkurs und dem Optionswert liefert Zimmermann an dieser Stelle seiner Arbeit zunächst nicht. Im weiteren Verlauf seiner Arbeit "zeigt" Zimmermann dann aber zusätzlich, daß der Optionswert eine konvexe Funktion des Basispreises sein muß. Er geht dazu von einem konvexen Zusammenhang zwischen Basispreis und Optionswert aus und behauptet:

"...; ein höherer Aktienkurs wirkt in gerade entgegengesetzter Richtung als ein höherer Ausübungspreis, so daß die Kurve relativ zum Aktienkurs konvex ansteigt anstatt konvex abfällt. (...) Wesentlich ist an dieser Stelle die Erkenntnis, dass die Form des Zusammenhangs zwischen Optionspreis und Aktienkurs aufgrund einfacher Arbitrageüberlegungen festgelegt werden kann, ohne dass dazu irgendwelche Annahmen über den Aktienkursverlauf o.a. erforderlich sind."[256]

Zimmerman gibt an dieser Stelle zu erkennen, daß er den Zusammenhang zwischen aktuellem Aktienkurs und Optionswert aus einem Zusammenhang zwischen dem Basispreis und dem Optionswert folgert. Er geht dabei von gültigen Arbitragebeziehungen aus, wie sie hier in den Relationen (v) und (vii) formuliert wurden. Auch wenn Zimmermann von im Detail etwas anderen Arbitragerelationen ausgeht, läßt sich sein Gedankenfehler doch auch anhand dieser beiden Relatio-

---
[255] Zimmermann, H. (1988), S. 40.
[256] Zimmermann, H. (1988), S. 52-54, Hervorhebungen wurden aus dem Original übernommen.

nen veranschaulichen.[257] Die Relationen (v) und (vii) gehen von einem gegebenen Aktienkurs aus und machen unter dieser Voraussetzung eine Aussage über die Wirkung unterschiedlicher Basispreise auf den Optionswert. Für einen gegebenen Aktienkurs kann die Abhängigkeit des Optionswertes von der Höhe des Basispreises dann aber tatsächlich auch als Abhängigkeit des Optionswertes vom Ausübungswert der Option interpretiert werden.[258] Der negative Zusammenhang zwischen Basispreis und Optionswert entspricht dann einem positiven Zusammenhang zwischen Ausübungswert und Optionswert. Daß Zimmermann eine solche Interpretation im Auge hat, läßt er mit seiner ersten Aussage erkennen.

Zimmermann geht in seiner Interpretation aber noch einen Schritt weiter und schließt von einem positiven Zusammenhang zwischen Ausübungswert und Optionswert auf einen positiven Zusammenhang zwischen Aktienkurs und Optionswert. Auch diese Folgerung erscheint rein formal zunächst einwandfrei. Zimmermann übersieht aber eine wesentliche Implikation dieser weitergehenden Folgerung.

Mit seiner weitergehenden Folgerung macht er in den Relationen (v) und (vii) den ursprünglich variablen Basispreis zur Konstanten und den ursprünglich konstanten Aktienkurs zur Variablen. Durch diesen Tausch der Variablen und Konstanten gewinnt aber die Annahme einer für verschiedene Variablenwerte identischen Aktienkursverteilung eine ganz andere Qualität. In den Relationen (v) und (vii) bedeutet sie ursprünglich, daß Optionen mit verschiedenen Basispreisen und trotzdem gleicher Aktienkursverteilung betrachtet werden. Bei gleichzeitiger Existenz beider Optionen bedeutet diese Annahme damit keine Verteilungsannahme. Nach Zimmermanns Interpretation bedeutet sie dann aber, daß Optionen mit verschiedenen Aktienkursniveaus und trotzdem gleicher Aktienkursverteilung betrachtet werden. Da eine Aktie in einem Zeitpunkt immer nur einen Aktienkurs haben kann, stellt diese Annahme eine Variationsannahme, nämlich die Annahme

---

[257] Zimmermann selbst zeigt die Konvexität des Optionswertes zum Basispreis nicht allgemein, sondern nur für den Spezialfall $\lambda = 1/2$. Hier soll auf die allgemeinere Relation (vii) zurückgegriffen werden.

[258] Zimmermann argumentiert nur für Optionen mit positivem Ausübungswert und spricht dementsprechend auch nur von einer Abhängigkeit des Optionswertes vom inneren Wert der Option. Hier wird seine Argumentation insofern etwas allgemeiner behandelt, als hier auch Optionen mit negativem Ausübungswert einbezogen werden. Daher wird hier von einer Abhängigkeit des Optionswertes vom Ausübungswert gesprochen. Die hier geführte Argumentation gilt sinngemäß dann aber auch für den von Zimmermann behandelten Spezialfall positiver Ausübungswerte.

Kapitel D: Grenzen präferenz- und verteilungsfreier Bewertung 143

einer Unabhängigkeit der Aktienkursverteilung vom Aktienkursniveau, dar. Damit unterstellt Zimmermann aber eine Verteilungsannahme für den Aktienkurs, die ihm selbst offenbar nicht bewußt ist.

Sowohl die Argumentation von Köpf als auch die beiden Aussagen von Zimmermann erscheinen damit insgesamt nicht geeignet, ohne Präferenz- und Verteilungsannahmen die Gültigkeit eines negativen Wertzusammenhangs zwischen aktuellem Aktienkurs und Optionswert nachzuweisen. Der bei beiden Autoren zu findende ausdrückliche Hinweis, daß ihre Aussagen Gültigkeit als reine Arbitrageaussagen, also ohne Annahmen über zukünftige Aktienkursverteilungen oder Anlegerpräferenzen, erlangen, zeigt zudem, daß beiden die impliziten Prämissen ihrer Behauptungen gar nicht bewußt sind.

4. Aktienkursverhalten und Optionswert

4.1 Vorbemerkung

Die Frage nach einem Zusammenhang zwischen dem Aktienkursverhalten und dem Optionswert ist grundsätzlich eng mit dem Zusammenhang zwischen Dividendenzahlungen und dem Optionswert verknüpft:

- Zum einen ist a priori davon auszugehen, daß Dividendenzahlungen Rückwirkungen auf die Aktienkursentwicklung haben.

- Zum anderen ist auch vorstellbar, daß die Aktienkursentwicklung eine Rückwirkung auf Dividendenzahlungen haben kann.

- Außerdem können Dividendenzahlungen bei amerikanischen Optionen eine vorzeitige Ausübung vorteilhaft erscheinen lassen und auf diese Weise den Bewertungszusammenhang zwischen Aktienkursverhalten und Option überlagern.

Um eine Überlagerung mehrerer Werteinflüsse auf den Optionswert auszuschließen, soll in diesem Abschnitt daher zunächst von dividendenlosen Basisaktien ausgegangen werden.[259] Der Werteinfluß von Dividenden auf Aktienkursverhalten und Optionswerte soll dann im folgenden Abschnitt 5 separart behandelt werden.

Mit dem Ausschluß von Dividenden wird hier allerdings gleichzeitig die Möglichkeit einer vorzeitigen Ausübung als wertlos betrachtet, die nachfolgende Analyse also praktisch auf den Fall europäischer Optionen beschränkt. Weitergehend bedeutet der Dividendenausschluß damit aber auch, daß als bewertungsrelevanter Teil des Aktienkursverhaltens nur noch die Aktienkursverteilung im Fälligkeitszeitpunkt T zu betrachten ist.[260] Aus dem Ausschluß von Dividenden resultiert damit eine ganz erhebliche Vereinfachung für die nachfolgende Analyse.

---

[259] Daß eine Aktie dividendenlos ist, soll dabei nicht bedeuten, daß auf die Aktie nie eine Dividende gezahlt wird, sondern nur bedeuten, daß bis zur Fälligkeit der Option im Zeitpunkt T keine Dividende gezahlt wird.

[260] Vgl. dazu Abschnitt 4.1 von Kapitel C.

4.2 Möglichkeiten einer Arbitrageanalyse

Gemäß den Modellannahmen können verschiedene Anleger, innerhalb bestimmter Grenzen, im selben Zeitpunkt durchaus unterschiedliche Erwartungen hinsichtlich der künftigen Kursentwicklung ein und derselben Aktie haben.[261] Interpersonell ist also für den Werteinflußfaktor Aktienkursverhalten die Voraussetzung einer tatsächlichen Variierbarkeit erfüllt. Diese interpersonelle Variierbarkeit des Faktors kann aber natürlich keine Arbitragemöglichkeiten begründen.

Ein Anleger kann in einem Zeitpunkt demgegenüber immer nur eine Erwartung hinsichtlich der künftigen Kursentwicklung einer Aktie haben. Die Ableitung einer strikten Arbitragerelation für den Zusammenhang zwischen Aktienkursverhalten und Optionswert scheidet damit von vornherein aus. Bei der Analyse des Wertzusammenhangs zwischen dem Aktienkursverhalten und dem Optionswert kann es hier also nur um eine hypothetische Faktorvariation im Zusammenhang mit der Bewertung einer Option (Ein-Aktien-Fall) oder um den Wertvergleich zweier Optionen auf unterschiedliche Aktien (Mehr-Aktien-Fall) gehen, deren Werteinflußfaktoren mit Ausnahme des Aktienkursverhaltens jeweils als gleich zu betrachten sind.

Die hier interessierende Frage kann dabei im Ein-Aktien-Fall etwa wie folgt formuliert werden: "Kann eine präferenzfreie Aussage über die Richtung der Wertänderung einer Option gemacht werden, wenn statt von der ursprünglichen Erwartung hinsichtlich der Kursentwicklung der Basisaktie von einer "höheren" Alternativerwartung für deren Kursentwicklung ausgegangen wird?"

Im Mehr-Aktien-Fall kann die Ausgangsfrage analog wie folgt formuliert werden: "Kann über die Wertrelation zweier ansonsten identischer Optionen, die sich auf Aktien mit unterschiedlich "hohen" Kurserwartungen und sonst gleichen Merkmalen beziehen, eine präferenzfreie Aussage gemacht werden?"

Die Beantwortung jeder dieser beiden Fragen erfordert dabei Antworten auf drei Teilfragen:
1. Wie sollen unterschiedliche, nach Zuständen differenzierte Kurserwartungen überhaupt nach ihrer "Größe" oder "Höhe" geordnet werden?

---

[261] Vgl. zu den Möglichkeiten und Grenzen interpersonell divergierender Kurserwartungen im hier gewählten Modellrahmen die Annahmen über die Kapitalmarktakteure in Abschnitt 2.2 von Kapitel C.

2. Von welcher Variationsannahme soll bei einer Variation der Kurserwartung hinsichtlich der anderen Werteinflußfaktoren, insbesondere hinsichtlich des aktuellen Aktienkurses, ausgegangen werden?
3. Läßt sich auf Basis eines bestimmten Vergleichskriteriums für die "Größe" oder "Höhe" von Kurserwartungen und auf Basis einer bestimmten Variationsannahme für die anderen Werteinflußfaktoren dann tatsächlich auch ein qualitativ eindeutiger Zusammenhang zwischen der "Größe" oder "Höhe" der Kurserwartung und der Höhe des Optionswertes ableiten?

Relativ pragmatisch soll hier vorab eine Antwort auf die zweite Frage gegeben werden. Als Variationsannahme für die anderen Werteinflußfaktoren soll hier von einer ceteris paribus Annahme im Sinne konstanter Werte der übrigen Einflußfaktoren ausgegangen werden. Es soll also unterstellt werden, daß die Werte anderer Einflußfaktoren von den Aktienkurserwartungen unabhängig sind. Damit soll hier also insbesondere die Wirkung unterschiedlicher Aktienkurserwartungen auf den Optionswert nur für Basisaktien mit einem identischen aktuellen Kurs untersucht werden. Diese Festlegung vereinfacht die Betrachtungen insofern, als die Möglichkeit unterschiedlicher aktueller Aktienkurse im Zusammenhang mit unterschiedlichem Aktienkursverhalten keine klare Trennung zwischen dem Werteinfluß des Aktienkursverhaltens und dem Werteinfluß des aktuellen Aktienkurses mehr zulassen würde.

Problematisch bleibt demgegenüber die erste Frage nach einem Kriterium für den Größenvergleich unterschiedlicher Kurserwartungen. Hier soll im folgenden gezeigt werden, daß es überhaupt kein Größenkriterium für Aktienkurserwartungen geben kann, mit dem ohne Annahmen über sonstige Werteinflußfaktoren, ohne Annahmen über Anlegerpräferenzen und ohne eine Einschränkung der Vielfalt möglicher Aktienkursverteilungen die Ableitung eines qualitativ eindeutigen Wertzusammenhangs zwischen Aktienkursverhalten und Optionswert möglich ist. Ausgangspunkt der folgenden Überlegungen bildet dabei die Frage, welche Bedingungen ein Größenkriterium notwendigerweise erfüllen müßte, damit auf seiner Basis ein präferenzfreier und für alle Kursverteilungen gültiger, eindeutiger Zusammenhang zwischen der "Größe" bzw. "Höhe" der Kurserwartung und dem Optionswert möglich wird. Die Argumentation wird dabei auf den Mehr-Aktien-Fall abgestellt, gilt aber sinngemäß auch für den Ein-Aktien-Fall.

Damit eine Option 1 auf Aktie 1 präferenzunabhängig nicht weniger wert sein

Kapitel D: Grenzen präferenz- und verteilungsfreier Bewertung 147

kann als eine ansonsten identische Option 2 auf Aktie 2, muß für die Optionswerte im Fälligkeitszeitpunkt zunächst die Relation gelten:

$C^1_{T,s} \geq C^2_{T,s}$, für alle s ε {1,...,n(T)}.

Damit Option 1 präferenzunabhängig eindeutig mehr wert ist als Option 2, muß für die Optionswerte im Fälligkeitszeitpunkt zusätzlich die Relation gelten:

$C^1_{T,s} > C^2_{T,s}$, für mindestens ein s ε {1,...,n(T)}.

Da die Optionswerte im Fälligkeitszeitpunkt ihrem inneren Wert entsprechen, kann die Bedingung bei identischen Basispreisen $X^1 = X^2 = X$ auch so formuliert werden, daß Option 1 dann und nur dann präferenzunabhängig nicht weniger wert sein kann als Option 2, wenn die Relation gilt:

$\max[S^1_{T,s} - X, 0] \geq \max[S^2_{T,s} - X, 0]$, für alle s ε {1,...,n(T)}.

Damit Option 1 präferenzunabhängig eindeutig mehr wert ist als Option 2, muß für die Optionswerte im Fälligkeitszeitpunkt zusätzlich die Relation gelten:

$\max[S^1_{T,s} - X, 0] > \max[S^2_{T,s} - X, 0]$, für mindestens ein s ε {1,...,n(T)}.

Für einen gegebenen Basispreis X ist Option 1 demzufolge dann und nur dann präferenzunabhängig nicht weniger wert als Option 2, wenn die Relation gilt:

$S^1_{T,s} \geq S^2_{T,s}$, für alle s ε {1,...,n(T)} mit $S^2_{T,s} > X$.

Damit Option 1 bei einem gegebenen Basispreis X präferenzunabhängig auch eindeutig mehr wert ist als Option 2, muß für die Optionswerte im Fälligkeitszeitpunkt zusätzlich die Relation gelten:

$S^1_{T,s} > S^2_{T,s}$, für mindestens ein s ε {1,...,n(T)} mit $S^1_{T,s} > X$.

Soll die Wertrelation bei gegebenen Aktienkursverteilungen darüber hinaus aber auch unabhängig von der Spezifikation anderer Werteinflußfaktoren gelten, also insbesondere auch unabhängig von der Höhe des Basispreises und damit speziell auch für einen Basispreis von X = 0, dann ist Option 1 präferenzunabhängig dann und nur dann nicht weniger Wert als Option 2, wenn die Relation gilt:

$S^1_{T,s} \geq S^2_{T,s}$, für alle s ε {1,...,n(T)}.

Damit Option 1 bei beliebiger Spezifikation der sonstigen Werteinflußfaktoren präferenzunabhängig auch eindeutig mehr wert ist als Option 2, muß für die Optionswerte im Fälligkeitszeitpunkt schließlich zusätzlich die Relation gelten:

$S^1_{T,s} > S^2_{T,s}$, für mindestens ein s ε {1,...,n(T)}.

Damit Option 1 bei beliebiger Spezifikation der sonstigen Werteinflußfaktoren, ohne Beschränkung der Verteilungsvielfalt und präferenzunabhängig nicht weniger wert sein kann als Option 2, muß die Kursverteilung von Aktie 1 also entweder äquivalent zur Kursverteilung von Aktie 2 oder zustandsdominant gegenüber der Kursverteilung von Aktie 2 sein. Will man nicht auf den Sonderfall äquivalenter Aktienkursverteilungen abstellen und behält man die beliebige Spezifizierbarkeit sonstiger Werteinflußfaktoren als Voraussetzung im Hinterkopf, so kann etwas vereinfacht auch festgestellt werden, daß Option 1 nur dann präferenzunabhängig mehr wert ist als Option 2, wenn die Kursverteilung von Aktie 1 bei Fälligkeit der Option die Kursverteilung von Aktie 2 zustandsdominiert. Diese Größenrelation zwischen zwei Aktienkursverteilungen bei Fälligkeit ist auf einem arbitragefreien Wertpapiermarkt aber mit der Annahme identischer aktueller Aktienkurse unverträglich. Bei einer Zustandsdominanz zwischen den Aktienkursverteilungen im Fälligkeitstermin und gleichzeitig einem identischen aktuellen Aktienkurs lieferte Aktie 1 nämlich auch selbst gegenüber Aktie 2 eine dominante Position.

D.h., daß ein qualitativ eindeutiger Wertzusammenhang zwischen Aktienkursverhalten und Optionswert überhaupt nur dann ableitbar sein kann, wenn mindestens eine der oder eine Kombination aus den drei folgenden Einschränkungen vorgenommen wird:

- eine Einschränkung hinsichtlich der Vielfalt möglicher Aktienkursverteilungen,
- eine Einschränkung hinsichtlich der Anlegerpräferenzen,
- eine Einschränkung hinsichtlich der Spezifikation anderer Werteinflußfaktoren.

Wie oftmals bei formalen Ableitungen im ökonomischen Bereich, kann man sich auch die Gültigkeit dieser Aussage relativ einfach veranschaulichen. Dazu kann man sich vorstellen, daß zwei Optionen mit einem Basispreis von null bei einem Dividendenausschluß wertmäßig den Aktien selbst entsprechen müssen. Für diese beiden Optionen kann dann offensichtlich eine präferenzunabhängige Wertrelation nur dann bestehen, wenn dieselbe Relation auch für die Aktien selbst besteht. Die Existenz einer präferenzfreien Wertrelation zwischen diesen beiden Optionen steht damit aber zwangsläufig im Widerspruch zu der Annahme eines identischen aktuellen Kurses für die beiden Aktien. Die Aussage, daß in einem

Kapitel D: Grenzen präferenz- und verteilungsfreier Bewertung   *149*

präferenzfreien Ansatz ohne Beschränkung der Verteilungsvielfalt und ohne Beschränkung der Spezifikation anderer Werteinflußfaktoren kein qualitativ eindeutiger Wertzusammenhang zwischen dem Aktienkursverhalten und dem Optionswert ableitbar sein kann, erscheint angesichts dieser einfachen Überlegung schon fast trivial. Um so mehr muß dann aber verwundern, daß in der Optionsliteratur dennoch immer wieder die Gültigkeit genau solcher qualitativ eindeutiger Zusammenhänge zwischen dem Aktienkursverhalten und dem Optionswert behauptet wird. In der Regel wird dabei ein positiver Zusammenhang zwischen einem "Aktienrisiko" und dem Optionswert behauptet.[262] Da die Behauptung eines präferenzunabhängigen, positiven Zusammenhangs zwischen einem, wie auch immer definierten, "Aktienrisiko" und dem Optionswert dem hier abgeleiteten Ergebnis widerspricht, aber diese Behauptung andererseits schon fast den Status eines "Glaubenssatzes" der Optionstheorie erlangt hat, soll im folgenden der Zusammenhang zwischen einem "Aktienrisiko" und dem Optionswert etwas genauer untersucht werden.

4.3 These vom positiven Werteinfluß des Aktienrisikos

Innerhalb der Optionstheorie wird regelmäßig von einem positiven Zusammenhang zwischen dem "Risikograd" einer Aktie und dem Wert einer Option ausgegangen. Dabei wird unter dem "Risikograd" einer Aktie, unabhängig von dessen konkreter Definition im Einzelfall, im allgemeinen wohl eine Kennzahl der Aktienkursverteilung verstanden, die die Abweichung unsicherer Aktienkurse von ihrem Mittelwert bzw. von ihrem Erwartungswert charakterisieren soll. Eine Differenzierung zwischen positiven und negativen Abweichungen scheint sich dabei mit der Risikovorstellung innerhalb der Optionstheorie zumindest nicht zu verbinden. Die Begriffe Risiko, Schwankungsintensität, Schwankungsbreite und Volatilität werden daher regelmäßig synonym verwendet.[263]

Ein positiver Zusammenhang zwischen dem "Aktienrisiko" und dem Optionswert wird in der Literatur dabei nicht nur unter speziellen Verteilungs- oder Präferenzannahmen abgeleitet, sondern vielfach als Bewertungszusammenhang von präfe-

---

[262] Zu entsprechenden Literaturhinweisen vgl. den nachfolgenden Abschnitt 4.3.
[263] Zu einer Diskussion unterschiedlicher Risikovorstellungen vgl. z.B. Franke, G./Hax, H. (1990), S. 205-209. Vgl. aber auch die Diskussion unterschiedlicher Entscheidungskriterien bei Unsicherheit bei Bitz, M. (1977), S. 283-301.

renz- und verteilungsfreier Gültigkeit dargestellt. Dabei wird ein solcher Zusammenhang überwiegend ganz einfach ohne jeden Hinweis auf Präferenz- oder Verteilungsannahmen behauptet und so dessen von Präferenz- und Verteilungsannahmen unabhängige Gültigkeit suggeriert.[264] Zumeist wird der suggestive Eindruck seiner präferenz- und verteilungsunabhängigen Gültigkeit dann auch noch dadurch verstärkt, daß dieser Zusammenhang in unmittelbare Nähe solcher Relationen gerückt wird, die - wie die Relationen (i) - (viii) und mit Einschränkung auch die Relationen (ix) und (x) - tatsächlich präferenz- und verteilungsunabhängig gelten. Vereinzelt wird ein positiver Zusammenhang zwischen dem "Aktienrisiko" und dem Optionswert aber auch sogar unter ausdrücklicher Betonung seiner präferenz- und verteilungsunabhängigen Gültigkeit proklamiert.[265]

Die Literaturaussagen über einen positiven Zusammenhang zwischen dem "Aktienrisiko" und dem Optionswert unterscheiden sich aber insbesondere auch dadurch, ob sie den behaupteten Zusammenhang nur intuitiv und/oder beispielhaft verdeutlichen oder ob sie diesem Zusammenhang eine explizite Definition des "Aktienrisikos" zugrunde legen und die Aussage damit jenseits von Einzelbeispielen überhaupt erst einer formalen Überprüfung zugänglich machen.

Die eher intuitiven Argumentationen gehen dabei im wesentlichen von der Vorstellung aus, daß bei konstantem Erwartungswert mit dem "Risiko" einer Aktie gleichermaßen die Erwartungen positiver und negativer Abweichungen des Aktienkurses von seinem Erwartungswert steigen. Während der Aktionär von positiven und negativen Abweichungen des Aktienkurses von seinem Erwartungswert jeweils in vollem Umfang betroffen ist, zeichnet sich der Optionär nach dieser Vorstellung gerade durch eine asymmetrische Betroffenheit aus, die für ihn stärkere Kursabweichungen in ihrer Summe eindeutig positiv werden läßt. Der Op-

---

[264] Entsprechende Behauptungen ohne expliziten Hinweis auf Präferenz- und Verteilungsannahmen finden sich z.B. bei Bookstaber, R.M. (1981), Jarrow, R.A./Rudd, A. (1983), Weger, G. (1985), S. 136-139, Köpf, G. (1987), S. 47, Ritchken, P. (1987), S.26-27; Plötz, G. (1991), S. 45-46; S. 33; Kohler, H.-P. (1992), S. 53; S. 16; Watsham, T.J. (1992), S.89, Uhlir, H./Steiner, P. (1994), S. 216-217. Demgegenüber stellen Cox/Rubinstein, gewissermaßen als einzige Autoren in der Optionsliteratur, ausdrücklich fest, daß es sich bei dem positiven Zusammenhang von Aktienkursvolatilität und Optionswert zwar um eine empirische Tatsache handelt, nicht aber um eine logische Gesetzmäßigkeit, deren Verletzung zwangsläufig Arbitragemöglichkeiten eröffnen würde. Cox/Rubinstein widerlegen die Gesetzmäßigkeit dabei sogar durch ein Beispiel einer europäischen Option mit Basispreis Null auf eine Aktie, deren Dividende selbst eine konvexe Funktion künftiger Aktienkurse ist (vgl. Cox, J.C./Rubinstein, M. (1985), S.159).

[265] Eine entsprechende Behauptung unter ausdrücklicher Betonung ihrer Freiheit von Präferenz- und Verteilungsannahmen findet sich insbesondere bei Merton, R.C. (1973), S. 148-149.

tionär profitiert - z.B. für den Fall, daß der Basispreis der Option unterhalb des Erwartungswertes künftiger Aktienkurse liegt - in vollem Umfang von positiven Kursabweichungen der Aktie, während seine Betroffenheit von negativen Kursabweichungen auf Höhe des Basispreises endet, so daß er, dieser intuitiven Grundvorstellung folgend, von dem zunehmenden "Aktienrisiko" insgesamt positiv betroffen sein soll.[266]

Beispielhafte Verdeutlichungen des behaupteten Zusammenhangs gehen zumeist von einer Aktie mit sicherem zukünftigen Kurs aus und vergleichen diese mit einer Aktie mit unsicherer zukünftiger Kursverteilung. So illustrieren Uhlir/Steiner den Zusammenhang z.B. wie folgt:[267]

"Angenommen, der Ausübungspreis einer Kaufoption beträgt 150. Beläuft sich nun der Aktienkurs am Verfalltag mit *Sicherheit* auf 150 ($\tilde{S}_T = S_T = 150$), dann ist das Recht, zum Zeitpunkt t = T die Aktie um 150 erwerben zu können, wertlos und der heutige Optionswert ist bei dieser Konstellation Null. Kann hingegen der Aktienkurs am Verfalltag zwischen 100 und 200 liegen, dann ist in all jenen Fällen, in denen $S_T > 150$ beträgt, der Optionswert größer als Null und nur in den restlichen Fällen ist das Recht wertlos. Das bedeutet aber, daß die Option wertvoller ist als bei Konstellation 1, denn es besteht nun die Möglichkeit, daß am Verfalltag der Zustand "$S_T > 150$" eintritt."

Da in solchen intuitiven oder beispielhaften Argumentationen der Risikobegriff undefiniert bleibt, können sie kaum sinnvoll hinsichtlich ihrer impliziten Prämissen untersucht werden. Es könnten allenfalls Vermutungen darüber angestellt werden, von welchen Vorstellungen hinsichtlich Aktienkursverhalten, Anlegerpräferenzen und/oder anderen Werteinflußfaktoren der jeweilige Autor bei seiner Aussage wohl ausgegangen sein könnte. Genausowenig, wie diese Argumentatio-

---

[266] Dabei wird diese implizite Vorstellung in einzelnen Arbeiten allerdings mitunter sehr diffus formuliert. So stellt Köpf sinngemäß fest, daß sich ceteris paribus mit der erwarteten Volatilität die Wahrscheinlichkeit erhöht, daß sich der Aktienkurs bis zum Verfall der Option erhöht und diese dann erfolgreich ausgeübt werden kann (vgl. Köpf, G. (1987), S. 47). Eine ähnlich zweifelhafte Formulierung wählt Kohler, wenn er argumentiert, daß mit der Schwankungsbreite der Aktie die Wahrscheinlichkeit steigt, daß die Aktie am Ausübungstag über ihrem Basispreis notiert (vgl. Kohler, H.-P. (1992), S. 57). Gemeint ist von beiden Autoren aber wohl weniger die Wahrscheinlichkeit einer vorteilhaften Optionsausübung als vielmehr der Erwartungswert einer vorteilhaften Optionsausübung.

[267] Uhlir, H./Steiner, P. (1994), S. 216. Der von Uhlir/Steiner verwendete Begriff "Ausübungspreis" entspricht dabei dem hier eingeführten Basispreis. Die Hervorhebungen wurden aus dem Original übernommen.

nen einer systematischen Überprüfung zugänglich sind, können sie allerdings auch einen Anspruch auf allgemeingültige Beweiskraft für den behaupteten Zusammenhang erheben. Die Argumentationen können eben nur als das eingestuft werden, was sie sind, nämlich als Beispiele und intuitive Vorstellungen.

Im weiteren sollen daher hier nur noch Literaturaussagen über einen positiven Zusammenhang zwischen dem Aktienrisiko und dem Optionswert betrachtet werden, die auf einer expliziten Definition des Risikobegriffs beruhen. Speziell sollen dabei hier zwei Risikodefinitionen betrachtet werden:

- die Standardabweichung und
- der Risikobegriff nach Rothschild/Stiglitz.

Daß die Diskussion hier gerade auf diese beiden Risikodefinitionen konzentriert wird, resultiert aus ihrer besonderen Bedeutung innerhalb der Optionstheorie. Die Standardabweichung wird als Risikomaß einer Aktienkursverteilung in der Optionstheorie nicht nur relativ häufig explizit genannt,[268] sondern scheint auch den intuitiven und beispielhaften Argumentationen ohne explizite Risikodefinition zumeist implizit zugrunde zu liegen. Das Rothschild/Stiglitz-Risiko wird demgegenüber in der Optionstheorie zwar seltener verwendet.[269] Merton liefert für diese Risikovorstellung aber den einzigen expliziten "Beweis" eines präferenz- und verteilungsunabhängigen, positiven Zusammenhangs zwischen Aktienrisiko und Optionswert.[270]

Bei der im folgenden interessierenden Frage, welche einschränkenden Annahmen mit einer Aussage über einen positiven Zusammenhang zwischen dem Aktienrisiko und dem Optionswert bei Verwendung einer der beiden genannten Risikodefinitionen verbunden sind, wird es vor allem um eine Aufdeckung impliziter Präferenzannahmen gehen. Für eine solche Analyse erscheint daher vorab eine

---

[268] Vgl. z.B. Watsham, T.J. (1992), S. 89, Uhlir, H./Steiner, P. (1994). S. 216.

[269] Vgl. insbesondere Merton, R.C. (1973), S. 148-149. Das Theorem von Merton wird z.B. von Kjer aufgegriffen (vgl. Kjer, V. (1981), S. 45).

[270] Darüber hinaus findet sich z.B. bei Weger eine Risikovorstellung, die auf dem Vergleich des Schwankungsverhaltens einer Einzelaktie mit dem durchschnittlichen Schwankungsverhalten von Aktien am Gesamtmarkt basieren soll. Das gemeinte Risikomaß wird bei Weger aber nicht eindeutig definiert und zudem inkonsistent umschrieben, so daß es hier keiner weitergehenden Analyse unterzogen werden kann (vgl. Weger, G. (1985), S. 136-139). Ähnlich wie Weger füllt Zorn den Risikobegriff, greift dann aber explizit auf den sogenannten Beta-Faktor (zum Konzept des Beta-Faktors vgl. z.B. Brigham, E. (1985), S. 198-207, Brealey, R./Myers, St. (1991), S. 143-149) einer Aktie als mögliches Risikomaß zurück (vgl. Zorn, M. (1988), S. 71-76).

Grundvorstellung davon zweckmäßig, in welcher Weise Präferenzen überhaupt Eingang in eine Wertpapierbewertung finden können. Daher werden im folgenden Abschnitt 4.4 zunächst einige Grundlagen der Wertpapierbewertung dargestellt, bevor in den Abschnitten 4.5 und 4.6 dann auf die beiden Risikodefinitionen einzeln eingegangen wird.

4.4 Grundlagen der Wertpapierbewertung

4.4.1 Grundtypen eines Bewertungsmodells

Die Investitionstheorie legt für die Bewertung unsicherer Zahlungsströme ganz allgemein nahe, die Modellierung des Bewertungsprozesses zweckmäßigerweise in Abhängigkeit von der Frage zu entscheiden, inwieweit die Bewertung projektindividuell erfolgt, in einem Protefeuillezusammenhang steht oder in einen gleichgewichtigen Wertpapiermarkt eingebettet ist.[271] Der grundsätzliche Unterschied der entsprechenden Modellansätze besteht dann darin, daß

- in einer projektindividuellen Bewertung die Zahlungskonsequenzen eines einzelnen Wertpapiers isoliert mit den Präferenzen eines Individuums hinsichtlich Zeit, Höhe und Risiko der Zahlungen bewertet werden,

- im Portefeuillezusammenhang die Zahlungskonsequenzen eines gesamten Wertpapierportefeuilles mit den Präferenzen eines Individuums bewertet werden, die Bewertung eines einzelnen Wertpapiers sich also immer nur als Differenzwert zweier Portefeuilles mit und ohne dieses Wertpapier und damit immer nur in gleichzeitiger Abhängigkeit von individuellen Präferenzen und dem sonstigen Portefeuille ergibt und

- im Marktzusammenhang bei der Bewertung eines Wertpapiers auf Bewertungen und Transaktionsmöglichkeiten eines Marktes für andere Wertpapiere zurückgegriffen werden kann und dessen Bewertung dadurch teilweise oder sogar vollständig von subjektiven Präferenzen des Beurteilenden gelöst werden kann.

Vorrangig geht es hier um eine Optionsbewertung aufgrund von Dominanzüberlegungen innerhalb eines gleichgewichtigen Wertpapiermarktes. Insofern er-

---

[271] Zu einem gelungenen, einführenden Überblick über verschiedene Modellansätze zur Bewertung unsicherer Zahlungsströme vgl. z.B. Franke, G./Hax, H. (1990), S. 234-291.

schiene hier zunächst auch ein Modell für die Marktbewertung von Wertpapieren adäquat und ausreichend, denn nur mittels Bewertung im Marktzusammenhang können Bewertungsaussagen gewonnen werden, deren Gültigkeit dann auch durch Arbitrageprozesse garantiert wird.

Trotzdem erscheint es hier aber zweckmäßig, neben einem reinen Marktbewertungsmodell vorab ein Bewertungsmodell für eine individuelle Wertpapierbewertung zu formulieren. Mit der Formulierung eines solchen individuellen Bewertungsmodells können zum einen Grundbegriffe geklärt werden, die für eine Beschreibung und Diskussion der zu analysierenden Risikodefinitionen hilfreich sind. Zum anderen wird damit aber auch ein Referenzbewertungsmodell verfügbar, das in den Fällen, in denen das Marktmodell Präferenzimplikationen einer Bewertungsaussage erkennen läßt, eine weitergehende Aussage darüber erlaubt, ob diese Bewertungsaussage im Kontext einer individuellen Optionsbewertung gilt. Damit soll gleichzeitig das Ausmaß von Präferenzimplikationen besser erkennbar werden.

4.4.2 Individuelle Bewertung

Für den hier unterstellten Fall einer dividendenlosen Basisaktie ist für die Bewertung einer Option i aus dem gesamten künftigen Kursverhalten der Basisaktie i nur die Aktienkursverteilung im Fälligkeitszeitpunkt der Option t = T relevant.[272] In diesem Fall reicht zur Beschreibung einer Optionsbewertung hier ein Zwei-Zeitpunkt-Modell mit dem Zeitpunkt t = 0 als Bewertungszeitpunkt und dem Zeitpunkt t = T als Fälligkeitszeitpunkt der Option aus.

Gemäß dem in Abschnitt 2.1 von Kapitel C dargestellten Kursverlaufsmodell soll hier davon ausgegangen werden, daß ein Anleger bei einer wertpapierindividuellen Bewertung einer Option in t = 0 über folgende Informationen verfügt:

- die im Zeitpunkt t = T möglichen Zustände (T,s) mit s ε {1,...,n(T)},
- die in einem Zustand (T,s) jeweils eintretenden Kurse der Basisaktie $S^i_{T,s}$,

---

[272] Ohne Berücksichtigung von Dividenden und Bezugspreisanhebungen ist das Recht auf vorzeitige Optionsausübung wertlos. Relevant für eine Optionsbewertung ist daher nur die Aktienkurserwartung für den Fälligkeitszeitpunkt (vgl. dazu die Diskussion der Relation (iii') in Abschnitt 4.1 von Kapitel C).

Kapitel D: Grenzen präferenz- und verteilungsfreier Bewertung 155

- die Eintrittswahrscheinlichkeiten $p_{T,s}$ jedes möglichen Zustands und
- den für ein Wertpapier, das in $t = T$ eine sichere Rückzahlung von einer Geldeinheit erbringt, in $t = 0$ zu zahlenden Preis $B(0,T) \leq 1$.

Wenn hier von einer individuellen Optionsbewertung gesprochen wird, soll im folgenden davon ausgegangen werden, daß ein Anleger den Wert einer Option C^i_0 auf Basis der gegebenen Informationen in drei Bewertungsschritten ermittelt:

- Zunächst bestimmt er aus der Kursverteilung der Aktie $\tilde{S}^i_T$ die Wertverteilung der Option $\tilde{C}^i_T$ im Fälligkeitszeitpunkt als zustandsabhängige Verteilung aus $C^i_{T,s} = \max[S^i_{T,s} - X, 0]$.

- Anschließend bestimmt er für die unsichere Wertverteilung $\tilde{C}^i_T$ mittels einer Bewertungsfunktion $V_T(\cdot)$ ein Sicherheitsäquivalent $V_T(\tilde{C}^i_T)$. Das Sicherheitsäquivalent $V_T(\tilde{C}^i_T)$ soll dabei so definiert sein, daß der Anleger in $t = 0$ indifferent ist zwischen einer Option, die er bis zu deren Fälligkeit in $t = T$ hält, und dem Versprechen einer sicheren Zahlung in Höhe von $V_T(\tilde{C}^i_T)$ im Zeitpunkt $t = T$.

- In einem dritten Schritt bestimmt der Anleger aus dem auf den Zeitpunkt $t = T$ bezogenen Sicherheitsäquivalent $V_T(\tilde{C}^i_T)$ dann den Gegenwartswert der Option durch Diskontierung mit dem sicheren Periodenzinssatz: $C^i_0 = B(0,T) \cdot V_T(\tilde{C}^i_T)$.

In der hier gewählten Modellierung einer wertpapierindividuellen Optionsbewertung sollen Anlegerpräferenzen also ausschließlich im zweiten Bewertungsschritt, der Bestimmung eines Sicherheitsäquivalentes, in der Bewertungsfunktion $V_T(\cdot)$ ihren Niederschlag finden.

Für diesen Bewertungsschritt soll davon ausgegangen werden, daß die Präferenzvorstellungen der Anleger sich in Form einer sogenannten Risikonutzenfunktion ausdrücken lassen, die dem Bernoulli-Prinzip folgt.[273] D.h., daß die Präferenzvorstellungen der Anleger berücksichtigt werden können, indem zunächst jedem möglichen Wert $C^i_{T,s}$ gemäß einer Risikonutzenfunktion $u(\cdot)$ separat ein Nutzenwert $u(C^i_{T,s})$ zugeordnet werden kann und der Gesamtnutzenwert der Verteilung

---

[273] Zum Begriff der Risikonutzenfunktion und zum Bernoulli-Prinzip vgl. z.B. Bitz, M. (1981), S. 153-192.

$U(\tilde{C}^i_T)$ bezogen auf Zeitpunkt T dann als Erwartungswert der einzelnen Nutzenwerte bestimmt werden kann:[274]

$$U(\tilde{C}^i_T) = \sum_{s=1}^{n(T)} u(C^i_{T,s}) \cdot p_{T,s}.{}^{275}$$

Dieser Erwartungswert $U(\tilde{C}^i_T)$ soll von einem Anleger als Sicherheitsäquivalent $V_T(\tilde{C}^i_T)$ der unsicheren, zukünftigen Optionswertverteilung betrachtet werden.

Dabei ist besonders hervorzuheben, daß bei einer individuellen Bewertung eines Wertpapiers im Unterschied zu einer portefeuilleorientierten oder einer marktorientierten Bewertung für Anleger grundsätzlich kein Anlaß existiert, einzelne zukünftige Zahlungen nach anderen Kriterien als ihren Eintrittswahrscheinlichkeiten und der Höhe der Zahlungen zu bewerten. Der Risikonutzen einer einzelnen Zahlung u(·) hängt daher bei gegebenen Präferenzen hier ausschließlich von der Höhe der Zahlung ab. Gleichhohen Zahlungen in verschiedenen Zuständen desselben Zeitpunktes können bei einer isolierten Bewertung eines Wertpapiers sinnvollerweise nur identische Nutzenwerte zugeordnet werden. Diese charakteristische Eigenschaft individueller Wertpapierbewertung soll hier als Zustandsneutralität der Bewertung bezeichnet werden.

Zustandsneutralität einer Bewertung impliziert, daß die Bewertung einer Zustandsverteilung unsicherer Zahlungen einerseits und die Bewertung einer Wahrscheinlichkeitsverteilung unsicherer Zahlungen, bei der Zahlungen nicht mehr nach Zuständen, sondern nur noch nach ihrer Höhe sortiert werden und gleichhohe Zahlungen unter Addition ihrer Eintrittswahrscheinlichkeiten zusammengefaßt werden, andererseits zum selben Bewertungsergebnis führen.

---

[274] Mit der Annahme, daß die Risikonutzenfunktion dem Bernoulli-Prinzip folgt, wird dabei von einer Funktion u(·) ausgegangen, die sowohl eine Höhenpräferenz gegenüber verschiedenen Vermögensniveaus als auch eine "reine Risikopräferenz" zum Ausdruck bringen kann. Zu diesen Begriffen, ihrer Differenzierung und einer Diskussion ihrer Problematik im Zusammenhang mit dem Bernoulli-Prinzip vgl. Bitz, M./Rogusch, M. (1976), Bitz, M. (1981), S. 176-179, Wilhelm, J. (1986), Kürsten, W. (1992), Dyckhoff, H. (1993).

[275] Strenggenommen müßte dabei auch die Risikonutzenfunktion u mit dem Index T versehen werden. Es muß der Bewertung also die Risikonutzenfunktion zugrunde gelegt werden, die ein Anleger im Zeitpunkt T hat bzw. die er heute glaubt, im Zeitpunkt T haben zu werden. Da in dem hier verwendeten Modell nur Risikonutzenfunktionen von Interesse sind, die sich auf den Zeitpunkt T beziehen, wird hier auf eine entsprechende Indexierung der Nutzenfunktion mit einem Zeitindex aber verzichtet.

In der gedanklichen Kategorie der Dominanzprinzipien entspricht die Annahme von Zustandsneutralität damit einem Übergang von der Zustandsdominanz zur schwächeren Wahrscheinlichkeitsdominanz. Die Einhaltung von Bewertungsrelationen, die auf der Basis von Zustandsneutralität abgeleitet werden, kann daher i.a. nicht durch Arbitrageoperationen gewährleistet werden.

Bei gegebener Verteilung zukünftiger Optionswerte und gegebener sicherverzinslicher Mittelanlagemöglichkeit muß die Bewertung einer Option dann offensichtlich noch von dem Aussehen der anlegerindividuellen Risikonutzenfunktion abhängen. Generell soll dabei ein steigender Verlauf der Risikonutzenfunktion, im Fall einer differenzierbaren Risikonutzenfunktion also $u' > 0$, unterstellt werden.

Bezogen auf eine spezielle Bewertungssituation soll dann zunächst danach unterschieden werden, wie sich das Sicherheitsäquivalent einer Verteilung als Erwartungswert der einzelnen Nutzenwerte im Vergleich zum Nutzenwert des Erwartungswertes dieser Verteilung verhält. Die Bewertung wird dabei als

- risikoscheu bezeichnet, wenn gilt

$$\sum_{s=1}^{n(T)} u(C_{T,s}^i) \cdot p_{T,s} \leq u\left(\sum_{s=1}^{n(T)} C_{T,s}^i \cdot p_{T,s}\right),$$

- risikoneutral, wenn gilt

$$\sum_{s=1}^{n(T)} u(C_{T,s}^i) \cdot p_{T,s} = u\left(\sum_{s=1}^{n(T)} C_{T,s}^i \cdot p_{T,s}\right) \text{ und}$$

- risikofreudig, wenn gilt

$$\sum_{s=1}^{n(T)} u(C_{T,s}^i) \cdot p_{T,s} \geq u\left(\sum_{s=1}^{n(T)} C_{T,s}^i \cdot p_{T,s}\right).$$

Anleger, die unabhängig von konkreten Verteilungen stets zu risikoscheuen Entscheidungen gelangen, werden selbst als risikoscheu bzw. risikoavers bezeichnet. Risikoscheue Anleger zeichnen sich durch eine konkave Nutzenfunktion (mit $u'' \leq 0$) aus. Analog sollen Anleger mit Nutzenfunktionen, für die $u'' \geq 0$ gilt, als risikofreudig und solche mit Nutzenfunktionen, für die $u'' = 0$ gilt, als risikoneutral bezeichnet werden.[276]

---

[276] Vgl. Bitz, M. (1981), S. 162-166.

Als präferenzunabhängig im Sinne einer individuellen Wertpapierbewertung sollen dann Bewertungsaussagen bezeichnet werden, die unabhängig vom konkreten Verlauf der Nutzenfunktion gelten. Dabei wird hier für die Vielfalt möglicher Verlaufsformen allerdings einschränkend unterstellt, daß sich Anleger entweder als risikoneutral, risikoavers oder risikofreudig charakterisieren lassen. Präferenzunabhängig sind Bewertungsaussagen hier also, wenn sie für alle risikoneutralen, risikoaversen und alle risikofreudigen Anleger gültig sind.

4.4.3 Marktorientierte Bewertung

Für eine marktorientierte Optionsbewertung soll davon ausgegangen werden, daß dieselben Informationen vorliegen wie bei einer individuellen Bewertung unterstellt. Zusätzlich sollen aber auch die zustandsabhängigen Wertverteilungen aller anderen unsicheren Wertpapiere bekannt sein. Im Marktzusammenhang muß sich der Bewertungsvorgang dann aber sinnvollerweise von dem der isolierten Wertpapierbewertung dadurch unterscheiden, daß der Beitrag, den eine einzelne Zahlung der zu bewertenden Option zum Gesamtwert der Option liefert, nicht mehr nur nach ihrem Zeitpunkt, ihrer eigenen Höhe und ihrer Eintrittswahrscheinlichkeit beurteilt wird. Zusätzlich muß auch berücksichtigt werden, welche Zahlungen andere Wertpapiere im selben Zustand liefern. So kann es für den Nutzenwert eines bestimmten zukünftigen Optionswertes nicht egal sein, ob dieser Optionswert in einem Zustand allgemeinen Wohlstands oder in einem Zustand allgemeiner Armut eintritt.

Die Berücksichtigung zusätzlicher Wertpapiere mit unsicheren Zahlungserwartungen kann dabei für eine Optionsbewertung grundsätzlich zwei unterschiedliche Auswirkungen haben:

- Zum einen kann ein einzelner Optionswert $C^i_{T,s}$ sinnvollerweise nur noch nach seinem Grenznutzen unter Berücksichtigung der im selben Zustand aus anderen Wertpapieren resultierenden Zahlungen bewertet werden. In einem Portefeuillezusammenhang wären dazu die Risikonutzenfunktion des bewertenden Individuums und die Gesamtheit aller in seinem Portefeuille enthaltenen sonstigen Wertpapiere relevant. In einer Marktbewertung sind dazu eine über alle Marktteilnehmer "aggregierte Risikonutzenfunktion" und die Gesamtheit aller am Markt gehandelten Wertpapiere relevant. Dieser Aspekt einer Berücksichtigung zusätzlicher Wertpapiere bedeutet für sich allein genommen zunächst eine erhebliche Komplikation der Optionsbewertung.

- Geht man davon aus, daß für die zusätzlichen Wertpapiere nicht nur deren zukünftige Wertverteilungen, sondern auch deren aktuelle Marktbewertungen bekannt sind, so bedeutet die Berücksichtigung zusätzlicher Wertpapiere aber gleichzeitig auch ein Netzwerk von Bewertungszusammenhängen, das den zulässigen Wertbereich der zu bewertenden Option beschränkt. Der Optionswert darf unter Berücksichtigung gegebener Bewertungen anderer unsicherer Wertverteilungen keine Arbitragemöglichkeiten eröffnen. Mit der Zahl unsicherer Wertpapiere mit bekanntem Gegenwartswert wird das Netz einzuhaltender Arbitragerestriktionen dabei tendenziell dichter und läßt im Extremfall dann überhaupt nur noch einen einzigen Optionswert zu, der keine Arbitragemöglichkeiten eröffnet.

Der zweite Aspekt führt dazu, daß die Optionsbewertung bei marktorientierter Bewertung teilweise oder auch ganz von den subjektiven Präferenzvorstellungen des einzelnen Bewertenden unabhängig wird und im Extremfall nur noch von den aggregierten Marktpräferenzen abhängt. Dieser Aspekt einer marktorientierten Bewertung läßt sich auch formal fassen. Faßt man dazu die nach Zuständen geordneten Werte jedes Wertpapiers im Zeitpunkt t = T wie die der Basisaktie zu einem Vektor $\tilde{W}_T$ zusammen, so bedeutet jedes neue Wertpapier, dessen Vektor linear unabhängig von dem bereits existierender Wertpapiere ist, eine zusätzliche Arbitragerestriktion. In dem Fall, daß am Wertpapiermarkt n(T) Wertpapiere mit linear unabhängigen Vektoren $\tilde{W}_T$ existieren, ist der Wertpapiermarkt bewertungstechnisch als vollständig zu betrachten.[277]

In einem vollständigen Wertpapiermarkt sind die Werte aller zusätzlichen Wertpapiere durch Arbitrage eindeutig bestimmt, da sich diese auch als Linearkombinationen bereits existierender Wertpapiere konstruieren lassen müssen. Eindeutig bestimmt sind in einem vollständigen Markt dann insbesondere auch die aktuellen Werte aller elementaren Wertpapiere $e_{0,(T,s)}$, sogenannter zustandsabhängiger Ansprüche, die jeweils nur in einem ganz bestimmten Zustand (T,s) eine Einzahlung von einer Geldeinheit und in allen anderen Zuständen nichts erbringen. Die aktuellen Preise der zustandsabhängigen Ansprüche werden dabei auch einfach als zustandsabhängige Preise bezeichnet.

Für das Modell der marktorientierten Wertpapierbewertung soll hier im folgenden von der Extremvorstellung der Existenz eines vollständigen Wertpapiermarktes

---

[277] Zur Definition eines vollständigen Wertpapiermarktes vgl. Haley, C./Schall, L. (1979), S. 222-224.

ausgegangen werden. Es wird davon ausgegangen, daß zu jedem der n(T) in T möglichen Zustände in t = 0 ein elementares Wertpapier ohne Restriktionen zum Kurs von $e_{0,(T,s)}$ gehandelt werden kann. Präferenzvorstellungen werden in diesem Modell damit nicht mehr anlegerindividuell, sondern ausschließlich nur noch in Aggregation über den Gesamtmarkt berücksichtigt. Sie finden ihren Niederschlag in den zustandsabhängigen Preisen. Die zustandsabhängigen Preise drücken die Zeit- und Zustandspräferenzen des Marktes dabei in aggregierter Form aus.

Die aktuellen Kurse aller Wertpapiere müssen zur Vermeidung von Arbitragemöglichkeiten dann genau dem Wert eines Bündels elementarer Wertpapiere entsprechen, dessen Zusammensetzung dem Vektor des Wertpapiers entspricht. Allgemein muß gelten:

$$W_0^i = \sum_{s=1}^{n(T)} W_{T,s}^i \cdot e_{0,(T,s)}.$$

Für den Preis eines sicherverzinslichen Titels muß speziell gelten:

$$B(0,T) = \sum_{s=1}^{n(T)} e_{0,(T,s)}.$$

Für den Kurs einer Option i in t = 0 muß dann gelten:

$$C_0^i = \sum_{s=1}^{n(T)} C_{T,s}^i \cdot e_{0,(T,s)}.$$

Die Eintrittswahrscheinlichkeiten der Zustände tauchen in dieser Darstellung der Marktbewertung dann nicht mehr auf. Sie sind bereits in die Preisbestimmung elementarer Wertpapiere eingeflossen.

Mit der Kenntnis der zustandsabhängigen Preise wäre natürlich das gesamte Problem der Optionsbewertung gelöst. Hier soll aber nicht von der Bekanntheit bestimmter, eindeutiger Preise elementarer Wertpapiere, sondern nur von deren gedanklicher, eindeutiger Existenz ausgegangen werden. Die Annahme von deren eindeutiger Existenz ohne deren explizite Kenntnis liefert ein Konzept für die Definition präferenzunabhängiger Wertpapierbewertung im Marktzusammenhang. Innerhalb des vorgestellten Marktmodells soll eine Bewertungsaussage dann als präferenzunabhängig bezeichnet werden, wenn diese Aussage für jede numerische Spezifikation des Vektors $E_{0,T} = (e_{0,(T,1)},...,e_{0,(T,n(T))})$ gilt.

Im Unterschied zur isolierten Wertpapierbewertung zeichnet sich das marktorientierte Bewertungsmodell damit vor allem dadurch aus, daß unsichere Zahlungen nicht nur zeit- und wahrscheinlichkeitsabhängig sondern, zeit- und zustandsabhängig beurteilt werden.

4.5 Standardabweichung und Optionswert

4.5.1 Definition

Die Standardabweichung σ ist als positive Quadratwurzel der Varianz definiert. Bezogen auf eine diskrete Aktienkursverteilung $\tilde{S}_T$, wie sie entsprechend der hier unterstellten Modellsituation die für eine Optionsbewertung relevante Aktienkursverteilung repräsentieren soll, beträgt die Standardabweichung künftiger Aktienkurse:[278]

$$\sigma(\tilde{S}_T) = \sqrt{\sum_{s=1}^{n(T)} p_{T,s} \cdot (S_{T,s} - E(\tilde{S}_T))^2} \ .$$

Wird statt der Aktienkursverteilung $\tilde{S}_T$ die Verteilung der Kursänderungsfaktoren $\tilde{S}_T/S_0$ bzw. die Verteilung der Kursrendite ($\tilde{S}_T/S_0 - 1$) betrachtet, so gilt für deren Standardabweichung $\sigma(\tilde{S}_T/S_0) = \sigma(\tilde{S}_T/S_0 - 1) = \sigma(\tilde{S}_T)/S_0$. Da die Verteilung der Kursänderungsfaktoren und die Verteilung der Kursrendite jeweils lineare Transformationen der Verteilung absoluter Aktienkurse darstellen, muß die Standardabweichung aller drei Verteilungen also zur selben Risikoordnung einer gegebenen Menge von Aktienkursverteilungen führen. Ein qualitativ eindeutiger Zusammenhang zwischen dem Risikograd einer Aktie und dem Optionswert kann auf Basis des Risikomaßes "Standardabweichung" und auf Basis einer dieser drei Verteilungen also nur genau dann gelten, wenn derselbe Zusammenhang auch auf Basis der beiden anderen Verteilungen gilt. Mit der Untersuchung des Zusammenhangs zwischen der Standardabweichung absoluter Aktienkurse und dem Optionswert erübrigt sich demnach eine separate Untersuchung des Zusammenhangs zwischen der Standardabweichung der Kursänderungsfaktoren und dem Opti-

---

[278] E(·) bezeichnet dabei den Erwartungswertoperator.

onswert bzw. des Zusammenhangs zwischen der Standardabweichung der Kursrendite und dem Optionswert.

4.5.2 Allgemeine Beurteilung

Die Standardabweichung ist für jede diskrete Aktienkursverteilung mit endlich vielen Zuständen und endlich hohen Aktienkursen eindeutig definiert. Die Standardabweichung liefert für eine gegebene Menge von Aktienkursverteilungen eine vollständige, kardinale Ordnung nach ihrem Risikograd. Eine Beschränkung der Vielfalt möglicher Aktienkursverteilungen verbindet sich mit der Standardabweichung als Risikomaß nicht.

Die Aussage, daß der Wert einer Option um so größer ist, je höher die Standardabweichung der Kurse ihrer Basisaktie ist, enthält damit anscheinend

- keine Präferenzannahme,
- keine Beschränkung der Vielfalt möglicher Aktienkursverteilungen und
- keine Beschränkung für die Spezifikation anderer Werteinflußfaktoren.

Die Aussage kann nach den in Abschnitt 4.2 gewonnenen Ergebnissen damit in dieser Allgemeinheit aber nicht gültig sein. Ihre Gültigkeitsgrenzen werden im Kontext einer marktorientierten und einer wertpapierindividuellen Bewertung daher im folgenden genauer betrachtet. Die Untersuchung geht dabei von einer beliebigen Vielfalt möglicher Aktienkursverteilungen und einer beliebigen Spezifikation anderer Werteinflußfaktoren aus und überprüft die Aussage unter diesen Bedingungen hinsichtlich impliziter Präferenzannahmen.

4.5.3 Standardabweichung und Marktwert einer Option

Die Standardabweichung als Risikomaß einer Aktie basiert auf deren Wahrscheinlichkeitsverteilung, die alternativen zukünftigen Aktienkursen $S_{T,s}$ ihre Eintrittswahrscheinlichkeiten zuordnet. Die Gegenwartswerte einer Aktie und einer Option ergeben sich im Marktmodell demgegenüber idealtypischerweise, indem die künftigen Aktienkurse $S_{T,s}$ und Optionswerte $C_{T,s}$ mit den Preisen der elementaren Wertpapiere $e_{0,(T,s)}$ gewichtet werden. Die Gewichtungsfaktoren, die der

Standardabweichung als Risikomaß und die der Wertpapierbewertung zugrunde gelegt werden, können dabei aber fast beliebig auseinanderfallen.

Die Bewertung mittels zustandsabhängiger Preise muß weder in Relation zur Höhe der Eintrittswahrscheinlichkeiten noch in Relation zur Höhe der Kurse ein monotones Steigungs- oder Krümmungsverhalten zeigen. Die Diskrepanz zwischen zustandsabhängigen Preisen und Eintrittswahrscheinlichkeiten resultiert daraus, daß in die Preise elementarer Wertpapiere eben nicht nur die Eintrittswahrscheinlichkeiten der Zustände eingehen, sondern auch z.B. der vom Gesamtwohlstand in einem Zustand abhängige Grenznutzen einer zusätzlichen Geldeinheit eingehen kann.

Daß bei einer beliebigen Diskrepanz der Gewichtungsfaktoren im Risikomaß und in der Wertpapierbewertung trotzdem ein eindeutig positiver Zusammenhang zwischen der Risikomaßzahl einer Aktie und dem Optionswert bestehen soll, erscheint wenig plausibel. Tatsächlich kann die Allgemeingültigkeit eines solchen positiven Zusammenhangs mittels Gegenbeispielen widerlegt werden.

Die Daten eines entsprechenden (Gegen)Beispiels A sind in Tabelle D-1 zusammengestellt.

164　　　　Kapitel D: Grenzen präferenz- und verteilungsfreier Bewertung

	Umweltzustand s			
	1	2	3	4
Eintrittswahrscheinlichkeit $p_{T,s}$	1/4	1/4	1/4	1/4
Preis eines elementaren Wertpapiers $e_{0,(T,s)}$	1/8	3/8	3/8	1/8
Kurs der Aktie 1 im Zustand (T,s) $S^1_{T,s}$	50	50	150	150
Kurs der Aktie 2 im Zustand (T,s) $S^2_{T,s}$	25	75	125	175
Wert der Option 1 im Zustand (T,s) $C^1_{T,s}(X = 70)$	--	--	80	80
Wert der Option 2 im Zustand (T,s) $C^2_{T,s}(X = 70)$	--	5	55	105

Tab. D-1: Beispiel A (steigender Marktwert einer Option trotz abnehmender Standardabweichung der Aktienkurse)[279]

Für beide Optionen gelten in Beispiel A in t = 0 mit einem aktuellen Aktienkurs von $S^1_0 = S^2_0 = 100$, einem Basispreis von $X^1 = X^2 = 70$ und einem gemeinsamen Laufzeitende in T - abgesehen vom Kursverhalten der beiden Aktien - identische Bedingungen. Beide Aktien weisen mit $E(\tilde{S}^1_T) = E(\tilde{S}^2_T) = 100$ zusätzlich sogar identische Erwartungswerte in T auf. Aktie 2 ist in Beispiel A mit $\sigma(\tilde{S}^2_T) = 55{,}9$ im Sinne der Standardabweichung außerdem risikoreicher als Aktie 1 mit $\sigma(\tilde{S}^1_T) = 50$. Trotzdem erweist sich Option 1 bei einer Bewertung mit den zustandsabhängigen Preisen mit $C^1_0 = (3 \cdot 80 + 80)/8 = 40$ als wertvoller als Option 2 mit $C^2_0 = (3 \cdot 5 + 3 \cdot 55 + 105)/8 = 35\ 5/8$.

Daß Option 1 trotz geringerer Standardabweichung der Kurse ihrer Basisaktie wertvoller als Option 2 ist, resultiert im Beispiel daraus, daß Option 1 im Zeitpunkt T in Zustand s = 3 einen höheren Wert als Option 2 aufweist und diese Wertdifferenz von den Anlegern dreimal so hoch bewertet wird wie ein gleichho-

---

[279] Zu einem ähnlichen Beispiel in anderem Zusammenhang vgl. Jagannathan, R. (1984), S. 426-428. Vgl. außerdem Abschnitt 4.6.3. Mit der Relation $\Sigma e_{0,(T,s)} = 1$ wird in Beispiel A ein sicherer Periodenzinssatz von null bzw. B(0,T) = 1 unterstellt.

her Wertvorteil von Option 2 in Zustand s = 4. Die hohe Gewichtung von Zahlungsüberschüssen in Zustand s = 3 kann von Option 2 auch nicht dadurch kompensiert werden, daß sie in Zustand s = 2 einen positiven Ausübungswert aufweist, während Option 1 in diesem Zustand wertlos ist. Die Gewichtung künftiger Optionswerte mit den zustandsabhängigen Preisen führt daher zu einer anderen Wertordnung der Optionen als deren Gewichtung mit ihren Eintrittswahrscheinlichkeiten ($E(\tilde{C}^1_T) = 40 < 41\ 1/4 = E(\tilde{C}^2_T)$).

Beispiel A widerlegt damit für den Fall marktorientierter Bewertung die Allgemeingültigkeit eines positiven Zusammenhangs zwischen der Standardabweichung der Aktienkurse und dem Wert einer Option.

4.5.4 Standardabweichung und individueller Optionswert

Die These von einem positiven Zusammenhang zwischen der Standardabweichung der Aktienkursverteilung und dem Optionswert erlangt aber auch dann keine Allgemeingültigkeit, wenn eine Optionsbewertung wertpapierindividuell unter Berücksichtigung anlegerindividueller Präferenzvorstellungen erfolgt. Weitergehend wird hier sogar die Gegenbehauptung aufgestellt, daß ein solcher allgemeingültiger Zusammenhang selbst dann nicht existiert, wenn alternativ eine Präferenzannahme getroffen wird, nach der Anleger entweder risikoavers, risikofreudig oder risikoneutral sind. Die Gegenbehauptung wird nachfolgend für jede dieser drei Risikoeinstellungen jeweils durch ein Gegenbeispiel belegt.

a) Risikoneutralität

Zur Widerlegung der Allgemeingültigkeit eines positiven Zusammenhangs zwischen der Standardabweichung und dem Optionswert bei risikoneutralen Anlegern wird von den Daten des Beispiels B ausgegangen, die in Tabelle D-2 zusammengestellt sind.

	Umweltzustand s			
	1	2	3	4
Eintrittswahrscheinlichkeit $p_{T,s}$	1/4	1/4	1/4	1/4
Kurs der Aktie 1 im Zustand (T,s) $S^1_{T,s}$	50	50	150	150
Kurs der Aktie 2 im Zustand (T,s) $S^2_{T,s}$	20	90	130	160
Wert der Option 1 im Zustand (T,s) $C^1_{T,s}(X = 100)$	--	--	50	50
Wert der Option 2 im Zustand (T,s) $C^2_{T,s}(X = 100)$	--	--	30	60

Tab. D-2: Beispiel B (steigender individueller Optionswert bei Risikoneutralität und abnehmender Standardabweichung der Aktienkurse)

Die Daten des Beispiels B liefern identische Erwartungswerte künftiger Aktienkurse $E(\tilde{S}^1_T) = E(\tilde{S}^2_T) = 100$ und bei unterstellter Risikoneutralität und einer sicheren Periodenverzinsung von null damit auch identische aktuelle Aktienkurse $S^1_0 = S^2_0 = 100$.

Aktie 2 ist im Beispiel B mit $\sigma(\tilde{S}^2_T) = 52{,}44$ im Sinne der Standardabweichung risikoreicher als Aktie 1 mit $\sigma(\tilde{S}^1_T) = 50$. Trotzdem bewertet ein risikoneutraler Anleger Option 1 mit $C^1_0 = E(\tilde{C}^1_T) = 25$ höher als Option 2 mit $C^2_0 = E(\tilde{C}^2_T) = 22{,}5$. Die Aussage des Gegenbeispiels hängt dabei keineswegs davon ab, daß hier aktueller Aktienkurs und Basispreis zusammenfallen. Wählt man im Beispiel etwa einen niedrigeren Basispreis von X = 90, dann ergibt sich mit $C^1_0 = E(\tilde{C}^1_T) = 30$ und $C^2_0 = E(\tilde{C}^2_T) = 27{,}5$ ebenfalls ein negativer Zusammenhang zwischen Aktienrisiko und Optionswert. Auch im Fall eines höheren Basispreises von X = 130 ergibt sich mit $C^1_0 = E(\tilde{C}^1_T) = 10$ und $C^2_0 = E(\tilde{C}^2_T) = 7{,}5$ ein solch negativer Zusammenhang.

Beispiel B widerlegt damit für den Fall einer individuellen Bewertung durch risikoneutrale Anleger die Allgemeingültigkeit eines positiven Zusammenhangs zwischen der Standardabweichung der Aktienkurse und dem Wert einer Option.

b) Risikoaversion

Für ein Gegenbeispiel im Fall risikoaverser Anleger wird hier unterstellt, daß Anleger Zahlungen in Höhe von x mittels der Nutzenfunktion

$$u(x) = x - \frac{1}{10000} \cdot x^{5/2} \qquad , \text{für } 0 \leq x \leq 200$$

bewerten. Die Funktion u(x) entspricht mit

$$u'(x) = 1 - \frac{1}{4000} \cdot x^{3/2} \quad \text{und}$$

$$u''(x) = -\frac{3}{8000} \cdot \sqrt{x}$$

im Definitionsbereich mit $u' > 0$ und $u'' < 0$ der Charakteristik risikoscheuen Verhaltens.

Zur Widerlegung der Allgemeingültigkeit eines positiven Zusammenhangs zwischen der Standardabweichung und dem Optionswert bei Risikoaversion wird außerdem von den Daten des Beispiels C ausgegangen, die sich durch geringe Modifikation aus den Daten des Beispiels B ergeben und in Tabelle D-3 zusammengestellt sind.[280]

---

[280] Die Modifikation des Beispiels B beschränkt sich dabei auf eine Modifikation des Kurses $S^2_{T,1}$. Bei ansonsten unveränderten Kurserwartungen muß $S^2_{T,1}$ der Bedingung
$S^2_{T,1} - \frac{1}{10000} \cdot \left[S^2_{T,1}\right]^{5/2} = 20{,}69$ genügen, damit die Aktien 1 und 2 von Anlegern bei der gegebenen Risikonutzenfunktion nach wie vor gleich bewertet werden. $S^2_{T,1} = 20{,}89$ erfüllt diese Bedingung.

	Umweltzustand s			
	1	2	3	4
Eintrittswahrscheinlichkeit $p_{T,s}$	1/4	1/4	1/4	1/4
Kurs der Aktie 1 im Zustand (T,s) $S^1_{T,s}$	50	50	150	150
Kurs der Aktie 2 im Zustand (T,s) $S^2_{T,s}$	20,89	90	130	160
Wert der Option 1 im Zustand (T,s) $C^1_{T,s}(X = 100)$	--	--	50	50
Wert der Option 2 im Zustand (T,s) $C^2_{T,s}(X = 100)$	--	--	30	60

Tab. D-3: Beispiel C (steigender individueller Optionswert bei Risikoaversion und abnehmender Standardabweichung der Aktienkurse)

Risikoaverse Anleger bewerten die beiden Aktien bei gegebener Risikonutzenfunktion und einem sicheren Periodenzinssatz von null mit identischen aktuellen Kursen $S^1_0 = S^2_0 = 85,34$.[281] Aktie 2 bleibt im Beispiel C mit $\sigma(\tilde{S}^2_T) = 52,10$ im Sinne der Standardabweichung risikoreicher als Aktie 1 mit unverändert $\sigma(\tilde{S}^1_T) = 50$. Trotzdem bewerten auch risikoaverse Anleger Option 1 mit $C^1_0 = 24,12$ höher als Option 2 mit $C^2_0 = 21,68$.

Beispiel C belegt damit, daß auch für risikoaverse Anleger ein positiver Zusammenhang zwischen der Standardabweichung der Aktienkursverteilung und dem Optionswert nicht allgemeingültig existiert.

---

[281] Die aktuellen Aktienkurse ergeben sich aus $S^1_0 = 100 - \frac{1}{40000} \cdot \left(2 \cdot 50^{5/2} + 2 \cdot 150^{5/2}\right)$ bzw. aus $S^2_0 = \frac{400,89}{4} - \frac{1}{40000} \cdot \left(20,89^{5/2} + 90^{5/2} + 130^{5/2} + 160^{5/2}\right)$.

c) Risikofreude

Für ein Gegenbeispiel im Fall risikofreudiger Anleger wird hier unterstellt, daß Anleger Zahlungen in Höhe von x mittels der Nutzenfunktion

$$u(x) = x + \frac{1}{10000} \cdot x^{5/2} \qquad , \text{für } 0 \leq x \leq 200$$

bewerten. Die Funktion u(x) entspricht mit

$$u'(x) = 1 + \frac{1}{4000} \cdot x^{3/2} \text{ und}$$

$$u''(x) = \frac{3}{8000} \cdot \sqrt{x}$$

im Definitionsbereich mit $u' > 0$ und $u'' > 0$ der Charakteristik risikofreudigen Verhaltens.

Zur Widerlegung der Allgemeingültigkeit eines positiven Zusammenhangs zwischen der Standardabweichung und dem Optionswert bei Risikofreude wird außerdem von den Daten des Beispiels D ausgegangen, die in Tab. D-4 zusammengestellt sind. Die Daten des Beispiels D ergeben sich in analoger Weise zu denen des Beispiels C aus den Daten des Beispiels B.[282]

Risikofreudige Anleger bewerten beide Aktien bei der gegebenen Risikonutzenfunktion und einem sicheren Periodenzinssatz von null mit identischen aktuellen Kursen $S^1_0 = S^2_0 = 114{,}66$.[283] Aktie 2 bleibt im Beispiel C mit $\sigma(\tilde{S}^2_T) = 52{,}77$ im Sinne der Standardabweichung risikoreicher als Aktie 1 mit unverändert $\sigma(\tilde{S}^1_T) = 50$. Auch bei Risikofreude wird aber Option 1 mit $C^1_0 = 25{,}88$ höher als Option 2 mit $C^2_0 = 23{,}32$ bewertet.

---

[282] $S^2_{T,1} = 19{,}14$ ergibt sich im Beispiel D dabei aus der Bedingung $S^2_{T,1} + \frac{1}{10000} \cdot \left[S^2_{T,1}\right]^{5/2} = 19{,}30$.

[283] Die aktuellen Aktienkurse ergeben sich dabei aus $S^1_0 = 100 + \frac{1}{40000} \cdot \left(2 \cdot 50^{5/2} + 2 \cdot 150^{5/2}\right)$ bzw.

aus $S^2_0 = \frac{399{,}14}{4} + \frac{1}{40000} \cdot \left(19{,}14^{5/2} + 90^{5/2} + 130^{5/2} + 160^{5/2}\right)$.

	Umweltzustand s			
	1	2	3	4
Eintrittswahrscheinlichkeit $p_{T,s}$	1/4	1/4	1/4	1/4
Kurs der Aktie 1 im Zustand (T,s) $S^1_{T,s}$	50	50	150	150
Kurs der Aktie 2 im Zustand (T,s) $S^2_{T,s}$	19,14	90	130	160
Wert der Option 1 im Zustand (T,s) $C^1_{T,s}(X = 100)$	--	--	50	50
Wert der Option 2 im Zustand (T,s) $C^2_{T,s}(X = 100)$	--	--	30	60

Tab. D-4: Beispiel D (steigender individueller Optionswert bei Risikofreude und abnehmender Standardabweichung der Aktienkurse)

Beispiel D belegt damit, daß auch bei Risikofreude ein positiver Zusammenhang zwischen der Standardabweichung der Aktienkursverteilung und dem Optionswert nicht allgemeingültig existiert.

4.5.5 Zusammenfassung

Die Standardabweichung liefert eine vollständige Ordnung von Aktienkursverteilungen nach ihrem Risikograd. Mit diesem Risikomaß sind also keine Beschränkungen der Vielfalt möglicher Aktienkursverteilungen verbunden. Eine Aussage, nach der der Wert einer Option mit der Standardabweichung der Kursverteilung ihrer Basisaktie stets steigt, konnte damit bereits vorab aufgrund der allgemeinen Überlegungen aus Abschnitt 4.2 als nicht präferenzunabhängig gültig verworfen werden. Der in einer Black/Scholes-Welt geltende, positive Zusammenhang zwischen Volatilität und Optionswert gilt zwar auch in allen anderen im Abschnitt 3.3.4 von Kapitel B dargestellten Optionswertmodellen, die auf Basis verschiedener Verteilungsannahmen eindeutige Optionswerte liefern. Seine Verallgemeinerung auf einen präferenz- und verteilungsfreien Zusammenhang ist aber trotzdem nicht zulässig.

Durch Gegenbeispiele wurde die Allgemeingültigkeit dieser Aussage hier zusätzlich aber auch für speziellere Bewertungsszenarien widerlegt. Sowohl im Kontext einer marktorientierten Bewertung als auch bei einer individuellen Bewertung gilt diese Aussage demnach nicht allgemein. Besonders bemerkenswert erscheint dabei die Tatsache, daß bei einer individuellen Bewertung ein positiver Zusammenhang zwischen der Standardabweichung als Risikomaß der Aktie und dem Optionswert nicht nur bei Risikoaversion und Risikoneutralität keine Allgemeingültigkeit erlangt, sondern darüber hinaus selbst im Fall risikofreudiger Anleger nicht allgemein gilt. Auch für risikofreudige Anleger kann - was auf Anhieb verblüffen mag - im Einzelfall damit durchaus eine Option auf eine risikoarme Aktie wertvoller sein als eine ansonsten identische Option auf eine risikoreiche Aktie, wenn das Risiko der Aktien dabei allein durch die Standardabweichung ihrer Kursverteilungen gemessen wird.

4.6 Rothschild/Stiglitz-Risiko und Optionswert

4.6.1 Definition

Die Grundidee der Risikodefinition von Rothschild/Stiglitz, nachfolgend kurz R/S-Risiko genannt,[284] besteht darin, Zufallsvariablen nur dann nach ihrem Risikograd zu ordnen, wenn sie sich in charakteristischer Weise voneinander unterscheiden. R/S gehen dazu von der Vorstellung aus, daß eine zweite Zufallsvariable nur dann als risikoreicher als eine erste Zufallsvariable anzusehen ist, wenn die zweite Zufallsvariable zusätzlichen Störeinflüssen unterliegt und sich diese Störeinflüsse ihrerseits durch eine Zufallsvariable beschreiben lassen, die einen Erwartungswert von null hat und keine Korrelation mit der ursprünglichen Zufallsvariablen aufweist.

Das R/S-Risiko ist dieser Grundidee folgend auch kein Risikomaß zur Ermittlung einer Risikomaßzahl auf einer kardinalen Meßskala, sondern für sich allein genommen nur ein Kriterium zur partiellen, ordinalen Ordnung verschiedener Verteilungen nach ihrem Risikogehalt.

---

[284] Zur Definition des R/S-Risikos vgl. Rothschild, M./Stiglitz, J. (1970), insbesondere S. 225-231.

Nach ihrer Ausgangsdefinition ist für R/S eine Aktie 2 dann und nur dann risikoreicher als Aktie 1, wenn zu den Wahrscheinlichkeitsverteilungen der Kurse beider Aktien $\tilde{S}^1_T$ und $\tilde{S}^2_T$ eine Störvariable $\tilde{Z}$ existiert, die drei Bedingungen erfüllt:

- $\tilde{Z}$ und $\tilde{S}^1_T$ sind unkorreliert,
- $E(\tilde{Z}|S^1_{T,ss}) = 0$ für alle $S^1_{T,ss}$ und[285]
- $\tilde{S}^2_T$ hat dieselbe Wahrscheinlichkeitsverteilung wie $\tilde{S}^1_T + \tilde{Z}$.

Existiert eine Zufallsvariable $\tilde{Z}$ mit diesen drei Eigenschaften, dann wird $\tilde{S}^2_T$ auch als erwartungswertneutrale Spreizung von $\tilde{S}^1_T$ bezeichnet, da beide Aktienkursverteilungen dann einen identischen Erwartungswert aufweisen müssen, die Wahrscheinlichkeitsverteilung von Aktie 2 aber "mehr Gewicht an den Enden der Verteilung"[286] aufweist. Aktie 2 soll dann auch als risikoreicher als Aktie 1 im R/S-Sinn bezeichnet werden.

Für den Fall diskreter Zufallsvariablen geben R/S am Beispiel eines Lotterieloses eine Veranschaulichung ihres Risikomaßes.[287] Diesem Beispiel folgend, kann man sich $\tilde{S}^1_T$ als Ergebnisverteilung eines Lotterieloses vorstellen, das mit Wahrscheinlichkeit $p_{T,ss}$, mit $\Sigma p_{T,ss} = 1$, in T eine Einzahlung von $S^1_{T,ss}$ erbringt. In diesem Beispiel wäre dann $\tilde{S}^2_T$ als Ergebnisverteilung eines Lotterieloses vorstellbar, das mit Wahrscheinlichkeit $p_{T,ss}$ entweder ebenfalls eine Einzahlung von $S^2_T = S^1_{T,ss}$ erbringt oder aber ein neues Lotterielos, dessen Erwartungswert gerade $S^1_{T,ss}$ beträgt.

Dazu kann man sich als Lotterie 1 z.B. einen Münzwurf vorstellen, nach dem bei "Zahl" genau eine Geldeinheit und bei "Kopf" nichts ausgezahlt wird. Lotterie 2 könnte dann z.B. so konzipiert sein, daß bei "Kopf" im ersten Wurf ebenfalls nichts ausgezahlt wird und bei "Zahl" im ersten Wurf ein neuer Münzwurf statt-

---

[285] $E(\tilde{Z}|S^1_{T,ss})$ symbolisiert dabei den Erwartungswert der Störvariablen $\tilde{Z}$ unter der Bedingung, daß $\tilde{S}^1_T$ eine bestimmte Realisation $S^1_{T,ss}$ annimmt. Das R/S-Risiko unterscheidet die Aktienkurse dabei allerdings nur nach Zeitpunkt und Höhe und nicht nach den Zuständen, in denen sie eintreten. Insofern kann der Index ss hier keinen Zustand, sondern nur ein bestimmtes Kursniveau der Aktie kennzeichnen. Dementsprechend soll die obere Laufgrenze dieses Indexes in einem Zeitpunkt t auch nicht mehr mit n(t) sondern mit m(t) bezeichnet werden. Die Eintrittswahrscheinlichkeit eines Kurswertes $S^1_{T,ss}$ wird mit $p_{T,ss}$ bezeichnet.

[286] Zu einer geometrischen Veranschaulichung dieser intuitiven Vorstellung von "mehr Gewicht an den Enden der Verteilung" vgl. Rothschild, M./Stiglitz, J. (1970), S. 227-229.

[287] Vgl. Rothschild, M./Stiglitz, J. (1970), S. 226.

findet. Bei "Kopf" im zweiten Wurf findet dann wiederum keine Auszahlung statt, während bei "Zahl" im zweiten Wurf zwei Geldeinheiten ausgezahlt werden.

Zur Formalisierung des R/S-Risikos werden hier folgende Konventionen getroffen:[288]

Die Verteilungsfunktion der Zufallsvariablen $\tilde{S}^1{}_T$ ($\tilde{S}^2{}_T$) wird mit F (G) bezeichnet. Soweit sie existiert, wird die Wahrscheinlichkeitsdichtefunktion zu F (G) mit f (g) bezeichnet. Zur Vermeidung mathematischer Konvergenzprobleme werden dabei nur Verteilungsfunktionen über einem abgeschlossenen Intervall betrachtet.[289] Der Einfachheit halber wird von einem [0,1]-Intervall ausgegangen, so daß F(0) = G(0) = 0 und F(1) = G(1) = 1 gilt. Die Differenz der Verteilungsfunktionen G und F wird mit H, mit H = G − F, bezeichnet, die Differenz der Wahrscheinlichkeitsdichtefunktionen, soweit sie existieren, mit h, mit h = g − f. Weiter wird das bestimmte Integral mit variabler oberer Grenze y zu H mit I(y) bezeichnet:

$$I(y) = \int_0^y H(x)dx.$$

R/S definieren für den Fall diskreter und stetiger Zufallsvariablen außerdem je einen Elementartyp erwartungswertneutraler Spreizungen, der hier kurz als Elementarspreizung bezeichnet werden, hier aber undefiniert bleiben soll. R/S zeigen, daß jede erwartungswertneutrale Spreizung einer Verteilung als Sequenz von Elementarspreizungen dargestellt werden kann.[290] Für den Fall, daß G aus F mittels einer Reihe von Elementarspreizungen erzeugt werden kann, zeigen R/S dann, daß I(y) stets zwei Eigenschaften aufweist:

1. I(1) = 0 und

2. I(y) ≥ 0 , für 0 ≤ y < 1.

Diese beiden Bedingungen müssen damit also immer dann für die Differenz zweier zu vergleichender Verteilungsfunktionen F und G gelten, wenn G im Sinne von R/S riskanter als F ist. Sie werden hier als Integralbedingungen bezeichnet. Dabei

---

[288] Wegen der einfacheren formalen Handhabung bezieht sich die formale Darstellung des R/S-Risikos im folgenden auf den Fall kontinuierlicher Aktienkursverteilungen.

[289] Zu dieser Einschränkung der Analyse vgl. Rothschild, M./Stiglitz, J. (1970), S. 227, bzw. Diamond, P./Stiglitz, J. (1974), S. 338.

[290] Zur Definition der bei ihnen als "Mean Preserving Spreads" bezeichneten Elementarspreizungen vgl. Rothschild, M./Stiglitz, J. (1970), S.227-229.

gewährleistet die erste Bedingung die Identität der Erwartungswerte von G und F,[291] während die zweite Bedingung - bei Gültigkeit der ersten - sicherstellt, daß die Verteilung G "mehr Gewicht an den Enden der Verteilung" aufweist.

Darüber hinaus beweisen R/S aber auch den Umkehrschluß, daß nämlich, wenn I(y) die Integralbedingungen erfüllt, G stets durch eine endliche Reihe von Elementarspreizungen aus F gewonnen werden kann.[292] Die Aussagen, daß "Aktie 2 riskanter als Aktie 1 im R/S-Sinn" ist und daß "die Integralbedingungen gelten", sind damit äquivalent. Für die weitere Analyse des R/S-Risikos wird daher hier nicht mehr auf die Ausgangsdefinition, sondern nur noch auf die Integralbedingungen Bezug genommen.

4.6.2 Eigenschaften und allgemeine Beurteilung

Zwei Eigenschaften des R/S-Risikos erscheinen hier besonders bemerkenswert, zum einen seine partielle Ordnungskraft und zum anderen seine gleichzeitige Konsistenz mit der Standardabweichung als Risikomaß einerseits und mit den von der Risikoeinstellung abhängigen Präferenzurteilen der Anleger andererseits.

a) partielle Ordnungskraft

Das R/S-Risiko hat zwar die Eigenschaften der Transitivität, Reflexivität und Antisymmetrie,[293] kann aber Aktien nur bei Gültigkeit der Integralbedingungen nach ihrem Risikograd ordnen. Nicht nach ihrem Risikograd geordnet werden können Aktienkursverteilungen mittels R/S-Risiko offensichtlich immer dann, wenn I(y) einen Vorzeichenwechsel aufweist[294] oder die Aktienkursverteilungen keine identischen Erwartungswerte aufweisen, also I(1) ≠ 0 gilt.

Diese nur partielle Ordnungskraft des R/S-Risikos entspricht im Kontext einer Wirkungsanalyse des Werteinflußfaktors "Aktienrisiko" durch Faktorvariation einer Beschränkung der Verteilungsvielfalt. Die Allgemeingültigkeit der Aussage,

---

[291] Vgl. Diamond, P./Stiglitz, J. (1974), S. 338-339.

[292] Zu den entsprechenden Beweisen vgl. Rothschild, M./Stiglitz, J. (1970), S. 229-234.

[293] Vgl. Rothschild, M./Stiglitz, J. (1970), S. 234-237, insbesondere zur dort gewählten Definition von Antisymmetrie.

[294] Vgl. Rothschild, M./Stiglitz, J. (1970), S. 240.

Kapitel D: Grenzen präferenz- und verteilungsfreier Bewertung 175

daß der Optionswert mit dem Aktienrisiko steigt, kann auf Basis des R/S-Risikos, anders als auf Basis der Standardabweichung, damit nicht mehr allein aufgrund der allgemeinen Erkenntnisse aus Abschnitt 4.2 verworfen werden. Dort konnte ja nur festgestellt werden, daß eine solche Aussage nicht präferenzfrei gelten kann, wenn keine Beschränkung der Verteilungsvielfalt vorgenommen wird.

b) Zusammenhang zur Standardabweichung und Präferenzurteilen

Das R/S-Risiko nimmt dabei nicht irgendeine Beschränkung der Verteilungsvielfalt vor, sondern führt zu einer Risikoordnung, die gleichzeitig konsistent ist mit einer Risikoordnung nach dem Kriterium der Standardabweichung und mit präferenzabhängigen Werturteilen der Anleger.

Zwischen der Standardabweichung und dem R/S-Risiko kann folgender Zusammenhang festgestellt werden. Eine Aktie 2, die risikoreicher als Aktie 1 im R/S-Sinn ist, hat stets auch eine höhere Standardabweichung als Aktie 1.[295] Umgekehrt können aber zwar alle Aktien nach ihrer Standardabweichung geordnet werden, nicht aber nach dem R/S-Risiko. Aus einer höheren Standardabweichung kann also umgekehrt nicht allgemein auf ein höheres R/S-Risiko geschlossen werden. Die partielle, ordinale Risikoordnung nach dem R/S-Risiko ist in diesem Sinne konsistent mit der vollständigen, kardinalen Risikoordnung nach der Standardabweichung.

Interessanterweise liefert das R/S-Risiko dabei nur Risikoordnungen, die auch konsistent sind mit den Präferenzordnungen in einem von der Risikoeinstellung abhängigen Anlegerurteil. Eine im R/S-Sinn riskantere Aktie wird von allen risikofreudigen Anlegern präferiert und eine im R/S-Sinn risikoärmere Aktie wird von allen risikoaversen Anlegern präferiert. Andererseits ist eine Aktie, die von allen risikofreudigen Anlegern präferiert wird, auch stets riskanter im R/S-Sinn und eine Aktie, die von allen risikoaversen Anlegern präferiert wird, auch riskoärmer im R/S-Sinn. Eine solche Konsistenz zwischen der Risikoordnung und dem präferenzabhängigen Anlegerurteil verbindet sich mit einer Risikoordnung nach der Standardabweichung nicht.[296]

---

[295] Vgl. Rothschild, M./Stiglitz, J. (1970). Vgl. außerdem die Argumentation in Abschnitt 4.6.4 dieses Kapitels.

[296] Vgl. Rothschild, M./Stiglitz, J. (1970), S. 241.

Der eindeutige Zusammenhang zwischen dem R/S-Risiko und präferenzabhängigen Anlegerurteilen wird bzgl. zweier Aktien deutlich, wenn die Differenz zwischen den Präferenzwerten zweier Aktien formal dargestellt wird. Bei individueller Bewertung mittels einer Nutzenfunktion u(x) läßt sich die Wertdifferenz zweier Aktien, zunächst ohne Spezifizierung der Nutzenfunktion, wie folgt ausdrücken:

$$U(\tilde{S}^2_T) - U(\tilde{S}^1_T) = \int_0^1 (g(x) - f(x)) \cdot u(x) dx$$

$$= \int_0^1 h(x) \cdot u(x) dx.$$

Geht man davon aus, daß die Nutzenfunktion zweimal stetig differenzierbar ist, dann ergibt sich unter Berücksichtigung von $H(1) = H(0) = 0$ und $I(1) = I(0) = 0$ nach zweimaliger partieller Integration:

$$U(\tilde{S}^2_T) - U(\tilde{S}^1_T) = \int_0^1 I(x) \cdot u''(x) dx.$$

Wegen der Integralbedingungen gilt $I(x) \geq 0$, für alle $x \in [0,1]$. Damit wird der Integralausdruck also positiv, solange $u''(x) \geq 0$ für alle $x \in [0,1]$ gilt, und negativ, solange $u''(x) \leq 0$ für alle $x \in [0,1]$ gilt. Demzufolge präferiert jeder risikoaverse Anleger Aktie 1 gegenüber Aktie 2 und jeder risikofreudige Anleger Aktie 2 gegenüber Aktie 1, wenn Aktie 2 risikoreicher als Aktie 1 im R/S-Sinn ist.

R/S konzentrieren sich auf den Fall risikoaverser Anleger und zeigen für diesen Fall dann darüber hinaus die Äquivalenz der Aussagen "Jeder risikoaverse Anleger präferiert Aktie 1 gegenüber Aktie 2" und "Aktie 2 ist risikoreicher als Aktie 1 im R/S-Sinn".[297]

Der Zusammenhang zwischen Standardabweichung und R/S-Risiko kann damit auch wie folgt interpretiert werden. Die Standardabweichung stellt ein vollständiges, kardinales Risikomaß dar, das u.a. auch Risikoordnungen zwischen Aktien-

---

[297] Der Äquivalenzbeweis resultiert bei Rothschild/Stiglitz aus einer geschlossenen Beweiskette; vgl. dazu Rothschild, M./Stiglitz, J. (1970), S. 237-240.

kursverteilungen erzeugt, die inkonsistent sein können mit präferenzabhängigen Werturteilen der Anleger. Das R/S-Risiko liefert in dieser Sichtweise dann kein neues "Risikomaß", sondern ein Vergleichbarkeitskriterium,[298] nach dem nur noch solche Verteilungen nach ihrer Standardabweichung als Risikomaß vergleichbar sind, bei denen Risikoordnung nach der Standardabweichung und Präferenzordnung nach der Risikoeinstellung übereinstimmen.

Diese Eigenschaft des R/S-Risikos veranlaßte Merton wohl zu der Vermutung, daß auf seiner Basis dann auch die Aussage über einen positiven Zusammenhang zwischen Aktienrisiko und Optionswert präferenzunabhängige Gültigkeit erlangen könnte.[299] Diese Vermutung soll im folgenden sowohl für eine marktorientierte als auch für eine individuelle Wertpapierbewertung überprüft werden.

4.6.3 R/S-Risiko und Marktwert einer Option

Ausgangspunkt für eine nähere Untersuchung des R/S-Risikos ist hier ein Theorem von Merton, der in seiner "Theorie der rationalen Optionsbewertung" auf Basis des R/S-Risikos zu dem Ergebnis gelangt: "The rationally determined warrant price is a nondecreasing function of the riskiness of its associated stock."[300]

Obwohl Merton diesen Zusammenhang nicht nur behauptet, sondern auch "beweist", muß seine Allgemeingültigkeit doch zumindest in Portefeuille- und Marktzusammenhängen auf Anhieb verblüffen. Auch das R/S-Risiko hängt nämlich - zumindest in seiner ursprünglichen Definition[301] - wie die Standardabweichung nur von den Wahrscheinlichkeitsverteilungen künftiger Aktienkurse ab. Es unterstellt damit ebenfalls Zustandsneutralität der Anleger, beurteilt Realisationen

---

[298] Das R/S-Risiko wird im folgenden daher auch als Risikokriterium bezeichnet.

[299] Merton dürfte gerade die Inkonsistenzen zwischen Standardabweichung und präferenzabhängigen Werturteilen gemeint haben, wenn er feststellt: "Theorem 7 and its Corollary suggest the more general proposition that the more risky the common stock, the more valuable the warrant. In order to prove the proposition, one must establish a careful definition of 'riskiness' or 'volatility'" (Merton, R.C. (1973), S. 148).

[300] Merton, R.C. (1973), S. 149, Theorem 8. Die Bezeichnung "warrant" verwendet Merton dabei für eine Option auf existierende Aktien, auch wenn diese Verwendung damit im Widerspruch zu seiner eigenen Begriffsdifferenzierung zwischen Warrant und Option steht; vgl. zu dieser Begriffsdifferenzierung Merton, R.C. (1973), S. 142-143.

[301] Zu einer modifizierten Version des Merton-Theorems vgl. Abschnitt 4.6.6.

der Zufallsvariablen "Aktienkurs" also unabhängig von den Umweltzuständen, in denen diese eintreten.

Da in Portefeuille- und Marktzusammenhängen Wertpapiere aber gerade auch hinsichtlich ihrer Zusammenhänge mit anderen Wertpapieren zu beurteilen sind, erscheint die Allgemeingültigkeit des Merton-Theorems in solchem Zusammenhang unplausibel.[302] Die fehlende Allgemeingültigkeit des Merton-Theorems im Marktzusammenhang läßt sich unter Rückgriff auf Beispiel A als Gegenbeispiel zeigen.[303]

In Beispiel A weist die Kursverteilung von Aktie 2 nicht nur die höhere Standardabweichung als Aktie 1 auf, sondern ist Aktie 2 auch risikoreicher als Aktie 1 im R/S-Sinn. Mit $E(\tilde{S}^1_T) = E(\tilde{S}^2_T) = 100$ weisen beide Kursverteilungen einen identischen Erwartungswert auf. Außerdem kann $\tilde{S}^2_T$ als $\tilde{S}^1_T + \tilde{Z}$ dargestellt werden, wobei $\tilde{Z}$ eine mit $\tilde{S}^1_T$ unkorrelierte Zufallsvariable mit $E(\tilde{Z}|S^1_{T,ss}) = 0$ ist. Nach dem Merton-Theorem müßte dementsprechend für Optionen auf diese Aktien ceteris paribus $C^2_0 \geq C^1_0$ gelten. Für Optionen mit einem Basispreis von X = 70 gilt bei deren Bewertung mit den zustandsabhängigen Preisen in Beispiel A mit $C^1_0 = 40 > 35\ 5/8 = C^2_0$ aber gerade die umgekehrte Relation.

Daß zu Aktie 1 trotz geringeren Risikos im R/S-Sinn die wertvollere Option gehört, basiert im Beispiel dabei auf denselben Gründen wie bei der Standardabweichung als Risikomaß. Option 2 hat im Zeitpunkt T in Zustand s = 4 zwar einen Wertvorteil von 25 Geldeinheiten gegenüber Option 1 und in Zustand s = 2 einen Wertvorteil von 5 Geldeinheiten. Dieser Vorteil von Option 2 wird aber dadurch überkompensiert, daß Option 1 in Zustand s = 3 ihrerseits über einen Wertvorteil von 25 Geldeinheiten gegenüber Option 2 verfügt, der von den Anlegern dreimal so hoch bewertet wird wie in Zustand s = 4 und genauso hoch wie in Zustand s = 2.

---

[302] Die Tatsache, daß das R/S-Risiko nur das wertpapierindividuelle Risiko, nicht aber dessen zumindest teilweise Diversifizierbarkeit im Portefeuillezusammenhang berücksichtigt, nimmt schon Jagannathan zum Anlaß für seine kritische Überprüfung des Merton-Theorems. Vgl. dazu Jagannathan, R. (1984), S. 426.

[303] Beispiel A (vgl. Tab. D-1 in Abschnitt 4.5.3 dieses Kapitels) wurde in Anlehnung an ein von Jagannathan verwendetes Gegenbeispiel zum Merton-Theorem im Marktzusammenhang konzipiert; vgl. Jagannathan, R. (1984), S. 426-428.

Festzuhalten bleibt damit, daß das Merton-Theorem von einem positiven Werteinfluß des nach R/S bestimmten Aktienrisikos auf den Optionswert bei marktorientierter Bewertung keine Allgemeingültigkeit besitzt. Es stellt sich die weitergehende Frage, ob das Merton-Theorem denn wenigstens bei individueller Wertpapierbewertung unter der Annahme spezieller Risikopräferenzen Gültigkeit besitzt.

4.6.4 R/S-Risiko und individueller Optionswert

Der Zusammenhang zwischen dem R/S-Risiko einer Aktie und dem Wert einer Option auf diese Aktie innerhalb einer individuellen Wertpapierbewertung läßt sich auf formalem Wege überprüfen. In einem ersten Schritt soll hier dabei der formale Zusammenhang zwischen dem R/S-Risiko zukünftiger Aktienkurse und dem auf t = T bezogenen Optionswert untersucht werden.

Geht man von zwei Optionen 1 und 2 mit identischem Basispreis $X^1 = X^2 = X$ auf Aktie 1 und Aktie 2 aus, dann läßt sich der Wert beider Optionen bezogen auf den Zeitpunkt t = T als Erwartungswert ihrer einzelnen Nutzenwerte ausdrükken:[304]

$$U(\tilde{C}_T^1) = \int_X^1 f(x) \cdot u(x - X) dx \quad \text{und}$$

$$U(\tilde{C}_T^2) = \int_X^1 g(x) \cdot u(x - X) dx.$$

Für die Wertdifferenz der Optionen gilt bezogen auf den Zeitpunkt t = T also:

$$U(\tilde{C}_T^2) - U(\tilde{C}_T^1) = \int_X^1 h(x) \cdot u(x - X) dx.$$

Geht man davon aus, daß die Risikonutzenfunktion zweimal stetig differenzierbar ist, dann ergibt sich daraus nach erster partieller Integration unter Berücksichtigung von $H(1) = 0$ und $u(0) = 0$

---

[304] Dabei wird wie oben unterstellt, daß Aktie 2 risikoreicher als Aktie 1 im R/S-Sinn sein soll.

$$U(\tilde{C}_T^2) - U(\tilde{C}_T^1) = -\int_X^1 H(x) \cdot u'(x - X)dx$$

und nach nochmaliger partieller Integration und Berücksichtigung von $I(1) = 0$

$$U(\tilde{C}_T^2) - U(\tilde{C}_T^1) = I(X) \cdot u'(0) + \int_X^1 I(x) \cdot u''(x - X)dx.$$

Dieser Ausdruck läßt einen von der Risikoeinstellung der Anleger abhängigen Zusammenhang zwischen den Optionswerten und dem Risikograd der Aktien nach R/S erkennen. Ein positiver Zusammenhang zwischen dem R/S-Risiko und dem Optionswert, also $U(\tilde{C}^2{}_T) \geq U(\tilde{C}^1{}_T)$, gilt dabei dann, wenn die Relation

$$I(X) \cdot u'(0) + \int_X^1 I(x) \cdot u''(x - X)dx \geq 0$$

erfüllt ist.

a) Risikoneutralität

Für risikoneutrale Anleger gilt $u' > 0$ und $u'' = 0$. Wegen $u'' = 0$ nimmt das Integral den Wert Null an. Bei Gültigkeit der Intergralbedingungen gilt zudem $I(X) \geq 0$. Damit ist die Relation für risikoneutrale Anleger stets erfüllt. Für risikoneutrale Anleger gilt also stets, daß eine Option auf Aktie 2 ceteris paribus nicht weniger wert sein kann als eine Option auf Aktie 1, wenn Aktie 2 risikoreicher als Aktie 1 im R/S-Sinn ist.

b) Risikofreude

Für risikofreudige Anleger gilt $u' > 0$ und $u'' \geq 0$. Wegen $I \geq 0$, $u' > 0$ und $u'' \geq 0$ ist die Relation auch für risikofreudige Anleger stets erfüllt. Auch für risikofreudige Anleger gilt also stets, daß eine Option auf Aktie 2 ceteris paribus nicht weniger wert sein kann als eine Option auf Aktie 1, wenn Aktie 2 risikoreicher als Aktie 1 im R/S-Sinn ist.

c) Risikoaversion

Für risikoaverse Anleger gilt $u' > 0$ und $u'' \leq 0$. Wegen $I \geq 0$ und $u' > 0$ bleibt der erste Summand dabei auch im Fall der Risikoaversion nichtnegativ. Wegen $u'' \leq 0$ nimmt das Integral aber ausschließlich nichtpositive Werte an. Über die Gültigkeit der Gesamtrelation kann damit im Fall risikoaverser Anleger keine generelle Aussage mehr getroffen werden. In Abhängigkeit vom konkreten Verlauf der beiden Verteilungsfunktionen, dem konkreten Verlauf der Risikonutzenfunktion und der Höhe des Basispreises kann eine Option auf Aktie 2 in Einzelfällen wertvoller, in anderen Konstellationen aber auch weniger werthaltig als eine ansonsten identische Option auf Aktie 1 sein, selbst wenn Aktie 2 risikoreicher als Aktie 1 im R/S-Sinn ist.

Die formale Analyse zeigt, daß bei Risikofreude und bei Risikoneutralität eine Option 2 nicht weniger wert sein kann als eine Option 1, wenn Option 1 und Option 2 ansonsten identische Kontraktmerkmale haben, sich aber auf unterschiedliche Basisaktien beziehen, wobei Basisaktie 2 risikoreicher als Basisaktie 1 im Sinne von R/S ist. Die formale Analyse zeigt außerdem, daß ein solcher, qualitativ eindeutiger Zusammenhang zwischen dem R/S-Risiko der Aktie und dem Wert einer Option im Falle risikoaverser Anleger nicht allgemeingültig ist.

Dieselbe Aussage läßt sich in Anknüpfung an die in Abschnitt 4.6.2 diskutierten Eigenschaften des R/S-Risikos auch in etwas anderer Weise ableiten. In Abschnitt 4.6.2 wurde nachgewiesen, daß, wenn Aktie 2 risikoreicher als Aktie 1 im R/S-Sinn ist, auch generell gilt, daß

- die Kursverteilung von Aktie 2 höher als die Kursverteilung von Aktie 1 bewertet wird, wenn die Bewertungsfunktion einen konvexen Verlauf hat[305] und

- die Kursverteilung von Aktie 1 niedriger als die Kursverteilung von Aktie 2 bewertet wird, wenn die Bewertungsfunktion einen konkaven Verlauf hat.

Eine präferenzabhängige, individuelle Bewertung von Optionen kann nun auch als eine Bewertung der Aktienkursverteilung mittels einer Bewertungsfunktion inter-

---

[305] Damit wird gleichzeitig nochmals deutlich, daß eine Aktie, die risikoreicher im R/S-Sinn ist, auch stets eine höhere Standardabweichung der Kurse haben muß. Die Varianzfunktion ist nämlich ebenfalls eine konvexe Funktion. Vgl. Rothschild, M./Stiglitz, J. (1970), S. 241.

pretiert werden, die sich als Verkettung zweier Bewertungsfunktionen auffassen läßt. Zum einen wird aus der Aktienkursverteilung mittels der Funktion $C^i_{T,s}$ = max $[S^i_{T,s} - X, 0]$ eine Verteilung der Optionswerte $\tilde{C}^i_T$ gewonnen. Diese Bewertungsfunktion ist für sich genommen konvex. Zum anderen wird die Verteilung der Ausübungswerte anschließend mit einer Präferenzfunktion bewertet.

Im Fall der individuellen Wertpapierbewertung durch risikofreudige bzw. risikoneutrale Anleger ist diese zweite Bewertungsfunktion u(x) linear oder ebenfalls konvex. Da die Maximum-Funktion und die Präferenzfunktion gleichzeitig monoton steigende Verläufe aufweisen, kann aus ihrem separaten Steigungs- und Krümmungsverhalten geschlossen werden, daß bei risikofreudigen bzw. risikoneutralen Anlegern auch die Gesamtbewertungsfunktion einen konvexen Verlauf hat.[306] In diesen beiden Fällen gilt dementsprechend auch stets ein positiver Zusammenhang zwischen dem R/S-Risiko der Aktien und dem Optionswert. Im Fall der individuellen Bewertung durch risikoaverse Anleger ist die Präferenzfunktion demgegenüber konkav, so daß über das Krümmungsverhalten der aggregierten Bewertungsfunktion keine eindeutige Aussage mehr getroffen werden kann.

Unberücksichtigt blieb in der bisherigen Analyse aber die aus der ceteris paribus Bedingung einer Faktoranalyse resultierende, zusätzliche Bedingung, nach der die Basisaktien der beiden zu vergleichenden Optionen in t = 0 auch identische aktuelle Aktienkurse $S^1_0 = S^2_0$ aufweisen müssen. Die zusätzliche Berücksichtigung dieser ceteris paribus Annahme führt im Zusammenhang mit dem R/S-Risiko dann aber zur Kombination der beiden folgenden Bedingungen:

1. Nach dem R/S-Kriterium können hinsichtlich ihres Risikos überhaupt nur Aktien geordnet werden, deren Kursverteilungen in t = T identische Erwartungswerte aufweisen: $E(\tilde{S}^1_T) = E(\tilde{S}^2_T)$.

2. Nach der ceteris paribus Annahme vergleichbar sind überhaupt nur Optionen auf Basisaktien, deren aktuelle Kurse identisch sind: $S^1_0 = S^2_0$.

Nach den diskutierten Eigenschaften des R/S-Risikos müssen aber alle risikofreudigen Anleger eine Aktie 2 höher bewerten als eine Aktie 1 und alle risikoaversen Anleger Aktie 1 höher bewerten als Aktie 2, wenn Aktie 2 im Sinne von

---

[306] Für die erste Ableitung einer verketteten Funktion y = f(g(x)) gilt y ' = f '(g(x))·g '(x) und für die zweite Ableitung y " = f "(g(x))·g '(x)² + f '(g(x))·g "(x). Für die Konvexität und monotone Steigung der verketteten Funktion y kann damit Konvexität und monoton steigendes Verhalten beider Einzelfunktionen als hinreichende Bedingung angesehen werden.

R/S riskanter ist als Aktie 1. D.h., daß die beiden Bedingungen unter Beschränkung auf die drei reinen Risikoeinstellungen Risikofreude, Risikoneutralität und Risikoaversion überhaupt nur dann gleichzeitig erfüllt sein können, wenn Anleger Aktien risikoneutral bewerten.

Damit kann zusammenfassend festgestellt werden, daß bei einer präferenzabhängigen Bewertung die Aussage, daß der Optionswert mit dem R/S-Risiko der Aktie steigt, aufgrund der Konstruktion des Risikokriteriums bei einer ceteris paribus Variation des Aktienrisikos nur dann sinnvoll gefüllt werden kann, wenn zu vergleichende Aktien risikoneutral bewertet werden. Wenn Aktien risikoneutral bewertet werden, erscheint es aber andererseits wenig sinnvoll, für die Optionsbewertung eine andere Risikoeinstellung anzunehmen. Die Bewertungsaussage erlangt damit zwar formal für den Fall riskofreudiger und risikoneutraler Anleger Gültigkeit, bleibt aber nur für den Fall risikoneutraler Anleger keine "Leeraussage".[307]

Insbesondere bleibt die Aussage, daß der Optionswert mit dem R/S-Risiko der Basisaktie steigt, für den in der Literatur zumeist als besonders plausibel unterstellten Fall risikoaverser Anleger[308] bei einer ceteris paribus Analyse eine "Leeraussage". In diesem Fall würde die Aussage aber nicht einmal bei Aufgabe der ceteris paribus Annahme Gültigkeit erlangen können, da in diesem Fall schon allein zwischen dem Optionswert und dem R/S-Risiko kein eindeutiger qualitativer Zusammenhang existiert. Die Konsistenz zwischen dem R/S-Risikokriterium für zwei Aktien und den präferenzabhängigen Anlegerentscheidungen zwischen diesen beiden Aktien überträgt sich im Fall risikoaverser Anleger damit nicht auf das Präferenzurteil über zwei ansonsten identische Optionen auf diese Aktien.

---

[307] Die Bezeichnung "Leeraussage" soll dabei zum Ausdruck bringen, daß eine Aussage unter den gesetzten Prämissen zwar formal korrekt ist, daß die verschiedenen, gesetzten Prämissen aber nicht gleichzeitig erfüllt sein können.

[308] Vgl. z.B. Bitz, M. (1981), S. 172, der den speziellen Fall einer abnehmenden Risikoaversion als besonders plausiblen Fall ausmacht. Außerdem beruht nahezu die gesamte Portefeuille-Theorie auf der Annahme risikoaverser Anleger (vgl. dazu als Basiswerk der Portefeuille-Theorie insbesondere Markowitz, H.M. (1952)).

4.6.5 Relativierung des Merton-Theorems

Vor dem Hintergrund der oben abgeleiteten Bewertungszusammenhänge ist das Merton-Theorem von einem präferenz- und verteilungsfreien, positiven Zusammenhang zwischen dem Aktienrisiko im R/S-Sinn und dem Wert einer Option[309] zu relativieren. Das Theorem ist zwar formal korrekt, impliziert aber verschiedene, sehr enge Aussagegrenzen, die in Mertons Darstellung kaum erkennbar werden. Dem Merton-Theorem kommt bei genauerer Betrachtung zumindest eine weit geringere Aussagekraft zu als es ad hoc nach seiner Darstellung zunächst zu besitzen scheint.

Zunächst einmal kann festgestellt werden, daß Merton bei seinem Theorem ausschließlich eine individuelle und keine marktorientierte Wertpapierbewertung unterstellt. Merton unterstellt nämlich Zustandsneutralität der Anleger. Bezüglich der Bewertung von Aktien trifft er diese Annahme nur implizit durch die Verwendung des R/S-Risikokriteriums, das allein von den Wahrscheinlichkeitsverteilungen der Aktien abhängt und damit von den Zuständen, in denen die Realisationen der Aktienkurse jeweils eintreten, abstrahiert. Zustandsneutralität unterstellt Merton darüber hinaus aber hinsichtlich der Optionsbewertung auch explizit, indem er die Annahme trifft, daß die Wahrscheinlichkeitsverteilung zukünftiger Aktienkurse die für die Optionsbewertung einzig relevante Information über das Schwankungsverhalten einer Aktie darstellt.[310]

Mit dieser Annahme geht Merton davon aus, daß die Anleger nicht interessiert, in welchen Zuständen die Optionen positive Ausübungswerte liefern, sondern nur mit welchen Wahrscheinlichkeiten. Ein Zustandsbezug zu anderen Wertpapieren wird allenfalls in Relation zur beziehbaren Aktie berücksichtigt. Als Bewertungssituation kann von Merton damit sinnvollerweise kein Portefeuille- oder Marktzusammenhang, sondern allenfalls eine individuelle, präferenzabhängige Bewertung unterstellt werden. Das Gegenbeispiel zur Gültigkeit des Merton-Theorems bei marktorientierter Bewertung[311] und die analoge Argumentation von Jagannathan stehen damit nicht in direktem Widerspruch zu Mertons Theorem. Sie verdeutlichen aber eine Grenze seiner Aussagekraft, die bei Merton weniger deutlich bleibt.

---

[309] Vgl. Merton, R.C. (1973), S. 148-149.

[310] Vgl. Annahme 2 bei Merton, R.C. (1973), S. 148.

[311] Vgl. Abschnitt 4.6.3.

Kapitel D: Grenzen präferenz- und verteilungsfreier Bewertung 185

Auch für den Fall einer von Merton behandelten präferenzabhängigen, individuellen Bewertung ergeben sich aber zwei wesentliche Aussagegrenzen des Merton-Theorems, die bei Merton selbst unerwähnt bleiben:

- Zunächst kann sich das Merton-Theorem per se nur auf die Wertrelation solcher Optionen beziehen, deren Basisaktien sich nach dem R/S-Risikokriterium ordnen lassen. Das Merton-Theorem kann damit eine Aussage über den Zusammenhang zwischen Aktienkursverhalten und Optionswert überhaupt nur dann machen, wenn die Kursverteilungen der beiden zu vergleichenden Aktien den Integralbedingungen genügen - eine recht erhebliche Einschränkung der Aussagekraft des Merton-Theorems, die in seiner eigenen Arbeit zumindest unerwähnt bleibt.

- Außerdem geht Merton bei seinem Theorem von einer Variation des Aktienkursverhaltens unter ceteris paribus Bedingungen aus. Er geht damit nicht nur davon aus, daß sich die Basisaktien nach dem R/S-Risikokriterium ordnen lassen, sondern aktuell auch identische Kurse aufweisen. Bei präferenzabhängiger, individueller Bewertung muß für die Anwendbarkeit des R/S-Risikokriteriums bei gleichzeitiger Identität aktueller Aktienkurse aber, wie in Abschnitt 4.6.4 gezeigt wurde, stets Risikoneutralität der Anleger gegeben sein. Strenggenommen kann also auch Merton selbst nur die Gültigkeit seines Theorems für den Fall individueller Bewertung durch risikoneutrale Anleger beweisen. Bei risikofreudigen bzw. risikoaversen Anlegern ist das Merton-Theorem zwar nicht widerlegbar. Es bleibt für diese Risikoeinstellungen aber eine "Leeraussage". Auf diese Präferenzimplikation seines Theorems gibt es bei Merton aber ebenfalls keinen expliziten Hinweis. Da Merton sein Theorem auf einem relativ umständlichen Weg beweist, ist diese Implikation seines Theorems in seiner eigenen Beweisführung auch nur äußerst schwer zu erkennen.[312]

---

[312] Wegen der Umständlichkeit von Mertons Beweis soll auch in dieser Arbeit auf eine detaillierte Identifikation dieser Implikationen in seinem Originalbeweis verzichtet werden. Als Hinweis für den interessierten Leser sei hier nur darauf verwiesen, daß Merton zum Beweis seines Theorems (bei ihm Theorem 8) u.a. auf ein bei ihm als Theorem 7 bezeichnetes Theorem zurückgreift, nach dem eine Option auf ein Aktienportefeuille nicht mehr wert sein kann als ein Optionsportefeuille auf dieselben Aktien (vgl. Merton, R.C. (1973), S. 148). Dieser Zusammenhang gilt aber, auch wenn er bei Merton ohne Beschränkung der Gültigkeit präsentiert wird, genaugenommen nur, wenn die Aktien entweder identische Verteilungen aufweisen oder wenn Anleger risikofreudig bzw. risikoneutral sind. Durch Verwendung von Theorem 7 bleibt damit auch aus Mertons Beweisführung der Fall risikoaverser Anleger - wenn auch anscheinend unbewußt - ausgeschlossen. Daß das Merton-Theorem außerdem für den Fall risikofreudiger Anleger eine Leeraussage bleibt, wird bei Merton ebenfalls nicht expliziert, sondern ergibt sich bei ihm nur implizit aus der Kombination von einem R/S-Risikokriterium und einer ceteris paribus Variation des Aktienkursverhaltens.

4.6.6 Modifiziertes Merton-Theorem

Den Umstand, daß das Merton-Theorem bei risikoneutraler Bewertung gilt, bei marktorientierter Bewertung aber keine Allgemeingültigkeit erlangt, nimmt Jagannathan zum Anlaß zu einer Modifikation des Merton-Theorems.[313] Sein modifiziertes Theorem kann dann auch als Verallgemeinerung des ursprünglichen Merton-Theorems aufgefaßt werden. Es beinhaltet den Fall einer risikoneutralen Wertpapierbewertung, für den hier die Gültigkeit des Merton-Theorems nachgewiesen wurde, als Spezialfall und erlaubt darüber hinaus Aussagen, unter welchen Umständen das Merton-Theorem auch im Kontext einer marktorientierten Bewertung Gültigkeit besitzt. Der Ansatz von Jagannathan deckt dabei interessante Zusammenhänge zwischen dem Merton-Theorem und Optionswertmodellen auf, die auf der Basis von Verteilungsannahmen präferenzfreie, eindeutige Optionswerte liefern. Der Ansatz von Jagannathan soll daher kurz skizziert werden.

Die Grundidee des modifizierten Merton-Theorems läßt sich verdeutlichen, wenn man von den Ursachen einer fehlenden Allgemeingültigkeit des ursprünglichen Merton-Theorems im Marktzusammenhang ausgeht.

Im Fall der Marktbewertung stellen weder die aktuellen Aktienkurse noch die aktuellen Optionswerte eine Bewertung der Wahrscheinlichkeitsverteilungen zukünftiger Aktienkurse dar. Ausgangspunkt einer marktorientierten Bewertung ist nicht die Beziehung zwischen alternativen Aktienkursen und Eintrittswahrscheinlichkeiten, sondern die Beziehung zwischen alternativen Aktienkursen und den zustandsabhängigen Preisen der Zustände, in denen sie eintreten. Beide Relationen können aber fast beliebig auseinander fallen. Ein R/S-Risiko, das nur eine Aussage über die Wahrscheinlichkeitsverteilungen von Aktien trifft, kann daher in überhaupt keinem allgemein sinnvoll interpretierbaren Zusammenhang zur Bewertung von Aktien geschweige denn von Optionen stehen. Ein sinnvoll interpretierbarer Zusammenhang zwischen R/S-Risiko und Optionswert ließe sich bei einer marktorientierten Bewertung aber dann herstellen, wenn das R/S-Risiko nicht aus der Wahrscheinlichkeitsverteilung der Aktienkurse ermittelt würde, sondern aus einer Pseudo-Wahrscheinlichkeitsverteilung, aus der der aktuelle Aktienkurs auch bei marktorientierter Bewertung einfach als Erwartungswert ermittelt werden kann.[314]

---

[313] Vgl. Jagannathan, R. (1984).

[314] Als Pseudo-Wahrscheinlichkeitsverteilung soll dabei eine Zuordnung von Gewichtungsfaktoren zu den zustandsabhängigen, zukünftigen Aktienkursen bezeichnet werden, bei der die

Kapitel D: Grenzen präferenz- und verteilungsfreier Bewertung 187

Die Grundidee des modifizierten Merton-Theorems besteht damit in der Suche nach einer geeigneten Pseudo-Wahrscheinlichkeitsverteilung, die auch im Marktzusammenhang eine Bestimmung aktueller Aktienkurse als Erwartungswert erlaubt. Genau diese von einer Pseudo-Wahrscheinlichkeitsverteilung zu fordernde Eigenschaft weisen die sogenannten "risikoneutralen Verteilungen" nach Harrison/Kreps auf.

Harrison/Kreps definieren eine risikoneutrale Wahrscheinlichkeitsverteilung P^* anhand von drei Kriterien, die hier nicht dargestellt werden sollen.[315] Eine diesen Kriterien genügende, risikoneutrale Wahrscheinlichkeitsverteilung hat im Ergebnis jedenfalls genau die gewünschte Eigenschaft, daß die aktuellen Kurse aller Wertpapiere sich gerade als Erwartungswert auf Basis dieser Verteilung bestimmen lassen. Im Einperiodenfall muß also P^* so konzipiert werden, daß der Kurs eines Wertpapiers i als $W^i_0 = E^*(\widetilde{W}^i_T)$ bestimmt werden kann. Dabei symbolisiert $E^*(\cdot)$ den Erwartungswert einer Verteilung auf Basis der "*"-Wahrscheinlichkeiten. Auf Basis der risikoneutralen Wahrscheinlichkeitsverteilung kann ein modifiziertes Merton-Theorem etwa wie folgt formuliert werden:

"Eine Option auf Aktie 2 kann ceteris paribus nicht weniger wert sein als eine Option auf Aktie 1, wenn Aktie 2 auf Basis der risikoneutralen Verteilung P^* risikoreicher als Aktie 1 im R/S-Sinn ist."

Daß dieses modifizierte Merton-Theorem allgemeingültig ist, ergibt sich unmittelbar aus den Eigenschaften einer risikoneutralen Verteilung und seiner Analogie zum ursprünglichen Merton-Theorem bei Risikoneutralität. Dabei bezieht sich das modifizierte Merton-Theorem allerdings nicht mehr nur auf den Fall risikoneutraler Anleger,[316] sondern gerade auch auf den Fall einer Marktbewertung.[317]

Gewichtungsfaktoren sich zwar wie die Eintrittswahrscheinlichkeiten zu eins summieren, aber nicht den Eintrittswahrscheinlichkeiten selbst entsprechen müssen. Den Übergang von einer Wahrscheinlichkeitsverteilung zu einer Pseudo-Wahrscheinlichkeitsverteilung kann man sich als Verschiebung von Eintrittswahrscheinlichkeiten zwischen verschiedenen Zuständen vorstellen.

[315] Zur Definition einer risikoneutralen Verteilung vgl. Harrison, J.M./Kreps, D.M. (1979), S. 390.

[316] Der Fall risikoneutraler Bewertung kann als Spezialfall des modifizierten Merton-Theorems betrachtet werden, für den P unter ausschließlicher Modifikation um Zeitpräferenzen der Anleger als risikoneutrale Verteilung P^* verwendet werden kann.

[317] Die Bezeichnung der risikoneutralen Verteilung ist insofern etwas irreführend. Sie soll keine Aussage über die Risikopräferenzen der Anleger machen, sondern nur über die Möglichkeit, die Eintrittswahrscheinlichkeiten der Zustände so zu modifizieren, daß die aktuellen Wertpapierkurse dem Werturteil eines risikoneutralen Anlegers entsprechen.

Für die Gültigkeit des modifizierten Merton-Theorems kann als hinreichende Bedingung also angesehen werden, daß eine risikoneutrale Verteilung P^* existiert und eine Aktie 2 auf Basis dieser Verteilung risikoreicher als Aktie 1 im R/S-Sinn ist.

Interessant erscheint das modifizierte Merton-Theorem dabei vor allem deshalb, weil Harrison/Kreps risikoneutrale Verteilungen nicht nur definieren, sondern auch Bedingungen für deren Existenz ableiten. Harrison/Kreps zeigen, daß risikoneutrale Verteilungen auf allen Märkten existieren, die keine Arbitragemöglichkeiten bieten und auf denen Transaktionen kostenfrei sind. Sie zeigen darüber hinaus, daß die risikoneutrale Verteilung genau dann eindeutig ist, wenn die Preise aller Wertpapiere auf einem Markt durch Arbitrage eindeutig bestimmt sind. Demgegenüber kann auf einem Markt mit Arbitragemöglichkeiten auch keine risikoneutrale Verteilung existieren.[318]

Das modifizierte Merton-Theorem erlangt damit auf allen arbitragefreien Märkten Gültigkeit. Mit dem modifizierten Merton-Theorem existiert ein allgemeingültiger Zusammenhang zwischen dem Risikograd einer Aktie und dem Wert einer Option, der allerdings zu seiner Anwendung die Bestimmung einer oder der risikoneutralen Wahrscheinlichkeitsverteilung erfordert. Im diskreten, einperiodigen Fall mit bekannten Preisen elementarer Wertpapiere kann P^* bestimmt werden durch $P^*_{T,s} = e_{0,(T,s)}/B(0,T)$.

Wegen des mit null unterstellten Zinssatzes ergibt sich P^* im Beispiel A damit einfach als Vektor der zustandsabhängigen Preise $P^* = (1/8, 3/8, 3/8, 1/8)$.[319] Auf Basis von P^* gilt im Beispiel dann $S^1_0 = E^*(\tilde{S}^1_T) = 100$ und $S^2_0 = E^*(\tilde{S}^2_T) = 100$. Gleichzeitig ist dann in Beispiel A zu erkennen, daß sich Aktie 1 und 2 auf Basis von P^* nicht nach dem R/S-Risikokriterium ordnen lassen, daß also die Bedingung für die Gültigkeit des modifizierten Merton-Theorems nicht erfüllt ist.

Jagannathan zeigt nun, daß immer dann, wenn gleichzeitig gilt, daß

- Optionen mittels erwartungsneutraler Verteilungen eindeutig bewertet werden können,

- zwei Aktien 1 und 2 identische aktuelle Kurse haben und

---

[318] Vgl. Harrison, J.M./Kreps, D.M. (1979), S. 390-392.

[319] Zu einem diskreten Einperioden-Beispiel mit positivem Zinssatz vgl. das Beispiel bei Jagannathan, R. (1984), S. 426-429.

- eine Option auf Aktie 2 ceteris paribus bei jedem Basispreis keinen geringeren Wert haben kann als eine Option auf Aktie 1,

Aktie 2 auf Basis der risikoneutralen Verteilung auch risikoreicher als Aktie 1 im R/S-Sinn sein muß.[320] Eine Risikoordnung der Aktien 1 und 2 nach dem R/S-Risikokriterium auf Basis der risikoneutralen Verteilung ist also nicht nur hinreichende Bedingung für eine bezugspreisunabhängige Wertrelation ansonsten identischer Optionen auf die Aktien 1 und 2. Sie ist für den ceteris paribus Fall $S^1_0 = S^2_0$ mit der Möglichkeit einer eindeutigen Optionsbewertung gleichzeitig notwendige Bedingung für eine bezugspreisunabhängige Wertrelation der Optionen.[321]

4.7 Zusammenfassung

Da jeder Anleger in einem Zeitpunkt nur eine Kurserwartung haben kann, scheidet die Ableitung "strenger" Arbitragerelationen für den Zusammenhang zwischen dem Aktienkursverhalten und dem Optionswert von vornherein aus. Ein solcher Zusammenhang läßt sich nur für eine hypothetische Faktorvariation bzw. im Mehr-Aktien-Fall untersuchen.

Ohne Beschränkung der Anlegerpräferenzen und der Verteilungsvielfalt kann allerdings auch für diese Vergleichssituationen bei einer Faktorvariation unter ceteris paribus Bedingungen kein qualitativ eindeutiger Zusammenhang zwischen dem Aktienkursverhalten und dem Optionswert bestimmt werden. Ein qualitativ eindeutiger Zusammenhang bestünde nur für zustandsdominante Basisaktien, was allerdings zu einem Widerspruch zur ceteris paribus Annahme identischer aktueller Aktienkurse führen würde.

Die Unmöglichkeit der Bestimmung eines präferenz- und verteilungsunabhängigen, qualitativ eindeutigen Zusammenhangs zwischen dem Aktienkursverhalten und dem Optionswert gilt dabei speziell auch für die Standardabweichung und

---

[320] Vgl. Jagannathan, R. (1984), S. 429-430.

[321] In allen Optionswertmodellen, die zu einem eindeutigen Optionswert führen und die für gleiche Aktienkurse eine bezugspreisunabhängige Aussage über die Wertrelation ansonsten identischer Optionen erlauben, muß demnach auch das modifizierte Merton-Theorem definiert sein und gelten. So zeigt Jagannathan z.B. die Gültigkeit des modifizierten Merton-Theorems im Black/Scholes-Modell und im Binomialmodell; vgl. Jagannathan, R. (1984), S. 430-433.

das R/S-Risiko, die in der Optionstheorie als Kennzahlen einer Aktienkursverteilung vorgeschlagen werden.

Die Aussage, daß der Optionswert mit der Standardabweichung der Basisaktie steigt, gilt in einem verteilungsfreien Ansatz dabei weder für den Fall einer marktorientierten Bewertung noch bei risikoneutraler, risikofreudiger oder risikoaverser, individueller Bewertung allgemein.

Die Aussage, daß der Optionswert mit dem R/S-Risiko der Basisaktie steigt, gilt in einem verteilungsfreien Ansatz für den Fall einer marktorientierten Bewertung und einer risikoaversen Bewertung ebenfalls nicht allgemein. Im Fall risikofreudiger Bewertung ist die Aussage zwar formal korrekt, degeneriert wegen der ceteris paribus Annahme identischer aktueller Aktienkurse aber zu einer "Leeraussage". Das Merton-Theorem, das einen präferenz- und verteilungsfreien, positiven Zusammenhang zwischen dem R/S-Risiko und dem Optionswert proklamiert, bleibt in seiner Aussagekraft damit faktisch auf den Fall einer risikoneutralen Wertpapierbewertung beschränkt.

Das nach Jagannathan modifizierte Merton-Theorem stellt eine Verallgemeinerung des Merton-Theorems auf den Fall der marktorientierten Bewertung dar. Seine konkrete Anwendung setzt aber die Kenntnis einer risikoneutralen Verteilung im Sinne von Harrison/Kreps voraus. Das modifizierte Merton-Theorem bietet damit kaum Möglichkeiten einer praktischen Anwendung. Es verdeutlicht aber, in welcher Weise in einem verteilungsfreien Ansatz das Risiko einer Aktie gemessen werden müßte, nämlich als R/S-Risiko auf der Basis einer risikoneutralen Verteilung, damit die Aussage, daß der Optionswert mit dem Aktienrisiko steigt, tatsächlich Allgemeingültigkeit erlangt.

5. Dividenden und Optionswert

5.1 Vorbemerkung

Der Einfluß von Dividenden auf den Optionswert soll hier in einer ex ante-Betrachtung analysiert werden. D.h., es soll untersucht werden, wie für die Zukunft zu erwartende Dividendenzahlungen bereits heute den Wert einer Option beeinflussen. Im Vordergrund soll dabei, wie bei der Diskussion der übrigen Werteinflußfaktoren, die Frage stehen, ob ein präferenz- und verteilungsunabhängiger, qualitativ eindeutiger Zusammenhang zwischen der "Höhe" der Dividendenerwartungen und dem Optionswert besteht.

Als Dividende soll dabei hier jede Barausschüttung einer Gesellschaft an ihre Aktionäre aufgefaßt werden, unabhängig davon, ob sie in anderem Zusammenhang als Dividende, Bonus, Kapitalrückzahlung, Teilliquidation, Liquidation oder noch anders bezeichnet wird. Die Begriffe "Dividende" und "Ausschüttung" werden in dieser Arbeit synonym verwendet.

Der Werteinfluß von Dividenden soll dabei insofern vereinfacht behandelt werden, als daß Beschluß, Ankündigung und Auszahlung einer Dividende in einem Zeitpunkt zusammengefaßt werden. Dieser Zeitpunkt wird nachfolgend als Dividendentermin bezeichnet.

5.2 Grundansatz einer Arbitrageanalyse

5.2.1 Vorüberlegung

Analog zum Werteinflußfaktor "Aktienkursverhalten" können auch hinsichtlich des Werteinflußfaktors "Dividendenerwartung" in einem Zeitpunkt zwar verschiedene Anleger unterschiedliche Erwartungen für die zukünftigen Dividendenzahlungen ein und derselben Aktie haben. Ein Anleger kann in einem Zeitpunkt aber auch für die künftigen Dividendenzahlungen einer Aktie immer nur eine Erwartung haben.[322] Auch bei der Analyse des Zusammenhangs zwischen der Di-

---

[322] Vgl. zu den Möglichkeiten und Grenzen interpersonell divergierender Dividendenerwartungen im hier gewählten Modellrahmen die Annahmen über die Kapitalmarktakteure in Abschnitt 2.2 von

videnderwartung und dem Optionswert kann es hier also nur um eine hypothetische Faktorvariation im Zusammenhang mit der Bewertung einer Option (Ein-Aktien-Fall) oder um den Wertvergleich zweier Optionen auf unterschiedliche Aktien (Mehr-Aktien-Fall) gehen, deren Werteinflußfaktoren mit Ausnahme der Dividendenerwartung jeweils als gleich zu betrachten sind.

Soll der Einfluß der Dividendenerwartung auf den Optionswert für eine dieser beiden Vergleichssituationen analysiert werden, verbinden sich mit dieser Analyse - wiederum analog zur Analyse des Aktienkursverhaltens - drei Teilfragen:

1. Wie sollen unterschiedliche, nach Zuständen differenzierte Dividendenerwartungen überhaupt nach ihrer "Größe" oder "Höhe" geordnet werden?

2. Von welcher Variationsannahme soll bei einer Variation der Dividendenerwartung hinsichtlich der anderen Werteinflußfaktoren, insbesondere hinsichtlich des Aktienkursverhaltens, ausgegangen werden?

3. Läßt sich auf Basis eines bestimmten Vergleichskriteriums für die "Größe" oder "Höhe" von Dividendenerwartungen und auf Basis einer bestimmten Variationsannahme für die anderen Werteinflußfaktoren dann tatsächlich ein qualitativ eindeutiger Zusammenhang zwischen der "Größe" oder "Höhe" der Dividendenerwartung und der Höhe des Optionswertes ableiten?

Auf diese drei Teilfragen soll im folgenden näher eingegangen werden. Die Argumentation wird dabei zunächst wieder auf den Mehr-Aktien-Fall abgestellt.

5.2.2 Ordnung von Dividendenerwartungen nach ihrer Höhe

Vor einer Diskussion der Frage, wie unterschiedliche Dividendenerwartungen nach ihrer "Höhe" geordnet werden können, sollen hier einige sprachliche Regelungen getroffen werden. Zunächst soll, in Erweiterung der Vorstellungen des eingeführten Kursverlaufs- und Zahlungsmodells,[323] unter einer vollständigen Dividendenerwartung für eine Aktie i im Zeitpunkt t = 0 eine numerische Spezifikation der Vektoren $\tilde{D}^i_t$ (mit $\tilde{D}^i_t = (D^i_{t,1},..., D^i_{t,n(t)})$ für alle t ε $\{0,..., \infty\}$), also

---

Kapitel C. Zur analogen Problematik bei der Analyse des Werteinflusses aus dem Aktienkursverhalten vgl. Abschnitt 4.2 dieses Kapitels.

[323] Vgl. Abschnitt 2.1 von Kapitel C.

eine numerische Spezifikation aller nach Zeitpunkten und Zuständen differenzierten, für die Zukunft erwarteten Dividendenzahlungen verstanden werden.

Geht man davon aus, daß eine Dividende $D^i_{t,s}$ unmittelbar nach dem Zeitpunkt t, in einem gedanklichen Moment t^+, ausgezahlt wird, und akzeptiert man zusätzlich die Annahme, daß die Dividendenerwartung $\tilde{D}^i_T$ und alle folgenden Dividenden keinen Einfluß mehr auf die Bewertung einer Option haben können,[324] deren Laufzeit in t = T endet, dann bietet sich für die vorzunehmenden Betrachtungen eine Aufteilung der vollständigen Dividendenerwartung in die folgenden beiden Komponenten an:

1. Die Dividendenerwartung für Zeitpunkte bis t = T − 1, die durch die T Vektoren $\tilde{D}^i_t$ mit t ε {0,..., T−1} beschrieben wird, soll im folgenden als Dividendenerwartung im engeren Sinne (Dividendenerwartung i.e.S.) bezeichnet werden. Die T Vektoren $\tilde{D}^i_t$ der Dividendenerwartung i.e.S. sollen dabei zur kürzeren formalen Darstellung zu einem Vektor $\tilde{D}^i = (D^i_0; D^i_{1,1},..., D^i_{1,n(1)};...; D^i_{T-1,1},..., D^i_{T-1,n(T-1)})$ zusammengefaßt werden.[325]

2. Die Dividendenerwartung für Zeitpunkte nach dem Zeitpunkt t = T − 1, die durch die Vektoren $\tilde{D}^i_t$ mit t ε {T,..., ∞} beschrieben wird, soll im folgenden demgegenüber als sonstige Dividendenerwartung der Aktie i bezeichnet werden.

Unter der Annahme, daß ein Werteinfluß auf eine Option mit Fälligkeit im Zeitpunkt t = T nur Dividenden bis zum Zeitpunkt t = T − 1 zugesprochen wird, kann

---

[324] Die Annahme, daß Dividendenerwartungen für Zeitpunkte nach t = T − 1 keinen Einfluß auf die Bewertung einer Option mit Laufzeitende in t = T mehr haben, gilt, wenn eine Bewertungsirrelevanz von Dividendenerwartungen aus Aktionärssicht unterstellt wird (vgl. zu dieser Annahme Abschnitt 5.3.3 dieses Kapitels). Unter dieser Bedingung ist die für t = T erwartete Aktienkursverteilung nur abhängig von der Aktienkursverteilung, die ohne Dividendenerwartung in t = T erwartet wird, und der Dividendenerwartung bis zum Zeitpunkt t = T − 1, aber unabhängig von der konkreten Gestalt der Dividendenerwartung ab t = T.

[325] Wenn in Teilen der folgenden Ausführungen unter einer Dividendenerwartung i.e.S. nur eine einzige dem Zeitpunkt nach bekannte aber der Höhe nach unbekannte Dividendenzahlung verstanden wird, dann dient diese Reduktion vorwiegend der vereinfachten Darstellung. Eine gravierende inhaltliche Einschränkung scheint mit ihr hingegen nicht verbunden, da sich die Differenzen zwischen allen Dividendenerwartungen i.e.S., zwischen denen Zustandsdominanz besteht - nur solche Dividendenerwartungen werden im weiteren überhaupt als vergleichbare Dividendenerwartungen i.e.S. betrachtet - als eine oder mehrere solcher einzelnen Dividendenzahlungen mit gleichem Vorzeichen darstellen lassen.

sich die hier vorzunehmende Ordnung von Dividendenerwartungen nach ihrer "Höhe" auf eine Ordnung von Dividendenerwartungen i.e.S. beschränken.

Auch eine einzelne Dividendenerwartung i.e.S. kann aber nach der allgemeinen Vorstellung des Kursverlaufs- und Zahlungsmodells[326] noch immer aus einer Vielzahl von Dividendenwerten $D^i_{t,s}$ bestehen, die sich untereinander nach Zeitpunkt, Zustand - und damit verbunden natürlich auch ihrer Eintrittswahrscheinlichkeit - und Höhe unterscheiden können.

Mit dieser allgemeinen Modellierung einer Dividendenerwartung i.e.S. gestaltet sich bereits die Beantwortung der Frage, wann eine Aktie eine "höhere" bzw. "niedrigere" Dividendenerwartung als eine andere Aktie hat, problematisch. Eine zur Beantwortung dieser Frage vielleicht naheliegende Abbildung zu vergleichender Dividendenerwartungen i.e.S. auf einer eindimensionalen Maßskala würde eine Bewertung einzelner nach Höhe, Zeitpunkt und Zustand differierender Dividendenwerte voraussetzen. Die Abbildung verschiedener Dividendenerwartungen auf einer eindimensionalen Meßskala würde damit aber bereits auf ein Bewertungsproblem führen, dessen Lösung in Analogie zum Problem der Aktienbewertung und mit Einschränkung auch der Optionsbewertung selbst[327] nicht mehr nur davon abhängt, von welchen Dividendenerwartungen, sondern auch von welchen Präferenzen bei der Bewertung ausgegangen wird.

Eine vollständige Ordnung alternativer Dividendenerwartungen i.e.S. nach ihrer "Höhe" bleibt mit dem hier verfolgten Untersuchungsziel präferenz- und verteilungsunabhängiger Bewertungszusammenhänge zwischen Optionswerten und ihren Einflußfaktoren damit generell unvereinbar. Eine vollständige Präferenzordnung aller denkbaren Dividendenerwartungen würde bereits in der Vorbereitung der eigentlichen Analyse des Einflusses von Dividendenerwartungen auf Optionswerte die Einführung von Präferenzannahmen erfordern.

Zur Vermeidung dieses Widerspruchs soll hier von vornherein eine gravierende Einschränkung für die Menge der zu vergleichenden Dividendenerwartungen

---

[326] Vgl. Abschnitt 2.1 von Kapitel C.

[327] Für die Optionsbewertung gilt diese Analogie insofern nur eingeschränkt, als ja für diverse spezielle Verteilungsannahmen für die Kurse der Basisaktie tatsächlich Bewertungsmodelle verfügbar sind, mit Hilfe derer allein auf Basis der Verteilungsannahme und ohne zusätzliche Präferenzannahmen ein eindeutiger Optionswert und damit eine vollständige Präferenzordnung bestimmt werden kann. Vgl. hierzu etwa die in Abschnitt 3.3.4 von Kapitel B dargestellten Modelle.

i.e.S. vorgenommen werden. Die Vergleiche sollen dabei auf solche Dividendenerwartungen i.e.s. beschränkt werden, zwischen denen auch ohne Präferenzannahmen von einer eindeutigen Wertrelation ausgegangen werden kann. Das Entscheidungsprinzip der Zustandsdominanz liefert auch für eine solche präferenzfreie Wertrelation von Dividendenerwartungen ein geeignetes Kriterium.

Im folgenden soll die Dividendenerwartung i.e.S. zu einer Aktie 2 entsprechend dem Prinzip der Zustandsdominanz dann und nur dann höher als die Dividendenerwartung i.e.S. zu einer Aktie 1 bezeichnet werden, wenn die Dividendenerwartung i.e.S. zu Aktie 2 die der Aktie 1 zustandsdominiert. In formaler Darstellung soll $\tilde{D}^2 > \tilde{D}^1$ dann und nur dann gelten, wenn gilt:

$D^2_{t,s} \geq D^1_{t,s}$ für alle (t,s) mit $t \in \{0,...,T-1\}$ und $s \in \{1,...,n(t)\}$ und
$D^2_{t,s} > D^1_{t,s}$ für mindestens ein (t,s) mit $t \in \{0,...,T-1\}$ und $s \in \{1,...,n(t)\}$.

Stellt man sich vor, daß die zeitlich limitierten Dividendenrechte aus einer Aktie für den Zeitraum von t = 0 bis t = T − 1 als eigenständiges Wertpapier gehandelt werden, dann impliziert die Relation $\tilde{D}^2 > \tilde{D}^1$ also, daß jeder Anleger unabhängig von seinen Präferenzen die zeitlich limitierten Dividendenrechte aus Aktie 2 höher als die aus Aktie 1 bewertet.

In rein formaler Hinsicht entspricht diese Beschränkung betrachteter Dividendenerwartungen i.e.s. der oben vorgenommenen Beschränkung als vergleichbar zugelassener Zinserwartungen.[328] Es sei aber darauf hingewiesen, daß diese Beschränkung im Fall der Dividendenerwartung inhaltlich doch eine etwas andere Qualität erlangt und als tendenziell stärkere Beschränkung angesehen werden kann. Erscheint im Zusammenhang mit Zinserwartungen noch eine ausschließliche Vorstellung zukünftiger Zinssätze als Realisationen exogener Zufallsvariablen weitgehend angemessen und kann die Beschränkung der betrachteten Zinssätze dementsprechend als ausschließliche Beschränkung der sie generierenden Zufallsprozesse interpretiert werden, so muß bei Dividendenerwartungen in Betracht gezogen werden, daß Dividendenzahlungen nicht nur als Ergebnisse rein stochastischer Prozesse, sondern in aller Regel gleichzeitig auch als Ergebnisse einer Dividendenpolitik der Unternehmung zu betrachten sind. Für Dividendenerwartungen i.e.s. bedeutet die Beschränkung der Vergleichbarkeit also eine gemeinsame Einschränkung beider dividendenbestimmenden Einflüsse, sowohl eine Beschränkung dividendenrelevanter, stochastischer Prozesse als auch eine Be-

---

[328] Vgl. Abschnitt 2.1 dieses Kapitels.

schränkung vergleichbarer Dividendenpolitiken. Anschaulich wird das Ausmaß der Einschränkung durch folgendes Beispiel:

Betreibt Unternehmen 1 eine Dividendenpolitik, nach der eine jährliche Dividende in konstanter Absoluthöhe ausgezahlt werden soll, und Unternehmen 2 eine Dividendenpolitik, nach der jährlich eine Dividende ausgezahlt werden soll, deren Höhe in einem fixen proportionalen Verhältnis zur Höhe des dann geltenden Aktienkurses steht, dann sind die Dividendenerwartungen bzgl. der Aktien beider Unternehmen im Sinne der vorgenommenen Beschränkung nicht mehr miteinander vergleichbar, wenn bis zum Zeitpunkt t = T − 1 sowohl Zustände zu erwarten sind, in denen die proportionale Dividende oberhalb der konstanten Dividende liegt, als auch Zustände, in denen sie unterhalb der konstanten Dividende liegt.

Die vorgenommene Beschränkung auf Dividendenerwartungen i.e.S. mit einer Zustandsdominanzbeziehung besagt zwar nicht, daß diese beiden beispielhaft angeführten Dividendenpolitiken nicht gleichzeitig existieren können. Sie besagt aber, daß, wenn sie gleichzeitig existieren, die nachfolgenden Aussagen über den Dividendeneinfluß auf Optionswerte nicht unbedingt übertragbar sind auf Optionen, die zum Bezug von Aktien zweier Unternehmen berechtigen, die diese Dividendenpolitiken verfolgen.

5.2.3 Formulierung einer Variationsannahme

a) Verbale Formulierung

Die Frage nach einer Variationsannahme für die Merkmale des Optionskontraktes, die Zinssituation und den aktuellen Aktienkurs soll hier wiederum relativ pragmatisch gehandhabt werden. Für diese Werteinflußfaktoren soll hier von vornherein von einer ceteris paribus Annahme als Variationsannahme ausgegangen werden. Es soll also unterstellt werden, daß diese Werteinflußfaktoren bei einer Variation der Dividendenerwartung wertmäßig konstant bleiben.[329] Damit

---

[329] Damit bleiben hier z.B. Dividendenpolitiken, bei denen die Höhe von Dividendenzahlungen mit dem Zinsniveau verknüpft wird, genauso außer Betracht wie möglicherweise in Optionskontrakten getroffene Vereinbarungen, nach denen für den Ausschüttungsfall eine Kompensationsregelung für die Optionäre - etwa in Form von Barzahlungen an die Optionäre, einer Reduktion des Basispreises

reduziert sich die Frage einer Variationsannahme für eine Variation der Dividendenerwartung hier auf die Frage nach einem Zusammenhang zwischen Dividendenerwartungen und Aktienkurserwartungen.

Daß bei identischen aktuellen Aktienkursen und unterschiedlichen Dividendenerwartungen i.e.S., zwischen denen Zustandsdominanz besteht, die ad hoc Annahme identischer Aktienkurserwartungen keine sinnvolle Komplettierung der Variationsannahme mehr darstellen kann, ist offensichtlich, da ansonsten die Aktie mit der höheren Dividendenerwartung i.e.S. für einen Anlagehorizont von t = T selbst eine dominante Anlage gegenüber der dividendenniedrigeren Aktie wäre.[330] Eine Aktie 2 mit höherer Dividendenerwartung i.e.S. muß auf einem arbitragefreien Markt im Zeitpunkt t = T zumindest in einzelnen Zuständen einen niedrigeren Kurs als eine Aktie 1 mit identischem aktuellen Kurs und niedrigerer Dividendenerwartung i.e.S. aufweisen. Ansonsten ließe sich in t = 0 durch den Kauf von Aktie 2 und den Verkauf von Aktie 1 ein Arbitrageportefeuille aufbauen.

Stattdessen bietet sich bei einer Variation der Dividendenerwartung hinsichtlich des Aktienkursverhaltens ad hoc eine Variationsannahme an, die sich in drei zeitlich gestaffelte Teilannahmen zerlegen läßt:

- **Teilannahme A:** Vor dem Dividendentermin td hat eine Dividendenerwartung keine Auswirkungen auf Aktienkurse.

- **Teilannahme B:** Unmittelbar nach dem Dividendentermin td, in einem gedanklichen Moment td$^+$, schlägt sich eine Dividendenzahlung in einem Abschlag vom Aktienkurs exakt in Höhe der Dividendenzahlung nieder.

- **Teilannahme C:** Auf absolute Aktienkurse nach dem Dividendentermin td hat eine Dividendenzahlung einen negativen Effekt. Die für den Zeitraum

---

und/oder einer Erhöhung des Bezugsverhältnisses - vorgesehen ist (zu Dividendenschutzklauseln vgl. auch Abschnitt 5.5 dieses Kapitels).

[330] Im Gegensatz zur Diskussion des Aktienkursverhaltens bei Dividendenausschluß, wo bei einem identischen aktuellen Aktienkurs unmittelbar ein Widerspruch zwischen zustandsdominanten Aktienkursverteilungen und einem arbitragefreien Aktienmarkt zu konstatieren war (vgl. Abschnitt 4.2 dieses Kapitels), bedeutet eine Zustandsdominanz der Dividendenerwartungen i.e.S. von Aktie 2 gegenüber Aktie 1 bei identischen aktuellen Aktienkursen allein noch keinen Widerspruch zur Annahme der Arbitragefreiheit. Ein solcher Widerspruch ergibt sich erst, wenn gleichzeitig auch hinsichtlich der sonstigen Dividendenerwartungen bzw. hinsichtlich der Aktienkurserwartungen eine Äquivalenz von Aktie 2 und Aktie 1 unterstellt wird oder Aktie 2 gegenüber Aktie 1 auch hinsichtlich einer dieser Erwartungen zustandsdominant ist.

nach dem Dividendentermin erwarteten relativen Aktienkursveränderungen bleiben - abgesehen von dem Dividendenabschlag in td^+ - von einer Dividendenzahlung aber unberührt.

Für zwei Aktien mit identischen aktuellen Kursen, von denen Aktie 1 bis zum Zeitpunkt $t = T - 1$ keine Dividende und Aktie 2 in einem Zeitpunkt $t = td$ genau eine Dividende zahlt, kann diese Vorstellung über die Dividendenwirkung auf Aktienkurse wie folgt in eine Variationsannahme über die Kursrelation beider Aktien transformiert werden:

- **Teilannahme A:** Bis zum Dividendentermin td sind die Kurse beider Aktien in jedem Zeitpunkt und Zustand identisch.

- **Teilannahme B:** Unmittelbar nach dem Dividendentermin, in td^+, übersteigt der Kurs von Aktie 1 den der Aktie 2 exakt um den Dividendenbetrag.

- **Teilannahme C:** Nach dem Dividendentermin bleibt in jedem Zeitpunkt und Zustand die Kursrelation zwischen den beiden Aktien erhalten, wie sie sich unmittelbar nach dem Dividendentermin, in td^+, eingestellt hat.

Diese Annahme soll hier in einem ersten Ansatz einer Arbitrageanalyse des Zusammenhangs zwischen Dividendenerwartungen i.e.S. und dem Optionswert als Variationsannahme zugrunde gelegt werden. Zur Vorbereitung dieser Arbitrageanalyse erscheint es zunächst sinnvoll, diese Variationsannahme formal zu fassen und für den Fall mehrerer möglicher Dividendenzahlungen zu verallgemeinern. Durch die Arbitrageanalyse wird auf Basis dieser Variationsannahme dann ein präferenz- und verteilungsunabhängiger, negativer Zusammenhang zwischen der Höhe der Dividendenerwartung i.e.S. und dem Optionswert abgeleitet.

Im Anschluß an die Arbitrageanalyse erscheint es dann aber außerdem sinnvoll, diese Variationsannahme einer kritischen Betrachtung zu unterziehen.[331] Dabei wird dann deutlich werden, daß mit dieser Variationsannahme Effekte aus den Betrachtungen ausgeschlossen werden, die eine Dividende theoretisch auf die Aktienkursentwicklung haben kann und die für eine Optionsbewertung auch offensichtlich relevant sein können. Im weiteren wird dann zu zeigen sein, daß bei einer Lockerung der Variationsannahme ein negativer Zusammenhang zwischen der Dividendenerwartung i.e.S. und dem Optionswert nicht mehr unbedingt gültig bleiben muß. Innerhalb der kritischen Betrachtung der Variationsannahme werden dabei mögliche Werteinflüsse einer Dividendenerwartung auf Optionswerte er-

---

[331] Vgl. Abschnitt 5.3 dieses Kapitels.

kennbar,[332] die innerhalb präferenz- und verteilungsfreier Ansätze einer Optionsbewertung bislang kaum Berücksichtigung finden.

b) Formalisierung der Annahme

Geht man zunächst davon aus, daß auf Aktie 2 nur in einem Zeitpunkt td, mit td ε {0,..., T-1}, eine vom Zustand (td,s) abhängige Dividende von $\tilde{D}^2_{td}$ gezahlt wird und auf Aktie 1 in keinem Zustand (t,s), mit t ε {0,..., T-1}, eine Dividendenzahlung zu erwarten ist, und geht man weiter davon aus, daß eine dem Zeitpunkt td zugeordnete Dividende unmittelbar nach dem Zeitpunkt td, in td^+, ausgezahlt wird, so daß der Kurs von Aktie 2 erstmals im Zeitpunkt td + 1 ex Dividende notiert wird, dann werden die Aktien 1 und 2 nach der verbal formulierten Variationsannahme als abgesehen von der Dividende gleich betrachtet, wenn für die Kursrelation zwischen beiden Aktien folgende Beziehung gilt:

$S^2_{t,s} = S^1_{t,s}$ für alle t ε {0,..., td} und
$S^2_{t,s} = S^1_{t,s} \cdot (1 - D^2_{td,s}/S^2_{td,s})$ für alle t ε {td+1,..., T}.[333]

Die Konsistenz dieser formalen Fassung mit der oben angeführten verbalen Fassung der Variationsannahme wird erkennbar, wenn zunächst nur die Kursrelation zwischen den beiden Aktien im Zeitpunkt td + 1 betrachtet wird. Unmittelbar nach dem Zeitpunkt t = td hat sich im gedanklichen Moment td^+ der Kurs von Aktie 2 durch Dividendenabschlag von $S^2_{td,s}$ auf $S^2_{td+,s} = S^2_{td,s} - D^2_{td,s}$ reduziert. Nur dieser um den Dividendenabschlag verminderte Kurs der Aktie 2 erlebt nach der Fiktion der Variationsannahme dann in der Periode von td nach td + 1 noch dasselbe "Renditeschicksal" wie der Kurs von Aktie 1. Für $S^2_{td+1,s}$ muß dann also gelten:

$S^2_{td+1,s} = (S^2_{td,s} - D^2_{td,s}) \cdot S^1_{td+1,s}/S^1_{td,s}$
$\phantom{S^2_{td+1,s}} = S^1_{td+1,s} \cdot (S^2_{td,s}/S^1_{td,s} - D^2_{td,s}/S^1_{td,s})$

---

[332] Vgl. dazu insbes. Abschnitt 5.3.4 dieses Kapitels.

[333] Ein Index s liefert dabei allein jeweils nur die laufende Nummer eines Zustands für einen gegebenen Zeitpunkt. Einen Zustand eindeutig definieren kann der Index s immer erst zusammen mit dem Zeitpunkt, mit dessen laufender Nummer er zusammen als Index auftritt. D.h., daß auch innerhalb einer einzigen Gleichung ein Index s im Zusammenhang mit verschiedenen Zeitpunkten grundsätzlich verschiedene Zustände bezeichnen kann. Zum Ausschluß von Mißverständnissen müßte z.B. in der zweiten Gleichung statt $S^1_{t,s}$ geschrieben werden $S^1_{t,s(t)}$ und statt $D^2_{td,s}$ müßte vollständigerweise geschrieben werden $D^2_{td,s(td)}$. Zur Eindämmung der Indexflut wird auf diesen Zusatz aber auch im folgenden verzichtet.

und wegen $S^1_{td,s} = S^2_{td,s}$

$S^2_{td+1,s} = S^1_{td+1,s} \cdot (1 - D^2_{td,s}/S^2_{td,s})$.

Für Kurse der Aktie 2 in den auf td folgenden Zeitpunkten $t = td + x$ mit $x \in \{1,..., T-td\}$ muß dann allgemein gelten:

$S^2_{td+x,s} = S^1_{td+1,s} \cdot (1 - D^2_{td,s}/S^2_{td,s}) \cdot S^1_{td+x,s}/S^1_{td+1,s}$
$= S^1_{td+x,s} \cdot (1 - D^2_{td,s}/S^2_{td,s})$.

Dieser Zusammenhang entspricht gerade dem, wie er oben in der formalen Fassung der Variationsannahme für Zeitpunkte nach dem Dividendentermin formuliert wurde.[334]

c) Verallgemeinerung der Annahme

Geht man weiterhin von der Annahme aus, daß Aktie 1 während der Optionslaufzeit dividendenlos ist, verallgemeinert aber die Dividendenerwartung i.e.S. für Aktie 2 dahingehend, daß sie als beliebige Spezifikation der Dividendenvektoren $\tilde{D}^2_t$ mit $t \in \{0,..., T-1\}$ formulierbar ist,[335] dann kann der durch die Variations-

---

[334] Zur Verdeutlichung der Konsistenz zwischen verbaler und formaler Fassung der Variationsannahme wurde hier eine Argumentation gewählt, bei der Anleger erhaltene Dividendenzahlungen in anderen Titel als den beiden zu vergleichenden Aktien anlegen können. In rein formaler Hinsicht läßt sich die Konsistenz zwischen verbaler und formaler Variationsannahme auch zeigen, indem von der Fiktion einer Wiederanlage empfangener Dividenden in identische Aktien ausgegangen wird. Dieser Wiederanlagefiktion folgend ergäbe sich für die Aktienkurse in Zeitpunkten $t \in \{td+1,..., T\}$ mit der Relation $S^1_{t,s} = S^2_{t,s} \cdot (1 + D^2_{td,s}/(S^2_{td,s} - D^2_{td,s}))$ eine zu der oben angeführten Relation äquivalente Relation. Bei einer Wiederanlagefiktion ist im Zusammenhang mit homogenen Anlegererwartungen aber eine gewisse Vorsicht geboten. In solchem Zusammenhang eignet sie sich zwar als Bewertungs- nicht aber als Handlungsfiktion für alle Anleger. Würden tatsächlich alle Anleger versuchen, ihre Dividenden in identische Aktien zum Kurs $S^2_{td,s} - D^2_{td,s}$ zu reinvestieren, lägen nach Dividendenzahlung am Markt nur Kauf- aber keine Verkaufsofferten für Aktie 2 vor, wäre eine gleichzeitige Wiederanlage aller Anleger zu diesem Kurs also faktisch unmöglich. Im übrigen führt die Wiederanlagefiktion auf Grenzwertprobleme für den Fall einer Totalausschüttung, also $D^2_{td,s} = S^2_{td,s}$. Dann müßten unmittelbar nach dem Zeitpunkt $t = td$ nämlich alle Aktionäre versuchen, zu einem Kurs von $S^2_{td,s} - D^2_{td,s} = 0$ unendlich viele Stücke der wertlosen Aktie 2 zu erwerben.

[335] Die Beliebigkeit dieser Spezifikation soll durch die Nichtnegativitätsbedingung $D^2_{t,s} \geq 0$ und die Bedingung, daß zu keinem Zeitpunkt mehr als der Aktienwert ausgeschüttet werden kann, also durch $D^2_{t,s} \leq S^2_{t,s}$, beschränkt bleiben.

annahme unterstellte Kurszusammenhang zwischen beiden Aktien wie folgt verallgemeinert werden:

$$S^2_{t,s} = S^1_{t,s} \cdot \prod_{\tau=0}^{t-1}(1 - D^2_{\tau,s} / S^2_{\tau,s}).$$

Zur Verdeutlichung dieses allgemeineren Zusammenhangs erscheint zunächst eine Betrachtung des Kurszusammenhangs zwischen den Aktien 1 und 2 nur für die beiden Zeitpunkte t = 1,2 hilfreich. Diese beiden Kursrelationen lassen bereits die Systematik des Zusammenhangs für beliebige Zeitpunkte erkennen. In t = 1 gilt unter Verwendung von $S^1_0 = S^2_0$ analog zum oben behandelten Fall einer einzigen Dividendenzahlung:

$$\begin{aligned}S^2_{1,s} &= (S^2_0 - D^2_0) \cdot (S^1_{1,s}/S^1_0) \\ &= S^1_{1,s} \cdot (1 - D^2_0/S^2_0).\end{aligned}$$

In t = 2 gilt:

$$\begin{aligned}S^2_{2,s} &= (S^2_{1,s} - D^2_{1,s}) \cdot S^1_{2,s}/S^1_{1,s} \\ &= [S^1_{1,s} \cdot (1 - D^2_0/S^2_0) - D^2_{1,s}] \cdot S^1_{2,s}/S^1_{1,s} \\ &= S^1_{2,s} \cdot [(1 - D^2_0/S^2_0) - D^2_{1,s}/S^1_{1,s}] \\ &= S^1_{2,s} \cdot [(1 - D^2_0/S^2_0) - D^2_{1,s} \cdot [(1 - D^2_0/S^2_0)/S^2_{1,s}]] \\ &= S^1_{2,s} \cdot [(1 - D^2_0/S^2_0) - D^2_{1,s}/S^2_{1,s} \cdot (1 - D^2_0/S^2_0)] \\ &= S^1_{2,s} \cdot [(1 - D^2_0/S^2_0) \cdot (1 - D^2_{1,s}/S^2_{1,s})].\end{aligned}$$

Für beliebige Zeitpunkte t ε {1,..., T} gilt dementsprechend:

$$S^2_{t,s} = S^1_{t,s} \cdot \prod_{\tau=0}^{t-1}(1 - D^2_{\tau,s} / S^2_{\tau,s}).$$

Dieser Zusammenhang läßt sich auch an einem numerischen Beispiel nachvollziehen, dessen Daten in Tabelle D-5 zusammengestellt sind. In dem Beispiel wird zur Vereinfachung davon ausgegangen, daß je Zeitpunkt nur jeweils ein Zustand denkbar ist. Das Beispiel kann damit entweder als sichere ex ante-Erwartung oder als ex post-Betrachtung interpretiert werden:

t	S^1_t	S^1_t/S^1_{t-1}	D^2_t	$S^2_t = (S^2_{t-1} - D^2_{t-1}) \cdot S^1_t/S^1_{t-1}$
0	10	--	4	10,0
1	12	1,2	0	7,2
2	18	1,5	0	10,8
3	9	0,5	2	5,4
4	18	2,0	0	6,8
5	27	1,5	0	10,2

Tab. D-5: Beispiel zur Kursentwicklung zweier Aktien mit unterschiedlich hohen Dividenden

In diesem Beispiel ließe sich der Kurs der Aktie 2 im Zeitpunkt t = 5 nach der angegebenen Formel z.B. auch direkt bestimmen aus:

$S^2_{t=5} = 27 \cdot (1 - 4/10) \cdot (1 - 2/5,4) = 10,2$.

5.2.4 Arbitrageanalyse

Unter der Voraussetzung, daß zwischen den Dividendenerwartungen i.e.S. für zwei Aktien Zustandsdominanz besteht und für das Kursverhalten der beiden Aktien die formulierte Variationsannahme gilt, kann eine zusätzliche Bewertungsrelation über den Zusammenhang zwischen der Höhe der Dividendenerwartung i.e.S. und dem Optionswert abgeleitet werden, die allein aufgrund von Arbitrageüberlegungen gelten muß:

(xi) $C(\tilde{D}^1) \geq C(\tilde{D}^2)$, für $\tilde{D}^2 > \tilde{D}^1$
$c(\tilde{D}^1) \geq c(\tilde{D}^2)$, für $\tilde{D}^2 > \tilde{D}^1$.

Der Wert einer ersten Option kann nicht geringer sein als der einer ansonsten identischen zweiten Option, wenn sich die zwei Optionen nur dadurch unterscheiden, daß sich mit der über die erste Option beziehbaren Aktie geringere Dividendenerwartungen i.e.S. als mit der Basisaktie der zweiten Option verbinden. Andernfalls kann aus dem Kauf einer Option mit geringerer Dividendenerwartung

Kapitel D: Grenzen präferenz- und verteilungsfreier Bewertung 203

i.e.S. und dem gleichzeitigen Verkauf einer Option mit höherer Dividendenerwartung i.e.S. ein Arbitrageportefeuille aufgebaut werden, das sofort einen positiven Anfangssaldo von $C(\tilde{D}^2) - C(\tilde{D}^1)$ liefert und nur nichtnegative Zahlungssalden in der Zukunft.

In allen Situationen, in denen die verkaufte Option ausgeübt wird - sowohl bei einer Ausübung am Laufzeitende als auch bei möglicher vorzeitiger Ausübung im Fall amerikanischer Optionen - kann der Arbitrageur durch Ausübung seiner eigenen Option eine Differenzeinzahlung von $S^1_{t,s} - X$ erzielen, die mindestens so hoch ist wie die Differenzauszahlung von $S^2_{t,s} - X$, die ihm aus der Ausübung der verkauften Option entsteht. Diese Relation ($S^1_{t,s} - X \geq S^2_{t,s} - X$) gilt, da unter der Bedingung $\tilde{D}^2 > \tilde{D}^1$ und der gesetzten Variationsannahme für alle t ε {0,..., T} und s ε {1,..., n(t)} $S^1_{t,s} \geq S^2_{t,s}$ gelten muß. Die Gültigkeit dieser Relation $S^1_{t,s} \geq S^2_{t,s}$ läßt sich nach dem Beweisverfahren der vollständigen Induktion aus der verallgemeinerten, formalen Variationsannahme zeigen:[336]

Für t = 0 gilt nach der Variationsannahme $S^1_0 = S^2_0$. Um zu erkennen, daß auch $S^1_{t,s} \geq S^2_{t,s}$ gilt, wenn $S^1_{t-1,s} \geq S^2_{t-1,s}$ und $\tilde{D}^2 > \tilde{D}^1$ gilt, werden die Kurse $S^1_{t,s}$ und $S^2_{t,s}$ zunächst jeweils in Relation zum Kurs einer fiktiven Aktie "*" ausgedrückt, die ansonsten gleiche Merkmale wie die Aktien 1 und 2 aufweist, aber bis zum Zeitpunkt t = T - 1 einschließlich dividendenlos ist:

$$S^1_{t,s} = S^*_{t,s} \cdot \prod_{\tau=1}^{t-1}(1 - D^1_{\tau,s} / S^1_{\tau,s}) \text{ und}$$

$$S^2_{t,s} = S^*_{t,s} \cdot \prod_{\tau=1}^{t-1}(1 - D^2_{\tau,s} / S^2_{\tau,s}).$$

Für die Relation zwischen den Kursen der beiden Aktien im Zeitpunkt t - 1 und ihren Kursen im Zeitpunkt t gilt dann also:

---

[336] Bei der Verallgemeinerung der formalen Variationsannahme unter c) in Abschnitt 5.2.3 war eine dividendenlose Aktie 1 unterstellt worden. Hier liegt nun eine weitere Verallgemeinerung der Dividendenerwartungen i.e.S. vor, bei der auch auf Aktie 1 während der Optionslaufzeit Dividenden gezahlt werden können. Die Dividendenerwartung i.e.S. von Aktie 2 muß hier nur noch zustandsdominant gegenüber der Dividendenerwartung i.e.S. aus Aktie 1 sein. Diese weitergehende Verallgemeinerung macht einen zusätzlichen Beweis für die Gültigkeit der Relation $S^1_{t,s} \geq S^2_{t,s}$ für alle t ε {0,..., T} und s ε {1,..., n(t)} erforderlich. Zum dabei verwendeten Beweisverfahren der vollständigen Induktion vgl. z.B. Körth, H./Otto, C./Runge, W./Schoch, M. (1975), S. 78-79.

$S^1_{t,s} = (S^*_{t,s}/S^*_{t-1,s}) \cdot (1 - D^1_{t-1,s}/S^1_{t-1,s}) \cdot S^1_{t-1,s}$ und
$S^2_{t,s} = (S^*_{t,s}/S^*_{t-1,s}) \cdot (1 - D^2_{t-1,s}/S^2_{t-1,s}) \cdot S^2_{t-1,s}$.

Bei Nichtnegativität von Aktienkursen und Nichtnegativität von Dividenden, also bei Gültigkeit der Bedingung $S^i_{t,s} \geq D^i_{t,s} \geq 0$ für alle t, sind alle Faktoren dieser beiden Gleichungen nichtnegativ. Da wegen $\tilde{D}^2 > \tilde{D}^1$ außerdem $D^2_{t,s} \geq D^1_{t,s}$ für jeden Zustand (t,s) mit t ε {0,..., T-1} gelten muß, läßt sich aus diesen beiden Relationen für ein beliebiges t ε {0,..., T-1} von der Relation $S^1_{t-1,s} \geq S^2_{t-1,s}$ auf die Relation $S^1_{t,s} \geq S^2_{t,s}$ schließen. Da die Bedingung $S^1_{t,s} \geq S^2_{t,s}$ für t = 0 erfüllt ist, muß sie nach dem Induktionsschluß also auch für jedes t ε {0,..., T} erfüllt sein.

Dieser Zusammenhang erscheint auch ohne einen formalen Nachweis unmittelbar plausibel. Er besagt nichts anderes, als daß die getroffene Variationsannahme und die formulierte Größenordnung von Dividendenerwartungen i.e.S. gemeinsam sicherstellen, daß eine ansonsten gleiche Aktie mit höherer Dividendenerwartung i.e.S. in keinem zukünftigen Zustand einen höheren Aktienkurs aufweisen kann als eine Aktie mit niedrigerer Dividendenerwartung i.e.S.[337]

Im Fall einer Ausübung der verkauften Option erzielt der Arbitrageur bei gleichzeitiger Ausübung seiner eigenen Option wegen $S^1_{t,s} \geq S^2_{t,s}$ daher stets einen nichtnegativen Abschlußsaldo von $S^1_{t,s} - S^2_{t,s} \geq 0$ aus dem Portefeuille. Bleibt die verkaufte Option hingegen unausgeübt, so läßt der Arbitrageur seine eigene Option am Laufzeitende entweder (bei $S^1_{T,s} \leq X$) ebenfalls unausgeübt und ergeben sich aus dem Arbitrageportefeuille keine weiteren Zahlungskonsequenzen, oder übt er seine eigene Option am Laufzeitende (bei $S^1_{T,s} > X$) aus und erzielt so einen zusätzlichen positiven Abschlußsaldo von $S^1_{T,s} - X$.

---

[337] Die damit u.a. gültige Relation $S^1_{T,s} \geq S^2_{T,s}$ bringt dabei in anderer Betrachtung zum Ausdruck, daß Anleger im Zeitpunkt t = T und damit auch bereits im Zeitpunkt t = 0 die sonstige Dividendenerwartung für Aktie 1 (mit niedrigerer Dividendenerwartung i.e.S.) höher (oder zumindest nicht niedriger) bewerten als für Aktie 2. Diese Bewertungsrelation zwischen den sonstigen Dividendenerwartungen der beiden Aktien muß gelten, da es bei getrennter Handelbarkeit der Dividendenströme für die Zeitintervalle t ε {0,..., T-1} und t ε {T,..., ∞} ansonsten zu einem Widerspruch zu der Annahme identischer aktueller Aktienkurse käme. Die Relation $S^1_{T,s} \geq S^2_{T,s}$ bedeutet damit auch, daß unabhängig davon, welcher Zustand (T,s) eintritt, die Aktie mit der niedrigeren Dividendenerwartung i.e.S. mindestens in einem Zustand (t,s) mit t ε {T,..., ∞} eine höhere Dividende zahlt. Ein weitergehender Schluß, daß wegen dieser Relation Aktie 1 auch eine im Sinne der Zustandsdominanz höhere sonstige Dividendenerwartung als Aktie 2 hat, ist allerdings nicht allgemeingültig.

Relation (xi) gilt also als echte Arbitragerelation sowohl für europäische als auch für amerikanische Optionen. Besondere Erwähnung verdienen aber an dieser Stelle nochmals die drei wesentlichen, zusammen hinreichenden Bedingungen für die Gültigkeit dieser Relation. Die Arbitrageargumentation beruht auf einem

- Vergleich zweier, ansonsten identischer Optionen auf unterschiedliche Aktien,
- zwischen deren Dividendenerwartungen i.e.S. Zustandsdominanz besteht und
- für die die definierte Variationsannahme, insbesondere hinsichtlich des Aktienkursverhaltens, gilt.

Dabei ist vor allem die Rigidität der dritten Bedingung und die Notwendigkeit dieser Bedingung für die Gültigkeit der Relation (xi) nicht unmittelbar offensichtlich. Im folgenden soll daher untersucht werden,

- unter wie rigiden Voraussetzungen die verwendete Variationsannahme als adäquate Modellierung von Dividendenwirkungen auf Aktienkurse angesehen werden kann[338] und
- ob Relation (xi) auch unter schwächeren Annahmen als der verwendeten Variationsannahme Gültigkeit behält.[339]

5.3 Problematisierung der Variationsannahme

5.3.1 Vorbemerkung

Die Gültigkeit der Relation (xi) wurde in Abschnitt 5.2.4 unter einer ganz speziellen Variationsannahme für die sonstigen Werteinflußfaktoren abgeleitet. Hier soll diese Variationsannahme nun einer kritischen Betrachtung unterzogen werden. Dabei soll sich die Problematisierung der Variationsannahme hier aber auf den unterstellten Zusammenhang zwischen Dividendenerwartungen und Aktienkurserwartungen beschränken. Die in der Variationsannahme darüber hinaus unterstellte Unabhängigkeit zwischen Dividenden einerseits und den Merkmalen der Optionskontrakte, der Zinssituation und den aktuellen Aktienkursen andererseits soll hier demgegenüber undiskutiert bleiben.

---

[338] Vgl. Abschnitt 5.3.1 bis 5.3.4 dieses Kapitels.

[339] Vgl. Abschnitt 5.3.6 dieses Kapitels.

Im Zentrum der folgenden Diskussion steht dabei die Frage, ob der in der Variationsannahme unterstellte Zusammenhang zwischen Dividendenerwartungen und Aktienkurserwartungen eine "befriedigende" Modellierung darstellt oder ob Dividenden auch ganz andere Effekte auf die Aktienkursentwicklung haben können, bei deren Berücksichtigung Relation (xi) dann möglicherweise nicht mehr gültig ist.

Für diese Diskussion wird zunächst von folgender Situation ausgegangen:

- Es werden die Aktien zweier Unternehmen betrachtet, von denen auf Aktie 1 bis $t = T - 1$ einschließlich überhaupt keine Dividende gezahlt wird und auf Aktie 2 bis $t = T - 1$ genau eine Dividende in einem Zeitpunkt $t = td$ gezahlt wird, deren Höhe $\tilde{D}^2_{td}$ unsicher und zustandsabhängig bekannt sein soll.

- Es wird davon ausgegangen, daß die Unternehmen 1 und 2 bis zum Dividendenzeitpunkt $t = td$ über identische Investitions- und Finanzierungsportefeuilles verfügen und sich ihre Investitions- und Finanzierungsportefeuilles auch nach dem Dividendentermin nur insoweit unterscheiden, wie diese Unterschiede in einem direkten Zusammenhang mit der Dividendenzahlung stehen. Damit wird hier von vornherein eine relativ enge Sichtweise auf die Aktienkurseffekte eingenommen, die einer Dividende zugeschrieben werden sollen.[340]

5.3.2 Direkte und indirekte Zahlungseffekte einer Dividende

Hier soll von der Grundvorstellung ausgegangen werden, daß ein Aktienkurs $S_{t,s}$ in einem Zustand (t,s) ausschließlich ein Bewertungsergebnis der ab dem Zeitpunkt t aus der Aktie zu erwartenden Zahlungen darstellt. Hier wird also dementsprechend auch davon ausgegangen, daß eine für den Zustand (td,s) erwartete Dividende $D_{td,s}$ nur auf den in einem Zustand (t,s) erwarteten Aktienkurs $S_{t,s}$ wirken kann, indem sie die Zahlungserwartungen beeinflußt, die Anleger bei Erreichen des Zustands (t,s) für die Aktie nach dem Zeitpunkt t hegen.

---

[340] Theoretisch denkbar wären z.B. auch Dividenden, mit denen eine umfassende Reorganisation des Investitionsprogramms verknüpft wird. Zwischen einer Dividendenzahlung und einer solchen Reorganisation des Investitionsprogramms wird hier aber z.B. kein kausaler Zusammenhang unterstellt, auch wenn ein kausaler Zusammenhang zwischen diesen beiden Maßnahmen durchaus denkbar wäre - etwa wenn erst eine Dividendenzahlung den Übergang zu einer riskanteren Investitionspolitik aus Sicht der Aktionäre vorteilhaft erscheinen läßt. Zahlungskonsequenzen einer solchen Reorganisation würden aber hier jedenfalls nicht der Dividendenentscheidung zugerechnet.

Kapitel D: Grenzen präferenz- und verteilungsfreier Bewertung 207

Eine Dividendenerwartung kann die Zahlungserwartungen für eine Aktie dabei grundsätzlich in zweierlei Hinsicht beeinflussen:

1. **Direkte Zahlungseffekte:** Darunter soll hier ausschließlich der Nettoeinzahlungseffekt verstanden werden, den die Dividendenzahlung selbst am Dividendentermin[341] beim Aktionär hat.
2. **Indirekte Zahlungseffekte:** Darunter sollen hier alle anderen Zahungseffekte verstanden werden, die die Dividendenzahlung - mittelbar - zu anderen Zeitpunkten als dem Dividendentermin beim Aktionär auslöst.

Daß eine Dividende nicht nur mit direkten, sondern auch mit indirekten Zahlungseffekten verbunden sein muß, erscheint unmittelbar plausibel. Hätte eine Dividende ausschließlich direkte Zahlungseffekte, so müßte Aktie 2 bei einem identischen aktuellen Kurs wie Aktie 1 aus Anlegersicht eine dominante Anlage darstellen, was der Annahme eines arbitragefreien Kapitalmarktes widersprechen würde.

Aus Unternehmenssicht kann man sich die Entstehung indirekter Zahlungseffekte dadurch veranschaulichen, daß einer zusätzlichen Dividende zur Wahrung des finanziellen Gleichgewichts im Dividendenzeitpunkt in selber Höhe zusätzliche Einzahlungen, geringere Auszahlungen und/oder Minderungen des Unternehmensvermögens gegenüberstehen müssen.

Aus Unternehmenssicht ist eine Dividende demnach nicht als isolierte Einzelzahlung zu betrachten, sondern als nur eine - aus Sicht der Unternehmung negative - Zahlung einer ganzen Zahlungsreihe, die insgesamt auf die Dividendenentscheidung zurückgeführt werden kann und die in aller Regel zu irgendeinem späteren Zeitpunkt nach dem Dividendentermin dann auch mittelbar Auszahlungsminderungen an die Aktionäre enthält. Spätere Auszahlungsminderungen an die Aktionäre können aus einer Dividende z.B. dadurch resultieren, daß

- im Dividendenzeitpunkt zusätzliche Einzahlungen realisiert werden, aus denen in späteren Zeitpunkten dann zusätzliche Zahlungsansprüche gegen das Unternehmen resultieren,

---

[341] Der Nettoeinzahlungseffekt soll nach der hier gewählten Modellvorstellung dabei exakt im Moment t_d^+, unmittelbar nach dem Dividendentermin t_d, erfolgen.

- im Dividendenzeitpunkt geringere Auszahlungen getätigt werden, sich daraus aber in späteren Zeitpunkten höhere Zahlungsansprüche gegen das Unternehmen ergeben oder
- im Dividendenzeitpunkt das Unternehmensvermögen reduziert wird und deswegen in späteren Zeitpunkten Zahlungsansprüche in unveränderter Höhe einem verminderten Unternehmensvermögen gegenüberstehen.

Bezeichnet man dabei als Dividendenentscheidung nur die Ausschüttungsentscheidung selbst, dann muß jede Dividendenentscheidung als zwangsläufig mit mindestens einer weiteren, wenn auch unter Umständen nur unbewußt getroffenen, Entscheidung verknüpft gesehen werden, in der über die sonstigen Elemente der Zahlungsreihe entschieden wird. Diese zweite Entscheidung kann dann auch interpretiert werden als eine Entscheidung über die Herkunft der auszuschüttenden Mittel. Sie soll nachfolgend daher auch als Finanzierungsentscheidung einer Dividende bezeichnet werden.

Geht man von einer solchen, gedanklichen Trennung von Dividenden- und zugehöriger Finanzierungsentscheidung aus, so determiniert die Dividendenentscheidung zunächst nur die direkten Zahlungseffekte einer Dividende, während die Finanzierungsentscheidung maßgeblich die indirekten Zahlungseffekte einer Dividende determiniert, da von dieser Entscheidung abhängt, welche Zahlungseffekte eine Dividende nach dem Dividendentermin in erster Konsequenz für die Unternehmung und in weiterer Konsequenz dann für die Aktionäre erwarten läßt.

5.3.3 Variationsannahme als Annahme über die Zahlungseffekte einer Dividende

Akzeptiert man, daß eine Dividendenerwartung nur durch ihre direkten und indirekten Zahlungseffekte auf Aktienkurserwartungen einwirken kann, dann kann die in Abschnitt 5.2.3 formulierte Variationsannahme über den Zusammenhang zwischen Dividendenerwartungen und Aktienkurserwartungen auch als Annahme über die direkten und indirekten Zahlungskonsequenzen einer Dividende interpretiert werden.

Kapitel D: Grenzen präferenz- und verteilungsfreier Bewertung 209

Teilannahme B[342] kann dann so interpretiert werden, daß der direkte Zahlungseffekt einer Dividende aus Aktionärssicht aus einem Zahlungsmittelzufluß exakt in Höhe von $D_{td,s}$ unmittelbar nach dem Zeitpunkt td, in td⁺, besteht. Da in den allgemeinen Kapitalmarktprämissen hier ohnehin ein friktionsfreier Kapitalmarkt ohne Steuern, Marginforderungen, Transaktionskosten, Transaktionszeiten etc. unterstellt wurde,[343] stellt Teilannahme B in dieser Sichtweise keine zusätzliche Annahme dar.

Teilannahme A kann dann so interpretiert werden, daß Aktionäre den direkten und indirekten Zahlungseffekten einer Dividende in jedem Zustand bis einschließlich zum Dividendentermin identische Absolutwerte zuordnen. Teilannahme A unterstellt damit eine Bewertungsirrelevanz einer Dividendenerwartung aus Aktionärssicht. Inwieweit diese Teilannahme eine zusätzliche Annahme darstellt, die über die ohnehin gesetzten allgemeinen Kapitalmarktprämissen hinausgeht, würde eine etwas differenziertere Betrachtung erfordern, auf die an dieser Stelle aber zu Gunsten einer übersichtlicheren Darstellung verzichtet werden soll.[344] Die Bewertungsirrelevanz von Dividendenerwartungen aus Aktionärssicht soll im folgenden einfach als gegeben angesehen werden.

---

[342] Zu den Teilannahmen A, B und C vgl. die Formulierung der Variationsannahme in Abschnitt 5.2.3 dieses Kapitels.

[343] Vgl. die Kapitalmarktannahmen in Abschnitt 2.2 von Kapitel C.

[344] Eine differenzierte Betrachtung wäre dabei innerhalb der gesetzten Kapitalmarktprämissen zum einen wegen der Art der hier geforderten Homogenität der Anlegererwartungen erforderlich. Bei vollständig homogenen Anlegererwartungen würden für Dividenden mit unverändertem Investitionsprogramm zwar offensichtlich die Modigliani/Miller-Theoreme von der Irrelevanz der Dividenden (vgl. Miller, M.H./Modigliani, F. (1961), Swoboda, P. (1991), S. 114-117) und von der Irrelevanz der Kapitalstruktur (vgl. Modigliani, F./Miller, M.H. (1958), Stiglitz, J.E. (1974), Fama, E.F. (1978), Swoboda, P. (1991), S. 92-100) gelten und damit für die nachfolgend behandelten Fälle einer einlagen- und kreditfinanzierten Dividende die Bewertungsirrelevanz bereits durch die Kapitalmarktprämissen offensichtlich gewährleistet sein. Bei der hier gesetzten schwächeren Annahme über die Anlegererwartungen ist die Gültigkeit der beiden Irrelevanztheoreme aber nicht auf Anhieb erkennbar (vgl. dazu aber einen entsprechenden Beweis bei Franke, G. (1981), hier zitiert nach Swoboda, P. (1991), S. 93). Zum anderen wird hier aber auch der Fall einer Dividendenzahlung mit Veränderungen des Investitionsprogramms berücksichtigt, der von den beiden Irrelevanztheoremen nicht abgedeckt wird. Bei Dividendenzahlungen mit Veränderungen des Investitionsprogramms erfordert eine Gewährleistung der Bewertungsirrelevanz von Dividenden zusätzliche Annahmen über den Perfektionsgrad des Investitionsgütermarktes - in einem besonders einfachen Fall z.B. die Annahme, daß als Investitionsprojekte wiederum nur Anlagen auf dem Kapitalmarkt getätigt werden.

Teilannahme C geht in dieser Interpretation dann allerdings deutlich über die mit Teilannahme A unterstellte Bewertungsirrelevanz einer Dividendenerwartung aus Aktionärssicht hinaus. Während Teilannahme A nur unterstellt, daß Aktionäre die direkten und indirekten Zahlungseffekte einer Dividende ex ante gleich hoch bewerten, trifft Teilannahme C darüber hinaus eine sehr spezielle Annahme über die zeit- und zustandsabhängige Struktur indirekter Zahlungseffekte einer Dividende.

Teilannahme C unterstellt letztendlich für jeden Zustand nach dem Dividendentermin, daß alle verbleibenden Zahlungserwartungen sich durch eine Dividendenzahlung $D_{td,s}$ exakt um den Prozentsatz $D_{td,s}/S_{td,s}$ vermindern.[345] Diese mit Teilannahme C verbundene, hier als "starr" bezeichnete Fiktion über die indirekten Zahlungseffekte einer Dividende muß auf Anhieb unplausibel erscheinen.[346] Einerseits wurde festgestellt, daß die indirekten Zahlungseffekte einer Dividende maßgeblich durch die zugehörige Finanzierungsentscheidung determiniert werden. Andererseits unterstellt Teilannahme C, daß die indirekten Zahlungseffekte eine ganz spezielle Gestalt haben und für alle Finanzierungsarten einer Dividende gleich sind.

Diese Überlegung legt die Vermutung nahe, daß die Variationsannahme nur unter ganz speziellen zusätzlichen Annahmen über die Finanzierung einer Dividende als adäquate Modellierung des Zusammenhangs zwischen Dividendenerwartungen und Aktienkurserwartungen angesehen werden kann. Daß der Zusammenhang zwischen Dividendenerwartungen und Aktienkurserwartungen bei Berücksichtigung unterschiedlicher Finanzierungsmöglichkeiten einer Dividende tatsächlich eine wesentlich flexiblere Modellierung als in der formulierten Variationsannahme erforderlich machen würde, wird nachfolgend an einem einfachen Beispiel aufgezeigt. Anschließend wird dann der Frage nachzugehen sein, welche Auswir-

---

[345] Diese Implikation von Teilannahme C kann man sich z.B. durch die zusätzliche Annahme verdeutlichen, daß das Dividende zahlende Unternehmen in t = T liquidiert wird und die sonstigen Dividendenerwartungen ausschließlich aus einem Liquidationserlös in Höhe von $\tilde{D}_T = \tilde{S}_T$ bestehen.

[346] Daß die mit Teilannahme C verbundene Fiktion über die indirekten Zahlungseffekte einer Dividende hier als "starr" bezeichnet wird, soll dabei zum Ausdruck bringen, daß Aktienkurserwartungen für Zustände nach dem Dividendentermin gemäß dieser Fiktion nur davon abhängen, welche Aktienkurse ohne Dividendenzahlungen erwartet worden wären und in welcher Höhe Dividenden erwartet werden, daß also in anderer Betrachtung für eine Abhängigkeit der Aktienkurserwartungen von der Art der Dividendenfinanzierung durch die Variationsannahme kein Spielraum gelassen wird. Eine Variationsannahme, die einen Spielraum für die Abhängigkeit der Aktienkurserwartungen von der Art der Dividendenfinanzierung beläßt, soll hier demgegenüber als flexible Variationsannahme bezeichnet werden.

kungen eine solche Flexibilisierung der Variationsannahme auf die Gültigkeit der Relation (xi) hat.

5.3.4 Dividendenfinanzierung und Variationsannahme

Zur Reduktion der möglichen Vielfalt von Finanzierungsentscheidungen, die mit einer Ausschüttung verknüpft werden können, sollen hier nachfolgend vereinfachend nur drei unterschiedliche Quellen ausgeschütteter Mittel isoliert in Betracht gezogen werden:

- Der Dividendenzahlung steht eine gleichzeitige und gleichhohe Vermögensminderung des Unternehmens durch verminderte Neuinvestitionen, Desinvestitionen oder durch Minderung des Kassenbestandes gegenüber (Substanzfinanzierung).[347]

- Der Dividendenzahlung stehen gleichzeitige und gleichhohe Einzahlungen gegenüber, mit denen sich fixe Zahlungsansprüche gegen die Unternehmung in der Zukunft verknüpfen (Kreditfinanzierung).

- Der Dividendenzahlung stehen gleichzeitige und gleichhohe Einzahlungen gegenüber, mit denen sich rein überschußabhängige Zahlungserwartungen in der Zukunft verknüpfen (Einlagenfinanzierung).[348]

Die grundsätzliche Relevanz der Dividendenfinanzierung für den Optionswert soll an einem einfachen Beispiel verdeutlicht werden:

Unternehmen 1 (keine Dividende): Es wird von einem Unternehmen 1 ausgegangen, das nur noch eine Periode lang existiert (t = 0,1) und danach liquidiert werden soll. Der Periodenzinssatz für festverzinsliche Anlagen soll null betragen. Das Unternehmen realisiert nur Investitionen mit einer Laufzeit von einer Periode. In t = 0 wird ein Investitionsprogramm realisiert, das insgesamt in t = 1 entweder

---

[347] Dabei kann eine Kassenhaltung auch als Teil des Investitionsprogramms einer Unternehmung und damit eine Dividendenzahlung aus der Kasse ebenfalls als Veränderung des Investitionsprogramms betrachtet werden.

[348] Durch Einbeziehung von Finanztiteln, die nicht oder nicht nur die Merkmale idealtypischen Eigen- oder Fremdkapitals tragen, und Berücksichtigung einer Dividendenfinanzierung aus mehreren Quellen gleichzeitig könnten nahezu beliebige weitere Fälle einer Dividendenfinanzierung konstruiert werden, die im folgenden aber keine ausdrückliche Berücksichtigung finden sollen.

im Zustand (1,1) eine Einzahlung von 225 GE ($UV^1_{1,1} = 225$) oder im Zustand (1,2) eine Einzahlung von 75 GE ($UV^1_{1,2} = 75$) erbringt.

Es wird weiter angenommen, daß die Unternehmung dabei im Detail zwei verschiedene, voneinander unabhängige und beliebig teilbare Investitionen mit konstanten Skalenerträgen in gleichem Umfang tätigt, eine (risikolose) Investition, für die in t = 0 ein Betrag von 75 GE ausgezahlt wird und die in t = 1 mit Sicherheit Einzahlungen von 75 GE erbringt, und eine (risikobehaftete) Investition, für die in t = 0 ebenfalls 75 GE ausgezahlt werden und die in t = 1 entweder Einzahlungen von 150 GE oder überhaupt keine Einzahlungen erbringt.

Das Unternehmen muß in t = 1 aus den Investitionsrückflüssen zunächst fixe Zahlungsansprüche von 50 GE bedienen, die aus früher aufgenommenen Krediten stammen. Diese Zahlungsansprüche sind durch das Unternehmensvermögen in t = 1 also in beiden möglichen Zuständen gedeckt ($FK^1_{1,1} = FK^1_{1,2} = 50$). Das darüber hinausgehende Unternehmensvermögen fällt in t = 1 dem einzigen Aktionär, der genau eine Aktie hält, zu ($S^1_{1,s} = UV^1_{1,s} - 50$).

Auf diese Aktie existiert außerdem eine Kaufoption, die den Optionär dazu berechtigt, die Aktie in t = 1 zu einem Basispreis von X = 50 GE zu erwerben. Der Wert dieser Option beträgt in t = 1 also in Abhängigkeit vom eingetretenen Zustand $C^1_{1,s} = \max[0, S^1_{1,s} - 50]$. Die wesentlichen Daten des Beispiels sind in Tabelle D-6 zusammengefaßt.

Zustand (t,s)	$UV^1_{1,s}$	$FK^1_{1,s}$	$S^1_{1,s}$	$C^1_{1,s}(X = 50)$
(1,1)	225	50	175	125
(1,2)	75	50	25	0

Tab. D-6: Unternehmen 1 des Dividendenbeispiels (keine Dividende)

Weiterhin sollen im Beispiel zur Veranschaulichung die Werte der Finanztitel im Zeitpunkt t = 0 bestimmt werden können. Dazu wird hier unterstellt, daß alle Kapitalmarktakteure sich bei ihren Entscheidungen risikoneutral verhalten und daß die beiden in t = 1 möglichen Zustände als gleichwahrscheinlich eingeschätzt werden.[349] Die Kreditansprüche werden in t = 0 dann mit $FK^1_0 = 50$, die Aktie mit $S^1_0 = 100$ und die Option mit $C^1_0 = 62,5$ bewertet.

Um die Relevanz einer Dividendenfinanzierung aus Optionärssicht zu verdeutlichen, wird davon ausgegangen, daß neben Unternehmen 1 fünf weitere Unternehmen 2 - 6 existieren, die sich in t = 0 in einer identischen Situation wie Unternehmen 1 befinden, deren Aktionär im Gegensatz zum Aktionär des Unternehmens 1 aber jeweils beschließt, sich im Zeitpunkt t = 0 eine Dividende von 25 GE auszuzahlen. Die Unternehmen 2 - 6 unterscheiden sich dabei untereinander durch die Finanzierungsentscheidung, die mit der Dividendenentscheidung verknüpft wird.

Unternehmen 2 (substanzfinanzierte Dividende I): Der Aktionär von Unternehmen 2 beschließt, sich in t = 0 eine Dividende von 25 GE auszuzahlen und dafür im Umfang von je 12,5 GE auf die Realisierung beider Investitionsprojekte teilweise zu verzichten. Die Zahlungsansprüche der Gläubiger können in t = 1 trotz dieser Ausschüttung in jedem Fall erfüllt werden. Die Zustandsverteilungen der in t = 1 zu erwartenden Aktien- und Optionswerte werden durch die Ausschüttungsentscheidung allerdings beeinträchtigt. Die Daten des so modifizierten Beispiels sind in Tabelle D-7 zusammengefaßt.

Zustand (t,s)	$UV^2_{1,s}$	$FK^2_{1,s}$	$S^2_{1,s}$	$C^2_{1,s}(X = 50)$
(1,1)	187,5	50	137,5	87,5
(1,2)	62,5	50	12,5	0

Tab. D-7: Unternehmen 2 des Dividendenbeispiels (substanzfinanzierte Dividende I)

Die Werte der drei Finanztitel betragen in $t = 0^+$ unmittelbar nach Dividendenauszahlung $FK^2_{0+} = 50$, $S^2_{0+} = 75$ und $C^2_{0+} = 43,75$.

---

[349] Risikoneutralität der Anleger und Gleichwahrscheinlichkeit der alternativen Zustände werden hier angenommen, um das Beispiel möglichst leicht nachvollziehbar zu halten. Die nachfolgend abgeleiteten Zusammenhänge lassen sich aber auch auf der Basis anderer Präferenz- und Verteilungsannahmen zeigen.

Unternehmen 3 (substanzfinanzierte Dividende II): Der Aktionär von Unternehmen 3 beschließt, sich in t = 0 eine Dividende von 25 GE auszuzahlen und dafür ausschließlich das Volumen der risikolosen Investition um 25 GE zu reduzieren. Die Zahlungsansprüche der Gläubiger können auch bei dieser Entscheidung in t = 1 trotz der Ausschüttung in jedem Fall erfüllt werden. Die Daten des so modifizierten Beispiels sind in Tabelle D-8 zusammengefaßt.

Zustand (t,s)	$UV^3_{1,s}$	$FK^3_{1,s}$	$S^3_{1,s}$	$C^3_{1,s}(X=50)$
(1,1)	200	50	150	100
(1,2)	50	50	0	0

Tab. D-8: Unternehmen 3 des Dividendenbeispiels (substanzfinanzierte Dividende II)

Die Werte der drei Finanztitel betragen in $t = 0^+$ unmittelbar nach der Dividendenausschüttung $FK^3_{0+} = 50$, $S^3_{0+} = 75$ und $C^3_{0+} = 50$.

Unternehmen 4 (substanzfinanzierte Dividende III): Der Aktionär von Unternehmen 4 beschließt, sich in t = 0 eine Dividende von 25 GE auszuzahlen und dafür ausschließlich das Volumen der risikobehafteten Investition um 25 GE zu reduzieren. Die Zahlungsansprüche der Gläubiger können auch bei dieser Entscheidung in t = 1 trotz der Ausschüttung in jedem Fall erfüllt werden. Die Daten des so modifizierten Beispiels sind in Tabelle D-9 zusammengefaßt.

Zustand (t,s)	$UV^4_{1,s}$	$FK^4_{1,s}$	$S^4_{1,s}$	$C^4_{1,s}(X=50)$
(1,1)	175	50	125	75
(1,2)	75	50	25	0

Tab. D-9: Unternehmen 4 des Dividendenbeispiels (substanzfinanzierte Dividende III)

Die Werte der Finanztitel betragen in $t = 0^+$ unmittelbar nach Dividendenauszahlung $FK^4_{0+} = 50$, $S^4_{0+} = 75$ und $C^4_{0+} = 37,5$.

Unternehmen 5 (kreditfinanzierte Dividende): Der Aktionär von Unternehmen 5 beschließt, sich in $t = 0$ eine Dividende von 25 GE auszuzahlen und dafür bei unverändertem Investitionsprogramm einen zusätzlichen Kredit aufzunehmen, der in $t = 0$ eine Einzahlung von 25 GE und in $t = 1$ eine Auszahlung von 25 GE verursacht. Die Zahlungsansprüche sowohl der Altgläubiger als auch der neuen Kreditgeber können in $t = 1$ auch bei dieser Entscheidung trotz der Ausschüttung in jedem Fall erfüllt werden. Die Daten des so modifizierten Beispiels sind in Tabelle D-10 zusammengefaßt. $FK^5_{1,s}$ umfaßt dabei sowohl die Zahlungen an die alten als auch die Zahlungen an die neuen Kreditgeber.

Zustand (t,s)	$UV^5_{1,s}$	$FK^5_{1,s}$	$S^5_{1,s}$	$C^5_{1,s}(X = 50)$
(1,1)	225	75	150	100
(1,2)	75	75	0	0

Tab. D-10: Unternehmen 5 des Dividendenbeispiels (kreditfinanzierte Dividende)

Die Werte der Finanztitel betragen in $t = 0^+$ unmittelbar nach Dividendenauszahlung und zusätzlicher Kreditaufnahme $FK^5_{0+} = 75$, $S^5_{0+} = 75$ und $C^5_{0+} = 50$.

Unternehmen 6 (einlagenfinanzierte Dividende, Schütt-Aus-Hol-Zurück): Der Aktionär von Unternehmen 6 beschließt, sich in $t = 0$ eine Dividende von 25 GE auszuzahlen und dafür bei unverändertem Investitionsprogramm 1/3 junge Aktie zu emittieren. Die Emission der 1/3 jungen Aktie erfolgt dabei unmittelbar nach Dividendenbeschluß und gleichzeitig mit der Dividendenauszahlung zu 1/3 des dann für die alte Aktie geltenden Kurses, nämlich zu 25 GE. Die junge Aktie wird also exakt zum "Marktpreis" emittiert, so daß ein Bezugsrecht auf diese junge Aktie wertlos ist und die Kapitalerhöhung ohne Rückwirkungen auf den Kurs der alten Aktie bleibt. Die Zahlungsansprüche der Kreditgeber können auch bei dieser Entscheidung in $t = 1$ trotz der Ausschüttung in jedem Fall erfüllt werden. Die Daten des so modifizierten Beispiels sind in Tabelle D-11 zusammengefaßt. Dabei bezeichnet $S^6_{1,s}$ jeweils den Wert einer Aktie, von der in t = 1 insgesamt 1 1/3 Stück existieren. Bei unveränderten Merkmalen des Optionskontraktes berechtigt eine Option aber nach wie vor nur zum Bezug einer Aktie.

Die Werte der Finanztitel betragen in $t = 0^+$ dann unmittelbar nach Dividendenzahlung und Kapitalerhöhung $FK^6_{0+} = 50$, $S^6_{0+} = 75$ und $C^6_{0+} = 40\ 5/8$.

Zustand (t,s)	$UV^6_{1,s}$	$FK^6_{1,s}$	$S^6_{1,s}$	$C^6_{1,s}(X = 50)$
(1,1)	225	50	131,25	81,25
(1,2)	75	50	18,75	0

Tab.D-11: Unternehmen 6 des Dividendenbeispiels (einlagenfinanzierte Dividende)

Die aktuellen Werte der Kreditansprüche, der Aktien und der Optionen für die sechs Unternehmen sind in Tabelle D-12 nochmals zusammengestellt.

Unternehmen i (Art der Dividendenfinanzierung)	FK^i_{0+} 350	S^i_{0+} 351	C^i_{0+}
1 (keine Dividende)	50	100	62,5
2 (Substanz I)	50	75	43,75
3 (Substanz II)	50	75	50
4 (Substanz III)	50	75	37,5
5 (Kredit)	75	75	50
6 (Einlagen)	50	75	40 5/8

Tab. D-12: Übersicht zum Dividendenbeispiel

In diesem Beispiel werden folgende Zusammenhänge erkennbar:

- Ein Aktionär steht allen sechs Handlungsvarianten indifferent gegenüber. Sein Vermögen unmittelbar nach einer Dividendenausschüttung setzt sich jeweils aus einer Aktie im Wert von 75 GE und einem Barbestand von 25 GE zusammen, ist also insgesamt gerade so hoch wie der Aktienwert im Nichtausschüttungsfall. In dem Beispiel ist ein Aktionär bei den gegebenen Finanzierungsalternativen damit sowohl hinsichtlich der Ausschüttungsentscheidung an sich als auch hinsichtlich der Finanzierung dieser Ausschüttung indifferent.

- Ein Optionär steht der Ausschüttungsentscheidung nicht indifferent gegenüber. In allen Fällen mit Dividendenzahlung liegt der Optionswert in $t = 0^+$

---

[350] FK^i_{0+} bezeichnet dabei den Wert der gesamten Kreditansprüche gegen das Unternehmen jeweils unmittelbar nach einer evtl. Dividendenzahlung und Durchführung der entsprechenden Finanzierungsmaßnahme. Im Fall des Unternehmens 5 setzen sich diese aus den Zahlungsansprüchen der Alt- und Neugläubiger zusammen.

[351] S^i_{0+} bezeichnet den Kurs eines Stücks Aktie jeweils unmittelbar nach einer evtl. Dividendenzahlung und Durchführung der entsprechenden Finanzierungsmaßnahme. Im Fall der Unternehmen 1 - 5 existiert in diesem Moment jeweils genau eine Aktie, die die gesamten Zahlungserwartungen der Anteilseigner repräsentiert. Im Fall des Unternehmens 6 existieren in diesem Moment, nach erfolgter Einlagenfinanzierung zum Marktwert, insgesamt 1 1/3 Aktien.

mit Werten zwischen 37,5 und 50 GE unterhalb des Wertes im Nichtausschüttungsfall von 62,5 GE.[352] Die negative Wirkung einer Dividendenentscheidung auf den Optionswert kann dabei auch im Beispiel offensichtlich nicht davon abhängen, daß zur Bestimmung aktueller Finanztitelwerte vereinfachend Riskoneutralität, gleiche Eintrittswahrscheinlichkeiten der Zustände und ein Zinssatz von null unterstellt wurden. Die Verteilung der Optionswerte für den Zeitpunkt t = 1 ist im Nichtausschüttungsfall zustandsdominant gegenüber den Verteilungen bei allen Handlungsvarianten mit Dividendenzahlung. Daß die Dividende auf den Optionswert negativ wirkt, muß daher unabhängig von Eintrittswahrscheinlichkeiten der Zustände, dem konkreten Zinssatz sicherverzinslicher Anlagemöglichkeiten und auch unabhängig von Präferenzen der Anleger gelten. Dieses Teilergebnis des Beispiels steht im Einklang mit der negativen Dividendenwirkung, wie sie durch die Arbitrageanalyse auf der Grundlage der Variationsannahme abgeleitet wurde.[353]

- Ein Optionär steht offensichtlich aber auch der zwangsläufig mit einer Ausschüttung verbundenen Finanzierungsentscheidung nicht indifferent gegenüber. Je nach Finanzierungsart (Reduktion von "durchschnittlich riskanten" Investitionen, Reduktion von "unterdurchschnittlich riskanten" Investitionen, Reduktion von "überdurchschnittlich riskanten" Investitionen,[354] Kreditaufnahme oder Einlage) geht mit der Dividendenausschüttung eine Wertminde-

---

[352] Im Nichtausschüttungsfall gilt $C^1_0 = C^1_{0+}$.

[353] Vgl. Abschnitt 5.2.4 dieses Kapitels.

[354] Da im Beispiel nur eine risikofreie und eine risikobehaftete Investition betrachtet wird, handelt es sich bei einer Reduktion der risikofreien (risikobehafteten) Investition hier offensichtlich um eine Reduktion unterdurchschnittlich (überdurchschnittlich) riskanter Investitionen. Werden allerdings verschiedene risikobehaftete Investitionsalternativen in Betracht gezogen, dann ist die Vorstellung, wann es sich um eine Reduktion "unterdurchschnittlich" bzw. "überdurchschnittlich riskanter" Investitionen handelt, nicht mehr so offensichtlich zu füllen. Eine solche Klassifizierung von Investitionsveränderungen müßte sich dann sinnvollerweise daran orientieren, ob die Aktienkursverteilung durch die Investitionsänderung "riskanter" oder "risikoärmer" wird. Die Frage, ob es sich bei einer einzelnen Unternehmensinvestition um eine unterdurchschnittlich (überdurchschnittlich) riskante Investition handelt, hängt damit dann aber nicht nur davon ab, welche Risikovorstellung bei der Bestimmung des Risikogrades einer Aktienkursverteilung Verwendung findet (vgl. dazu die Diskussion in Abschnitt 4 dieses Kapitels), sondern auch noch vom sonstigen Investitionsprogramm der Unternehmung und dessen Finanzierungsprogramm. Eine allgemeine Beantwortung dieser Frage würde sich damit als relativ komplex darstellen. Da hier nur eine erste Vorstellung von einer möglichen Relevanz der Dividendenfinanzierung für die Optionsbewertung vermittelt werden soll, soll dieser Problematik hier aber nicht weiter nachgegangen werden. Hier sollen die Betrachtungen auf den einfachen Fall einer risikobehafteten und einer risikolosen Investitionsalternative beschränkt bleiben.

rung der Option unterschiedlichen Ausmaßes einher.[355] Der Werteinfluß dieser mit einer Dividendenentscheidung verbundenen Finanzierungsentscheidung bleibt in der in Abschnitt 5.2.3 formulierten Variationsannahme aber unberücksichtigt. Die Variationsannahme unterstellt nur eine ganz bestimmte Wirkung einer Dividendenzahlung auf den Aktienkurs, während unterschiedliche Finanzierungsentscheidungen gerade zu unterschiedlichen Wirkungen der Dividendenzahlung auf Aktienkurse führen können. Im Beispiel zeigt sich, daß nur die Dividendenentscheidung mit gleichzeitiger Kapitalerhöhung auf die Option einen Werteinfluß exakt in der Höhe hat, wie sie sich nach der Fiktion der Variationsannahme ergeben müßte. Nach der Variationsannahme müßte im Dividendenfall für den Aktienkurs in t = 1 gelten: $S_{1,1}$ = (100 − 25) · 175/100 = 131,25 und $S_{1,2}$ = (100 − 25) · 25/100 = 18,75. Bei unterstellter Risikoneutralität, einem Zinssatz von null und Gleichwahrscheinlichkeit der beiden Zustände hätte die Aktie bei dieser Fiktion nach Dividendenzahlung also ebenfalls einen Wert von S_{0+} = 75, stünden die Aktionäre der Dividendenentscheidung also ebenfalls indifferent gegenüber. Die Option hätte dann einen Wert von C_{0+} = 40 5/8, also denselben Wert wie bei einer Dividendenzahlung mit Einlagenfinanzierung.

- Die grundsätzlichen Aussagen des Beispiels bleiben auch erhalten, wenn statt einer europäischen eine amerikanische Option betrachtet wird. Eine amerikanische Option unterscheidet sich in dem Beispiel von einer europäischen Option dadurch, daß sie auch in dem gedanklichen Moment zwischen Dividendenentscheidung (inkl. der zugehörigen Finanzierungsentscheidung) und Dividendenauszahlung ausgeübt werden kann, so daß bei vorzeitiger Ausübung noch eine Aktie mit Dividendenanrecht erworben werden kann. Durch die Möglichkeit der vorzeitigen Ausübung könnte der Optionär seinen Wertverlust aus der Dividendenentscheidung auf maximal 12,5 GE (= Optionswert im Nichtausschüttungsfall - Aktienkurs vor Dividendabschlag + Basispreis) beschränken. Grundsätzlich bliebe die Dividendenentscheidung für ihn aber mit einer Wertminderung verbunden. Bei den im Beispiel gewählten Daten wäre der Inhaber einer amerikanischen Option dann zwar in der Tat indifferent hinsichtlich der Frage, wie die Dividende finanziert wird. Sein Wertverlust

---

[355] Dabei resultiert die im Beispiel festzustellende Identität der Wertminderung im Fall der Kreditfinanzierung und der Reduktion unterdurchschnittlich riskanter Investitionen daraus, daß als unterdurchschnittlich risikoarme Unternehmensinvestition gerade eine festverzinsliche Mittelanlage angenommen wurde. Wird als risikoarme Unternehmensinvestition eine Investition mit unsicheren Rückflüssen gewählt, so müssen Kreditfinanzierung und Substanzfinanzierung mit Reduktion unterdurchschnittlich riskanter Investitionen im Beispiel nicht mehr zu einer identischen Wertminderung der Option führen.

würde bei allen im Beispiel betrachteten Finanzierungsvarianten der Dividende genau dem maximalen Wertverlust von 12,5 GE entsprechen. Diese Indifferenz des Inhabers einer amerikanischen Option gegenüber der Art der Dividendenfinanzierung liegt allerdings an der speziellen Konstruktion des Beispiels. So wäre bei einer Modifikation des Beispiels etwa der Inhaber einer amerikanischen Option für Dividendenbeträge unterhalb von 25 GE nicht mehr allgemein indifferent hinsichtlich der Dividendenfinanzierung.

Ausgehend von diesem Beispiel läßt sich verallgemeinernd feststellen, daß die bei Ableitung der Relation (xi) unterstellte Variationsannahme in ihrer Teilannahme C (für das Aktienkursverhalten nach dem Dividendentag) eine Vorstellung vom Dividendeneinfluß auf Aktienkurse und deren Verhalten beinhaltet, die nur unter ganz speziellen zusätzlichen Annahmen über die Finanzierung der Dividende, nicht aber generell als adäquate Vorstellung zu betrachten ist. Differenziert man den Dividendeneinfluß auf Aktienkurse nach der Art der Dividendenfinanzierung, dann zeigt sich, daß der Werteinfluß der Dividende durch die Variationsannahme sowohl über als auch unterschätzt werden kann.

Unmittelbar plausibel erscheint der spezielle Zusammenhang zwischen Dividendenerwartung und Aktienkurserwartung, der mit der Variationsannahme unterstellt wird, dabei nur für

- ein ausschließlich eigenfinanziertes Unternehmen, das eine Dividende durch "gleichmäßige" Reduktion seines Investitionsprogramms finanziert oder
- ein Unternehmen, das die Dividende durch gleichzeitige Kapitalerhöhung zum Börsenkurs finanziert.[356]

5.3.5 Notwendigkeit einer flexiblen Variationsannahme

Das Beispiel des vorangegangenen Abschnitts legt es nahe, die in Abschnitt 5.2.3 formulierte, starre Variationsannahme als zu rigide zu verwerfen und durch eine

---

[356] Darüber hinaus sind weitere Fälle denkbar, in denen die Variationsannahme eine plausible Fiktion für den Zusammenhang zwischen Dividendenerwartungen und Aktienkurserwartungen darstellt, wenn z.B. von einem Unternehmen auszugehen ist, das die Ausschüttung mit einer solchen Anpassung des Investitionsrisikos begleitet, daß sich die Auswirkungen dieser Investitionsprogrammänderung und die Auswirkungen der durch die Ausschüttung hervorgerufenen Verschiebungen in der Kapitalstruktur auf die Zustandsverteilung künftiger Aktienkurse gerade wieder ausgleichen.

flexible Variationsannahme zu ersetzen, die es erlaubt, den Zusammenhang zwischen Dividendenerwartungen i.e.S. und Aktienkurserwartungen in Abhängigkeit von der Art der Dividendenfinanzierung zu modellieren. Bevor im folgenden Abschnitt die Konsequenzen einer solchen flexiblen Variationsannahme für den Zusammenhang zwischen Dividendenerwartungen i.e.S. und dem Optionswert aufgezeigt werden, soll die Notwendigkeit einer flexiblen Variationsannahme hier zunächst noch aus einer etwas anderen Sichtweise kritisch hinterfragt werden.

Ausgangspunkt sollen dabei hier drei denkbare Argumente sein, die auf Anhieb gegen eine Flexibilisierung der Variationsannahme zu sprechen scheinen und deren Stichhaltigkeit hier deshalb, sozusagen präventiv, überprüft werden soll. Die drei Gegenargumente könnten etwa wie folgt formuliert werden:

a) Eine andere als die in Abschnitt 5.2.3 formulierte Variationsannahme ist mit einer präferenzfreien Optionsbewertung überhaupt nicht kompatibel. Jede andere Annahme würde eine Präferenzannahme implizieren. Daher stellt die formulierte Variationsannahme die einzige Annahme dar, von der bei einer präferenzfreien Optionsbewertung überhaupt sinnvoll ausgegangen werden kann.

b) Die Einflüsse, die aus der Finanzierungsentscheidung einer Dividende auf den Optionswert wirken können und Teilannahme C der Variationsannahme als zu rigide erscheinen lassen, sind tatsächlich keine Effekte der Dividendenerwartung i.e.S., sondern Effekte, die aus der Wahl des Verschuldungsgrades bzw. des Investitionsprogramms resultieren. Die Aktienkurseffekte nur der Dividende selbst werden durch die formulierte Variationsannahme demgegenüber umfassend modelliert.

c) Die Diskussion um eine adäquate Variationsannahme für die Analyse der Dividendenwirkungen auf Optionswerte basiert grundsätzlich auf einer Scheinproblematik, da andere Bewertungsansätze bei einer solchen Analyse auch ganz ohne eine entsprechende Variationsannahme auskommen.

Zu a:

Die Aussage des Gegenargumentes unter a), daß jede andere Variationsannahme eine Präferenzannahme implizieren würde, ist zunächst korrekt, solange nur starre Annahmen als Variationsannahmen in Betracht gezogen werden. Die Schlußfolgerung aus dieser Aussage, daß deshalb auch die formulierte Variationsannahme die einzige Annahme darstellen kann, die sinnvollerweise einer Analyse der Dividendenwirkungen auf Optionswerte zugrunde zu legen ist, erscheint demgegenüber problematisch.

Wenn das einzige marktendogene Wissen um Präferenzen im Dividendenzeitpunkt td darin besteht, daß:

1. die zustandsabhängig bekannten, zukünftigen Kurse einer dividendenlosen Aktie 1 im Zustand (td,s) mit $S^1_{td,s}$ bewertet werden und

2. die zukünftigen Kurse einer in td eine Dividende zahlenden Aktie 2 unmittelbar vor Dividendenzahlung ebenfalls mit $S^2_{td,s} = S^1_{td,s}$ und unmittelbar nach Dividendenzahlung mit $S^2_{td+,s} = S^2_{td,s} - D^2_{td,s}$ bewertet werden,

dann stellt die Fiktion $S^2_{t,s} = S^1_{t,s} \cdot (1 - D^2_{td,s}/S^2_{td,s})$, für alle Zustände (t,s) mit t ε {td+1,..., T}, tatsächlich die einzige starre Annahme über die Aktienkursentwicklung der Dividende zahlenden Aktie nach der Dividendenzahlung dar, die keine zusätzliche, marktexogene Annahme über Anlegerpräferenzen impliziert. Nur für diese starre Annahme muß nämlich umgekehrt nach Dividendenzahlung die Kursrelation $S^2_{td+,s} = S^1_{td+,s} - D^2_{td,s}$ für jeden Anlagehorizont und beliebige Anlegerpräferenzen gelten.

Die Aussage des ersten Gegenargumentes ist also insoweit korrekt, als die Variationsannahme tatsächlich keine unter mehreren starren Alternativannahmen willkürlich ausgewählte, sondern die einzige starre Annahme über Dividendenwirkungen auf Aktienkurse nach dem Dividendentermin ist, mit der auf jegliche Implikation exogener Präferenzannahmen verzichtet werden kann.

Daß die Variationsannahme gleichzeitig präferenzfrei ist und trotzdem zu einer eindeutigen Aktienkurserwartung mit Dividendenerwartungen i.e.S. führt, wenn eine Aktienkurserwartung ohne Dividendenerwartung i.e.S. und eine Dividendenerwartung i.e.S. eindeutig gegeben sind, wird aber "erkauft" durch eine exogene Annahme über das Aktienkursverhalten. Mit ihr wird für das Aktienkursverhalten einer Dividende zahlenden Aktie unterstellt, daß die nach dem Dividendentermin zu erwartenden relativen Kursveränderungen einer Aktie unabhängig von der absoluten Kursveränderung sind, die der Dividendenabschlag im Dividendenzeitpunkt verursacht. Mit der Variationsannahme wird damit in allgemeinerer Sichtweise von einer speziellen Art einer Unabhängigkeit relativer Aktienkursveränderungen vom absoluten Aktienkursniveau ausgegangen.

Einerseits stellt die formulierte Variationsannahme damit die einzige starre Annahme dar, die selbst präferenzfrei ist. Andererseits enthält diese Variationsannahme eine rigide Annahme über die Abhängigkeit der Aktienkursverteilung von Dividendenzahlungen, durch die offensichtlich plausible und für eine Optionsbewertung relevante Einflüsse einer Dividendenerwartung auf die Aktienkurserwartung aus den Betrachtungen ausgeschlossen werden. Dieser Widerspruch muß aber nicht, wie mit dem Gegenargument unter a) gefordert, dazu führen, die rigide Verteilungsannahme der Variationsannahme zu akzeptieren und sich damit auf eine Präferenzfreiheit der Analyse zu beschränken. Eine Lösung dieses Widerspruchs könnte stattdessen auch in einem Übergang zu einer flexiblen Variationsannahme bestehen, die den Nachteil der einschränkenden Verteilungsannahme vermeidet und trotzdem eine präferenzunabhängige Bestimmung des qualitativen Dividendeneinflusses auf Optionswerte erlaubt. Der Frage, inwieweit auch auf Basis einer flexiblen Variationsannahme eine negative Dividendenwirkung auf Optionswerte ableitbar ist, soll in Abschnitt 5.3.6 nachgegangen werden.

Zu b:

Ausgangspunkt des Gegenargumentes unter b) bildet die Vorstellung, daß Wirkungen einer Dividende auf Aktienkurse nach dem Dividendentermin nur insoweit als Dividendeneffekte betrachtet werden sollen, wie solche Wirkungen nicht auch isoliert von Dividendenentscheidungen aus anderen Unternehmensentscheidungen erklärt werden können. Von diesem Ausgangspunkt aus ist das zweite Gegenargument nicht eindeutig als unrichtig zu verwerfen. Es kann aber andererseits auch die Sinnhaftigkeit einer flexiblen Variationsannahme nicht grundsätzlich in Frage stellen.

Ordnet man alle Entscheidungen über das Investitionsvolumen und die Auswahl der durchzuführenden Investitionsprojekte der Investitionspolitik und alle Entscheidungen über den anteiligen Einsatz unterschiedlicher Finanzierungstitel der Verschuldungspolitik eines Unternehmens zu, dann können die Ursachen, wegen derer im Beispiel in Abschnitt 5.3.4 die Aktienkurserwartungen nach dem Dividendentermin von den in der Variationsannahme unterstellten Aktienkurserwartungen abweichen können, tatsächlich vollständig auf Entscheidungen der Investitionspolitik und/oder Entscheidungen der Verschuldungspolitik zurückgeführt werden.

Geht man dazu von der Vorstellung einer einlagenfinanzierten Dividende mit unverändertem Investitionsprogramm als der Standardalternative einer "reinen" Dividendenentscheidung aus,[357] dann können alle anderen Finanzierungsvarianten

---

[357] Bei dieser Art der Dividendenfinanzierung ergab sich im Beispiel in Abschnitt 5.3.4 gerade ein Aktienkursverhalten, wie es in der starren Variationsannahme unterstellt wird.

der Dividende im Beispiel interpretiert werden als Standardvariante zuzüglich eines Bündels aus Investitions- und Verschuldungsentscheidungen.

Die Variante der kreditfinanzierten Dividende läßt sich im Beispiel dann etwa als Standardvariante mit gleichzeitiger Entscheidung zu einer Erhöhung des Verschuldungsgrades interpretieren. Die drei Varianten der substanzfinanzierten Dividende lassen sich als Standardvariante mit gleichzeitiger Investitionsentscheidung zugunsten eines verminderten Investitionsvolumens und zugunsten bestimmter Investitionsprojekte interpretieren. Daß je nach Art der Dividendenfinanzierung die Erwartungen für das Aktienkursverhalten von dem in der Variationsannahme unterstellten Verhalten abweichen können, kann im angeführten Beispiel also dann tatsächlich als Folge von Investitions- und Verschuldungsentscheidungen interpretiert werden.

Eine solche Aufteilung finanzwirtschaftlicher Entscheidungen auf Investitionsentscheidungen, Ausschüttungsentscheidungen und Finanzierungsentscheidungen muß aber generell willkürlich bleiben. Über die Bedingung des finanzwirtschaftlichen Gleichgewichts sind die Entscheidungen der verschiedenen Dispositionsbereiche stets eng miteinander verknüpft und können letztendlich nur simultan betrachtet werden. Die Zuordnung einer Entscheidung zu einem ganz bestimmten Dispositionsbereich führt dabei in vielen Fällen auf ein definitorisches Problem, dessen Lösung davon abhängt, in welcher Weise definitorische Freiheiten genutzt werden.

Dabei kann per definitionem natürlich u.a. auch festgelegt werden, daß Variationen des Investitionsprogramms und des Verschuldungsgrades grundsätzlich als Folge einer Investitions- und/oder Kapitalstrukturentscheidung zu betrachten sind und Dividendenentscheidungen damit nur noch in Entscheidungen über Schütt-Aus-Hol-Zurück-Transaktionen bestehen können. Die Effekte, die eine Dividende auf Aktienkurse haben kann, werden mit einer solchen Definition dann tatsächlich eindeutig so festgelegt, wie sie auch mit der starren Variationsannahme unterstellt werden.

Eine ganz andere Frage ist in diesem Zusammenhang aber, ob eine solche, rein formale Definition von Dividendeneffekten auch sinnvoll ist. Die Sinnhaftigkeit einer solchen Definition soll hier zumindest für bestimmte Anwendungszusammenhänge bezweifelt werden, da die rein formale Definition von jeglichem kausalen Zusammenhang zwischen Dividendenentscheidungen und anderen Unternehmensentscheidungen abstrahiert. Hier wird die Ansicht vertreten, daß für die mit einer Dividendenentscheidung verbundenen Investitions- und Verschuldungsentscheidungen zumindest auch die Möglichkeit in Betracht zu ziehen ist, daß diese Entscheidungen nur Folgeentscheidungen einer primären Dividendenentscheidung sind.

Damit wird hier auch die Ansicht vertreten, daß solche Aktienkurseffekte, die auch allein aus Investitionsentscheidungen oder Verschuldungsentscheidungen erklärt werden könnten, dann als Dividendeneffekte betrachtet werden können, wenn die Veränderungen des Investitionsprogramms oder des Verschuldungsgrades als Konsequenz einer Dividendenentscheidung angesehen werden können.

Weder die rein formale und im Ergebnis ausgesprochen enge Definition noch die hier vertretene, auf einen Kausalzusammenhang abstellende und im Ergebnis wesentlich weitere Definition von Dividendeneffekten kann als "falsch" verworfen werden. Zur Beschreibung der Vielfalt von Effekten, die aus einer Dividendenentscheidung auf Optionswerte resultieren können, erscheint die rein formale, enge Definition hier aber weniger zweckmäßig.

Zu c:

Bei einer Sichtung des optionstheoretischen Schrifttums kann festgestellt werden, daß - auch in Bewertungsansätzen, in denen Dividenden Berücksichtigung finden - über den Zusammenhang zwischen Dividendenzahlungen und Aktienkursverhalten in der Regel keine expliziten Annahmen getroffen werden und entsprechende Annahmen erst recht nicht dahingehend problematisiert werden, inwieweit mögliche Dividendeneffekte durch diese Annahmen Berücksichtigung finden können.[358]

Soweit es sich dabei um präferenz- und verteilungsfreie Modelle mit Dividendenberücksichtigung handelt, ist das Fehlen einer solchen expliziten Annahme und deren Problematisierung als Schwäche der Bewertungsansätze zu werten und nicht als Beleg für die Überflüssigkeit der hier geführten Diskussion. Eine Vorstellung von dem Zusammenhang zwischen Dividenden und Aktienkursen ist Voraussetzung für die Analyse des Dividendeneinflusses auf Optionswerte. Die hier angestellten Überlegungen und insbesondere das Beispiel in Abschnitt 5.3.4 zeigen, daß die Formulierung einer gleichzeitig präferenz- und verteilungsfreien

---

[358] Vgl. zu den Annahmen über den Zusammenhang zwischen Dividendenerwartungen und Aktienkurserwartungen, die in präferenz- und verteilungsfreien Bewertungsansätzen der Optionsliteratur gemacht werden, Abschnitt 5.5 dieses Kapitels.

Variationsannahme und das Erkennen der mit dieser Annahme verbundenen Implikationen für die Allgemeingültigkeit der Modellierung auch kein triviales Problem darstellt, das stillschweigend einfach als bekannt vorausgesetzt werden kann. Dieses Problem verschwindet auch nicht dadurch, daß für eine Wirkungsanalyse von Dividenden auf Optionswerte entsprechende Prämissen nur implizit gesetzt werden und unproblematisiert bleiben.

Etwas anders ist es aber zu werten, wenn in Modellen mit Annahmen über die Aktienkursverteilung ohne Variationsannahme über den Zusammenhang zwischen Dividenden und Aktienkursen eine Aussage über den Zusammenhang zwischen Dividenden und Optionswerten abgeleitet wird. Zumindest dann, wenn die Verteilungsannahme für Aktienkurse so dezidiert ist, daß die Optionswertmodelle eine eindeutige Bestimmung eines Optionswertes ermöglichen, impliziert bereits die Verteilungsannahme für die Aktienkurse einen eindeutigen Zusammenhang zwischen Dividenden und Aktienkursen. Eine eigenständige Annahme über den Zusammenhang zwischen Dividenden und Aktienkursen ist in diesen Optionswertmodellen damit tatsächlich obsolet - sie ist bereits in der Verteilungsannahme für künftige Aktienkurse enthalten. Ein ausdrücklicher Hinweis auf die Implikation, die sich aus der Verteilungsannahme für den Zusammenhang zwischen Dividenden und Aktienkursen ergibt, hätte allenfalls deklaratorischen Wert.[359]

Die Tatsache, daß in Optionswertmodellen mit Verteilungsannahmen der Zusammenhang zwischen Dividenden und Aktienkursen bereits durch die Verteilungsannahmen definiert ist, läßt eine separate Diskussion des Zusammenhangs zwischen Dividenden und Aktienkursen dort in der Tat sinnlos erscheinen. Das bedeutet allerdings nicht, daß die hier diskutierte Problematik einer Variationsannahme in solchen Modellen überhaupt keine Relevanz hat. Sie ist dort eben nur Teilfrage der übergeordneten Fragestellung, ob die gewählte Modellierung des Aktienkursverhaltens als "befriedigende" Modellierung betrachtet werden kann.

Wenn hier in einem verteilungsfreien Ansatz festgestellt wurde, daß eine starre Variationsannahme angesichts alternativer Finanzierungsformen einer Dividende keine allgemein "befriedigende" Modellierung für den Zusammenhang zwischen

---

[359] Soweit die Verteilungsannahmen der Optionswertmodelle dabei Unabhängigkeit der relativen Aktienkursveränderungen vom absoluten Aktienkursniveau unterstellen, stimmt die implizite Annahme für den Zusammenhang zwischen Dividendenerwartungen und Aktienkurserwartungen dieser Modelle mit der oben formulierten, starren Variationsannahme überein (vgl. dazu insbesondere das in Abschnitt 3.3.4.2 von Kapitel B skizzierte Black/Scholes-Modell und die darauf aufbauenden Optionswertmodelle mit Dividendenberücksichtigung).

Kapitel D: Grenzen präferenz- und verteilungsfreier Bewertung 227

Dividenden und Aktienkursen darstellt, so gelangt man bei einer kritischen Betrachtung der Optionswertmodelle mit Verteilungsannahmen zu einem ganz analogen Urteil über die Modellierung des Aktienkursverhaltens. Im Lichte der hier verdeutlichten Zusammenhänge zwischen Dividendenerwartungen und Aktienkurserwartungen können z.B. Verteilungsannahmen für Aktienkurse, die eine Unabhängigkeit der relativen Aktienkursänderungen vom absoluten Aktienkursniveau unterstellen, hinsichtlich möglicher Dividendenabschläge nicht mehr unbedingt als befriedigende Modellierung akzeptiert werden.[360]

Die drei Gegenargumente erscheinen damit insgesamt nicht geeignet, die hier vorgebrachten Bedenken gegen die formulierte, starre Variationsannahme zu zerstreuen. Nachfolgend sollen daher die Konsequenzen einer flexiblen Variationsannahme für den Zusammenhang zwischen Dividendenerwartungen und Optionswerten problematisiert werden. Insbesondere soll danach gefragt werden, ob Relation (xi) auch auf Basis einer flexiblen Variationsannahme ihre Gültigkeit behält.

5.3.6 Konsequenzen einer flexiblen Variationsannahme

Eine Diskussion der Frage, ob Relation (xi) auch bei flexibler Variationsannahme ihre Gültigkeit behält, soll hier vom Ergebnis her geführt werden. Ausgangspunkt der Diskussion soll dabei die Frage sein, welche Eigenschaften die Variationsannahme mindestens aufweisen muß, damit Relation (xi) gültig bleibt.

In Abschnitt 5.2.4 wurde gezeigt, daß es im Mehr-Aktien-Fall als hinreichende Bedingung für die Gültigkeit von Relation (xi) anzusehen ist, wenn

- die Dividendenerwartung i.e.S. zu Aktie 2 gegenüber der Dividendenerwartung i.e.S. zu Aktie 1 zustandsdominant ist und

---

[360] Diese Einschätzung resultiert dabei natürlich keineswegs exklusiv aus einer Berücksichtigung von Dividenden. Sie deckt sich im wesentlichen mit der Einschätzung, die aus einer Berücksichtigung von "financial leverage" und "operating leverage"-Effekten resultiert (vgl. dazu die Begründung für eine Entwicklung der CEV-Modelle in Abschnitt 3.3.4.5 von Kapitel B). Im Kern resultiert die fehlende Plausibilität einer Unabhängigkeit der relativen Aktienkursänderungen vom absoluten Aktienkursniveau auch im Zusammenhang mit Dividendenzahlungen daraus, daß der "financial leverage" bzw. der "operating leverage"-Effekt sich mit der Dividendenzahlung verändert. Dividenden liefern in diesem Zusammenhang aber einen besonderen Auslöser für die Veränderung von Leverage-Zusammenhängen, wobei deren Veränderung hier nicht der Dividendenentscheidung selbst, sondern der Finanzierungsentscheidung zugerechnet wird.

- zwischen Dividendenerwartungen und Aktienkurserwartungen ein Zusammenhang gilt, wie er in der Variationsannahme formuliert wurde.

Der Dividenden/Kurszusammenhang der Variationsannahme ist gemeinsam mit der Zustandsdominanz der Dividendenerwartungen i.e.S. dabei hinreichendes, aber nicht notwendiges Kriterium für die Gültigkeit von Relation (xi). Hier stellt sich die Frage, ob nicht auch schwächere hinreichende Bedingungen für die Gültigkeit von Relation (xi) existieren. Solche schwächeren Bedingungen könnten geeignet sein, unterschiedliche Zusammenhänge zwischen Dividendenerwartungen und Aktienkurserwartungen zu berücksichtigen, ohne daß das Analyseergebnis eines negativen Zusammenhangs zwischen Dividendenerwartungen und Optionswerten seine Gültigkeit verliert.

Daß solche schwächeren hinreichenden Bedingungen existieren, läßt sich beispielhaft verdeutlichen. Relation (xi) gilt nämlich immer, wenn die Relation $S^1_{t,s} \geq S^2_{t,s}$ für jedes (t,s) mit t ε $\{0,..., T\}$ gilt. Diese Relation ist aber ihrerseits auch dann noch stets erfüllt, wenn folgender Zusammenhang zwischen Dividenden und Aktienkursen gilt:

- **Teilannahme I:** Vor einer Dividendenzahlung im Zeitpunkt td sind die Kurse beider Aktien in jedem Zustand identisch.

- **Teilannahme II:** Nach einer Dividendenzahlung im Zeitpunkt td ist der Kurs beider Aktien 1 und 2 in jedem Zustand (t,s) eine nichtsteigende, aber für beide Aktien identische Funktion der Dividendenhöhe D_{td}. Es gilt also:

$$\frac{dS^1_{t,s}(D_{td})}{dD_{td}} = \frac{dS^2_{t,s}(D_{td})}{dD_{td}} \leq 0 \text{ , für jedes (t,s) mit t > td und } S^1_{td} = S^2_{td}.$$

Dieser Zusammenhang soll hier als modifizierte Variationsannahme bezeichnet werden.[361] Die modifizierte Variationsannahme ist schwächer als die in Ab-

---

[361] D_{td} bezeichnet dabei eine Dividende, die im Zeitpunkt td auf beide Aktien in gleicher Höhe gezahlt wird. Die Relation $dS^1_{t,s}(D_{td})/dD_{td} \leq 0$ besagt, daß die Dividende in td den Aktienkurs $S^1_{t,s}$ negativ beeinflußt und daß dieser negative Einfluß absolut gesehen umso größer ausfällt, je höher die Dividende ausfällt. Die Relation $dS^1_{t,s}(D_{td})/dD_{td} = dS^2_{t,s}(D_{td})/dD_{td}$ für $S^1_{td} = S^2_{td}$ soll dann ausdrücken, daß der negative Kurseinfluß einer einzigen Dividende D_{td} bei beiden Aktien im Zustand (t,s) gleichhoch ausfällt, wenn man von $D^1_{td} = D^2_{td}$ und $S^1_{td} = S^2_{td}$ ausgeht. Da annahmegemäß $S^1_0 = S^2_0$ gilt und wegen der Zustandsdominanz der Dividendenerwartungen i.e.S. $D^1_{td,s} \leq D^2_{td,s}$ für alle td ε $\{0,..., T-1\}$ gilt , muß der negative Kurseinfluß aller Dividendenerwartungen i.e.S. bei Aktie 2 in jedem Zustand absolut gesehen dann mindestens so

schnitt 5.2.3 formulierte Variationsannahme, stellt aber offensichtlich trotzdem sicher, daß der Kurs einer Aktie 2 mit zustandsdominanter Dividendenerwartung i.e.S. in keinem Zeitpunkt t ε {0,..., T} höher sein kann als der Kurs einer ansonsten identischen Aktie 1. Mit der modifizierten Variationsannahme wird aber kein starres Verhältnis zwischen dem Kurs einer Aktie im Zustand (t,s) mit und ohne Dividendenzahlung mehr festgelegt. Vorausgesetzt wird nur noch, daß sich Dividenden auf zeitlich nachfolgende Aktienkurse umso negativer auswirken, je höher die Dividende ist.

Alternativ ließen sich auch andere Annahmen über den Zusammenhang zwischen Dividendenerwartungen i.e.S. und Aktienkurserwartungen formulieren, die ebenfalls schwächer als die ursprünglich formulierte Variationsannahme sind und trotzdem hinreichende Kriterien für die Gültigkeit von Relation (xi) darstellen. Die hier formulierte schwächere Bedingung gibt aber bereits interessante Hinweise darauf, inwieweit sich unterschiedliche Aktienkurseffekte aus unterschiedlichen Arten einer Dividendenfinanzierung in eine Analyse der Dividendenwirkungen auf Optionswerte einbeziehen lassen, ohne die Gültigkeit der Relation (xi) zu beeinträchtigen. Dabei bietet sich eine Betrachtung an, die danach differenziert, ob nur eine der beiden zu vergleichenden Aktien eine positive Dividendenerwartung i.e.S. hat oder ob sich mit beiden zu vergleichenden Aktien bis zur Optionsfälligkeit positive Dividendenerwartungen verknüpfen.

a) Vergleich einer dividendenlosen und einer Dividende zahlenden Aktie

Zunächst einmal gilt für jede der in dem obigen Beispiel in Betracht gezogenen Finanzierungsarten einer Dividende[362] unter den sonstigen Prämissen tatsächlich die Relation $dS^i_{t,s}(D^i_{td})/dD^i_{td} \leq 0$ für jedes (t,s) mit t ε {td+1,..., T}. D.h., daß im Beispiel die Wirkung einer Dividende auf Aktienkurse nach dem Dividendentermin im Vergleich zu einer dividendenlosen Aktie nicht positiv ist und daß eine negative Wirkung um so höher ausfällt, je höher die Dividende in td ist.[363]

---

hoch wie bei Aktie 1 ausfallen. Damit gilt bei der modifizierten Variationsannahme weiter die Relation $S^1_{t,s} \geq S^2_{t,s}$ für alle t ε {0,..., T} und s ε {1,..., n(t)}.

[362] Vgl. Abschnitt 5.3.4 dieses Kapitels.

[363] Diese Relation dürfte, wie im Beispiel, auch in der Mehrzahl denkbarer Bewertungssituationen, muß aber keineswegs in allen Bewertungssituationen Gültigkeit besitzen. So hängt die Gültigkeit der Relation zum einen von der Annahme einer Bewertungsirrelevanz von Dividendenerwartungen aus Aktionärssicht ab. In einer Welt, in der eine Dividende z.B. durch Signaleffekte oder Vermögensverlagerungseffekte eine Bewertungsrelevanz haben kann, wäre diese Relation nicht unbedingt erfüllt. Zu möglicherweise mit Dividenden verbundenen Signaleffekten vgl. z.B. Swoboda, P. (1991), S. 207-208 mit den dort angegebenen Quellen. Zu möglicherweise mit

Wird eine Aktie mit einer positiven Dividendenerwartung i.e.S. mit einer Aktie ohne Dividendenerwartung i.e.S. verglichen, dann ist für jede Finanzierungsart der Dividende die modifizierte Variationsannahme erfüllt. Die Relation $dS^i_{t,s}(D^i_{td})$ /$dD^i_{td} \le 0$ reicht damit für die Gültigkeit der Relation (xi) in dieser Vergleichssituation bereits aus. Der Wert einer Option auf eine Dividende zahlende Aktie kann also auch dann nicht größer als der Wert einer Option auf eine dividendenlose Aktie sein, wenn die aus unterschiedlichen Dividendenfinanzierungen resultierenden, unterschiedlichen Zusammenhänge zwischen Dividendenerwartungen und Aktienkurserwartungen berücksichtigt werden.

b) Vergleich zweier Dividende zahlender Aktien[364]

Werden zwei Aktien verglichen, die beide eine positive Dividendenerwartung i.e.S. für einen Zeitpunkt td aufweisen, dann stellt die Relation $dS^i_{t,s}(D^i_{td})/dD^i_{td} \le 0$ für jedes (t,s) mit t ε {td+1,..., T} allein keine hinreichende Bedingung für die Gültigkeit von Relation (xi) mehr dar. Werden die Dividenden von beiden Vergleichsunternehmen in "gleicher Weise" finanziert, dann gilt aber auch mit der modifizierten Variationsannahme weiterhin die schärfere Bedingung $dS^1_{t,s}(D_{td})/dD_{td} = dS^2_{t,s}(D_{td})/dD_{td} \le 0$ und damit weiterhin Relation (xi). Werden die Dividenden von beiden Vergleichsunternehmen aber in "unterschiedlicher Weise" finanziert, dann gilt diese schärfere Bedingung nicht mehr in jedem Fall.

Dividendenerwartungen verbundenen Vermögensverlagerungseffekten vgl. z.B. Ewert, R. (1986), insb. S. 14-15 mit den dort angegebenen Quellen. Zu einer neueren empirischen Analyse, die das Auftreten von Vermögensverlagerungseffekten im Zusammenhang mit Dividendenänderungen bestätigt, das Auftreten von Signaleffekten hingegen offenläßt, vgl. Dhillon, U./Johnson, H. (1994). Zum anderen hängt die Gültigkeit der Relation bei substanzfinanzierten Dividenden aber auch von der bislang implizit gesetzten Prämisse ab, daß die zu Gunsten einer Dividendenzahlung verzichtet wurde, außer einer Anfangsauszahlung in jedem zukünftigen Zustand nur positive Zahlungssalden aufweisen. Kann ein Investitionsprojekt entgegen dieser Unterstellung auch nach einer Anfangsauszahlung weitere negative Zahlungssalden verursachen, ist die Gültigkeit dieser Realtion nicht in jedem Fall gewährleistet und kann damit auch für den Vergleich einer dividendenlosen mit einer Dividende zahlenden Aktie der negative Zusammenhang zweier Aktien seine Gültigkeit verlieren.

[364] Der Vergleich zweier Dividende zahlender Aktien soll dabei hier auf den Fall beschränkt bleiben, daß beide Aktien nur in genau einem Zeitpunkt td eine positive Dividendenerwartung i.e.S. haben. Bei mehreren Dividendenterminen sind die Investitions- und Finanzierungsportefeuilles der beiden Unternehmen im zweiten Dividendenzeitpunkt schon nicht mehr identisch. In diesem Fall bedürfte die Verallgemeinerung der Aussage zunächst einer Konkretisierung dessen, was dann überhaupt noch unter gleicher Finanzierungsart der Dividende zu verstehen ist.

Bei unterschiedlicher Dividendenfinanzierung gilt zwar noch $dS^1_{t,s}(D_{td})/dD_{td} \leq 0$ und $dS^2_{t,s}(D_{td})/dD_{td} \leq 0$. Über die Relation der negativen Dividendeneffekte $dS^1_{t,s}(D_{td})/dD_{td}$ und $dS^2_{t,s}(D_{td})/dD_{td}$ zueinander kann dann aber keine allgemeingültige Aussage mehr getroffen werden. Bei unterschiedlicher Dividendenfinanzierung muß dann auch für zustandsdominante Dividendenerwartungen nicht mehr in jedem Fall die Relation $S^1_{t,s} \geq S^2_{t,s}$ für jedes (t,s) mit t ε {td+1,..., T} und damit auch nicht mehr in jedem Fall die Relation (xi) gelten. Daß Relation (xi) bei einem Vergleich von zwei Dividende zahlenden Unternehmen mit unterschiedlicher Dividendenfinanzierung keine Gültigkeit mehr haben muß, kann durch Modifikation des Beispiels aus Abschnitt 5.3.4 veranschaulicht werden.

Den Ausgangspunkt soll dabei die Situation der Unternehmen 2 (substanzfinanzierte Dividende I), Unternehmen 4 (substanzfinanzierte Dividende III), Unternehmen 5 (kreditfinanzierte Dividende) und Unternehmen 6 (einlagenfinanzierte Dividende) des Beispiels bilden. Unternehmen 1 bleibt hier außer Betracht, da es keine Dividende zahlt, der Vergleich zwischen diesem Unternehmen und einem Dividende zahlenden Unternehmen also kein Gegenbeispiel der gewünschten Art liefern kann. Unternehmen 3 bleibt hier außer Betracht, da im Falle dieses Unternehmens bei der Konstruktion des Beispiels Dividendenzahlungen keine anderen Effekte auf den Optionswert haben können als im Falle des Unternehmens 5.

Die vier hier zu vergleichenden Unternehmen sollen an der im ursprünglichen Beispiel präferierten Art der Dividendenfinanzierung festhalten, jetzt aber unterschiedlich hohe Dividendenzahlungen planen. Die Höhe der jeweils geplanten Dividenden und die aus diesen Dividendenerwartungen resultierenden, aktuellen Werte der Kreditansprüche, Aktien und Optionen sind in Tabelle D-13 zusammengestellt.

Unternehmen i (Art der Dividendenfinanzierung)[365]	D^i_0	FK^i_{0+} [366]	S^i_{0+} [367]	C^i_{0+}
2' (Substanz I)	22	50	78	46
4' (Substanz III)	18	50	82	44,5
5 (Kredit)	25	75	75	50
6' (Einlagen)	20	50	80[368]	45

Tab.D-13: Beispiel für einen positiven Zusammenhang zwischen Dividendenerwartungen und Optionswerten

Die vollständige Erfüllung der fixen Zahlungsversprechen bleibt trotz veränderter Dividendenerwartungen i.e.S. bei allen vier Unternehmen in jedem Zustand gewährleistet. Der Wert der Kreditansprüche im Zeitpunkt $t = 0^+$ entspricht damit jeweils der Höhe des Zahlungsanspruchs.

Das Vermögen eines (Alt-)Aktionärs unmittelbar nach Dividendenzahlung und Durchführung der Finanzierungsmaßnahme, das aus dem Kurs einer Aktie unmit-

---

[365] Die Unternehmen 2, 4 und 6 planen in dem modifizierten Beispiel eine andere Dividendenhöhe als im ursprünglichen Beispiel und werden zur Unterscheidung daher mit i = 2' ,4' und 6' indiziert. Das Unternehmen 5 plant demgegenüber eine identische Dividendenhöhe wie im ursprünglichen Beispiel und wird daher unverändert mit i = 5 indiziert.

[366] FK^i_{0+} bezeichnet dabei den Wert der gesamten Kreditansprüche gegen das Unternehmen jeweils unmittelbar nach Dividendenzahlung und Durchführung der Finanzierungsmaßnahme. Im Fall des Unternehmens 5 setzen sich diese aus den Zahlungsansprüchen der Alt- und Neugläubiger zusammen.

[367] S^i_{0+} bezeichnet den Kurs eines Stücks Aktie jeweils unmittelbar nach Dividendenzahlung und Durchführung der Finanzierungsmaßnahme. Im Fall der Unternehmen 2', 4' und 5 existiert in diesem Moment jeweils genau eine Aktie, die die gesamten Zahlungserwartungen der Anteilseigner repräsentiert. Im Fall des Unternehmens 6' existieren in diesem Moment, nach erfolgter Einlagenfinanzierung zum Marktwert, insgesamt 1 1/4 Aktien.

[368] Als zustandsabhängige Werte einer Aktie des Unternehmens 6' im Zeitpunkt $t = 1$ ergeben sich $S^{6'}_{1,1} = 175 \cdot 4/5$ und $S^{6'}_{1,2} = 25 \cdot 4/5$. Diese beiden Werte bilden die Ausgangsdaten für die Bestimmung von $S^{6'}_{0+}$ und $C^{6'}_{0+}$.

telbar nach Dividendenausschüttung S^i_{0+} zuzüglich eines Barbestandes in Höhe der empfangenen Dividende D^i_0 besteht, summiert sich in allen vier Fällen ebenfalls weiterhin zu 100 GE. Für Kreditgeber und Aktionäre ergeben sich gegenüber dem Ausgangsbeispiel und auch gegenüber dem Unternehmen 1 (ohne Dividende) also auch aus den veränderten Dividendenerwartungen i.e.S. keine Bewertungskonsequenzen.

Für die Werte der Optionen ergibt sich in diesem modifizierten Beispiel ebenfalls die Relation $C^5_{0+} > C^{2'}_{0+} > C^{6'}_{0+} > C^{4'}_{0+}$, wie im Ausgangsbeispiel. In dem modifizierten Beispiel gilt diese Relation aber jetzt nicht mehr bei gleichhohen Dividendenerwartungen i.e.S., sondern obwohl für die Höhe der Dividendenerwartungen i.e.S. ebenfalls die Relation $D^5_0 > D^{2'}_0 > D^{6'}_0 > D^{4'}_0$ gilt. Dieser Zusammenhang steht im Widerspruch zu Relation (xi).

Relation (xi) gilt also nicht allgemein zwischen Optionen auf die Aktien von Unternehmen, die ihre Dividende unterschiedlich finanzieren - auch dann nicht, wenn die Unternehmen ansonsten identisch sind und zwischen den Dividendenerwartungen Zustandsdominanz besteht. Die Aussage, daß der Wert einer Option auf eine Aktie mit höherer Dividendenerwartung i.e.S. niedriger ist als der Wert einer Option auf eine ansonsten identische Aktie, erlangt stattdessen nur Allgemeingültigkeit, wenn eine Dividende zahlende Aktie mit einer dividendenlosen Aktie oder zwei Dividende zahlende Aktien mit identischer Dividendenfinanzierung miteinander verglichen werden.

5.4 Übertragung auf den Ein-Aktien-Fall

Dadurch, daß sich im Mehr-Aktien-Fall die zu vergleichenden Aktien nur durch Erwartungen (Dividendenerwartungen und Aktienkurserwartungen) unterscheiden, die mit ihnen verknüpft werden, nicht aber durch im Bewertungszeitpunkt beobachtbare Daten unterscheiden, lassen sich die Analyseergebnisse aus dem Mehr-Aktien-Fall relativ unproblematisch auf einen Ein-Aktien-Fall mit hypothetischer Variation der Dividendenerwartungen übertragen. Bei einer solchen Übertragung kann von einer Option auf eine Basisaktie ausgegangen werden, für die in t = 0 eine bestimmte erste Dividendenerwartung i.e.S. und eine bestimmte erste Aktienkurserwartung gehegt wird und für die nun alternativ die Möglichkeit einer zweiten Dividendenerwartung i.e.S. und, damit verbunden, einer zweiten Aktienkurserwartung in Betracht gezogen wird.

Bedingung für die Vergleichbarkeit dieser beiden hypothetischen Situationen ist dabei analog zum Mehr-Aktien-Fall, daß
- die beiden zu vergleichenden Dividendenerwartungen i.e.S. eine Dominanzbeziehung im Sinne der Zustandsdominanz aufweisen und
- mit der Variation der Dividendenerwartungen i.e.S. gerade eine solche Variation der sonstigen Dividendenerwartungen verknüpft ist, daß der aktuelle Aktienkurs als Bewertungsergebnis dieser veränderten Erwartungen gültig bleibt.

In Übertragung der Analyseergebnisse aus dem Mehr-Aktien-Fall muß für diese Vergleichssituation dann im Ein-Aktien-Fall analog gelten, daß
- höhere Dividendenerwartungen i.e.S. negativ auf den Optionswert wirken, sofern die Finanzierungsart der Dividende als von der Dividendenhöhe unabhängig angesehen werden kann und
- höhere Dividendenerwartungen i.e.S. im Einzelfall durchaus auch positiv auf den Optionswert wirken können, wenn mit der Höhe der Dividendenerwartung die Erwartung einer anderen Finanzierungsart der Dividende einhergeht.

Während die Übertragung der Analyseergebnisse aus dem Mehr-Aktien-Fall auf den Ein-Aktien-Fall aus theoretischer Sicht unproblematisch erscheint, können Probleme vornehmlich aus leichtfertigen Fehlinterpretationen dieser Ergebnisse im Ein-Aktien-Fall resultieren. Zur Vermeidung von Fehlinterpretationen seien hier zwei Möglichkeiten einer Fehlinterpretation vorbeugend, explizit angeführt:
- Die Übertragung der Analyseergebnisse aus dem Mehr-Aktien-Fall ist nur dann möglich, wenn die Aktie auf Basis der alternativen, hypothetischen Erwartungskonstellation (Dividendenerwartungen i.e.S. und sonstige Dividendenerwartungen bzw. Aktienkurserwartungen) aus Aktionärssicht unverändert mit dem herrschenden aktuellen Aktienkurs bewertet werden. Diese Bedingung ist z.B. offensichtlich dann nicht mehr erfüllt, wenn nicht nur die alternative Dividendenerwartung bis zum Zeitpunkt $t = T - 1$ (Dividendenerwartung i.e.S.), sondern die gesamte alternative Dividendenerwartung zustandsdominant höher als die Ursprungserwartung ist. Dann muß sich nämlich mit dieser höheren Dividendenerwartung auch für jeden Zustand und Zeitpunkt, insbesondere also auch für den Bewertungszeitpunkt und für jeden Zustand im Fälligkeitszeitpunkt, die Erwartung eines höheren oder zumindest nicht niedrigeren Aktienkurses verknüpfen. Bei einer solchen Dividendenvariation kann sich dann ganz im Gegensatz zur Aussage der Relation (xi) mit der höheren

Dividendenerwartung i.e.S. gerade kein niedrigerer Optionswert verknüpfen. Eine solche Variation der Dividendenerwartungen, bei der höhere Dividendenerwartungen i.e.S. mit höheren Optionswerten korrespondieren müssen, liegt z.B. vor, wenn Anleger von der vereinfachten Vorstellung ausgehen, daß eine Unternehmung unendlich lange existiert und in jeder Periode eine Dividende von identischer Höhe zahlen wird. Bei einer solchen Vorstellung verbindet sich mit einer höheren Dividendenerwartung i.e.s. stets eine höhere vollständige Dividendenerwartung und müssen mit der höheren Dividendenerwartung i.e.S. dann zwangsläufig ein höherer aktueller Aktienkurs und höhere Aktienkurserwartungen verbunden sein.[369] Eine ähnliche Aussage gilt für eine Aktie, für die stets ein konstantes Verhältnis zwischen Dividendenhöhe und dem Aktienkurs im Dividendenzeitpunkt angenommen wird.

- Aus der Analyse des Mehr-Aktien-Falls kann für eine Option kein Zusammenhang zwischen der Veränderung gezahlter Dividenden im Zeitablauf und dem Optionswert abgeleitet werden. Eine Aussage der Art "Der Wert einer Option sinkt(steigt), wenn auf die beziehbare Aktie eine höhere(niedrigere) Dividende gezahlt wird" hat keine Allgemeingültigkeit, wenn dabei unter dem Steigen(Sinken) einer Dividende verstanden wird, daß die Dividende in einem Dividendentermin höher(niedriger) ist als in einem vorangegangenen Dividendentermin. Eine solche Aussage hat weder Allgemeingültigkeit, wenn sich dieses "Steigen(Fallen) der Dividende" auf die Dividendenerwartung bezieht, noch wenn es sich als ex post Aussage auf tatsächlich gezahlte Dividenden bezieht. Relevant für die Wirkung von Dividenden auf Optionswerte ist die Differenz zwischen alternativen Dividendenerwartungen und darüber sagt weder die Tatsache in der Vergangenheit gestiegener Dividenden noch die Erwartung von Dividendenanstiegen im Zeitablauf genügend aus, um auf einen eindeutigen Zusammenhang zwischen diesen Eigenschaften vergangener Dividenden bzw. einer Dividendenerwartung und Optionswerten schließen zu können.

---

[369] Eine analoge Fehlinterpretation wäre im Mehr-Aktien-Fall kaum denkbar, denn im Mehr-Aktien-Fall würden zwei Aktien mit Zustandsdominanz der vollständigen Dividendenerwartungen auf einem arbitragefreien Markt unterschiedliche aktuelle Kurse haben müssen. Daß die Bedingungen der Relation (xi) nicht erfüllt sind, würde im Mehr-Aktien-Fall damit "offensichtlich". Bei einer rein hypothetischen Faktorvariation im Ein-Aktien-Fall muß man die Rückwirkungen einer Dividendenvariation auf aktuelle Aktienkurse hingegen "mitbedenken".

5.5 Problematik von Argumentationen der Optionsliteratur

Der Zusammenhang zwischen Dividendenerwartungen und Optionswerten bleibt ohne Verteilungs- und Präferenzannahmen in der Optionstheorie weitgehend undiskutiert. In etlichen präferenz- und verteilungsfreien Ansätzen bleiben Dividenden vollständig ausgeschlossen oder werden nur in der Weise berücksichtigt, daß von "dividendengeschützten" Optionen ausgegangen wird, so daß Dividendenerwartungen per definitionem keine Bewertungsrelevanz haben können.[370] In anderen Arbeiten finden Dividenden zwar grundsätzlich Berücksichtigung als relevanter Werteinflußfaktor, beschränkt sich die Analyse eines Dividendeneffektes auf Optionswerte aber auf:

1. die Effekte von Dividendenerwartungen auf Preisgrenzen einer Option[371] und/oder

2. die Effekte von Dividenden auf die Vorteilhaftigkeit einer vorzeitigen Ausübung von amerikanischen Optionen.[372]

Die Frage, ob ein qualitativ eindeutiger Zusammenhang zwischen der Höhe von Dividendenerwartungen und der Höhe von Optionswerten besteht und von welchen Bedingungen die Qualität dieses Zusammenhangs abhängt, wird in der ver-

---

[370] Vgl. z.B. Bookstaber, R.M. (1981), S. 23-29, Bös, M. (1991), S. 57-73, hier insbesondere S. 57. Die Idee einer bewertungstechnischen Gleichbehandlung von Optionen auf dividendenlose Aktien und von dividendengeschützten Optionen findet sich bereits bei Merton (vgl. Merton, R.C. (1973), S. 144 und S. 151-154).

[371] Relation (iv) kann beispielhaft als Ergebnis eines solchen Analyseansatzes angesehen werden (vgl. Abschnitt 4.1 von Kapitel C). Zu entsprechenden Analysen des Dividendeneffektes auf Wertgrenzen einer Option in der Optionsliteratur vgl. z.B. die Ansätze bei Smith, C.W. (1976), S. 13-14, Cox, J.C./Rubinstein, M. (1985), S. 129-132, Geske, R./Trautmann, S. (1986), S. 82, Ritchken, P. (1987), S. 75-77, Kohler, H.-P. (1992), S. 60-61, Welcker, J./Kloy, J./Schindler, K. (1992), S. 87-90.

[372] Besonderes Interesse findet dieser Bewertungsaspekt von Dividenden, da er neben der Möglichkeit von im Zeitablauf steigenden Basispreisen als einziges Argument für einen Wertvorteil amerikanischer Kaufoptionen gegenüber ansonsten identischen europäischen Kaufoptionen angesehen wird (vgl. zu dieser Einschätzung z.B Cox, J.C./Rubinstein, M. (1985), S. 140-144, insbes. Fn. 7 auf S. 143). Innerhalb der entsprechenden Analysen geht es vor allem um die Ableitung von Kriterien für die Vorteilhaftigkeit einer vorzeitigen Ausübung. Eine solche Diskussion wurde hier aus den Betrachtungen ausgeklammert. Vgl. dazu z.B. Kjer, V. (1981), S. 58-69 und S. 333-345, Jarrow, R.A./Rudd, A. (1983), S. 57-63, Cox, J.C./Rubinstein, M. (1985), S. 140-144, Ritchken, P. (1987), S. 77-79, Uhlir, H./Sièvi, F. (1990), S. 90, Plötz, G. (1991), S. 66-69, Kohler, H.-P. (1992), S. 62-63.

teilungs- und präferenzfreien Optionstheorie demgegenüber allenfalls rudimentär diskutiert.

Verschiedene Autoren gehen zwar von der Existenz eines negativen Zusammenhangs zwischen Dividendenerwartungen und Optionswerten aus, verzichten aber auf eine formale Analyse dieses Zusammenhangs.[373] Soweit dieser Zusammenhang überhaupt argumentativ unterlegt wird, bleiben die Argumentationen ausgesprochen vage. Ein Beispiel für die Vagheit entsprechender Argumentationen liefert Hull:

"Dividends have the effect of reducing the stock price on the ex-dividend date. This is bad news for the value of call options and good news for the value of put options. The values of call options are therefore negatively related to the sizes of any anticipated dividends and the values of put options are positively related to the sizes of any anticipated dividends."[374]

Solche Argumentationen können vor dem Hintergrund der hier aufgezeigten Probleme bei der Bestimmung eines qualitativ eindeutigen Zusammenhangs zwischen Dividendenerwartungen und Optionswerten kaum befriedigen. Sie lassen völlig offen,

- was überhaupt unter einer höheren Dividendenerwartung zu verstehen ist und
- welche sonstigen Bedingungen erfüllt sein müssen, damit der behauptete negative Zusammenhang zwischen Dividendenerwartungen und Optionswerten Gültigkeit hat.

Diese Fragen, deren Relevanz durch die hier geführte Diskussion erkennbar geworden sein sollte, werden in der verteilungs- und präferenzfreien Optionstheorie in dieser Form tatsächlich nicht gestellt und dementsprechend auch nicht beantwortet.

Bei einer Würdigung des optionstheoretischen Schrifttums ist in diesem Zusammenhang aber gleichzeitig festzustellen, daß verteilungs- und präferenzunabhängige Zusammenhänge zwischen Dividenden und Optionswerten gar nicht nur unter der erklärten Zielsetzung einer Wirkungsanalyse von Dividendenerwartun-

---

[373] Vgl. z.B. Jarrow, R.A./Rudd, A. (1983), S. 16-17, Cox, J.C./Rubinstein, M. (1985), S. 35-37, Köpf, G. (1987), S. 48, Kohler, H.-P. (1992), S. 53-54, Hull, J. (1993), S. 153.

[374] Hull,C.J.(1993), S. 153; Zu einer ähnlichen Argumentation vgl. aber auch z.B. Jarrow, R.A./Rudd, A. (1983), S. 17, Köpf, G. (1987), S. 48.

gen auf Optionswerte behandelt werden müssen, sondern daneben implizit auch unter dem Etikett eines sogenannten "Dividenden- oder Ausschüttungsschutzes" von Optionen behandelt werden können.

Beiträge zum Dividenden- oder Ausschüttungsschutz gehen dabei von der gemeinsamen Vorstellung aus, daß Dividenden einen negativen Werteinfluß auf Optionen haben, und beschäftigen sich mit sogenannten Ausschüttungsschutzregelungen, die in Optionskontrakten vereinbart werden können, um diesen negativen Werteinfluß von Dividenden auf Optionen zu eliminieren oder zu verringern.[375]

Soweit entsprechende Beiträge zum Dividenden- oder Ausschüttungsschutz analytisch ableiten, wie vertragliche Klauseln gestaltet werden müssen, damit eine Option im Ergebnis als dividendengeschützt angesehen werden kann, können sie zusätzliche Vorstellungen über präferenz- und verteilungsfreie Zusammenhänge zwischen Dividenden und Optionswerten vermitteln. Wenn die Wirkung von Dividendenschutzklauseln ohne Präferenz- und Verteilungsannahmen diskutiert wird, muß dieser Diskussion ja zumindest eine implizite Vorstellung über den präferenz- und verteilungsfreien Zusammenhang zwischen Dividendenerwartungen und Aktienkurserwartungen zugrunde liegen.

Hinsichtlich einer solchen analytischen Diskussion von Dividendenschutzklauseln in einem präferenz- und verteilungsfreien Ansatz ist Mertons "Theorie der rationalen Optionsbewertung" als Grundlagenwerk zu betrachten.[376] Merton definiert zum einen, was unter einer dividendengeschützten Option zu verstehen ist, und zeigt zum anderen, welche Schutzklauseln in Optionskontrakten zu installieren sind, damit diese als dividendengeschützt angesehen werden können. Mertons Arbeit erweckt damit die Hoffnung, daß in ihr auch der präferenz- und vertei-

---

[375] Dabei wird eine Option dann als vollständig dividendengeschützt betrachtet, wenn der Wert der Option durch entsprechende Kontraktgestaltung von Dividendenzahlungen unabhängig ist und daher stets wie eine Option unter Dividendenausschluß bewertet werden kann. Vgl. z.B. die Definitionen bei Merton, R.C. (1973), S. 151, Steiner, P. (1988), S. 373, Hauck, W. (1991), S. 119.

[376] Vgl. Merton, R.C. (1973), S. 151-154. Merton zeigt in seinem Beitrag u.a., daß die sogenannte OTC-Klausel, nach der der Basispreis am Dividendentag um einen Abschlag in Höhe der Dividendenzahlung vermindert wird, keinen vollständigen Dividendenschutz bietet. Auf diesem Beweis von Merton baut eine Diskussion der Schutzwirkung verschiedener Dividendenschutzklauseln, insbesondere eben der sogenannten OTC-Klausel, auf. Diese weiterführende Diskussion verläßt aber den Rahmen einer verteilungsfreien Optionsbewertung und orientiert sich eher an einer Black/Scholes-Welt. Vgl. dazu insbes. Geske, R./Roll, R./Shastri, K. (1983), Steiner, P. (1988).

lungsfreie Zusammenhang zwischen Dividendenerwartungen und Optionswerten intensiv diskutiert wird. Diese Hoffnung erweist sich aber als trügerisch.

Merton geht bei seiner Analyse nämlich von einem ausgesprochen engen Verständnis von "Dividendenwirkungen" aus. Dieses enge Verständnis von "Dividendenwirkungen" schlägt sich bei Merton bereits in seiner Definition eines Dividendenschutzes nieder:

"Definition: An option is said to be payout protected if, for a fixed investment policy and fixed capital structure, the value of the option is invariant to the choice of payout policiy."[377]

Durch die Bedingungen einer unveränderten Investitionspolitik und einer unveränderten Kapitalstruktur reduziert Merton seine Analyse von Ausschüttungswirkungen - analog zur Modigliani-Miller-Vorstellung - von vornherein auf Aktiensplits, Stockdividenden und hinsichtlich des hier betrachteten Falls von Barausschüttungen auf den Spezialfall einer einlagenfinanzierten Dividende. Entsprechend dieser engen Vorstellung von Dividendenwirkungen geht Merton in seiner weiteren Analyse dann von zwei Vergleichsfirmen aus, die am Dividendentermin zwar unterschiedlich hohe Relationen zwischen Dividenden und Aktienkursen aufweisen, die aber am Ende jeder Periode für jeden zu Periodenbeginn in die Aktie investierten Dollar identische Verteilungen der Gesamtrückflüsse haben, wobei sich diese Gesamtrückflüsse als Summe aus Aktienkurs und Dividende am Periodenende ergeben. Merton beschränkt seine Betrachtungen damit auf Fälle, in denen relative Aktienkursveränderungen von Dividenden unabhängig sind. Er beschränkt seine Betrachtungen damit gerade auf solche Fälle, in denen die Dividendenwirkungen auf Aktienkurse durch die oben formulierte starre Variationsannahme tatsächlich vollständig beschrieben werden kann.[378]

---

[377] Merton, R.C. (1973), S. 151

[378] Auf Basis dieser Vorstellung kommt Merton dann zu dem Ergebnis, daß eine Option als dividendengeschützt angesehen werden kann, wenn in jedem Zeitpunkt td mit einer Dividendenzahlung in Höhe von D_{td} und einem Aktienkurs nach Dividendenzahlung von S_{td+} die Konditionen des Optionsrechts nach einer der beiden folgenden Methoden angepaßt werden: 1. Jede Option, die vor der Dividendenzahlung zum Bezug genau einer Aktie zum Basispreis X berechtigt, wird mit Dividendenzahlung ersetzt durch α (mit $\alpha = 1 + D_{td}/S_{td+}$) Optionen, die jeweils zum Bezug einer Aktie zum neuen Basispreis X/α berechtigen (vgl. dazu Merton, R.C. (1973), S. 152, Corollary) 2. Jede Option, die vor der Dividendenzahlung zum Bezug genau einer Aktie zum Basispreis X berechtigt, berechtigt nach der Dividendenzahlung zum Bezug von α Aktien zu einem Gesamtpreis von X (vgl. dazu Merton, R.C. (1973), S. 151, Theorem 11). Merton betont außerdem, daß diese Anpassungsmechanismen die beiden einzig denkbaren darstellen würden, mittels derer unabhängig vom konkreten Verlauf der Optionswertfunktion ein Dividendenschutz für

Interessant ist in diesem Zusammenhang, daß Merton davon ausgeht, sich mit den Bedingungen einer unveränderten Investitionspolitik und einer unveränderten Kapitalstruktur nicht nur auf einen Spezialfall einer Dividendenzahlung beschränkt zu haben, sondern trotz dieser Bedingungen Dividendenwirkungen tatsächlich erschöpfend behandeln zu können. Soweit mit Dividenden auch Auswirkungen auf die Verteilung der Aktienkursrendite verbunden sein können, stellen diese nach Mertons engem Dividendenbegriff eben nicht mehr Dividendenwirkungen dar, sondern Konsequenzen einer veränderten Investitionspolitik bzw. einer veränderten Kapitalstruktur.[379]

Daß Merton tatsächlich diese enge Sichtweise auf mögliche Dividendenwirkungen hat und daß diese enge Sichtweise - wie auch hier vertreten - keineswegs als unproblematisch zu betrachten ist, wird anhand einer kleinen, wenig beachteten Kontroverse deutlich, die Merton und Black/Scholes jeweils in ihren 1973 erschienen, grundlegenden Aufsätzen führten.[380]

Black/Scholes wenden gegen Mertons Ansatz eines Dividendenschutzes für Optionen ein, daß es überhaupt keinen Schutzmechanismus geben könne, bei dem sich mittels Anpassung der Optionsbedingungen ein vollständiger Dividendenschutz in Optionskontrakten installieren ließe. Black/Scholes belegen ihren Einwand mit dem Beispiel eines Unternehmens, das vor dem Laufzeitende einer Option alle Vermögenswerte liquidiert und als Dividende an die Aktionäre ausschüttet. Der Wert von Aktien auf dieses Unternehmen und auch von Optionen auf die

---

jede Optionswertfunktion installiert werden könnte (vgl. dazu Merton, R.C. (1973), Fn. 19 auf S. 152). Cox/Rubinstein kommen in ihrer Analyse zu einem ähnlichen Ergebnis wie Merton, (vgl. Cox, J.C./Rubinstein, M. (1985), S. 154-159), betonen dabei aber stärker den restriktiven Charakter ihrer Annahme, daß nämlich relative Aktienkursveränderungen unabhängig von der Dividendenpolitik einer Unternehmung sind (vgl. Cox, J.C./Rubinstein, M. (1985), S. 159). Cox/Rubinstein lassen im Gegensatz zu Merton damit auch die Möglichkeit offen, daß sich mit einer höheren Dividendenerwartung i.e.S. ein höherer Optionswert verknüpfen kann.

[379] Probleme der Optionsbewertung, die hier als möglicherweise mit einer Dividendenzahlung verknüpft gesehen werden, stellen daher für Merton wegen seiner engen Definition von Dividenden keine Probleme einer Dividendenzahlung sondern Probleme einer Investitionsänderung oder einer Kapitalstrukturveränderung dar.

[380] Die Autoren kannten gegenseitig die Arbeitsversionen der beiden Artikel. Sie konnten aufgrund dieser Kenntnis jeweils vor dem Erscheinen Bezug auf die später publizierten Aktikel des/der jeweils anderen Autoren nehmen. So führen Black/Scholes in ihrem Literaturverzeichnis den Beitrag von Merton bereits mit dem Hinweis "in press" an (vgl. Black, F./Scholes, M. (1973), S. 653). Merton zitiert seinerseits bereits den Black/Scholes-Beitrag mit dem Hinweis "forthcoming in Journal of Political Economy" (vgl. Merton , R.C. (1973), S. 181).

Kapitel D: Grenzen präferenz- und verteilungsfreier Bewertung 241

Aktien müsse als Folge dieser Maßnahme jeweils auf null sinken, ganz unabhängig davon welche Anpassungen von Basispreisen und Optionsverhältnissen in dem Optionskontrakt für diesen Fall vorgesehen sei.[381]

Merton stimmt der Argumentation von Black/Scholes grundsätzlich zu, argumentiert aber gleichzeitig, daß das Black/Scholes-Gegenbeispiel die Allgemeingültigkeit seines eigenen Dividendenschutzmechanismusses nicht widerlege, da es kein Beispiel für eine Dividendenzahlung sondern ein Beispiel für eine Kombination aus einer Dividendenzahlung und einer Änderung der Investitionspolitik und ggfs. auch noch einer gleichzeitigen Änderung der Kapitalstruktur sei.[382]

Diese Kontroverse zwischen Merton und Black/Scholes entspricht damit letztlich genau der Diskussion um das fiktive Gegenargument, das in Abschnitt 5.3.5 unter b) angeführt wurde. Merton sieht Dividendenwirkungen dabei auf solche Effekte beschränkt, die sich nicht auch durch Entscheidungen in anderen Dispositionsbereichen einer Unternehmung erzeugen lassen. Er reduziert Dividendenwirkungen damit letztlich auf solche Effekte, die auch im Fall einer Schütt-Aus-Hol-Zurück-Transaktion bzw. eines Aktiensplits auftreten. Andere, hier ebenfalls als Dividendeneffekte aufgefaßte Veränderungen von Aktienkurserwartungen ordnet Merton demgegenüber anderen unternehmerischen Entscheidungen zu. Das zeigt sich besonders pointiert in einer Argmentation, in der Merton versucht zu zeigen, daß sich substanzfinanzierte Ausschüttungen in Investitions- und Ausschüttungsentscheidungen zerlegen lassen, daß für die isolierte Ausschüttungsentscheidung der von ihm vorgeschlagene Ausschüttungsschutz weiterhin wirksam bleibt und daß das Black/Scholes-Beispiel wegen eines damit verbundenen Grenzwertproblems den einzigen Fall darstelle, in dem seine Analyse nicht mehr unmittelbar, sondern nur noch als Grenzwertbetrachtung gelte.[383]

Black/Scholes folgen demgegenüber einer Vorstellung, nach der die Kurswirkungen einer mit der Dividendenentscheidung verbundenen Finanzierungsentscheidung auf Aktienkurse und mittelbar damit auch auf Optionswerte der Dividendenentscheidung zugerechnet werden können.

Mertons Diskussion eines Dividendenschutzes für Optionen steht damit durchaus im Einklang mit den hier abgeleiteten Aussagen über einen Zusammenhang zwi-

---

[381] Vgl. Black, F./Scholes, M. (1973), S. 648.
[382] Vgl. Merton, R.C. (1973), S. 153.
[383] Vgl. Merton, R.C. (1973), S. 153.

schen Dividendenerwartungen und Optionswerten. Da Merton von einem extrem engen Dividendenbegriff ausgeht, können bei ihm aber wesentliche der hier diskutierten Probleme eines Zusammenhangs zwischen Dividendenerwartungen und Optionswerten nicht existieren.[384]

Eine umfassende Problematisierung des präferenz- und verteilungsfreien Zusammenhangs zwischen Dividendenerwartungen und Optionswerten existiert in der Optionsliteratur damit weder explizit noch implizit als "Nebenprodukt" einer Diskussion von Dividendenschutzklauseln.

5.6 Zusammenfassung

Da jeder Anleger in einem Zeitpunkt für eine Aktie nur eine Dividendenerwartung haben kann, scheidet die Ableitung "strenger" Arbitragerelationen für den Zusammenhang zwischen Dividendenerwartungen und dem Wert einer Option von vornherein aus. Ein solcher Zusammenhang läßt sich im Ein-Aktien-Fall nur für eine hypothetische Faktorvariation bzw. im Mehr-Aktien-Fall untersuchen.

Die Analyse des Zusammenhangs im Mehr-Aktien-Fall stößt dabei auf eine erste Schwierigkeit, wenn unterschiedliche Dividendenerwartungen ohne Präferenzannahmen nach ihrer Höhe geordnet werden sollen. Dieses Problem kann dadurch "gelöst" werden, daß nur Dividendenerwartungen mit einer Zustandsdominanzbeziehung der Dividendenerwartung i.e.S. miteinander verglichen werden, wobei eine solche "Problemlösung" den Gültigkeitsbereich möglicher Aussagen aber bereits erheblich einschränkt.

---

[384] Das Ausmaß der Schutzwirkung der von Merton auf Basis dieses engen Dividendenbegriffs abgeleiteten Dividendenschutzklauseln muß dementsprechend eng beschränkt bleiben. Mertons Schutzklauseln bieten nur einen Dividendenschutz bei unverändertem Investitionsprogramm und unveränderter Kapitalstruktur. Sind mit einer Dividende hingegen auch Investitions- und/oder Kapitalstrukturänderungen verbunden, dann ist ein Optionär gegen die Werteffekte aus diesen Veränderungen durch Mertons Schutzklauseln nicht geschützt. Geht man von einem weiteren Dividendenbegriff als Merton aus, so kann das Problem eines Dividendenschutzes durch Mertons Schutzklauseln allein also auch noch keineswegs als gelöst angesehen werden - wenn nicht gleichzeitig ein Schutz vor Änderungen der Investitionspolitik und vor Änderungen der Kapitalstruktur existiert. Solche zusätzlichen Schutzklauseln werden aber weder bei Merton noch sonstwo in der Optionsliteratur diskutiert.

Kapitel D: Grenzen präferenz- und verteilungsfreier Bewertung 243

Ein weiteres Problem stellt im Mehr-Aktien-Fall darüber hinaus die Formulierung einer Variationsannahme für den Zusammenhang zwischen Dividendenerwartungen und Aktienkurserwartungen dar. Auf Basis einer "starren" Variationsannahme läßt sich zwar ein negativer Zusammenhang zwischen Dividendenerwartungen i.e.S. und Optionswerten ableiten. Eine "starre" Variationsannahme kann angesichts unterschiedlicher Möglichkeiten einer Dividendenfinanzierung aber keine "befriedigende" Modellierung des Zusammenhangs zwischen Dividendenerwartungen und Aktienkurserwartungen bieten.

Eine flexible Variationsannahme erscheint zwar geeignet, auch unterschiedliche Dividendenwirkungen auf Aktienkurse zu modellieren, die aus einer unterschiedlichen Dividendenfinanzierung resultieren können. Bei einer flexiblen Variationsannahme behält der negative Zusammenhang zwischen Dividendenerwartungen i.e.S. und Optionswerten aber nur seine Allgemeingültigkeit, wenn eine dividendenlose Aktie mit einer Dividende zahlenden Aktie verglichen wird oder wenn beide Vergleichsunternehmen ihre Dividenden auch gleich finanzieren. Beim Vergleich zweier Aktien mit positiven Dividendenerwartungen i.e.S. und unterschiedlicher Dividendenfinanzierung kann ein negativer Zusammenhang zwischen Dividendenerwartungen und Optionswerten demgegenüber nicht allgemein abgeleitet werden.

Abgesehen von einigen zusätzlichen Interpretationsproblemen können die Zusammenhänge des Mehr-Aktien-Falls auf den Ein-Aktien-Fall übertragen werden.

In den präferenz- und verteilungsfreien Ansätzen der Optionsliteratur bleibt die Problematik eines qualitativen Zusammenhangs zwischen Dividendenerwartungen und Optionswerten erstaunlicherweise fast undiskutiert. Auch die mit dieser Problematik "verwandte" Diskussion von Dividendenschutzklauseln liefert kaum brauchbare Vorstellungen über diesen Zusammenhang, da sie sich im wesentlichen auf eine Arbeit von Merton beschränkt, der von einer extrem engen Dividendenvorstellung ausgeht. Daß der qualitative Zusammenhang zwischen Dividendenerwartungen und Optionswerten kaum problematisiert wird, dürfte dabei u.a. daraus resultieren, daß ein negativer Zusammenhang zwischen Dividendenerwartungen und Optionswerten als selbstverständlich betrachtet wird. Zumindest legen die wenigen Argumentationen, die in der Optionsliteratur für einen solchen Zusammenhang zu finden sind, durch ihre "Vordergründigkeit" diese Vermutung nahe. Auch ein solcher negativer Zusammenhang zwischen Dividendenerwartungen und Optionswerten kann bei einer kritischen Betrachtung allerdings seine Allgemeingültigkeit durchaus verlieren.

Kapitel E: Schlußbetrachtungen

1. Zusammenfassung

Im Zentrum der Optionstheorie stehen seit 1973 präferenzfreie Bewertungsmodelle. Dabei dominieren in der Optionsliteratur eindeutig Modellansätze, die durch eine starke Kursprozeßannahme für das Basisobjekt die präferenzfreie Bestimmung eindeutiger Optionswerte erlauben. Modellansätze, die nicht nur auf Präferenzannahmen über die Anleger, sondern auch auf Verteilungsannahmen über den Kursprozeß des Basisobjektes verzichten, finden zwar insoweit Beachtung, als sie den Bewertungsrahmen liefern, innerhalb dessen sich die Bewertungsaussagen der präferenzfreien Modelle mit starken Kursprozeßannahmen bewegen müssen. Präferenz- und verteilungsfreie Bewertungsansätze spielen in der Optionstheorie aber ansonsten nur eine untergeordnete Rolle. Abgesehen von einigen kleineren Weiterentwicklungen verharrt die Theorie einer präferenz- und verteilungsfreien Optionsbewertung auch heute noch im wesentlichen auf dem Erkenntnisstand, den Merton bereits 1973 in seiner "Theorie einer rationalen Optionsbewertung" präsentierte, während die Theorie einer präferenzfreien, verteilungsabhängigen Optionsbewertung im selben Zeitraum, seit der Arbeit von Black/Scholes aus dem Jahr 1973, eine bemerkenswerte Weiterentwicklung erlebte.

Diese "stiefmütterliche" Behandlung einer präferenz- und verteilungsfreien Optionsbewertung liefert den Ausgangspunkt für die vorliegende Arbeit. Ihre primäre Zielsetzung besteht dabei in einer Verdeutlichung von Aussagemöglichkeiten und Aussagegrenzen eines präferenz- und verteilungsfreien Optionsbewertungsansatzes. Zum Zwecke dieser Verdeutlichung wird die Vielfalt möglicher Bewertungsobjekte auf eine Standardvariante einer Aktienkaufoption beschränkt. Als mögliche Werteinflußfaktoren einer Option werden hier nur solche Faktoren berücksichtigt, deren prinzipielle Bewertungsrelevanz für eine Option offensichtlich und in der gleichgewichtsorientierten Optionstheorie allgemein akzeptiert ist. Neben den Merkmalen des Optionskontraktes "Typ des Optionsrechts", "Basispreis" und "Verfallzeitpunkt" finden dabei als sonstige Werteinflußfaktoren das "Zinsniveau", der "aktuelle Aktienkurs", die "Aktienkurserwartungen" bzw. das "Aktienkursverhalten" und die "Dividendenerwartungen" Berücksichtigung. Die Analyse eines präferenz- und verteilungsfreien Zusammenhangs zwischen diesen verschiedenen Einflußfaktoren und dem Optionswert konzentriert sich auf die Frage nach der Existenz qualitativ eindeutiger Zusammenhänge. Im Zentrum der

Arbeit steht also die Frage, ob auch ohne Präferenz- und Verteilungsannahmen aus der Richtung der Wertänderung eines Werteinflußfaktors eindeutig auf die Richtung der Wertänderung der Option geschlossen werden kann.

Hinsichtlich der Kontraktmerkmale einer Option können dabei die folgenden, qualitativ eindeutigen Zusammenhänge zwischen dem Wert der Einflußfaktoren und dem Wert einer Option festgestellt werden:

- Der Wert einer amerikanischen Option kann nicht geringer als der einer ansonsten identischen, europäischen Option sein.

- Der Wert einer amerikanischen Option mit späterem Fälligkeitstermin kann nicht geringer als der einer ansonsten identischen Option mit früherem Fälligkeitstermin sein.

- Der Wert einer Option mit niedrigerem Basispreis kann nicht geringer als der einer ansonsten identischen Option mit höherem Basispreis sein.

Diese Zusammenhänge können als "gesichertes" Wissen der Optionstheorie betrachtet werden. Als ungleich problematischer erweist sich demgegenüber die Bestimmung eines qualitativ eindeutigen Zusammenhangs zwischen den sonstigen Einflußfaktoren und dem Optionswert. Hinsichtlich des Zusammenhangs zwischen den sonstigen Einflußfaktoren und dem Optionswert bietet die Optionstheorie bislang allenfalls rudimentäre Analyseansätze. Die wesentlichen Ergebnisse der hier geführten Analyse lassen sich wie folgt zusammenfassen:

1. Zur Analyse des Zusammenhangs zwischen den sonstigen Einflußfaktoren und dem Optionswert erscheint grundsätzlich ein etwas anderer Untersuchungsansatz als zur Analyse des Zusammenhangs zwischen den Kontraktmerkmalen und dem Optionswert erforderlich. Während die Kontraktmerkmale bei Konstanz aller anderen Werteinflußfaktoren gleichzeitig verschiedene Wertausprägungen annehmen können, wenn verschiedene, gleichzeitig existierende Optionen mit derselben Basisaktie betrachtet werden, können die sonstigen Werteinflußfaktoren aus Sicht **eines** Individuums für **eine** Basisaktie zunächst jeweils nur **eine** Wertausprägung annehmen. Damit erscheint ein rein partialanalytischer Ansatz für die Analyse des Zusammenhangs zwischen Einflußfaktoren und Optionswert zwar für die Kontraktmerkmale, nicht aber für die sonstigen Einflußfaktoren angemessen.

2. Eine Faktorvariation der Einflußgröße "Zinsniveau" erscheint nur im Sinne einer hypothetischen Faktorvariation sinnvoll. Ein erstes Problem verknüpft

sich für diese Vergleichssituation dabei aber bereits mit der Frage, wie Zinserwartungen in einem Zeit-Zustands-Modell nach ihrer Höhe geordnet werden können. Dieses Problem kann noch dadurch gelöst werden, daß man sich auf eine Ordnung solcher Zinserwartungen nach ihrer Höhe beschränkt, die eine Zustandsdominanz der nach Anlagezeitpunkt und Anlagedauer geordneten Periodenzinssätze aufweisen.

Ein weiteres Problem verknüpft sich in dieser Vergleichssituation dann aber mit der Formulierung einer Variationsannahme. Eine ceteris paribus Annahme erscheint dabei als Variationsannahme für eine hypothetische Variation des Zinsniveaus jedenfalls wenig sinnvoll. Mit einer ceteris paribus Annahme für eine Zinsvariation werden zum einen relativ plausibel erscheinende Abhängigkeiten der aktuellen Aktienkurse, der Aktienkurserwartungen und/oder der Dividendenerwartungen vom Zinsniveau aus den Betrachtungen ausgeschlossen. Zum anderen wird mit der Annahme zinsniveauunabhängiger Aktienkurserwartungen aber auch bereits der Untersuchungsrahmen einer verteilungsfreien Optionsbewertung verlassen.

Ein in der Optionstheorie verschiedentlich als präferenz- und verteilungsfrei gültig behaupteter, positiver Zusammenhang zwischen dem Zinsniveau und dem Optionswert erweist sich damit insgesamt als Pseudoarbitragerelation. Als echte Arbitragerelation ist dieser Zusammenhang ohnehin nicht ableitbar, da das Zinsniveau nur hypothetisch variiert werden kann. Aber auch als arbitrageähnliche Relation erscheint dieser Zusammenhang für den Fall einer hypothetischen Zinsvariation eher weniger plausibel als ein umgekehrter, negativer Zusammenhang zwischen dem Zinsniveau und dem Optionswert - wenn man negative Zinswirkungen auf den aktuellen Aktienkurs berücksichtigt.

3. Eine Faktorvariation der Einflußgröße "aktueller Aktienkurs" erscheint im Zusammenhang sowohl einer Betrachtung verschiedener Optionen auf verschiedene Aktien als auch einer hypothetischen Faktorvariation für eine Option sinnvoll. Unterstellt man als Variationsannahme dabei eine ceteris paribus Konstellation der Aktienkursrenditeerwartungen und der Dividendenrenditeerwartungen, so läßt sich zwischen der Höhe des aktuellen Aktienkurses und dem Wert einer Option ein eindeutig positiver, konvexer Zusammenhang ableiten.

Dieser positive, konvexe Zusammenhang gilt im Mehr-Aktien-Fall dabei als präferenz- und verteilungsfreie, echte Arbitragerelation, deren Gültigkeit allerdings durch die zugrunde liegende strenge Variationsannahme, die nur in wenigen Bewertungssituationen als adäquate Modellierung akzeptiert werden kann, beschränkt bleibt.

Eine Übertragung dieser Arbitragerelation für den Zusammenhang zwischen aktuellem Aktienkurs und Optionswert auf den Ein-Aktien-Fall ist zwar grundsätzlich möglich. Mit einer solchen Übertragung wird aber der Untersuchungsrahmen einer verteilungsfreien Optionsbewertung verlassen. Im Ein-Aktien-Kontext wird mit einer vom Aktienkursniveau unabhängigen Aktienkurs- und Dividendenrenditeerwartung nämlich im Gegensatz zum Mehr-Aktien-Fall bereits eine Verteilungsannahme getroffen. Auch entsprechende Literaturaussagen, die für **eine** Option einen präferenz- und verteilungsfreien, positiven Zusammenhang zwischen dem aktuellen Aktienkurs und dem Optionswert behaupten, erweisen sich damit als Pseudoarbitragerelationen.

4. Eine Faktorvariation der Einflußgrößen "Aktienkurserwartungen" und "Dividendenerwartungen" erscheint ebenfalls im Zusammenhang einer Betrachtung sowohl verschiedener Optionen auf verschiedene Aktien als auch einer hypothetischen Faktorvariation für eine Option sinnvoll. Erste Probleme verknüpfen sich auch bei einer solchen Faktorvariation wiederum jeweils mit der Frage, wie in einem Zeit-Zustands-Modell Aktienkurserwartungen bzw. Dividendenerwartungen nach ihrer Höhe geordnet werden sollen.

Hinsichtlich der Aktienkurserwartungen kann dabei allgemein gezeigt werden, daß überhaupt kein Ordnungskriterium für die Höhe von Aktienkurserwartungen existieren kann, das gleichzeitig einen qualitativ eindeutigen, präferenz- und verteilungsfreien Zusammenhang zwischen Aktienkurserwartungen und Optionswerten liefert und mit der Annahme eines arbitragefreien Aktienmarktes und ansonsten konstanter Werteinflußfaktoren kompatibel ist. Ein qualitativ eindeutiger Zusammenhang zwischen Aktienkurserwartungen und Optionswerten ließe sich, bei Dividendenausschluß, nur für zustandsdominante Aktienkurserwartungen ableiten, die bei identischen aktuellen Aktienkursen aber einen Widerspruch zur Arbitragefreiheit des Kapitalmarktes liefern.

Aus der Nichtexistenz eines präferenz- und verteilungsfreien, qualitativ eindeutigen Zusammenhangs zwischen Aktienkurserwartungen und Optionswerten folgt auf einem arbitragefreien Kapitalmarkt bei ansonsten konstanten Werteinflußfaktoren zwangsläufig die Nichtexistenz eines qualitativ eindeutigen Zusammenhangs zwischen Risikokennzahlen der Aktienkurserwartungen und Optionswerten, da diese Kennzahlen nicht mehr Informationen über die Aktienkurserwartungen als die Aktienkurserwartungen selbst enthalten können. Inbesondere erweist sich damit dann auch die Aussage, daß der Optionswert mit der Standardabweichung der Aktienkurserwartungen steigt, als Pseudoarbitragerelation.

Das Merton-Theorem von einem positiven Zusammenhang zwischen dem Rothschild/Stiglitz-Risiko einer Aktie und dem Optionswert erweist sich für den Fall einer individuellen Wertpapierbewertung zwar als formal korrekt, liefert aber nur bei Risikoneutralität sinnvolle Aussagen. Im Fall einer marktorientierten Wertpapierbewertung erweist sich dagegen auch dieser Zusammenhang als Pseudoarbitragerelation. Erst das nach Jagannathan modifizierte Merton-Theorem illustriert, wie "hintergründig" das Risiko einer Aktie gemessen werden müßte, damit ein positiver Zusammenhang zwischen dem Rothschild/Stiglitz-Risiko der Aktie und dem Optionswert tatsächlich den Charakter einer präferenzfreien Arbitragerelation erlangen kann.

5. Dividendenerwartungen können als nur dann nach ihrer Höhe ordnenbar betrachtet werden, wenn zwischen verschiedenen Dividendenerwartungen eine Zustandsdominanz besteht. Mit dieser Definition des Ordnungskriteriums für Dividendenerwartungen erfährt die Menge ordnungsfähiger Dividendenerwartungen zwar eine drastische Beschränkung, werden aber zumindest exogene Präferenzannahmen bei der Ordnung der Dividendenerwartungen nach ihrer Höhe vermieden. Ein erhebliches, zusätzliches Problem verknüpft sich bei einer Analyse des Zusammenhangs zwischen Dividendenerwartungen und Optionswerten dann aber mit der Formulierung der Variationsannahme.

Auf Basis einer starren Variationsannahme läßt sich zwar ein präferenz- und verteilungsfreier, negativer Zusammenhang zwischen Dividendenerwartungen und Optionswerten ableiten. Eine starre Variationsannahme kann angesichts unterschiedlicher Möglichkeiten einer Dividendenfinanzierung aber nicht unbedingt als befriedigende Modellierung des Zusammenhangs zwischen Dividendenerwartungen und Aktienkurserwartungen betrachtet werden.

Will man mit einer flexiblen Variationsannahme auch die unterschiedlichen Effekte berücksichtigen, die Dividenden durch eine unterschiedliche Art der Dividendenfinanzierung auf Aktienkurse haben können, so behält der negative Zusammenhang zwischen Dividendenerwartungen und Optionswerten zwar für den Vergleich einer dividendenlosen und einer Dividende zahlenden Aktie Gültigkeit. Keine Allgemeingültigkeit behält er dann aber für den Vergleich zweier Dividende zahlender Aktien. Unter Berücksichtigung dieser Vergleichssituation erweist sich auch der in der Literatur behauptete negative Zusammenhang zwischen Dividendenerwartungen und Optionswerten als Pseudoarbitragerelation.

2. Würdigung der Ergebnisse

Die Analyse hat gezeigt, daß zwischen den Kontraktmerkmalen und dem Optionswert präferenz- und verteilungsfreie, qualitativ eindeutige Zusammenhänge existieren, während qualitativ eindeutige Zusammenhänge zwischen den sonstigen Einflußfaktoren und dem Optionswert überwiegend zusätzliche Verteilungs- und oder Präferenzannahmen implizieren. Die hier festgestellten Aussagemöglichkeiten über präferenz- und verteilungsfreie Zusammenhänge zwischen Einflußfaktoren und Optionswerten gehen dabei kaum über die bereits von Merton abgeleiteten Zusammenhänge hinaus. Hinsichtlich des Zusammenhangs zwischen dem Aktienkursrisiko und dem Optionswert und des Zusammenhangs zwischen den Dividendenerwartungen und dem Optionswert sind die von Merton abgeleiteten Aussagen stattdessen sogar noch als Aussagen zu relativieren, die jeweils nur für eine relativ spezielle Betrachtungsweise gültig sind.

Die hier festgestellten, sehr engen Grenzen präferenz- und verteilungsfreier Bewertungsaussagen können zum einen als, gewissermaßen nachträgliche, Erklärung dafür angesehen werden, daß die präferenz- und verteilungsfreien Bewertungsansätze einen so geringen Raum in der gleichgewichtsorientierten Optionsliteratur einnehmen. Zum anderen legen die hier festgestellten Aussagegrenzen aber auch eine Kritik an Teilen des optionstheoretischen Schrifttums nahe. Wie im Verlauf dieser Arbeit deutlich wurde, existieren in der Optionsliteratur zahlreiche Bewertungsaussagen, deren präferenz- und verteilungsfreie Gültigkeit proklamiert wird, denen aber vor dem Hintergrund der hier abgeleiteten Zusammenhänge tatsächlich nur unter Präferenz- und/oder Verteilungsannahmen eine Allgemeingültigkeit attestiert werden kann.

Diese Pseudoarbitragerelationen der Optionsliteratur könen für sich genommen als ein Indiz dafür gewertet werden, daß die Bedeutung von Präferenz- und Verteilungsannahmen für die Möglichkeit von Bewertungsaussagen in der Optionsliteratur nicht hinlänglich Berücksichtigung findet. Sie dürften nach Ansicht des Verfassers aber gleichzeitig nur einen sichtbaren Ausdruck einer wesentlich umfassenderen "Fehlentwicklung" in der Optionstheorie insgesamt darstellen.

Auffällig ist zunächst, daß es sich bei den in der Optionsliteratur vorgefundenen Pseudoarbitragerelationen ausschließlich um solche Bewertungszusammenhänge handelt, die in bekannten präferenzfreien Optionswertmodellen mit starken Kursprozeßannahmen, insbesondere im Black/Scholes-Modell, tatsächlich Gültigkeit besitzen. Dieser Befund legt die Vermutung nahe, daß die starke Focussierung der Optionstheorie auf präferenzfreie, verteilungsabhängige Bewertungsmodelle dazu führt, daß den dort abgeleiteten Bewertungszusammenhängen Allgemeingültigkeit zugebilligt wird und deren Abhängigkeit von den speziellen Modellannahmen insgesamt in den Hintergrund des Bewußtseins tritt. Durch dieses mangelnde Bewußtsein für die Abhängigkeit der Modellergebnisse von den Modellannahmen ließe sich nicht nur erklären, warum so häufig verteilungsabhängigen Bewertungszusammenhängen eine verteilungsunabhängige Gültigkeit zugeschrieben wird. Es ließe sich damit auch erklären, warum teilweise Bewertungszusammenhängen, die innerhalb idealtypischer Prämissenkränze abgeleitet werden, ohne weitere Beachtung der speziellen Modellannahmen eine generelle Gültigkeit für reale Bewertungssituationen zugeschrieben wird.[385]

Einer solchen "Fehlentwicklung" der Optionstheorie, bei der die Modellergebnisse von den Modellprämissen getrennt werden, kann natürlich zum einen dadurch entgegenzuwirken versucht werden, daß die Abhängigkeit der Modellergebnisse von den Modellannahmen immer wieder expliziert und betont wird. Da es in der Vergangenheit an einer expliziten Darstellung und Diskussion der Modellannahmen nicht gemangelt hat, verspricht dieser Versuch aber wohl nur noch wenig Erfolg.

Zum anderen könnte dieser Entwicklung aber auch dadurch entgegenzuwirken versucht werden, daß existierenden Optionswertmodellen andere Bewertungsansätze gegenübergestellt werden, die auf der Basis anderer Annahmen zu grundsätzlich anderen Bewertungsergebnissen gelangen. Hinsichtlich der Verteilungs-

---

[385] Eine solche Ignorierung der idealisierenden Modellprämissen liegt z.B. vor, wenn Welcker u.a. formulieren, "daß die Werte der Optionsscheine **infolge Arbitrage** tatsächlich **zu diesem mathematischen Erwartungswert tendieren.**" (Welcker, J./Schindler, K./Nerge, C./Mayer, A. (1991), S. 5; Hervorhebungen im Original; mit dem "mathematischen Erwartungswert" meinen Welcker u.a. dabei für europäische Optionen den Black/Scholes-Wert bzw. für amerikanische Optionen den McMillan/Stoll/Whaley-Wert).

Kapitel E: Schlußbemerkungen 251

annahme böte sich dazu etwa eine Modellierung an, die die Exogenität der Wertentwicklung des optierbaren Objektes aufhebt und stattdessen die Möglichkeit von Rückwirkungen eines Optionskontraktes auf die Wertentwicklung des optierbaren Objektes berücksichtigt. Geht man etwa davon aus, daß auch Aktionäre und Manager selbst Stillhalter und/oder Optionäre einer Aktienkaufoption auf ihr eigenes Unternehmen werden können und daß diese zusätzliche Optionsposition in ihrem Portefeuille dann Rückwirkungen auf die Investitions-, Finanzierungs- und Ausschüttungspolitik der Unternehmung haben kann, dann werden auch Aktienkursverteilungen plausibel, die auf Anhieb zunächst unplausibel erscheinen und die ganz erheblich von den bislang in der Optionstheorie vorgeschlagenen Verteilungsannahmen abweichen. Eine Berücksichtigung von asymmetrischen Verteilungen der Gestaltungskompetenzen und der Informationen könnte insgesamt den "Glauben" an die Allgemeingültigkeit eindeutiger Optionswerte der präferenzfreien Modelle mit starken Kursprozeßannahmen erschüttern und die Abhängigkeit der Bewertungsaussagen über Optionen von den idealtypischen Merkmalen der Modellsituation stärker bewußt machen.

Literaturverzeichnis

Amin, K. (1993)

Amin, Kaushik I.: Jump Diffusion Option Valuation in Discrete Time, in: Journal of Finance, 48, 1993, S. 1833-1863.

Arrow, K.J./Intriligator, M.D. (1982)

Arrow, K. J./Intriligator, M. D. (Hrsg.): Handbook of Mathematical Economics, Vol. II, Amsterdam/New York/Oxford 1982.

Bachelier, L. (1900)

Bachelier, Louis: Théorie de la spéculation, in: Annales de L' Ecole Normale Superieure, 17, 1900, S. 21-86, hier zitiert nach der englischen Übersetzung (Theory of Speculation) von James Boness in: Cootner, P. (1970), S. 17-78.

Bamberg, G./Spremann, K. (1986)

Bamberg, Günter/Spremann, Klaus (Hrsg.): Capital Market Equilibria, Berlin u.a. 1986.

Barnea, A./Haugen, R./Senbet, L. (1985)

Barnea, Amir/Haugen, Robert A./Senbet, Lemma W.: Agency Problems and Financial Contracting, Englewood Cliffs 1985.

Beckers, S. (1980)

Beckers, Stan: The Constant Elasticity of Variance Model and Its Implications For Option Pricing, in: Journal of Finance, 35, 1980, S. 661-673.

Bender, D. (1977)

Bender, Dieter: Stichwort "Arbitrage", in: Handwörterbuch der Wirtschaftswissenschaften, Band 1, Stuttgart u.a. 1977, S.325-333.

Bergman, Y.Z. (1981)

Bergman, Yaacov Zvi: Pricing of Contingent Claims in Perfect and in Imperfect Markets, Dissertation, Berkeley 1982.

Bicksler, J. (1979)

Bicksler, James (Hrsg.): Handbook of Financial Economics, Amsterdam 1979.

Bitz, M. (1977)

Bitz, Michael: Die Strukturierung ökonomischer Entscheidungsmodelle, Wiesbaden 1977.

Bitz, M. (1981)

Bitz, Michael: Entscheidungstheorie, München 1981.

Bitz, M. (1988)

Bitz, Michael: Asymmetrien von Information, Einfluß und Betroffenheit als Determinanten des Finanzmangements: Überarbeitete Fassung eines Vortrags anläßlich des finanzwirtschaftlichen Kolloqiums am 17. und 18. August 1988 in Hagen, Diskussionsbeitrag Nr.136 des Fachbereichs Wirtschaftswissenschaft der FernUniversität Hagen, Hagen 1988.

Bitz, M. (1993)

Bitz, Michael: Finanzdienstleistungen, München 1993.

Bitz, M./Rogusch, M. (1976)

Bitz, Michael/Rogusch, Michael: Risiko-Nutzen, Geld-Nutzen und Risikoeinstellung: Zur Diskussion um das Bernoulli-Prinzip, in: Zeitschrift für Betriebswirtschaft, 46,1976, S. 853-868.

Black, F. (1975)

Black, Fischer: Fact and Fantasy in the Use of Options, in: Financial Analysts Journal, 31, Juli-August 1975, S. 36-41 und 61-72.

Black, F. (1976)

Black, Fischer: Studies of Stock Price Volatility Changes, in: Proceedings of the 1976 Meetings of the American Statistical Association, Business and Economic Statistics Section, 1976, S. 177-181.

Black, F./Cox, J.C. (1976)

Black, Fischer/Cox, John C.: Valuing Corporate Securities: Some Effects of Bond Indenture Provisions, in: Journal of Finance, 31, 1976, S. 351-367.

Black, F./Scholes, M. (1973)

Black, Fischer/Scholes, Myron: The Pricing of Options and Corporate Liabilities, in: Journal of Political Economy, 81, 1973, S. 637-654.

Boness, A.J. (1964)

Boness, A. James: Elements of A Theory of Stock-Option Values, in: Journal of Political Economy, 72, 1964, S.163-175.

Bookstaber, R.M. (1981)

Bookstaber, Richard M.: Option Pricing And Strategies In Investing, Reading/ Massachusetts 1981.

Bös, M. (1991)

Bös, Michael: Optionsbewertung und Kapitalmarkt, Bergisch Gladbach/Köln 1991.

Braun, Th. (1993)

Braun, Thomas: Arbitragefreie Bewertung und Anlageberatung: Zwei Welten? - Eine modellanalytische Betrachtung am Beispiel kurspfadabhängiger Optionen, in: Zeitschrift für Betriebswirtschaft, 63, 1993, 817-838.

Brealey, R./Myers, St. (1991)

Brealey, Richard, A./Myers, Stewart C.: Principles of Corporate Finance, 4. Aufl., New York u.a. 1991.

Brennan, M. (1979)

Brennan, Michael J.: The Pricing of Contingent Claims in Discrete Time Models, in: Journal of Finance, 34, 1979, S. 53-68.

Brennan, M./Schwartz, E.S. (1978)

Brennan, Michael J./Schwartz, Eduardo S.: Corporate Income Taxes, Valuation, and the Problem of Optimal Capital Structure, in: Journal of Business, 51, 1978, S. 103-114.

Brenner, M. (1983)

Brenner, Menachem (Hrsg.): Option Pricing: Theory and Applications, Lexington/ Toronto 1983.

Brenner, M./Subrahmanyam, M. (1994)

Brenner, Menachem/Subrahmanyam, Marti: A Simple Approach to Option Valuation and Hedging in Black-Scholes Model, in: Financial Analyst Journal, März-April 1994, S. 25-28.

Brigham, E. (1985)

Brigham, Eugene F.: Financial Management, Theory and Practice, 4. Aufl., Chicago u.a. 1985.

Bühler, W. (1988)

Bühler, Wolfgang: Rationale Bewertung von Optionsrechten auf Anleihen, Zeitschrift für betriebswirtschaftliche Forschung, 40, 1988, S. 851-883.

Bühler, W. (1990)

Bühler, Wolfgang: Prinzipien der Bewertung von Optionen, in: Göppl H./Bühler, W./von Rosen R. (1990), S. 65-78.

Bühler, W./Rothacker, H. (1986)

Bühler, Wolfgang/Rothacker, Hartmut: Zur Bewertung von Tilgungsanleihen, in: Zeitschrift für betriebswirtschaftliche Forschung, 38, 1986, S. 123-148.

Büschgen, H. (1976)

Büschgen, Hans E. (Hrsg.): Handwörterbuch der Finanzwirtschaft, Stuttgart 1976.

Constantinides, G.M. (1984)

Constantinides, George M.: Warrant Exercise and Bond Conversion in Competitive Markets, in: Journal of Financial Economics, 13, 1984, S. 371-397.

Constantinides, G.M./Rosenthal, R.W. (1984)

Constantinides, George M./Rosenthal, Robert W.: Strategic Analysis of the Competitive Exercise of Certain Financial Options, in: Journal of Economic Theory, 32, 1984, S. 128-138.

Conze, A./Viswanathan (1991)

Conze, Antoine/Viswanathan: Path Dependent Options: The Case of Lookback Options, in: Journal of Finance, 46, 1991, S. 1893-1907.

Cootner, P. (1970)

Cootner, Paul H. (Hrsg.): The Random Character of Stock Market Prices, 3. Aufl., Cambridge 1970.

Copeland, Th./Weston, J.F. (1992)

Copeland, Thomas E./Weston, J. Fred: Financial Theory and Corporate Policy, 3. Aufl., Reading u.a. 1992.

Cox, J.C. (1975)

Cox, John C.: Notes on Option Pricing I: Constant Elasticity of Variance Diffusions, Arbeitspapier, Stanford University, Stanford/California 1975.

Cox, J.C./Ross, St. (1976)

Cox, John C./Ross, Stephen A., The Valuation of Options For Alternative Stochastic Processes, in: Journal of Financial Economics, 3, 1976, S. 145-166.

Cox, J.C./Ross, St./Rubinstein, M. (1979)

Cox, John C./Ross, Stephen A./Rubinstein, Mark E.: Option Pricing: A Simplified Approach, in: Journal of Financial Economics, 7, 1979, S. 229-263.

Cox, J.C./Rubinstein, M. (1983)

Cox, John C./Rubinstein, Mark E.: A Survey of Alternative Option-Pricing Models, in: Brenner, M. (1983), S. 3-33.

Cox, J.C./Rubinstein, M. (1985)

Cox, John C./Rubinstein, Mark E.: Options Markets, Englewood Cliffs 1985.

DeFusco, R./Johnson, R./Zorn, Th. (1990)

DeFusco, Richard A./Johnson, Robert R./Zorn, Thomas S.: The Effect of Executive Stock Option Plans on Stockholders and Bondholders, in: Journal of Finance, 45, 1990, S. 617-627.

Derkinderen, F.J./Crum, R.L. (1981)

Derkinderen, F.J./Crum, R.L. (Hrsg.): Readings in Strategy for Corporate Investment, Boston 1981.

Dhillon, U./Johnson, H. (1994)

Dhillon, Upinder S./Johnson, Herb: The Effect of Dividend Changes on Stock and Bond Prices, in: Journal of Finance, 49, 1994, S. 281-289.

Diamond, P./Stiglitz, J. (1974)

Diamond, Peter A./Stiglitz, Joseph E.: Increases in Risk and in Risk Aversion, in: Journal of Economic Theory, 8, 1974, S. 337-360.

Doll, G./Neuroth, H. (1991)

Doll, Georg Friederich/Neuroth, Hans Peter: Internationale Optionsscheine - Kennzahlen, Formeln, Interpretationen, Köln 1991.

Dyckhoff, H. (1993)

Dyckhoff, Harald: Ordinale versus kardinale Messung beim Bernoulli-Prinzip: Eine Analogiebetrachtung von Risiko- und Zeitpräferenz, in: OR Spektrum, 15, 1993, S. 139-146.

Egle, K./Trautmann, S. (1981)

Egle, Kuno/Trautmann, Siegfried: On Preference-Dependent Pricing of Contingent Claims, in: Göppl, H./Henn, R. (1981), S. 400-416.

Emanuel, D.C. (1983)

Emanuel, David C.: Warrant Valuation and Exercise Strategy, in : Journal of Financial Economics, 12, 1983, S. 211-236.

Engels, W. (1962)

Engels, Wolfram: Betriebswirtschaftliche Bewertungslehre im Lichte der Entscheidungstheorie, Köln/Opladen 1962.

Ernst, D. (1973)

Ernst, Dirk P.: Aktienpreisverlaufshypothesen und Optionsscheinmodelle, Dissertation Technische Universität Berlin 1973.

Etzel, P. (1990)

Etzel, Piet-Jochen: Die Deutsche Terminbörse in ihrem internationalen Wettbewerbsumfeld, in: Göppl, H./Bühler,W./von Rosen, R. (1990), S. 25-32.

Ewert, R. (1986)

Ewert, Ralf: Rechnungslegung, Gläubigerschutz und Agency-Probleme, Wiesbaden 1986.

Fabozzi, F.J. (1986)

Fabozzi, Francis J. (Hrsg.): Advances in Futures and Options Research, Vol. I Part A., London 1986.

Fama E.F. (1978)

Fama, Eugene F.: The Effects of a Firm's Investment and Financing Decisions on the Welfare of its Security Holders, in: American Economic Review, 68, 1978, S. 272-284.

Farmer, R.E.A./Winter, R.A. (1986)

Farmer, Roger E.A./Winter, Ralph A.: The Role of Options in the Resulution of Agency Problems: A Comment, in: Journal of Finance, 41, 1986, S. 1157-1170.

Finucane, Th. (1989)

Finucane, Thomas J.: Black-Scholes Approximations of Call Option Prices with Stochastic Volatilties: A Note, in: Journal of Financial and Quantitive Analysis, 24, 1989, S. 527-532.

Firth, M./Keane, S. (1986)

Firth, Michael/Keane, Simon M. (Hrsg.): Issues in Finance, Oxford 1986.

Fischer, E.O. (1989)

Fischer, Edwin O.: Bewertung von Optionen mit aktienkursabhängigem Basispreis, in: Zeitschrift für betriebswirtschaftliche Forschung, 41, 1989, S. 227-230.

Fischer, E.O./Zechner, J. (1990)

Fischer, Edwin O./Zechner, Josef: Die Lösung des Risikoanreizproblems durch Ausgabe von Optionsanleihen, in: Zeitschrift für betriebswirtschaftliche Forschung, 42, 1990, S. 334-342.

Franke, G. (1981)

Franke, Günter: Information, Property Rights, and the Theory of Corporate Finance, in: Derkinderen, F.J./Crum, R.L. (1981), S. 63-83.

Franke, G. (1990)

Franke, Günter: Gundlagen der Options- und Futures-Kontrakte, in: Göppl, H./Bühler, W./von Rosen, R. (1990), S. 43-63.

Franke, G./Hax, H. (1990)

Franke, Günter/Hax, Herbert: Finanzwirtschaft des Unternehmens und Kapitalmarkt, 2. Aufl., Berlin u.a. 1990.

Frauenfelder, E. (1980)

Frauenfelder, Eduard: Optionen in Wertpapieren und Waren, Bern/Stuttgart 1980.

Galai, D. (1977)

Galai, Dan: Characterizaton of Options, in: Journal of Business and Finance, 1, 1977, S. 373-385.

Galai, D./Masulis, R. (1976)

Galai, Dan/Masulis, Ronald W.: The Options Pricing Model and the Risk Faktor of Stock, in : Journal of Financial Economics, 3, 1976, S. 53-81.

Galai, D./Schneller, M. (1978)

Galai, Dan/Schneller, Meir I.: Pricing of Warrants and the Value of the Firm, in: Journal of Finance, 33, 1978, S. 1333-1342.

Garobbio, R. (1990)

Garobbio, Roberto: Der Einfluß von Kapitalerhöhungen auf den Wert von Optionsscheinen und Stillhalteroptionen, in : Finanzmarkt und Portofolio Management, 4, 1990, S. 189-198.

Gastineau, G.L. (1988)

Gastineau, Garry L.: The Options Manual, 3. Aufl., New York 1988.

Geske, R. (1977)

Geske, Robert: The Valuation of Corporate Liabilities as Compound Options, in: Journal of Financial and Quantitative Analysis, 12, 1977, S. 541-552.

Geske, R. (1979)

Geske, Robert: The Valuation of Compound Options, in: Journal of Financial Economics, 7, 1979, S. 63-81.

Geske, R. (1979a)

Geske, Robert: A Note on an Analytical Valuation Formula for Unprotected American Call Options on Stocks with Known Dividends, in: Journal of Financial Economics, 7, 1979, S. 376-380.

Geske, R. (1981)

Geske, Robert: Comments on Whaley's Note, in: Journal of Financial Economics, 9, 1981, S.213-215.

Geske, R./Johnson, H. (1984)

Geske, Robert/Johnson, Herb E.: The Valuation of Corporate Liabilities as Compound Options: A Correction, in: Journal of Financial and Quantitative Analysis, 19, 1984, S. 231-232.

Geske, R./Roll, R./Shastri, K. (1983)

Geske, Robert/Roll, Richard/Shastri Kuldeep: Over-the-Counter Option Market Dividend Protection and "Biases" in the Black-Scholes Model: A Note, in : Journal of Finance, 38, 1983, S. 1271-1277.

Geske, R./Trautmann, S. (1986)

Geske, Robert/Trautmann, Siegfried: Option Valuation: Theory and Empirical Evidence, in: Bamberg, G./Spremann, K. (1986), S. 79-133.

Giguère, G. (1958)

Giguère, Guynemer: Warrants, A Mathematical Method of Evaluation, in: The Analysts Journal, 14, 1958, S. 17-25.

Goldenberg, D. (1991)

Goldenberg, David H.: A Unified Method for Pricing Options on Diffusion Processes, in: Journal of Financial Economics, 29, 1991, S. 3-34.

Goldman, M.B./Sosin, H./Gatto, M.A. (1979)

Goldman, M. Barry/Sosin, Howard B./Gatto Marry Ann: Path Dependent Options: Buy at the Low, Sell at the High, in: Journal of Finance, 34, 1979, S. 1111-1127.

Göppl, H./Bühler, W./von Rosen, R. (1990)

Göppl, Hermann/Bühler, Wolfgang/von Rosen, Rüdiger (Hrsg.): Optionen und Futures, Frankfurt/M. 1990.

Göppl, H./Henn, R. (1981)

Göppl, Hermann/Henn, Rudolf (Hrsg.): Geld, Banken und Versicherungen; Bd. I, Königstein i. Ts. 1981.

Green, R.C. (1984)

Green, Richard C.: Investment Incentives, Debt, and Warrants, in: Journal of Financial Economics, 13, 1984, S. 115-136.

Grünwald, L. (1980)

Grünwald, Leonhard: Optionsmarkt und Kapitalmarkteffizienz, Eine Analyse der Organisations- und Informationseffizienz des börsenmäßigen Optionshandels in der Bundesrepublik Deutschland und den USA, München 1980.

Haley, C./Schall, L. (1979)

Haley, Charles W./Schall, Lawrence D.: The Theory of Financial Decisions, 2. Aufl., New York u.a. 1979.

Hallingby, P. (1947)

Hallingby, Paul: Speculative Opportunities in Stock Purchase Warrants, in: The Analysts Journal, 3, 1947, S. 48-49.

Harrison, J.M./Kreps, D.M. (1979)

Harrison, J. Michael/Kreps, David M.: Martingales and Arbitrage in Multiperiod Securities Markets, in: Journal of Economic Theory, 20, 1979, S. 381-408.

Harrison, J.M./Pliska, S.R. (1981)

Harrison, J. Michael/Pliska, Stanley R.: Martingales and Stochastic Integrals in the Theory of Continous Trading, in: Stochastic Processes and their Applications, 11, 1981, S. 215-260.

Hauck, W. (1991)

Hauck, Wilfried: Optionspreise: Märkte, Preisfaktoren, Kennzahlen, Wiesbaden 1991.

Haugen, R./Senbet, L. (1981)

Haugen, Robert A./Senbet, Lemma W.: Resolving the Agency Problems of External Capital through Stock Options, in: Journal of Finance, 36, 1981, S. 629-647.

Haugen, R./Senbet, L. (1986)

Haugen, Robert A./Senbet, Lemma W.: The Role of Options in the Resolution of Agency Problems: A Reply, in: Journal of Finance, 41, 1986, S. 1171-1173.

Hehn, E. (1993)

Hehn, Elisabeth M.: Zeitreihenanalyse von Optionsscheinpreisen zur Beurteilung von Kurschancen und -risiken, Dissertation an der Fernuniversität Hagen 1993.

Herzog, H. (1991)

Herzog, Hansjörg: Options- und Wandelanleihen schweizerischer Gesellschaften, Emissionsmotive und Preiseffekte, Bern/Stuttgart 1991.

Ho, T.S.Y./Singer, R.F. (1982)

Ho, Thomas S.Y./Singer, Ronald F.: Bond Indenture Provisions and the Risk of Corporate Debt, in: Journal of Financial Economics, 10, 1982, S. 375-406.

Ho, T.S.Y./Singer, R.F. (1984)

Ho, Thomas S.Y./Singer, Ronald F.: The Value of Debt with a Sinking-Fund Provision, in: Journal of Business, 57, 1984, S. 315-336.

Hörnig, B./Terstege, U. (1992)

Hörnig, Bodo/Terstege Udo: Refix-Warrants - eine Variante japanischer Optionsscheine, in: Die Bank, September 1992, S. 528-530.

Hörnstein, E. (1990)

Hörnstein, Elke: Arbitrage- und Gleichgewichtsmodelle in der Kapitalmarkttheorie, Frankfurt/M. u.a. 1990.

Howe, J./Wei, P. (1993)

Howe, John S./Wei, Peihwang: The Valuation Effects of Warrant Extentions, in: Journal of Finance, 48, 1993, S. 305-314.

Hsia, C.C. (1981)

Hsia, Chi-Cheng: Optimal Dept of a Firm: An Option Pricing Approach, in: Journal of Financial Research, 4, 1981, S. 221-231.

Hull, J. (1993)

Hull, John C.: Options, Futures, and Other Derivative Securities, 2. Aufl., Englewood Cliffs 1993.

Hull, J./ White, A. (1987)

Hull, John C./White, Alan: The Pricing of Options on Assets with Stochastic Volatilities, in: Journal of Finance, 42, 1987, S. 281-300.

Imo, Ch. (1988)

Imo, Christian: Börsentermin- und Börsenoptionsgeschäfte, Wiesbaden 1988.

Ingersoll, J.E. (1987)

Ingersoll, Jonathan E.: Theory of Financial Decision Making, Totowa 1987.

Jagannathan, R. (1984)

Jagannathan, Ravi: Call Options and the Risk of Underlying Securities, in: Journal of Financial Economics, 13, 1984, S. 425-434.

Janssen, F. (1982)

Janssen, Friedrich: Bedeutung und Ausstattung von Wandel- und Optionsanleihen, Göttingen 1982.

Jarrow, R.A./Rudd, A. (1983)

Jarrow,Robert A./Rudd, Andrew: Option Pricing, Homewood 1983.

Jarrow, R.A./Trautmann, S. (1991)

Jarrow, Robert A./Trautmann, Siegfried: Warrant Valuation in Complete Markets, Arbeitspapier, Universtität Cornell 1991.

Jentzsch, B. (1985)

Jentzsch, Bettina: Optionspreise in der Bundesrepublik Deutschland - Empirische Überprüfung eines theoretischen Bewertungsansatzes, Thun/Frankfurt/M. 1985.

Johnson, H. (1987)

Johnson, Herb E.: Options on the Maximum or the Minimum of Several Assets, in: Journal of Financial and Quantitative Analysis, 22, 1987, S. 277-283.

Johnson, H./Shanno, D. (1987)

Johnson, Herb E./Shanno, David: Option Pricing When the Variance is Changing, in: Journal of Financial and Quantitative Analysis, 22, 1987, S. 143-151.

Jurgeit, L. (1989)

Jurgeit, Ludwig: Bewertung von Optionen und bonitätsrisikobehafteten Finanztiteln, Wiesbaden 1989.

Kassouf, S.T. (1962)

Kassouf, Sheen T.: Evaluation of Convertible Securities, New York 1962.

Kassouf, S.T. (1968)

Kassouf, Sheen T.: Stock Price Random Walks: Some Supporting Evidence, Review of Economic and Statistics, 50, 1968, S. 275-278.

Kassouf, S.T. (1969)

Kassouf, Sheen T.: An Econometric Model For Option Price With Implications For Investors' Expectations And Audacity, Econometrica, 37, 1969, S. 685-694.

Kjer, V. (1981)

Kjer, Volker: Optionsanleihen, Analyse und Gestaltung einer Finanzierungs- und Anlageform, Berlin 1981.

Klein, H.-D. (1990)

Klein, Hans-Dieter: Gedeckte Optionsscheine auf deutsche Aktien, in: Die Bank, Mai 1990, S. 283-286.

Kluge, F. (1989)

Kluge, Friedrich: Etymologisches Wörterbuch der deutschen Sprache, 22. Aufl., Berlin/New York 1989.

Kohler, H.-P. (1992)

Kohler, Hans-Peter: Grundlagen der Bewertung von Optionen und Optionsscheinen: Darstellung und Anwendung der Modelle von Boness, Black-Scholes, Galai-Schneller und Schulz-Trautmann-Fischer, Wiesbaden 1992.

Köpf, G. (1987)

Köpf, Georg: Ansätze zur Bewertung von Aktienoptionen, Eine kritische Analyse, München 1987.

Körth, H./Otto, C./Runge, W./Schoch, M. (1975)

Körth, Heinz/Otto, Carl/Runge, Walter/Schoch, Manfred (Hrsg.):
Lehrbuch der Mathematik für Wirtschaftswissenschaften, 3. Aufl.,
Opladen 1975.

Kremer, J./Roenfeldt, R. (1993)

Kremer, Joseph W./Roenfeldt, Rodney L.: Warrant Pricing: Jump-
Diffusion vs. Black-Scholes, in: Journal of Financial and Quantitative
Analysis, 28, 1993, S. 255-272.

Kreps, D.M. (1980)

Kreps, David M.: Multiperiod Securities and the Efficient Allocation of
Risk: A Comment on the Black-Scholes Option Pricing Model,
Technical Report No. 306, Institute for Mathematical Studies in the
Social Sciences, Stanford University 1980.

Kruizenga, R.J. (1964)

Kruizenga, Richard J.: Intruduction to the Option Contract, in: Cootner,
P. (1970), S. 377-391.

Kruschwitz, L./Schöbel, R. (1984)

Kruschwitz, Lutz/Schöbel, Rainer: Eine Einführung in die
Optionspreistheorie, in: Wirtschaftsstudium, 13, 1984, S. 68-72 (Teil
I), S. 116-121 (Teil II), S. 171-176 (Teil III).

Kruschwitz, L./Schöbel, R. (1985)

Kruschwitz, Lutz/Schöbel, Rainer: Die Bewertung von Options- und
Wandelanleihen mit Hilfe der Optionspreistheorie,
Wirtschaftswissenschaftliche Dokumentation (Hrsg.):
Diskussionspapier 92, Technische Universität Berlin 1985.

Kürsten, W. (1992)

Kürsten, W.: Präferenzmessung, Kardinalität und sinnmachende
Aussagen: Enttäuschung über die Kardinalität des Bernoulli-Nutzens,
in: Zeitschrift für Betriebswirtschaft, 62, 1992, S. 459-477.

Lauterbach, B./Schultz, P. (1990)

Lauterbach, Beni/Schultz, Paul: Pricing Warrants: An Empirical Study of the Black-Scholes Model and Its Alternatives, in: Journal of Finance, 45, 1990, S. 1181-1209.

Leonard, D.C./Solt, M.E. (1990)

Leonard, David C./Solt, Michael E.: On Using the Black-Scholes Model to Value Warrants, in: Journal of Financial Research, 13, 1990, S. 81-92.

Levy, H. (1985)

Levy, Haim: Upper and Lower Bounds of Put and Call Option Value: Stochastic Dominance Approach, in: Journal of Finance, 40, 1985, S. 1197-1217.

Levy, H./Levy, A. (1988)

Levy, Haim/Levy, Azriel: Option Valution: An Extension of the Binomial Modell, unveröffentlichtes Vortragsmanuskript Conference on Financial markets Developements And Reforms Research in New Financial Instruments And Their Use in Financial Risk Management, 29.-30. Juni 1988 Centre HIC-ISA, Jouy-en-Josas, 1988.

Lim, K.-G./Phoon, K.-F. (1991)

Lim, Kian-Guan/Phoon, Koh-Fai: Testing the Warrant Pricing Model, in: Economic Letters, 35, 1991, S. 451-455.

Lingner, U. (1991)

Lingner, Ulrich: Optionen: Anlagestrategien für die nationalen und internationalen Options- und Futures-Märkte, 2. Aufl., Wiesbaden 1991.

Lintner, J. (1968)

Lintner, John: The Valuation of Risk Assets and the Selection of Risky Investments in Stock Portfolios and Capital Budgets, in: Review of Economic and Statistics, 47, 1965, S. 13-37.

Lo, A. (1987)

Lo, Andrew W.: Semi-Parametric Upper Bound for Option Prices And Expected Payoffs, in: Journal of Financial Economics, 19, 1987, S. 373-387.

Loistl, O. (1991)

Loistl, Otto: Kapitalmarkttheorie, München/Wien 1991.

Longstaff, F. (1990)

Longstaff, Francis A.: Pricing Options with Extendible Maturities: Analysis and Applications, in: Journal of Finance, 45, 1990, S. 935-957.

Ludwig, W. (1977)

Ludwig, Wolfgang: Verwässerungsschutzklauseln bei Wandelschuldverschreibungen, in: Kredit und Kapital, 8, 1977, S. 91-116.

Macbeth, J.D./Merville, L.J. (1979)

Macbeth, James D./Merville, Larry, J.: An Empirical Examination of the Black-Scholes Call Option Pricing Model, in: Journal of Finance, 34, 1979, S. 1173-1186.

Macbeth, J.D./Merville, L.J. (1980)

Macbeth, James, D./Merville, Larry J.: Tests of the Black-Scholes and Cox Call Option Valuation Models, in: Journal of Finance, 35, 1980, S. 285-301.

Madansky, A. (1977)

Madansky, Albert: Some Comparisons of the Use of Empirical and Lognormal Distribution in Option Evaluation, Proceedings of the Seminar on the Analysis of Security Prices, University of Chicago, May 1977, S. 155-168, abgedruckt in: Gastineau, G.L. (1988), S. 329-335.

Margrabe, W. (1978)

Margrabe, William: The Value of an Option to Exchange One Asset for Another, in: Journal of Finance, 33, 1978, S.177-186.

Markowitz, H.M. (1952)

Markowitz, Harry M.: Portfolio Selection, in: Journal of Finance, 7, 1952, S. 77-91.

McMillan, L. (1986)

McMillan, Lionel W.: Analytical Approximation for the American Put Option, in: Fabozzi, F.J. (1986), S. 119-139.

Merton, R.C. (1972)

Merton, Robert C.(Hrsg.): The Collected Scientific Papers of Paul A. Samuelson, Vol. 3, Cambridge 1972.

Merton, R.C. (1973)

Merton, Robert C.: Theory of Rational Option Pricing, in: Bell Journal of Economics and Mangement Science, 4, 1973, S. 141-183.

Merton, R.C. (1974)

Merton, Robert C.: On the Pricing of Corporate Debt: The Risk Structure of Interest Rates, in: Journal of Finance, 29, 1974, S. 449-470.

Merton, R.C. (1976)

Merton, Robert C.: Option Pricing When Underlying Stock Returns Are Discontinous, in: Journal of Financial Economics, 3, 1976, S. 125-144.

Merton, R.C. (1982)

Merton, Robert C.: On the Microeconomic Theory of Investment under Uncertainty, in: Arrow, K.J./Intriligator, M.D. (1982), S. 601-669.

Mesler, D. (1986)
Mesler, Donald T.: Warrants, Analysis and Investment Strategy, Chicago 1986.

Miller, M.H./Modigliani, F. (1961)
Miller, Merton H./Modigliani, Franco: Dividend Policy, Growth, and the Valuation of Shares, in: The Journal of Business, 34, 1961, S. 411-433.

Modigliani, F./Miller M.H. (1958)
Modigliani, Franco/Miller Merton H.: The Cost of Capital, Corporation Finance, and the Theory of Investment, in: American Economic Review, 48, 1958, S. 261-297.

Morrisson, R. (1957)
Morrisson, Russel J.: The Warrants Or The Stock ?, in: The Analysts Journal, 13, 1957, S. 51-53.

Mossin, J. (1966)
Mossin, Jan: Equilibrium in a Capital Asset Market, in: Econometrica, 34, 1966, S. 768-783.

Myers, St. (1968)
Myers, Stewart C.: A Time-State Preference Model of Security Valuation, in: Journal of Finance and Quantitative Analysis, 3, 1968, S. 1-34.

Naik, V. (1993)
Naik, Vasanttilak: Option Valuation and Hedging, Strategies with Jumps in the Volatility of Asset Returns, in: Journal of Finance, 48, 1993, S. 1969-1984.

Noreen, E./Wolfson, M. (1981)
Noreen, Eric/Wolfson, Mark: Equilibrium Warrant Pricing Models and Accounting for Executive Stock Options, in: Journal of Accounting Research, 19, 1981, S. 384-398.

Omberg, E. (1987)

Omberg, Edward: A Note on the Convergence of Binomial-Pricing and Compound-Option Models, in: Journal of Finance, 42, 1987, S. 463-469.

Pease, F. (1963)

Pease, Fred: The Warrant - Its Powers and Its Hazards, in: Financial Analyst Journal, 19, 1963, S. 25-32.

Penzkofer, P: (1976)

Penzkofer, Peter: Warrant, in: Büschgen, H. (1976), Sp. 805-1809.

Perrakis, S. (1986)

Perrakis, Stylianos: Option Bounds in Discrete Time: Extensions and the Price of the American Put, in: Journal of Business, 59, 1986, S. 119-142.

Perrakis, S./Ryan, P. (1984)

Perrakis, Stylianos/Ryan, Peter J.: Option Pricing Bounds in Discrete Time, in: Journal of Finance, 39, 1984, S. 519-525.

Perridon, L./Steiner, M. (1993)

Perridon, Louis/Steiner, Manfred: Finanzwirtschaft der Unternehmung, 7. Aufl., München 1993.

Pflaumer, P. (1990)

Pflaumer, Peter: Ökonometrische Modelle zur Bewertung von Optionsscheinen, Forschungsbericht Nr. 90/8, Fachbereich Statistik, Universität Dortmund 1990.

Pflaumer, P. (1991)

Pflaumer, Peter: The Evaluation of German Warrants, An Empirical Investigation, Statistical Papers 32, 1991, S. 343-352.

Plötz, G. (1991)

Plötz, Georg: Optionsmarkt-Ansätze, Bewertungsprobleme börsennotierter Optionen, Wiesbaden 1991.

Rendleman, R.J./Bartter, B.J. (1979)

Rendleman, Richard J./Bartter Brit J.: Two-State Option Pricing, in: Journal of Finance, 34, 1979, S. 1093-1110.

RISK/FINEX (1992)

RISK/FINEX (Hrsg.): From Black-Scholes to Black Holes, London 1992.

Ritchken, P. (1985)

Ritchken, Peter: On Option Pricing Bounds, in: Journal of Finance, 40, 1985, S. 1219-1233.

Ritchken, P. (1987)

Ritchken, Peter: Options: Theory, Strategy, and Applications, Glenview/London 1987.

Ritchken, P./Kuo, S. (1988)

Ritchken, Peter/Kuo, Shyanjaw: Option Bounds with Finite Revision Opportunities, in: Journal of Finance, 43, 1988, S. 301-308.

Ritchken, P./Kuo, S. (1989)

Ritchken, Peter/Kuo, Shyanjaw: On Stochastic Dominance and Decreasing Absolute Risk Averse Option Pricing Bounds, in: Management Science, 35, 1989, S. 51-59.

Roll, R. (1977)

Roll, Richard A.: An Analytical Valuation Formula for Unprotected American Call Options on Stocks with Known Dividends, in: Journal of Financial Economics, 5, 1977, S. 251-258.

Rothschild, M./Stiglitz, J. (1970)

Rothschild, Michael/Stiglitz, Joseph E.: Increasing Risk: I. A Definition, in: Journal of Economic Theory, 2, 1970, S. 225-243.

Rubinstein, M. (1976)

Rubinstein, Mark E.: The Valuation of Uncertain Income Streams and the Pricing of Options, in: Bell Journal of Economics, 7, 1976, S. 407-425.

Rubinstein, M. (1983)

Rubinstein, Mark E.: Displaced Diffusion Option Pricing, in: Journal of Finance, 38, 1983, S. 213-217.

Sachdeva, K. (1986)

Sachdeva, Kanwal: On the Equality of Two Lower Bounds on the Call Price: A Note, in: Journal of Financial Quantitative Analysis, 21, 1986, S. 235-237.

Samuelson, P. (1965)

Samuelson, Paul A.: Rational Theory of Warrant Pricing, in: Industrial Management Review, 6, 1965, S. 13-31, hier zitiert nach Merton, R.C. (1972), 818-847.

Sauer, F. (1988)

Sauer, Ferdinand: Optionsanleihen und Optionsscheine, in: Wirtschaftswissenschaftliches Studium, 7, 1988, S. 363-364.

Schlittgen, R./Streitberg, B. (1991)

Schlittgen, Rainer/Streitberg, Bernd H.J.: Zeitreihenanalyse, 4. Aufl., München 1991.

Schmalensee, R./Trippi, R.P. (1978)

Schmalensee, Richard/Trippi, Robert P.: Common Stock Volatility Expectations Implied by Option Premia, in: Journal of Finance, 33, 1978, S. 129-147.

Schmidt, R.H. (1976)

Schmidt, Reinhard H.: Aktienkursprognose, Wiesbaden 1976.

Schulz, G.U./Trautmann, S. (1993)

Schulz, G. Uwe/Trautmann, Siegfried: Robustness of Option-like Warrant Valuation, Arbeitspapier Universität Stuttgart, Version November 1993.

Schwartz, E.S. (1977)

Schwartz, Eduardo S.: The Valuation of Warrants: Implementing a New Approach, in: Journal of Financial Economics, 4, 1977, S. 79-93.

Scott, L.O. (1987)

Scott, Louis O.: Option Pricing when the Variance Changes Randomly: Theory, Estimation, and an Application, in: Journal of Financial and Quantitative Analysis, 22, 1987, S. 419-438.

Selby, M./Hodges, S. (1987)

Selby, Michael J.P./Hodges, Stewart D.: On the Evaluation of Compound Options, in: Management Science, 33, 1987, S. 347-355.

Senghas, N. (1981)

Senghas, Norbert: Präferenzfreie Bewertung von Kapitalanlagen mit Options-Charakter, Königstein 1981.

Sharpe, W. (1964)

Sharpe, William F.: Capital Asset Prices: A Theory of Market Equilibrium under Conditions of Risk, in: Journal of Finance, 19, 1964, S. 425-442.

Sharpe, W.F. (1978)

Sharpe, William F.: Investments, Englewood Cliffs 1978.

Shelton, J. (1967)

Shelton, John P.: The Relation of the Price of a Warrant to the Price of Its Associated Stock, in: Financial Analyst Journal, Part 1, May-June 1967, S. 143-151, Part 2, July-August 1967, S. 88-99.

Smith, C.W. (1976)

Smith, Clifford W.: Option Pricing: A Review, in: Journal of Financial Economics, 3, 1976, S. 3-51.

Smith, C.W. (1979)

Smith, Clifford W.: Applications of Option Pricing Analysis, in: Bicksler, J. (1979), S. 79-121.

Spatt, C.S./Strebenz, F.P. (1988)

Spatt, Chester S./Strebenz, Frederic P.: Warrant Exercise, Dividends, and Reinvestment Policy, in: Journal of Finance, 43, S. 493-506.

Spremann, K. (1985)

Spremann, Klaus: Finanzierung, München 1985.

Spremann, K. (1986)

Spremann, Klaus: The Simple Analytics of Arbitrage, in: Bamberg, G./Spremann, K. (1986), S. 189-207.

Sprenkle, C. M: (1964)

Sprenkle, Case M.: Warrant Prices as Indicators of Expectations and Preferences, Yale Economic Essays 1, 1964, S. 179-232, hier zitiert nach dem Abdruck in: Cootner, P.(1970), S. 412-474.

Stapleton, R./Subrahmanyam, M. (1984)

Stapleton, Richard C./Subrahmanyam, Marti G.: The Valuation of Options When Asset Returns are Generated by a Binomial Process, in: Journal of Finance, 39, 1984, S. 1525-1539.

Steiner, P. (1988)

Steiner, Peter: Wertgrenzen bei geschützten Kaufoptionen, Zeitschrift für Betriebswirtschaft, 58, 1988, S. 373-380.

Sterk, W.E. (1982)

Sterk, William E.: Tests of Two Models for Valuing Call Options on Stocks with Dividends, in: Journal of Finance, 37, 1982, S. 1229-1237.

Sterk, W.E. (1983)

Sterk, William E.: Comparative Performance of the Black-Scholes and Roll-Geske-Whaley Option Pricing Models, in: Journal of Financial and Quantitative Analysis, 18, 1983, S. 345-354.

Stiglitz, J.E. (1974)

Stiglitz, Joseph E.: On the Irrelevance of Corporate Financial Policy, in: American Economic Review, 64, 1974, S. 851-866.

Stoll, H./Whaley, R. (1986)

Stoll, Hans R./Whaley, Robert E.: New Option Instruments, Arbitrageable Linkages and Valuation, in: Fabozzi, F.J. (1986), S. 25-62.

Stulz, R. (1982)

Stulz, René M.: Options on the Minimum or the Maximum of Two Risky Assets: Analysis and Applications, in: Journal of Financial Economics, 10, 1982, S. 161-185.

Süchting, J. (1979)

Süchting, Joachim: Finanzierungskonstruktionen: Wandel- und Optionsanleihen, Wirtschaftswissenschaftliches Studium, 8, 1979, S. 155-161.

Swoboda, P. (1982)

Swoboda, Peter: Heterogene Information und Kapitalstruktur der Unternehmung, in: Zeitschrift für betriebswirtschaftliche Forschung, 34, 1982, S. 705-727.

Swoboda, P. (1991)

Swoboda, Peter: Betriebliche Finanzierung, 2. Aufl., Heidelberg 1991.

Swoboda, P./Kamschal, M. (1979)

Swoboda, Peter/Kamschal, Margerita: Die Bewertung deutscher Wandelanleihen und die Optimierung des Umtauschtermins bei steigenden Zuzahlungen (unter Anwendung der Black-Scholes-Methode), in: Zeitschrift für betriebswirtschaftliche Forschung, 31, 1979, S. 295-321.

Thorp, E./Kassouf, S.T. (1967)

Thorp, Edward O./Kassouf, Sheen T.: Beat the Market, New York 1967.

Trautmann, S. (1990)

Trautmann, Siegfried: Aktienoptionspreise an der Franfurter Optionsbörse im Lichte der Optionsbewertungstheorie, in: Göppl, H./Bühler, W./von Rosen, R. (1990), S. 79-100.

Trinkaus (1994)

Trinkaus Capital Management (Hrsg.): Derivate, Deutscher Aktienmarkt, Mai 1994.

Uhlir, H./Sièvi, F. (1990)

Uhlir, Helmut/Sièvi, Friedemann: Bewertung von DTB-Optionskontrakten, in: Die Bank, 1990, S. 84-92.

Uhlir, H./Steiner, P. (1994)

Uhlir, Helmut/Steiner, Peter: Wertpapieranalyse, 3. Aufl., Heidelberg 1994.

Van Horne, J. (1989)

Van Horne, James C.: Financial Management and Policy, 8. Aufl., Englewood Cliffs 1989.

Varian, H. (1987)

Varian, Hal R.: The Arbitrage Principle in Financial Economics, in: Journal of Economic Perspectives, 1, 1987, S. 55-72.

Veld, Ch. (1992)

Veld, Chris: Analysis of Equity Warrants as Investment and Finance Instruments, Tilburg University Press 1992.

Vormbaum, H. (1990)

Vormbaum, Herbert: Finanzierung der Betriebe, 8. Aufl., Wiesbaden 1990.

Walter, K.M. (1990)

Walter, Karl Maria: Die Rechtsnatur des Börsenoptionsgeschäfts, Frankfurt/M 1990.

Ward, C. (1986)

Ward, C.: Option Pricing, in: Firth, M./Keane, S.(1986), S. 158-170.

Watsham, T.J. (1992)

Watsham, Terry J.: Options and Futures in International Portfolio Management, London 1992.

Weger, G. (1985)

Weger, Gerd: Optionsscheine als Anlagealternative, Wiesbaden 1985.

Welcker, J. (1968)

Welcker, Johannes: Wandelobligationen, in: Zeitschrift für betriebswirtschaftliche Forschung, 20, 1968, S. 798-838.

Welcker, J./Kloy, J./Schindler, K. (1992)

Welcker, Johannes/Kloy, Jörg W./Schindler, Klaus: Professionelles Optionsgeschäft, 3. Aufl., Zürich 1992.

Welcker, J./Schindler, K./Nerge, C./Mayer, A. (1991)

Welcker, Johannes/ Schindler, Klaus/ Nerge, C./Mayer, A.: Preiswürdigkeitsvergleich von Optionsscheinen, Hrsg.: Deutsche Bank Group, Quantitatives Research, 2. Aufl., 1991.

Weßels, Th. (1992)

Weßels, Thomas: Numerische Verfahren zur Bewertung von Aktienoptionen, Wiesbaden 1992.

Whaley, R.E. (1981)

Whaley, Robert E.: On the Valuation of American Call Options on Stocks with Known Dividends, in: Journal of Financial Economics, 9, 1981, S. 207-211.

Whaley, R.E. (1982)

Whaley, Robert E.: Valuation of American Call Options on Dividend Paying Stocks - Empirical Tests, in: Journal of Financial Economics, 10, 1982, S. 29-58.

Wiggins, J.B. (1987)

Wiggins, James B.: Option Values under Stochastic Volatility, Theory and Empirical Estimates, in: Journal of Finance, 19, 1987, S. 351-372.

Wilhelm, J. (1978)

Wilhelm, Jochen: Zur Bewertung von Optionen und Optionsscheinen (Warrants), in: Kredit und Kapital, 11, 1978, S. 497-516.

Wilhelm, J. (1985)

Wilhelm, Jochen: Arbitrage Theory, Introductory Lectures on Arbitrage-Based Financial Asset Pricing, Lecture Notes in Economics and Mathematical Systems, Berlin u.a. 1985.

Wilhelm, J. (1986)

Wilhelm, Jochen: Zum Verhältnis von Höhenpräferenz und Risikopräferenz: Eine theoretische Analyse, in: Zeitschrift für betriebswirtschaftliche Forschung, 38, 1986, S. 467-492.

Wöhe, G./Bilstein, J. (1991)

Wöhe, Günter/Bilstein, Jürgen: Grundzüge der Unternehmensfinanzierung, 6. Aufl., München 1991.

Zimmermann, H. (1988)

Zimmermann, Heinz: Preisbildung und Risikoanalyse von Aktienoptionen, Grüsch 1988.

Zivney, T. (1991)

Zivney, Terry L.: The Value of Early Exercise in Option Prices: An Empirical Investigation, in: Journal of Financial and Quantitative Analysis, 26, 1991, S. 129-138.

Zorn, M. (1988)

Zorn, Michael: Optionen, Investitions-, Finanzierungs-, und anlagestrategische Möglichkeiten, Wien 1988.